중국공산당 수립 100주년과 2050년 중국: 어떤 강대국이 될 것인가?

The 100th Anniversary of the Founding of the Chinese Communist Party and 2050 China: What Kind of Power Will It Become?

이정남 편저

아연출판부
고려대학교 아세아문제연구원

ARI Interdisciplinary Research Series 5

The 100th Anniversary of the Founding of the Chinese Communist Party and 2050 China: What Kind of Power Will It Become?
Edited by Jung-Nam Lee

Published by the Asiatic Research Institute (ARI) Press, Korea University
145, Anam-ro, Seongbuk-gu, Seoul, 02841, Korea
www.asiaticresearch.org

목차 Contents

Part 1: Will It be Possible to Become a New Civilized Power?

Part 2: Strategies for Rise: Is a Peaceful Rise Possible?

Part 3: How Does China Want to Take Over the Global Governance System?

〈아연 협동연구 시리즈〉 발간에 부쳐

아연은 늘 시대와 함께 호흡하면서 새로운 시대의 요구에 화답해왔다. 한국에서 가장 오래된 대학 부설 연구기관인 아세아문제연구소가 2019년 아세아문제연구원으로 거듭나면서 추진한 야심 찬 연구 프로젝트가 이번에 발행되는 〈아연 협동연구 시리즈〉이다. 아연의 연구 전통을 살린 인문학과 사회과학을 아우르는 협동연구는 21세기의 도전에 직면해 있는 세계질서 속에서 아연의 역량을 최대로 발휘할 수 있는 주제를 선정하고 파급력 있는 메시지를 한국 사회와 국제 사회에 던지기 위해 준비되었다.

〈협동연구 시리즈〉는 연구자 1인의 단독 저술이 아닌 같은 학문 분야에 속하는 원내외 연구자 간의 '공동연구' 및 학제간 '협동연구'를 포괄해 dual track 방식의 공저 출간물 발간을 목표로 한다. 이것은 아연 내부 연구인력의 역량을 극대화하면서 필요한 외부 연구인력을 아웃소싱하는 최적의 연구전략이라고 할 수 있다.

연구주제에서도 아연 설립 이후 강점을 보인 북한 및 동북아지역 관련 연구에 중점을 두되, 아연의 '브랜드 아이덴티티(brand identity)'를 살리고 아연의 인지도와 위상을 높이기 위해 연구주제의 시의성과 활용 가능성을 중시했다. 우선, '디지털 전환(digital transformation)'이라는 글로벌 메가 트렌드에 부응하기 위해 "동북아 3국의 디지털 전환 프로세스와 정치·경제 역학구도 변환"을 핵심 사업으로 추진했다. 아연이 전통적으로 강점을 보인 북한 연구에 있어서도 "주변 4강의 독자적 '국가이익'의 관점에서 보는 북한"이라는 주제로 한반도를 둘러싼 동맹관계의 이완, 미·중 대립의 향방, 북핵 문제를 중심으로 미·북 관계 및 주변 4강과의 양자관계의 변화 등을 살펴볼 것이다. 신춘추오패(新春秋五霸)라는 제목을 가진 또 다른 협동연구는 미국의 세기라는 20세기가 끝나고 미국과는 정체성이 다른 패자(霸者)들의 시대, 즉 다패(多霸)의 시대가 21세기에 시작되었다고 상정한다. 이 협동연구는 미국과 중국 간 패권 경쟁이 진행 중인 상황에서 강대국 간에 조성된 새로운 국제질서뿐만 아니라 한국의 미래전략 구상에도 많은 시사점을 던진다.

올해 말 발간을 목표로 추진되는 2차연도 사업은 "현재와 미래의 시각으로 본 중국공산당 100년: 위험한 제국이 될 것인가?"라는 주제 아래 중국의 부상에 따르는 동아시아 질서의 재구성 과정에 초점을 맞출 것이다. 특히 2021년이 중국 공산당 창당 100주년인 점을 감안해 "100년 역사를 통해서 본 중국공산당"이라는 공동연구를 수행해 올해 발간할 예정이다.

집필진은 한국 전문가는 물론 미국, 중국, 일본, 러시아, 인도, EU

등 세계 여러 나라의 학자들이 포함되어 있어, 아연이 추진해 온 연구 네트워크의 국제화와도 궤를 같이한다. 코로나19로 인해 공동연구가 진행되기 어려운 환경에도 불구하고 각국의 연구자들은 온라인을 통한 연구 논의와 중간발표를 겸한 세미나를 통해 연구내용의 공유와 연구 결과물의 방향에 대해서도 조율과정을 거쳤다.

이런 과정을 통해 출간되는 본 〈협동연구 시리즈〉가 코로나19라는 미증유의 위기 속에서 빠르게 변하고 있는 세계질서와 한국이라는 국가가 처한 국제환경을 냉철하게 분석함으로써, 각 분야의 학문적 성과를 제고시키는 동시에 한국 외교의 방향과 국가정책에 작게나마 기여할 수 있기를 기대한다.

코로나19로 인한 어려운 상황과 바쁜 일정에도 불구하고 연구에 동참해 준 국내외 저자들과 출판 실무를 맡은 아연의 편집진에게도 감사의 말씀을 드린다. 끝으로 본 〈협동연구 시리즈〉가 발간될 수 있게 지원을 아끼지 않은 고려대학교 총장님과 대학 본부에도 다시 한번 감사의 인사를 드린다.

2021년 2월

아세아문제연구원 원장 김익수

도입: 중국의 부상: 새로운 문명 형성의 길인가?

이정남

2021년 7월 1일 시진핑 주석은 중국 공산당 100주년 연설에서 중국이 '아시아의 병자'에서 국제무대의 '중앙'으로 진입하였으며, 이제 미국과 어깨를 나란히 하면서 당당하게 경쟁할 것이고 그 어떠한 치욕적 대우도 참지 않을 것임을 선언했다. 또한 마르크스주의 기본원리를 중국의 구체적 상황 및 우수한 중화문화의 전통과 결합한 중국 특색의 사회주의를 견지하고 발전시켰으며, 이런 중국 특색의 사회주의는 중화민족의 위대한 부흥을 실현하는 정확한 길로써 이를 통하여 '중국식 근대화의 새로운 경로' 및 '인류 문명의 새로운 형태'를 창조했음을 선언했다(习近平 2021).

아편전쟁이래 제국주의 침략, 반(半)식민지와 국가 분열이라는 상황에서 중국은 신해혁명을 통해 자유민주주의 방식의 근대화의 길을 추구했지만 실패하였고, 그 후 사회주의 방식의 근대화를 통해서 국가의 통일과 부강을 추구하는 길로 나아갔다. 1921년 7월 상하이에서 13명의 대표가 모여 설립한 중국공산당은, 100년의 역사를 통하여 사회주의 혁명의 성공과 통일 국가를 수립하고, 개혁개방정책을 통하여 빠른 경제성장을 이끌어냄으로써 중국을 글로벌 강대국으로 부상시켰으며, 이제 세계 최강대국 미국과 경쟁하면서 세계적 종합강대국의 길로 전진하고 있다.

이런 역사적인 과정과 성과를 총괄하면서, 2021년 11월에 개최된 중공 19기 6중전회는 중공 100년의 역사를 마오쩌둥, 덩샤오핑, 시진핑 신시대 등 3단계로 구분 짓고, 마오쩌둥은 혁명과 사회주의 건설을 통하여 중국의 부상을 위한 제도적 기초를 확보하고, 덩샤오핑은 경제발전과 부국으로의 전진을 통해 부상을 위한 경제적 기초를 확보했으며, 시진핑이 당총서기가 된 중공 제18차 전국대표대회 이후 중국 특색 사회주의가 새로운 시대에 진입했다고 강조했다. 그리고 이제 중공은 첫번째 100년(중공건설 100주년) 목표인 전면적 소강사회의 건설에 기초하여, 두 번째 100주년(중화인민공화국수립 100주년) 목표를 달성하기 위한 새로운 여정을 시작하여, 중화민족의 위대한 부흥을 실현한다는 원대한 목표를 향해 나아갈 것임을 분명히 했다(中共十九届六中全会公报 2021).

실제로 중국의 부상은 눈부시다. 2021년 말이면 중국의 GDP가 미국의 GDP의 71% 정도가 될 것으로 전망되며, 이것은 미소 냉전시대인 1980년대 초 소련의 GDP가 미국의 50%에도 못미쳤다는 점과 크게 비교된다. 또한 중국은 이미 미국을 대신해 세계 최대의 무역국가임과 동시에 외국인 투자처로 부상했다. 중국내에서는 국가 지위의 상승으로 인한 자신감과 자긍심이 팽배한 상황이다. 시진핑 주석은 2021년 1월에 "지금 세계는 100년 만에 큰 변화를 겪고 있지만, 시간과 기세는 우리 편이다"라고 주장했으며, 3월에는 중국의 젊은 세대는 현재 이미 "세상을 '평등하게 볼 수 있게 되었다(平视世界)"고 언급한 바 있다. 이런 인식은 2021년 3월 알래스카 미・중 고위급회의에서 양제츠 외교담당 정치국원이 블링컨 미국 국무장관과 설리번 국가안보보좌관에게 공개적으로 "미국은 높은 곳에서 내려다보는 방식으로 중국과 말할 자격이 없다…실제 역량에 기반을 둔 지위로부터 출발하여 중국과 평등하게 대화해야 한다"는 언급으로 나타난 바 있다.

이런 맥락에서 2020년 말에 개최된 중공 19기 5중전회에서 중국공산당은 현재 '백년 미증유의 세계질서 (재편의) 대변화 국면'에서 '중화민족의 위대한 부흥'을 이끌어내는 것을 중국의 모든 경제사회 발전계획의 기본적 출발점으로 삼아야 함을 강조한 바 있다. 그리고 2021년 7월 중공 수립 100주년 기념식에서 중국이 "세계 무대의 중앙으로 진입하고 있음"을 재차 강조하면서 새로운 국제질서 수립을 통한 중국몽 실현의 의지를 분명히 한 것이다. 또한 중공은 중국몽 실현을 위해 서구와 다른 "중국 특색의 사회주의 발전경로, 제도, 이론, 문화를 견지할 것"임을 분명히 하면서, 중화민족 부흥의 거시적 방향으로 "중국식 문명권 형성"에 기초한 "세계질서의 재구성"을 제기하기 시작했다. 이런 맥락에서 왕이 외교부장은 미국을 향해 "서로 다른 제도와 문명이 평화롭게 공존하는 길을 함께 찾자"고 주장해 왔다(王毅 2020).

이런 흐름 속에서 학계에서도 중국의 부상에 따른 국제질서 재편에 대한 논의가 확대되고 있다. 타이완국립대학의 주윈한(朱云汉)교수와 정용녠(郑永年) 교수는 2021에 출판한 한 저서에서 국제질서의 재편 방향으로 미국, 중국 등 상이한 문명권이 공존하는 다원적 국제질서의 등장 가능성을 제기했다(Zhu & Zheng 2021). 그리고 중국식 모델은 중남미와 아프리카 등의 많은 개도국들에게 서구식이 아닌 비서구적 발전모델을 제공해주고 있다는 점에서 세계사적 의의가 있다고 주장하였다. 뿐만 아니라 옌이롱(鄢一龙) 칭화대 교수는 중국의 부상을 동서양 문명 대결의 의미가 있는 것으로 평가하면서, "신흥 글로벌 강국이 당당한 자세로 세계 무대의 중심으로 진입하고 있다" "중국의 위대한 부흥은 수백 년 동안 지속되어 온 서쪽 중심과 비서구 주변부라는 세계의 기본 구도를 변화시켰고", "서구 중심주의의 지식 구축 방식의 종말을 고하는 의미가 있다"고 평가하기도 한다(鄢一龙 2021).

영미 학계에서도 중국의 부상에 따른 세계질서 전환에 대한 다양한 논의가 전개되고 있다. 엘리자베스 이코노미(Elizabeth Economy) 교수는 중국은 근본적으로 변형된 국제질서를 꾀하면서 중국의 고유한 규범과 가치를 지닌 중국 중심 질서의 부상이라는 심오한 변화를 꾀하고 있다고 주장한다(Economy 2022). 영국 저널리스트 마틴 작스(Martin Jacques)도 제2차 세계대전이후 자리해 온 팍스아메리카나 체제의 쇠퇴가 가속화되고 있으며, "우리는 이미 포스트 서구 세계로 가고 있다"고 주장한다. 물론 그는 서구 주도 시대의 끝이 팍스 시니카(Pax Sinica)의 도래를 예고하는 것은 아니지만, 전 세계적으로 통용되던 서구체제는 이미 파편화되고 있다고 주장한다(马丁·雅克(Martin Jacques) 2021). 또한 리처드 하스(Richard N. Haass) 미외교협회 회장과 찰스 쿱찬(Charles A. Kupchan) 조지타운대 교수는 아시아가 경제적으로 부상함에 따라 서구의 세계에 대한 200년 통치가 끝나고 다극화되고 이념적으로 다양화된 세계가 도래하고 있다고 주장한다. 이런 상황에서 제2차 대전 이후의 서구 중심의 자유주의 질서는 더 이상 21세기 세계의 안정을 유지할 수 없으므로 실행가능하고 효율적인 안정을 촉진할 수 있는 최선의 방안을 찾아야 한다고 주장하면서, 그 방안으로 중국, 유럽연합, 인도, 일본, 러시아, 미국 등의 6자로 구성된 글로벌 강대국 조정 메커니즘을 형성할 것을 제안한다(Haass & Kupchan 2021)

문제는 미국의 엄청난 강도의 견제로 중국의 부상은 현재 심각한 도전에 직면해 있다는 점이다. 미중간 세력경쟁이 경제와 안보, 과학기술 영역을 넘어 체제와 이념영역까지 확대되면서 국제사회와 연대를 통한 미국의 대중국 견제가 강화되고 있는 상황에서, 시진핑 정권이 강조하는 이른바 중국식 제도 및 가치와 사상에 기초한 '중국 특색적 사회주의' 길은, 국제사회로 하여금 중국의 가치와 제도, 문화 등에 대한 수용을 이끌어내기보다 오히려 국제사회로부터 중국의 고립을 심화시킬 수 있다는 점이다.

실제로 중국인의 자부심·자신감이 역대 최고조에 달하고 중국식의 특수성을 강조하고 중국식 가치와 제도를 강조하면서, 국제사회는 빠른 속도로 중국에 대한 호감도가 낮아지고 중국에 대한 위협의식이 제고되는 것으로 나타나고 있다. 2021년 6월 30일 미국의 퓨 리서치 센터가 17개국 대상으로 중국에 대한 평판을 조사한 결과, 부정적인 견해가 역대 가장 높게 나왔다. 퓨리서치가 2~5월 동안 북미, 유럽, 아시아 내 총 17개국의 성인 약 1만 9000명을 대상으로 중국의 평판에 대해 설문조사를 실시한 결과, 15개 국가에서 중국을 부정적으로 본다는 대답이 50% 이상 나왔다. 퓨리서치에 따르면 이 같은 수치는 2018년 이후 급격히 증가해 올해 역대 최고치를 기록했다(『조선일보』(2021.7.2.).[1]

이처럼 미중 경쟁이 전면화된 현 시점에서 중국의 부상 전략 및 성공 가능성이 재차 주목받고 있다. 2017년부터 강화된 미국의 대중국 견제와 COVID-19 펜데믹으로 인해 중국의 부상은 전례없는 난관에 봉착해 있다. 한마디로 중공 100년을 통하여 글로벌 강대국으로 부상한 중국이 명실상부한 수퍼파워가 될 수 있는 것인가는 여전히 불명확한 상황이다. 동시에 펜데믹 과정에서 나타난 미국의 거버넌스

---

1) 가장 부정적(unfavorable) 시각을 가진 나라는 일본이 88%로 가장 높았다. 스웨덴(80%), 호주(78%), 한국(77%), 미국(76%)이 뒤를 이었다. 미국에 이어 캐나다, 네덜란드, 독일, 대만, 벨기에, 뉴질랜드, 프랑스, 영국, 이탈리아, 스페인에서도 중국을 부정적으로 보는 사람이 50%를 넘었다. 부정적 응답률이 50% 이하인 나라는 그리스(42%)와 싱가포르(34%)였다. 특히 싱가포르는 시진핑 주석에 대한 신뢰도 조사에서도 긍정적 대답이 높게 나온 유일한 국가다. 하지만 중국의 인권문제에 대해서는 부정적 시각을 보였다.

의 혼란과 국제사회에서의 역할의 한계에 주목하면서 미중간 국력의 전환이 생각보다 빠르게 나타날 수 있다는 주장도 제기되고 있는 상황이다. 따라서 중국공산당 건설 100년이라는 시점에서 중국이 구상하는 부상전략과 비전에 대한 연구가 절실한 상황이다.

그러므로 이 책은 중국 공산당 설립 100주년이 되는 2021년을 계기로 중국공산당이 지난 100년 간 이룩한 업적과 성과를 평가하고, 현재 중국공산당이 직면한 도전에 대한 심층적인 분석을 함으로써, 중국공산당의 목표대로 중국은 글로벌 종합강대국으로 부상할 수 있을 것인가를 평가하고 전망한다. 특히 이 책은 2050년 중국은 어떤 강대국이 될 것인가에 대해 초점을 맞추어서 분석하고자 한다. 그 이유는 중국공산당은 2017년 19차 당대회에서 2035년까지 전면적 근대화의 실현, 2050년까지 국제사회를 선도할 수 있는 종합강대국 부상이라는 계획표를 제시하여, 2050년을 사실상 중국몽이 실현되는 시점으로 간주하고 있기 때문이다.

따라서 이 책은 2050년에 중국은 어떤 강대국이 될 것인가? 중국은 과연 미국을 초월한 글로벌 슈퍼파워가 될 것인가? 이것을 가능하게 하기 위한 중국의 전략은 무엇인가? 등에 대한 종합적 분석을 진행하고 있다. 이런 분석은 중국 공산당 수립 100주년을 평가하고 미래 중국의 부상을 진단하고 전망할 뿐만 아니라, 동시에 가치와 이념, 제도가 뚜렷하게 다른 지리적으로 이웃하는 동아시아 국가들이 초강대국 중국과 어떻게 공존해 갈 것인가에 대한 대응책의 탐색이기도 하다. 왜냐하면 중국의 부상으로 재편되고 있는 동아시아 질서의 발전 방향과 동아시아 질서의 재구성 과정에서 국제사회와 중국의 이웃 국가가 중국과의 관계를 어떻게 재설정해야 되는가는 각 국의 대전략 수립의 출발점이기 때문이다.

따라서 이 책은 다음의 연구 의의를 지니고 있다.

첫째, 중공 건설 100주년을 맞이하여 중국 공산당이 제시한 부상 계획표대로 2050년에 중국은 미국과 맞먹는 종합강대국으로 부상할 수 있을 것인가에 대한 근본적인 질문을 던진 후, 중공의 과거와 현재의 성과를 기초로 하여 중국몽의 실현에 대해 전면적으로 평가하는 연구를 수행한다는 점이다.

둘째, 중국의 부상을 세력전환과 중미 간(혹은 동서간) 문명충돌이 동시에 이루어지면서 나타나는 세계질서 재편이라는 관점에서 원천적으로 탐색하고 있다는 점이다. 근대이래 최초의 비(非)서구 국가의 강대국화가 내포하는 문명사적 변화 특성 포착과 거시적인 인식 토대에 기반한 연구를 진행한다는 점이다. 중국의 부상과 강대국화는 필연적으로 문명 간 충돌이 수반될 수밖에 없다. 따라서 비교문명사적 관점에서 중국의 신 문명 건설의 자원은 무엇이며, 미국과 구별되는 새로운 문명권을 창조할 수 있을 것인가에 대한 근본적인 질문을 던지고 그 가능성과 한계를 규명한다는 점이다.

셋째, 중국은 전후 미국의 패권질서 구축과정을 벤치마킹하면서 글로벌 거버넌스체제 개혁을 통한 세계질서 혹은 지역질서 재편을 도모하고 있다. 이 과정에서 일대일로전략을 제기하면서 군사적 수단보다 경제적 수단을 주로 활용하는 중국식의 부상 방식을 강조하고 있다. 동맹에 대한 중국의 회피적 태도는 중국이 자신의 힘과 국제적 영향력을 강화하는 과정에서 경제관계를 중심으로 외교관계를 수립하겠다는 전략적 결정을 내렸음을 반영한다. 중국 지도자들은 국가 주권, 핵심 이익, 시민 및 해외 투자를 보호하기 위해 군사력이 필수적이라고 생각하지만, 그러나 그들은 원격 분쟁에 개입하고 다른 국가에 안보 약속을 할 의향을 보이지 않았다. 반대로 중국 정부는 그 성격과 성과에 관계없이 대출, 투자 및 무역 기회를 활용하여 중국을 위한 친구와 영향력을 얻고자 했다(Patricia Kim 2021). 바로 이런 특성을 살펴보는 것은 기존 국제정치에서 다룬 세력전이 이론이 갖는 시각적 협소성을 극복하고 중국의 강대국화가 갖는 독특한 특수성에 주목하면서 강대국의 흥망성쇄에 대한 새로운 접근법을 모색하고자 한다는 점에서 의미가 있다.

넷째, 중국의 부상은 중국만의 문제가 아니라 국제사회와 동아시아 이웃국가들에게도 커다란 영향을 미치기 때문에, 국제사회와 동아시아 이웃국가들에게 있어 중국의 부상에 따른 국제질서의 재편과정에 어떻게 대응하고 참여할 것인가는 초미의 관심사다. 이 책은 국제사회와 이웃국가가 중국의 부상에 따른 국제질서의 재편과정에 함께 참여하면서 공동으로 대안적 질서를 탐색하기 위해서 필수적으로 이해해야 할 중국의 부상전략과 특징, 중국이 구상하는 글로벌 거버넌스형식에 대한 정확한 지식을 제공해 줄 수 있다는 점에서 중요한 의의가 있다.

이를 위하여 이 책의 내용은 크게 3부 체계로 구성되어 있다. **제1부는 "중국이 새로운 문명 강대국이 될 수 있을 것인가"에 대한 질문을 던지고, 중국이 구상하는 새로운 문명적 가치와 사상의 내용과 중국식 문명을 뒷받침해 줄 정체제도와 모델을 살펴본 후, 미국을 대체한 새로운 중국식의 국제질서의 형태가 무엇이 될 수 있을 것인가를 살펴보는 것으로 구성되어 있다.**

1장 "21세기 중국, 부강 너머를 상상할 수 있는가: 중국의 '메타서사'와 소프트파워의 딜레마"에서 조경란 교수는 '중국 지식'을 구성하는 두 가지 뼈대인 중화제국체제(조공체제)와 1949년 이후의 사회주의에 대한 보다 본질적 검토가 불가피한 상황에 이르렀다는 판단 아래, 이런 검토를 위해 '메타서사'라는 개념을 제시한다. 그 이유는 이 개념이 중국인의 심리를 지속적으로 지배해왔고 앞으로도 계속해서 지배할 것이라 보기 때문이다. 첫째, 서구제국주의로부터 받은 치욕을 되갚아주기 위해 중국이 150년 동안 힘써온 '부강'의 '가치' 추구는 정당하다는 인식이다. 둘째, 중국의 봉건과 서구의 자본주의에 대한 동시극복을 위해 선택한 사회주의 신념이 인민공화국 건립 이후에도 관철되고 있었다는 인식이다. 셋째, '평화로운 조공체제'라는 '편견'과 이에 근거한 중화제국 체제의 21세기적 재구성은 정당하다는 인식이다. 넷째, 서구 근대의 식민주의가 문명화 담론과 인권을 가지고 비서구사회에 개입해왔다고 보고 이의 대안으로 중국을 내세우는 것은 정당하다는 인식이다. 이 '메타서사'를 현재까지 지속하게 해주는 사상적, 심리적 기제는 중화내셔널리즘이다.

그러나 역설적이게도 중국은 '메타서사'에 집착할수록 세계를 설득할만한 소프트파워를 생산할 가능성에서 멀어진다. 신중화제국체제의 재현과 소프트파워의 생산은 반대의 방향을 취하고 있기 때문이다. 아무리 경제가 성장한다 해도 문화의 최종심급인 정치민주가 요원하다면 비판과 창의는 보장받을 수 없다. 따라서 '메타서사'를 근원적 차원에서 성찰하지 않는 한 중국 21세기의 소프트파워의 생산 가능성은 높지 않다. '21세기 중국 소프트파워의 딜레마'는 바로 여기에 있다. 이 장은 위와 같은 문제 의식 아래 '메타서사' 추구의 과정 자체가 성찰을 동반한 것이어야 한다고 주장한다. 이를 위해 이 장은 첫째, 20세기 초기 마이너리티 지식인의 사상의 소환을 제안한다. 둘째, G2와 리더국가로서 중국의 밖과 소통하기 위해서는 다양한 차원의 공공재를 제공하고 중국의 위상에 어울리는 책임과 역할을 적극적으로 고민해야 할 것을 제안한다. 그랬을 때만이 장기적으로 소프트파워의 생산이 가능하고 그들이 주장하는 소위 '아름다운 사회주의 현대화 강국'의 실현도 가능해질 것이다.

2장 "'중국식' 정치체제모델: 보편성을 획득할 수 있을까?"에서 이정남 교수는 시진핑시대의 중국의 정치체제를 유사전능주의(quasi-totalism)체제로 규정짓고, 이것이 '매력적'인 '중국식' 정치체제모델로 전환될 수 있을 것인가를 평가하고 있다. 이 교수에 따르면, 시진핑 등장이후 이른바 중국식 정치발전 경로와 제도라는 기치하에 추진된 일련의 정치제도의 변화는 유사전능주의체제로서의 특성을 띠고 있다. 이것은 강력한 국가권력의 사회의 각 계층과 영역에 대한 전면적인 '통제'와 반부패 및 빈곤퇴치운동 등을 통한 대중 지지의 '동원'에 기초하여 공산당의 중앙집권적인 통치를 구축함으로써 정치안정화를 꾀하는 정치체제이다. 그리고 국제사회에서 보편가치로 간주되는 자유와 민주보다 중화민족의 '천추의 위업'인 중국몽 실현을 최우선 가치로 추구하면서 이것의 실현을 담보하기 위한 통치제도로서 기능한다.

이런 유사전능주의체제는 경제력과 군사력을 중심으로 한 국력 증강을 통해 중국몽 실현을 위한 대일통을 보장하는 통치형식이라는 순기능적 역할이 부각됨으로 인해, 중・단기간(2035년) 동안 극적인 전환이 없이 지속될 가능성이 높다. 또한 새로운 변화의 압력속에서 '연성' 권위주의체제로 전환되거나 변화를 위한 다양한 시도속에 놓여지겠지만, 이 체제의 통합과 안정보장에 대한 역할의 부각은 이 체제와 결정적으로 다른 민주주의체체로의 전환에 대한 압박을 상쇄시키게 됨으로써, 장기적으로(2050년) 이른바 '중국적' 특징을 지닌 '매력적인' 민주주의체제로 전환되어 안정적으로 공고화될 가능성은 높지 않아 보인다. 따라서 2050년 중국은 이른바 "중국식 발전경로, 제도, 이론, 문화" 등이 국제사회로부터 보편가치로 인정받으면서 이것에 기초한 문명강대국으로 성장하기 보다는, 연성 권위주의체제에 기초한 경제력과 군사력에 기반한 '강한' 그러나 '매력이 결여된' 글로벌 강대국이 될 가능성이 높다. 이것은 결국 중공 100주년의 시점에서 시진핑 정권이 제시한 중국식 정치체제모델은 중국몽 실현이라는 중화민족의 역사적 과제를 해결하기 위한 특정 역사적 단계에서의 과도적 정치체제모델은 될 수 있으나, 글로벌 강대국으로 부상한 중국이 새로운 국제질서 혹은 지역질서를 이끌 보편적이고 매력적인 정치체제모델로 발전하기는 어려울 것임을 의미한다.

3장 "천하의 귀환을 어떻게 이해할 것인가?"에서 전인갑 교수는 '신천하' 담론을 통하여 세계질서에 대한 중국의 구상을 분석한다. 전교수에 따르면 21세기에 들어서자마자 중국 사상계에서는 다양한 세계질서 담론-이를 '신천하' 담론으로 정의-이 크게 유행하고 있다. 일본의 저명한 미래학자 카라다니 고진 조차도 이 논의에 합류한 상황이다. 그 주요한 것으로는 신조공질서론, 신천하주의론, 신천하체계론, 문명형대국론, '중국의 시각'론, 신유가 문명국가론, 유학계 중심의 신천하질서, 유가헌정론 등을 들 수 있다. 백화제방의 형국을 보이는 다양한 '신천하' 담론을 보면서 중국 사상계가 분명 세계와 문명을 사유의 단위로 삼아 중국의 국가 성격을 재정의하고 세계질서를 새롭게 구상을 하고 있음을 확인할 수 있다. 마치 전통시대의 천하론이 귀환한 듯하다. 이들 '신천하' 담론은 논자들의 이념적 차이에도 불구하고, 중국문명이 축적한 역사적·문화적·사상적 자원을 활용하여 중국의 사유 방식을 재건하려는 목적을 공통적으로 가지고 있다. 이들 담론은 새로운 중국적 사유 방식을 중건하여 서구적 사유 방식과 구별되는 사유 방식으로 중국 그리고 인류와 세계의 문제를 사유하며, 중국의 방식으로 세계를 책임지는 한편 문명의 헤게모니를 장악하려 한다. 이를 위해 이들 담론은 새로운 보편주의 발굴에 주목한다. 물론 이들 담론의 유행은 권력 엘리트와 지식인 엘리트에 의해 '정교'하게 준비된 기획물이라는 혐의를 지울 수 없는 것도 사실이다. 왜냐하면 "세계질서에 대한 상상은 문명과 역량에 대한 강한 자신감을 갖춘 정치 공동체에서 생겨나는" 것이 통상적이기 때문이며, '신천하' 담론의 유행은 중국 굴기라는 현실과 그 정책적 수요에서 발원한 측면이 강하기 때문이다.

제2부 "중국의 평화적 부상은 가능한가?"에서는 중국의 부상전략의 특징을 분석한다. 중국은 역사속의 강대국이 부상과정에서 투키디데스의 함정에 빠지는 것과는 달리, 중국의 부상을 무력 충돌을 수반하지 않은 평화적인 방식을 통하여 부상할 것임을 강조하고 있다. 따라서 제2부에서는 중국 스스로가 '중국식'의 독특한 부상전략과 질서 다시 쓰기의 방식으로 간주하는 일대일로 전략을 분석하고, 중국식의 평화적 부상을 가능하게 해줄 미국의 전략문화와 구분되는 독특한 '중국식'의 전략문화가 있는가, 그리고 중국의 부상과정에서 군사력 강화와 그것이 지닌 의미는 무엇인가를 살펴보고자 했다.

이를 위해 **4장 "중국의 세계 질서 구상과 일대일로의 역할"**에서 표나리 교수는 세계질서의 구상이라는 관점에서 일대일로전략을 조망하고 있다. 표교수의 주장에 따르면 지난 몇 년 간 주로 통상 부문에서 대립했던 미·중 간 경쟁이 두 개의 상이한 세계질서와 국제 표준

간의 경쟁으로 진화하고 있다. 일대일로는 이러한 중국의 변화와 의도를 반영하는 전략이며, 중국은 일대일로와 인류운명공동체를 기반으로 대안적 세계 질서를 제시하겠다는 의지를 밝힌 바 있다. 그러나 표교수는 중국의 경험이라는 특수성을 토대로 만들어진 담론이 전 세계로부터 수용될 수 있는 보편적인 질서로 기능하기에는 여러 한계를 노정하고 있다고 주장한다. 대안적 질서라고는 하나 구체적인 청사진을 제시하지 못했고, 경제적 실익을 위해 중국과 협력하고 있는 연선(沿线)국가들과 근본적인 신뢰관계를 형성할 방안 역시 모호하기 때문이다.

또한 표교수는 경제발전 구상으로 보였던 일대일로의 지정학적 성격이 점차 강화되고 기존의 서구식 국제관계와는 다른 패러다임을 추구하는 것으로 간주되면서, 기대감보다는 우려의 목소리가 높아지고 있다고 지적하면서, 일대일로와 대동사회의 비전이 중국의 정당성 확보를 위한 외교적 수사에 그치지 않고, 국제사회의 보편적 가치 및 책임과 일치되도록 주시할 필요가 있다고 주장한다.

5장 "중국의 전략문화와 중미관계의 미래"에서 기세찬 교수는 전략문화라는 관점을 통해서 중국인의 군사적 사고와 행위를 형성하는 배경을 검토하고, 향후 미-중 군사 관계를 전망하고 있다. 기교수에 따르면, 중국의 유교적 전략문화는 현재 중국인의 사고와 행동에도 영향을 준다. 그러나 유교가 중국인에게 다른 사상보다 더 많은 영향을 주었다는 것은 분명하지만, 국제 분쟁을 해결하는 데 있어서 항상 유교적 이상이 절대적인 해결 방식은 아니었다. 현실 속에서 자주 나타나는 중국의 군사적 해결 방식은 이미 고대부터 중국인들의 관념에 내재해 있었다.

기교수에 따르면, 대부분의 중국 연구자들은 미국의 전략문화를 서구의 전쟁방식과 동일하게 간주하고 있으며, 자신들의 평화주의적인 이상과는 반대로 팽창주의적이고 현실주의적인 것으로 묘사한다. 그리고 타이완과 남중국해에서의 미국의 행동들은 중국의 정치·군사 지도자들에게 중국의 통일과 역내 평화를 위협하는 세력으로 보일 수 있다. 그러나 중국 지도부도 당분간은 한편으로 자신의 군사력을 증강하면서, 또 다른 한편으로 대화를 통해 문제 해결을 시도할 것이지만, 그 과정에서 미국과 외교를 통한 해결이 불가능하다고 생각한다면, 언제든지 무력 사용을 결정할 수도 있다. 그러므로 정치의 목적이 전쟁 그 자체가 아니라면, 미국과 중국은 오해와 오판으로 인한 무력 충돌을 방지하기 위해 상호 이해에 관한 노력을 지속해야 할 필요가 있다.

6장 "중국의 글로벌 강군 건설 구상과 안보적 함의"에서 이상국 박사는 21세기 중엽 글로벌 강대국 실현, 중화민족의 부흥이라는 국가전략목표에 대응해 중국군이 추진 중인 세계 군사 강국 구상을 분석하고 있다. 이 박사는 중국군이 이미 '신시대' 국방, '세계 일류 군대 건설' 등의 명칭으로 글로벌 강군 건설에 대한 초보적 구상을 마련해 두고 있고 이에 기초해 군사력 현대화(기계화, 정보화, 지능화 융합 발전) 노력을 가속화하고 있음을 밝히고 있다. 특히 중국군은 미래

전쟁 승리를 위해 인공지능 등 4차산업혁명기술 기반의 신군사혁신을 통한 지능화군대 건설, 물리역, 사회역, 인지역 통합의 전영역작전 능력 구비, 우주작전 능력과 해외 교두보(기지) 기반의 상시적인 글로벌 군사력 투사능력 보유 노력을 본격화하고 있음을 보여주고 있다. 이 박사는 중국군이 이러한 노력에도 미국의 대중국 견제로 중국의 세계 군사강국 구상의 현실화에는 많은 어려움이 있을 것으로 예측하고 있다. 또한 중국의 군사적 부상과 미중 전략경쟁 구도의 형성으로 국제 및 지역 안보환경의 불안정성은 당분간 계속될 것으로 전망하고 있다.

제3부: 중국은 글로벌 거버넌스체제를 어떻게 장악하고자 하는가?

중국은 국제질서를 주도하기 위해서는 글로벌 거버넌스개혁을 통해 중국이 규칙 제정자 역할을 해야 한다고 주장한다. 3부에서는 중국이 글로벌 혹은 지역 다자 안보거버넌스와 경제거버넌스에서 규칙제정자로 자리 메김하기 위하여 어떠한 정책을 추진하고 있는가를 살펴보고, 4차산업혁명 시대로 진입하면서 새로운 과학기술혁명에서 기술표준을 장악하기 위한 미국과의 경쟁현황과 특징을 분석하고 있다.

이를 위하여 **7장 "중국 특색의 다자주의와 글로벌 안보거버넌스"**에서 강수정 교수는 중국이 어떻게 지역다자안보제도를 활용하여 지역안보질서를 자국의 이익과 선호에 부합하도록 변화시키려 하는가를 분석하고 있다. 강교수에 따르면, "중국이 자국의 이익을 수호하고 발전시키기 위해 어떻게 기존의 국제질서를 변화시키려 하는가"의 문제는 중요하지만, 그동안 많은 연구가 이루어지지 않았다. 그런데 이러한 연구 질문은 중국이 기존 국제질서와 체제의 변화를 추구하면서 어떠한 논리와 전략을 활용하는지를 이해하는 데 도움이 되기 때문에 매우 중요하다. 이러한 맥락에서, 이 연구는 중국이 어떻게 지역다자안보제도를 활용하여 지역안보질서를 자국의 이익과 선호에 부합하도록 변화시키려 하는지를 이해하기 위해서, 중국 다자외교에서의 제도적 균형 전략(institutional balancing strategies)에 분석의 초점을 맞추고 있다. 먼저 '경쟁적 다자주의(contested multilateralism)'와 제도균형이론에 관한 이론적 논의를 살펴보고, 그러한 이론적 틀에 기반하여 상하이협력기구(SCO)와 아시아 교류 및 신뢰구축 회의(CICA)에 대한 사례분석을 통해, 지역다자안보제도에서 중국의 제도적 균형 전략의 실행과 그 논리 및 효용, 한계를 분석하고 있다.

8장 "세계 경제 거버넌스에서 중국의 부상: 규칙 수용자에서 규칙 제정자로"에서 이 왕휘 교수는 중국의 부상과 경제거버넌스에서의 역할 변화를 규명하고 있다. 이 교수에 따르면, 개혁개방 이후 지속된 중국의 경제적 부상은 2008년 글로벌 금융위기 이후 세계 경제 거버넌스에 본격적으로 영향을 미치기 시작하였다. 중국은 미국을 배제하는 다자개발은행인 아시아인프라투자은행과 신개발은행을 설립하여 대외원조를 강화하였다. 이와 동시에 중국은 국제경제기구의 고위직에 자국민의 진출을 적극적으로 지원하고 친중 인사의 당선을 위해 노력하고 있다. 대부분의 국제경제기구의 지배구조(지분 및 의결권)가 경제력— 특히 GDP —에 따라 결정되기 때문에, 중국의 영향력은 강화되는 추세에 있다. 이런 성과에도 불구하고 세계 경제 거버넌스에서 중국의 영향력은 경제적 비중에 비해 여전히 낮은 수준에 머물러 있다. 가장 근본적인 문제는 세계 최대의 개발도상국이라는 중국의 정체성에 반영되어 있다. 즉 양적 측면에서는 미국을 능가하는데 성공했지만 질적 측면에서는 미국과 격차를 좁히지 못하고 있다. 중국이 미국을 대체하는 지도력을 보여주기 위해서는 제2차 세계대전 이후 미국이 건설했던 브레튼우즈 체제에 대한 대안을 제시해야 한다. 미국식 모델과 다른 새로운 모델을 개발한다면, 중국이 규칙 제정자가 될 수 있다. 중국에 유리한 미국식 거버넌스 모델을 선별적으로 수용한다면, 중국은 규칙 수용자에 머물 것이다.

9장 "중국의 부상과 미중 기술 패권 경쟁"에서 박지영 박사는 미국과 중국의 글로벌패권 경쟁은 경제, 기술, 안보를 중심으로 시작해서 가치와 체제의 영역까지 확장되고 있다고 주장한다. 박박사에 따르면, 네트워크와 반도체를 중심으로 촉발된 기술패권경쟁은 경제, 안보, 규범 등을 총 망라하여 국제질서를 재편하는 경쟁으로 심화되고 있다. 최근 들어 빨라진 기술개발 주기는 경쟁의 주체를 다양화하고 경쟁을 심화시키고 있다. 첨단기술 보급과 사용으로 인한 안보문제도 주요 이슈로 떠오르고 있다. 기술과 관련한 새로운 제도와 규범이 수립되고 미중 경쟁이 치열해져 가는 가운데 대상이 되는 기술의 범위가 점차 넓어지고 있으며, 기술의 응용방식과 표준 뿐 아니라 기술개발단계로 디커플링이 확산되고 있다. 기술개발 단계의 디커플링은 현 상황의 심화와 장기화를 의미한다. 미국은 중국의 부상을 견제하기 위해 공급망 차단과 강력한 기술보호 정책을 펼치고 있다. 자유와 경쟁으로 혁신을 이끌어 온 미국과 국가주도 일방주의로 시장을 확장해 나가는 중국의 경쟁은 새로운 기술과 변화에 따른 국제질서가 재편될 때까지 지속될 것이다.

이 책은 고려대학교 아세아문제연구원의 재정적 지원하에 진행된 연구프로젝트의 결과물로서, 중국공산당 건립 100주년을 계기로 중국공산당이 글로벌 종합강대국으로 부상하는 해로 제시한 2050년에 중국이 어떤 강대국이 될 것인가를 분석하고 전망하는 것을 주요 내용으로 하고 있다. 필진들은 몇 차례의 연구모임과 학술회의를 개최하였지만, 모든 필진들의 시각은 통일된 하나의 시각으로 집약되지 않고 있다. 중국의 부상과정 자체의 복잡성과 불확실성으로 시각을 통일하는 것 자체가 불가능할 뿐만 아니라 무의미한 작업으로 사료되어, 열린 시각에서 2050년에 대한 다양한 전망을 제시하고 있다. 이 책의 성과를 기초로 향후 이 주제에 대한 더 확대 심화된 논의가 전개되기를 기대한다. 마지막으로 이 책이 나오기까지 심혈을 기울여 집필을 한 여러 필진들과 아연출판부의 관계자들에게 진심으로 감사드린다.

2022년 1월 편저자

| 참고문헌 |

"중국을 가장 싫어하는 나라는 일본"…한국은 몇위?" 『조선일보』(2021.7.2.).

习近平. 2021. "在庆祝中国共产党成立100周年大会上的讲话." 『求是』(2021.7.15)

"6中国共产党第十九届中央委员会第六次全体会议公报（2021年11月11日中国共产党第十九届中央委员会第六次全体会议通过）" 『新华社』(2021.11.11.).

王毅. 2020. "国务委员兼外交部长王毅回答中外记者提问." 『新华网』(2020.5.24.).

鄢一龙. 2021. "为什么西方理论无法阐释中国." 『爱思想』(2021.8.5.)

马丁・雅克(Martin Jacques). 2021. "中国被简化成了中共，西方看不到中国的历史与文明."『观察者网』(2021.12.20.).

帕特里夏・金(Patricia Kim). 2021. "中国会寻求结盟吗?" 『钝角网』(2021.11.19.).

Economy, Elizabeth . 2022. "Xi Jinping's New World Order:Can China Remake the International System?" *Foreign Affairs* (January/February, 2022).

Haass, Richard N. & Kupchan, Charles A. 2021. "How to Prevent Catastrophe and Promote Stability in a Multipolar World." *Foreign Affairs* March 23, 2021.

Zhu, Yunhuan & Zheng, Yongyan. 2021. *The Decline of the Western-Centric World and the Emerging New Global Order: Contending Views,* London and New York: Routledge.

제1부

새로운 문명 강대국이 될 수 있을 것인가?

1장
21세기 중국, 부강 너머를 상상할 수 있는가: 중국의 '메타서사'와 소프트파워의 딜레마*

조경란

1. 중국인의 심리적 '메타서사'(meta-narrative)와 소프트파워의 딜레마

이 글은 두가지 새로운 전제에 입각해 있다. 첫째, 중국 70년의 사회주의 역사는 이제 마르크스주의의 신념보다는 국가경영의 차원에서 다루어져야 한다. 개방 이전의 사회주의 30년의 역사조차 기존의 이데올로기 장막을 걷어내고 체제의 정치적 구조와 지정학을 고려

* 이 글은 2021년 7월 고려대 아세아 문제 연구소에서 개최한 "중국공산당 창당 100주년 기념 학술회의"에서 "21세기 중국, 부강 너머를 상상할 수 있을까"라는 주제로 발표한 것을 대폭 수정한 것이다. 깊이 있는 토론을 해주신 성균관대학교 정치학과 차태서 선생님께 감사드린다.

해야 본 모습이 드러난다.[1] 덩샤오핑(鄧少平)의 노선전환을 바탕으로 이루어진 G2의 성취는 사회주의의 신념보다는 국가독점 자본주의의 방식을 채택한 결과였다. 둘째, G2로서 중국은 신중화제국의 재구성이라는 목표를 두고 있는 만큼 변화된 위상에 맞춰 중국을 향한 질문도 새로워져야 한다. 서양과 비교하여 '약한 타자'로 범주화했던 20세기의 '관성적' 중국인식에서 빠져나와야 한다. 그리고 21세기 '강한 타자'로서 G2 중국에 어울리는 새로운 질문을 던져야 한다. 사회주의 중국과 약한 타자라는 중국에 대한 기존의 인식에서 벗어나 G2가 된 중국과 그들이 재현하려는 중화제국이 과연 서구 제국을 대체할 만큼 보편타당한 가치를 가진 제국이었는지 역사 구조적 입장에서 재검토해야 한다. 중국에 대한 타성적 인식에서 벗어나 새롭게 주목할 때 '유토피아'도 '디스토피아'도 아닌, '세계사에서 가장 큰 행위자'(그레이엄 앨리슨 2018, 31)로서 중국의 객관적 면모를 파악할 수 있다. 중국에 대해 1980-90년대의 문제의식을 40년이 넘도록 그대로 가져가는 것은 학문적 이라 볼 수 없다. 막스 베버(Max Weber)가 말한 것처럼 학문상의 모든 성취는 새로운 질문을 뜻한다(막스 베버 2007, 48). 학문의 대상인 중국의 국제적 위상이 현격하게 변화했다면 그 변화에 맞춰 새로운 질문을 던지는 것은 당연할 것이다.

---

1) 이 말이 1919년 5.4시기 중국청년 지식인이 사회 저변에 켜켜이 쌓인 모순 해결을 위해 사회주의를 수용했던 순수한 의도 자체를 부정하는 것으로 해석되어서는 안된다. 1980년대 말까지는 더 나은 사회를 향한 인간의 끊임없는 노력이 사회주의를 대안으로 삼으려는 모습으로 나타났고 한국사회도 예외는 아니었다. 인류가 존재하는 한 더 나은 사회를 위한 사유와 실천은 계속되어야 한다.

위의 두가지 전제를 내세운 것은 중국 공산당 통치 70년의 결과를 목도하면서, '중국 지식'을 구성하는 두 가지 뼈대인 중화제국체제(조공체제)와 1949년 이후의 사회주의에 대한 본질적 검토가 불가피한 상황에 이르렀다는 판단에서이다. 이 글에서는 '중국 지식'을 네 가지로 분류하여 '메타서사'로 부를 것이다. 그 이유는 아래의 네 가지가 21세기에 들어와 중국인의 심리를 지속적으로 지배해왔고 앞으로도 계속해서 지배할 것이라 보기 때문이다. 시진핑(習近平) 정부에서 이는 훨씬 강화되고 있다. 따라서 '메타서사'를 상정하지 않고 중국의 현재와 미래에 대한 논의는 현실감을 갖기 힘들다고 본다. 첫째, 서구 제국주의로부터 받은 치욕을 되갚아주기 위해 중국이 150년 동안 힘써온 '부강'의 '가치' 추구는 정당하다는 인식이다. 중국에도 부강론은 존재했으나 서구에서 사회진화론이 수용된 이후 부강의 가치는 더 강한 소구력을 가지게 되었다. 둘째, 중국의 봉건과 서구의 자본주의에 대한 동시극복을 위해 선택한 사회주의 신념이 혁명시기는 물론이고 인민공화국 건립 이후에도 관철되고 있었다는 인식이다. 더 나아가 대다수의 중국인은 사회주의 체제가 부강과 효율을 가져다주었기에 대의제보다 훨씬 우수하다고 생각한다(다니엘 벨 2017. 鄭永年 2019, 30). 셋째, '평화로운 조공체제'라는 '편견'과 이에 근거한 과거 중화제국 체제의 21세기적 재구성은 정당하다는 인식이다. 중국 지식인 다수는 부강 추구를 통해 다시 우주 최고의 자리를 탈환할 수 있으며 이로써 21세기 다민족 신중화제국체제의 재현이 가능하다고 믿는다. 넷째, 위의 둘째, 셋째 서사는 '유럽적 보편주의'의 인식론적 토대인 오리엔탈리즘에 반발하는 서구와 일본의 일부 좌파 지식인과 중국 지식인의 상호작용 속에서 형성된 측면이 있다. 이들은 기본적으로 서구가 문명화 담론과 인권을 가지고 비서구사회에 개입해왔다고 보고 이의 대안으로 중국을 내세운다. 이 때 대안의 근거로 내세워지는 것은 '바람직한' 조공체제와 사회주의다. 이 '메타서사'는 '바람직한' 것을 추구하는 것으로 간주되기도 한다.그러나 실제는 서구근대의 극복이 아니라 '위계질서의 전도'에 매료되었을 수도 있다. '메타서사'를 긴장을 가지고 지속하게 해주는 사상적, 심리적 기제는 중화주의다. 이는 중화주의에 서구근대의 문명화론이 얹혀졌을 가능성을 말해주는 대목이다.

이 때 주목을 요하는 것은 중국 외부의 '메타서사'를 주창해온 지식인들이 주로 빠지는 대전제가 문명론이라는 점이다. 문명은 근대 자본주의 이후 정치체제를 설명할 때 무시할 수 없는 요소이나 그것은 권력이나 돈과 분리되어 어떤 것을 결정하는 단독의 힘으로 작용하지는 못한다. 하지만 서구와 일본의 일부 지식인들은 이 경향을 무시하면서 중국의 조공체제와 사회주의를 규범화해왔다. 예컨대 소련이 아니라 중국이니까, 스탈린이 아니라 모택동이니까 다르다는 논리였다(문성원 2012). 이 결과 나온 것들이 각종 중국대안 담론이었다. 이 대안 담론들은 대부분 문명론에 기반해서 만들어졌으며 이 과정에서 '이상화된 중국'이 탄생했다. 필자는 중국이 G2가 될 수 있었던 것은 중국의 문명이나 사회주의의 성격보다는 중국인의 심리 저변에 깔려 있는 '메타서사'가 종합적이고 지속적으로 작동한 결과였다고 본다.

마오쩌둥, 덩샤오핑에 이은 지도자 3기로 기록되기를 원하는 시진핑 정부의 목표는 일대일로와 '중국몽'(中國夢)을 통해 2050년에 '아름다운 사회주의 현대화 강국'을 실현하는 것이다(성균관대학교 성균중국연구소 2018, 99). 이의 성공은 '메타서사'가 현실화됐을 때 가능하다. 허나 역설적이게도 중국이 '메타서사'에 집착할수록 세계를 설득할만한 소프트파워를 생산할 가능성에서 멀어진다. 신중화제국체제의 재현과 소프트파워의 생산은 반대의 방향을 취하고 있기 때문이다. 아무리 경제가 성장한다 해도 문화의 최종심급인 정치민주가 요원하다면 비판과 창의는 보장받을 수 없다. 따라서 '메타서사'를 근원적 차원에서 성찰하지 않는 한 중국 21세기의 소프트파워의 생산 가능성은 높지 않다. '21세기 중국 소프트파워의 딜레마'는 바로 여기에 있다. 소프트파워는 자유로운 분위기에 만들어지는 것이지 국가가 자의적으로 개입하여 구성되는 것이 아니다. 2006년 17차 당대회를 기점으로 소프트파워 건설이 국가의 전략 차원으로 격상되어(먼홍화 2014, 15) 논의된 지 15년이 흘렀음에도(王滬寧 1993)[2] 중국에 대한 외부의 여론은 점점 악화되고 있다.[3] 국가 이미지 악화는 기존에 이루어진 경제 성과마저 위태롭게 만든다. 하드파워와 소프트파워는

2) 왕후닝의 이 작업을 보면 소프트파워에 주목한 것은 근 30년이 된 셈이다.

3) 중국에 대한 한국의 호감도는 2021년 5월 현재 26.4%이다. 일본과 북한보다 낮다. 20대와 30대는 각각 15.9%과 21.8%이다. 부정인식 계기는 코로나19, 사드보복, 역사문화 갈등 순이다. 『시사in』 2021년 5월. 한국 반중 정서의 핵심집단이 20-30대라는 점에서 한중관계의 미래가 매우 우려된다.

상호보완적 관계이기 때문이다.

소프트파워는 주지하듯 조셉 나이(Joseph S. Nye)가 고안한 개념이다. 그에 의하면 이는 어느 한 국가가 원하는 결과를 얻을 수 있는 하나의 방법인 힘의 한 형태이다. 소프트파워는 권력보다는 매력을 통해 얻을 수 있는 파워를 말하며 그 중요한 특징은 비강제적이라는 데 있다. 더욱이 지금과 같은 정보화시대에는 '신뢰가 가장 희소한 자원(Credibility is the scarcest resource.)'이다(Joseph S. Nye 2012). 이에 근거하면 21세기 '국력'에 대한 개념은 이전보다 훨씬 포괄적이다. 경제력과 군사력 그리고 과학기술만이 아닌 소프트파워가 포함된다. 21세기에는 갈수록 소프트파워가 중요해지고 있다. 하드파워에 따라 부수적으로 따라오는 것이 아니라 소프트파워 자체가 단독으로 가치를 생산한다. 한 국가가 하드파워와 소프트파워를 동시에 가지고 있다면 그 국가는 유사시에 무력을 동원하지 않더라도 밖으로부터 원하는 것을 얻어낼 수 있다. 최근 K-culture와 K-pop이 전형적인 예이다. 한국의 매력적 소프트파워는 국가 브랜드 이미지와 연결되어 다양한 상품 판매로 이어지고 있고 이는 지속적으로 선순환되고 있다(홍석경 2021, 49-54).

이 글은 위와 같은 문제 의식 아래 '메타서사' 추구의 과정 자체가 자기성찰을 동반한 것이야 한다고 주장한다. 그렇지 않을 경우 국제사회로부터 지지를 받을 수 없고 소프트파워의 가능성도 요원해지기 때문이다. 2장과 3장에서 부강의 논리로서 사회진화론과 사회주의가 20세기 중국인을 어떻게 지배했는가를 검토한다. 4장에서는 미화된 한족 중심의 조공체제를 신중화제국제체의 구성원리와 함께 검토해 본다.[4] 5장에서는 지면관계상 간단하게 두가지 대안의 방향만을 제안할 것이다. 첫째, 소위 마이너리티 지식인의 사상을 소환하는 방법이다. 둘째, G2와 '리더국가'로서의 중국이 그 위상에 어울리는 책임과 역할을 다해야 한다. 다양한 차원의 공공재의 제공과 그것을 위한 노력을 경주해야 한다는 의미다. 그랬을 때만이 중국은 장기적으로라도 소프트파워의 생산이 가능하고 새로운 사회주의로 거듭날 수 있다고 본다. 단, 이글은 장기 기획 중 첫걸음의 얼개에 불과하다. 이 글은 세계의 20-30대, 특히 한국과 중국의 20-30대를 의식하면서 서술한다. 특히 한국인으로서 이 서술은 미중 신냉전 시기 부활하는 지정학 속에서 '선진국'으로 진입한 한국의 전략을 의식하면서 진행한다.

2. 중국의 '메타서사' - Ⅰ : 부강론

- 청일전쟁의 패배와 국가 전략 사상으로서의 사회진화론

국가 경영의 차원에서 중국의 위정자와 지식인의 심리를 지배해왔던 '메타서사'는 한 문장으로 요약하면 이렇다. "아편전쟁부터 시작된 제국주의 열강의 침략으로 인해 받은 민족적 치욕감을 중화제국의 대부흥(pax sinica)을 통해 만회하고 다시 세계 최고의 위치에 올라야 한다는 것." 이른바 피해의식과 복수의식이다. 중국이라는 규모와 유

4) 5장에서 '메타서사' 중 네번째에 해당하는 내용을 다루어야 하나, 필자가 이 주제로 이미 몇편(주 45참고) 의 글을 썼다. 이 글에서는 지면관계상 4장의 말미에서 한두 문장으로 요약하고 넘어갈 것이다.

구한 역사는 '메타서사'를 현실화할 있는 물질적, 사상적 기반을 가지고 있다. 그래서인지 량치차오는 같은 인물은 19세기말 20세기 초 누가 보아도 국가존망의 위기 상황임에도 "중국은 100년 후에는 부강해질 것"이라는 확신을 가질 수 있었다. 결국 량치차오의 부강의 꿈은 적중했다. 미국학자 프리드만은 "중국인은 1840년 이후 자신을 피해자로 간주해왔지만, 만일 모든 사람들이 각자 자기를 희생양이라고 생각한다면 그 민족은 최종적으로 역사에 대한 주체적 인식과 능력을 상실하게 된다"(Edward Friedman 1996-97, 89-98)고 말했다. 치욕에 대해 자기성찰의 계기 없이 복수의식만으로 응대할 때 피해자의식에서 벗어날 수 없고 주체적 인식을 확보할 수 없다는 설명이다.

패권을 염두에 둔 20세기 장기간 부강(富强)의 추구는 중국 위정자와 중국지식인의 지상 목표가 되었다. 이와 관련하여 19세기말 20세기 전반기 중국에 들어온 서양사상, 사회진화론에 주목해야 한다. 사회진화론은 부강을 위한 국가전략사상으로 수용되었다. 그 이전 중국에서 부강의 중요성을 가장 먼저 강조한 사상가는 위원(魏源)이다. 그는 『해국도지』(海國圖志)(1844)에서 "왕도(王道) 없이 부강이 실현된 바는 있어도 부강 없이 왕도가 실현된 바는 없다"고 말했다. 왕도의 자리에 소프트파워를, 패도의 자리에 하드파워를 대입해도 무방하다. 21세기는 소프트파워가 하드파워를 부단히 업그레이드시킨다. 거꾸로 소프트파워 없이는 하드파워는 다운 그레이드될 위험에 처한다. 소프트파워는 앞에서 조셉나이가 말한 것처럼 신용을의미하기도 하기 때문이다. 위원은 아편전쟁을 통해 부강의 필요성을 느꼈고 그에게서 부와 강은 왕도 실현의 전제조건이었다. 허나 위원이 부강이 왕도 실현의 전제조건임을 강조한 후에도 중국에서 지식인들이 중국의 현실을 약육강식의 논리로 움직여지는 리얼한 국제질서와 연결시키기까지 50년을 기다려야 했다.[5)] 1895년 청일전쟁의 패배가 그것인데 이 패배는 두가지 의미에서 충격이었다. 서양식 근대화에 성공한 일본에 패한 것임과 동시에 '조공국' 일본에 패한 것이다.

이를 깨닫게 해준 사상가가 바로 옌푸(嚴復)다.[6)] 그는 1877~1879년 영국에 유학했다. 그 때 그는 다윈의 제자 토마스 헉슬리의 진화와 윤리(『Evolution and Ethics, 1893)』를 접하게 된다. 옌푸는 이 책을 『천연론』(天演論, 1898)이라는 제목으로 번역해 중국에 소개했다. 그는 헉슬리의 책을 허버트 스펜서의 시각으로 번역했다. 스펜서는 찰스 다윈의 진화론을 인간 사회에 적용한 인물이다. 이는 인간사회는 자연계와 달리 도덕원리로 지배되어야 한다는 원저자 토마스 헉슬리의 입장과는 다른 것이었다. 인간사회도 힘의 원리가 지배된다고 보았다. 스펜서의 이 이론은 사유재산을 가진 개인 간의 경쟁을 합리화

---

5) 반면 이 소식은 일본 지식계에 오히려 커다란 전환을 가져다줄 정도로 강렬한 충격을 주었다. 德川體制가 끝난 상징적 사건은 '黑船'의 來航이지만 일본의 현실에서는 청나라가 대패했다는 소식이 1840년 6월 나가사키에 입항한 네덜란드 배에 의해 알려졌다(松本三之介 1996, 3-5).

6) 옌푸 이전 1890년대에 상전(商戰)이라는 단어가 유행했다. 상전은 鄭觀應이 만든 말인데 무역전쟁을 의미하는 것으로 군사전쟁을 의미하는 병전(兵戰)과는 대조적인 의미로 사용했다. 정은 상전은 과학·기술·상품·제조·판매능력 등 정부의 모든 산업정책까지 포함하는 총력전이고 중국이 이 총력전을 견뎌내기 위해서는 발본적인 개혁이 필요하다고 주장했다. 상전의 기간은 병전의 그것에 비해 훨씬 길고 그런 의미에서 상전이야말로 국제관계에서 일상적 모습(常態)을 띤다고 할 수 있다(鄭觀應 1982, 595).

하는 데 유용했다.

하지만 『천연론』은 개인간의 경쟁을 중시한 스펜서의 주장을 확전환시켜 국가 간 경쟁으로 번역했다. 옌푸가 중국 사회에 던진 핵심 메시지는 "중국은 더 이상 세계의 중심이 아닌 일개 국가에 불과하다. 세계는 국가간의 경쟁이 치열하다. 중국은 거기서 낙오되어서는 안된다"는 거였다. 그는 문장의 해석에서도 때로는 거꾸로 번역해서 중국 사회에 보탬에 되게 하고 구차하게 자구에 얽매이지는 않을 것(嚴復 1986, 1321)이라고 말한다. 청일전쟁 패배의 충격 속에서 사회진화론의 메시지는 중국 지식인 사회를 강타했다. 다른 국가와 경쟁에서 생존해야 한다는 강박은 중국의 국가 전략이 됐다. 부강 패러다임이 중국 20세기 전체와 21세기 지금까지 중국을 지배하게 된 것은 바로 이러한 메시지 때문이었다. 19세기말 위정자와 청년 지식인은 옌푸를 통해 스펜서식의 사회진화론을 접하면서 부강의 실현을 중국의 급선무로 여기게 되었다. 옌푸가 소개한 사회진화론은 국가, 사회, 개인의 영역에서는 국민국가 체제의 창출을 위한 이론적 토대가 되었다. 사회진화론은 당시의 지식인들에게는 국민국가 이데올로기를 제공한 것이다.

중국 근대 이행기에 위의 메시지를 가장 잘 의식한 사람이 바로 량치차오(梁啓超)같은 사상가다. 그는 사회진화론에 근거하여 국민국가와 국가의식을 가진 국민의 필요성을 가장 강하게 역설하고 나선 인물이다. 근대 국가의 형성을 위해서는 그에 어울리는 주권의식을 보유한 국민의 존재가 필요하다고 본 것이다. 천하에서 국가로의 변용, 백성에서 국민으로의 변화, 智, 德, 力을 겸비한 국민이 바로 '신민'(新民)이다. 신민은 곧 근대 국민국가의 국민이다. 이렇게 사회진화론은 20세기 전반기 중국의 지식인을 포함한 지배자층의 사상과 행동을 결정하는 주요 패러다임이 되었다. 당시 중국 뿐 아니라 동아시아 지식인 대다수는 이 패러다임의 포로가 되었다고 해도 과언이 아니다. Hao Chang은 1895-1920년까지를 '패러다임 이행기'(transition period)라 부른다(Hao Chang 1971). 패러다임의 변화란 전통시기의 천불변(天不變) 도역불변(道亦不變)으로부터 역사관의 전진적 변화였다. 역시 키워드는 부강과 국민국가였다.

중국의 20세기를 저류하는 또 하나의 키워드가 있다면 그것은 바로 한무제 이후 만들어져 지금까지도 이어지고 있는 유법체제와 부국강병이다. 이 문제는 중국이 신해혁명으로 공화국이 되었음에도 국가의 형태는 다민족 중화제국체제를 그대로 유지했기에 근대적 형태의 정치체제를 구축하지 못한 것과 밀접한 관련이 있다. 당시 중국의 지식인들이 국민국가 만들기를 급선무로 인식하면서도 장기적 관점에서 유법체제의 중화제국의 욕망을 버리지 못한 것도 바로 이 때문이었다(葛兆光 2016, 12).

국민국가 만들기의 선봉에 섰다는 양치차오의 경우를 다시 보자. 간양(甘陽)은 량치차오의 '신민설'이 20세기 중국의 주류적 경향을 대표하는 거였다면, '대중화발간사'에서 제시한 '대중화문명-국가' 개념은 21세기 중국 사상의 출발점이 되어야 한다고 주장한다. 간양에 의하면 '신민설' 출판 10년 후에 쓴 량치차오의 '대중화발간사'와

‘중국과 터어키의 차이’라는 글에서 량치차오는 다시 ‘대중화문명-국가’라는 개념을 제시했다. 간양은 량치차오가 ‘신민설’에서 ‘천하’보다 ‘민족국가’를 강조한 것은 중국의 급박한 현실을 구하려는 구급처방에서 나온 것이었고, 결코 그 자체가 중국의 현대국가 건설의 장기적인 목표는 아니었다고 본다. 여기서 간양이 강조하고자 하는 것은 조셉 레벤슨과 량치차오가 100년 전에 동일한 진단을 내린 것처럼 보이지만 사실은 근본적인 차이가 있다는 것이다. 당시 량치차오는 중국이 ‘현대국가’라는 장기 계획을 세우기 위해서는 ‘문명-국가’로서의 광대한 중국이 가지고 있는 ‘국성’(國性)을 발양하는 것이 중요하며 그렇지 않으면 중국은 터키처럼 될 것으로 내다봤다는 것이다. 량치차오는 단기적으로는 국민국가를, 장기적으로는 ‘천하’질서의 구성을 꿈꾸었던 것이다(甘陽 2012, 1-3).

근대 이행기 량치차오같은 주류 지식인의 인식이 이처럼 이중성을 띠었던 것은 제도와 현실의 불일치에서 비롯된다. 제도의 측면에서는 왕조를 끝내고 공화국 시대를 열었고 글로발 자본주의 체제에 적응을 위해 국민국가의 메카니즘을 수용해야 했다. 허나 현실에서 중국지식인은 다민족으로 구성된 중화제국 체제 즉 청나라가 이루어놓은 강역은 포기할 수 없었다. 중국에서 근대 국민국가 창출의 과정은 이처럼 이중성을 갖는 국가 관념을 상정하지 않으면 안되는 복잡한 현실이 버티고 있었다. 따라서 니시무라 시게오는 20세기 중국사회는 국민국가로서의 응집하는 힘과 중화민족적 ‘네이션’에 응집하는 힘이 작동해왔고 이 이중성이 상호 침투하는 속에서 20세기 중국 국민주의의 특질이 각인되어 있다고 파악한다(西村成雄 2000, 30). 사실 이 이중성이야말로 중국 근대의 가장 큰 특징을 보여주는 것으로 중국 20세기 전체를 가로지르는 이데올로기였다고 할 수 있다. 필자는 이를 '제국적 국민국가'라 부른다(조경란 2015a). 형식은 중화제국이지만 내용은 국민국가를 의미한다. 내용과 형식의 불일치다.

3. 중국의 메타서사-Ⅱ : 사회주의

-'더 규율화된 유법체제' : '먼저 부자가 되라'

사회주의는 군벌과 국민당을 차례로 물리치고 중국을 통일하는 데 심대한 역할을 했다. 사회주의는 천하위공(天下爲公)이라는 사회적 요청보다는 복잡한 대내외적 상황에 가장 효과적으로 대처하기 위한 이데올로기로 선택되었을 가능성이 높다. 제1차 대전 이후 서양에 대한 기대감의 상실과 신해혁명 이후에도 사회저변을 저류하던 봉건성은 사회주의 수용의 조건이 되었다. 또 초기 중국공산당 발전에 1917년 러시아 혁명의 성공과 1919년에 만들어진 코민테른의 적극적 도움을 무시할 수 없다.

중국에서 마르크스주의는 1919년 5.4운동이라는 '사건'을 매개로 받아들여진다. 이 때 마르크스주의는 그것 본연의 국제주의에서 이탈하여 민족주의와 결합함으로써 동력을 얻게 된다. 애초부터 중국의 마르크스주의 수용은 국제주의에 토대를 둔 프로레타리아의 계급투쟁보다는 농민과 지식인 주력의 민족주의화 과정 속에서 이루어졌다.

1949년 중화인민공화국 건립 이후에도 중국을 실제 지배한 것은 사회주의라기보다 근대화론 혹은 부국강병론이었다고 말하는 것이 맞을 것이다. 마오쩌둥도 자신의 희망은 부강한 사회주의 중국의 건설이었으며 이러한 소망은 한편으로는 19세기 중국의 개혁가들로부터, 다른 한편으로는 마르크스주의에서 온 것이었다고 말한 바 있다(민두기 1981, 231). 마르크스주의 깃발을 들고 부국강병을 목표로 했다는 의미다. 이는 1958년 대약진 시기 "중국은 15년 내에 영국을 따라잡는다"는 슬로건에서도 확인된다.

마오쩌둥의 중국을 경험해본 사람이 아니라면, 덩샤오핑이 이룩한 변화를 충분히 이해할 수 없을 것이다. 덩샤오핑은 용감하게도 중국인 한 사람 한 사람의 이니셔티브와 탄력성을 기반으로 하여 근대화를 추진했다(헨리 키신저 2012, 394-395, 410)쪽 참조. 마오는 황제처럼 통치를 했지만 덩은 관리처럼 통치했다. 같은 책, 410쪽 참조 .[7] 헨리 키신저의 이 기술은 마오와 덩이 국가경영에서 어떻게 다른가를 보여주려는 것이다. 그러다 보니 마오와 덩의 노선이 질적으로 다른 것으로 오해하기 십상이다. 하지만 정치와 경제를 구분해야 한다. 경제는 마오와 차별점이 뚜렷하지만 정치는 마오의 본질을 거의 그대로 계승하고 있다. 덩은 정치에서 마오를 부정하면 자신의 존재기반조차 위태로와질 수 있기 때문이다. 소련과 비교하면 그 차이는 명확해진다. 소련은 레닌과 스탈린으로 긍정점과 부정점이 뚜렷이 갈리지만 중국은 마오 한 몸에 긍정점과 부정점이 동시에 존재한다.

7) 마오는 황제처럼 통치를 했지만 덩은 관리처럼 통치했다(헨리 키신저 2012, 410).

덩은 마오 노선에서 경제는 단절을 선택했지만 정치는 계승을 선택했다. 마오는 젊었을 때부터 상앙의 변법에 주목했고 진시황을 성인으로 어겼다는 것은 익히 알려진 사실이다. 마오는 1973-1974년 시기에 유법투쟁과 법가사상에 집중했다(對談 2014).[8] 그만큼 마오의 사회주의 성격은 초기부터 마지막까지 법가적 정향성을 보여준다. 마오가 마르크스를 수용했다고 하지만 그가 그것을 받아들이게 되는 사상적 배경이 되는 것은 법가사상이었다. 비유존법(批儒尊法)의 바탕 위에서 받아들인 마르크스주의는 당연히 마르크스주의의 법가화를 초래했을 가능성이 높다. 이는 혁명 시기에는 나타나지 않다가 1949년 중화인민공화국 건립 이후 국가를 직접 경영해야 하는 시기에 나타났다. 사상통일을 위해 기획된 반우파투쟁과 문화대혁명은 그 적절한 예이다. 결국 진한 이후 만들어진 유법체제의 부국강병의 논리는 마르크스주의를 중국식으로 받아들인 마오에 의해 더 강화되었을 가능성이 높다. 중국의 전통적 유법체제는 현실주의와 이상주의의 결합이다. 사회주의 시기에는 법가의 현실주의와 마르크스주의의 이상주의가 결합하는 형태로 변형되었을 가능성 무시할 수 없다. 중국에서는 중요한 문제를 결정할 때는 군사 지도자를 부른다. 미국은 중국 강경파의 영향력을 과소평가했다(마이클 필스버리 2016). 이는 유법체제의 전통이 좀 더 강화되었음을 반증해주는 것일 수도 있다.

8) 마오는 1971년 임표 사건 후 74년 비림비공운동을 일으켰고 곧바로 批儒尊法운동을 시작했다. 인민공화국이 만들어진지 근 25년이 되었음에서 이 운동을 일으킨 것은 정적 축출 외에 유가와 지식인을 얼마나 의식했는가를 알 수 있다. 죽기 직전 자신이 죽으면 유교가 다시 살아날 것이라 예언까지 하였다.

로드릭 맥파커(Roderick MacFarquhar)의 가설은 이를 뒷받침해 준다. 중국은 전통적으로 철의 삼각으로 움직여졌다. 철의 삼각이란 관료, 유교사상, 군대이다. 인민공화국 성립으로 다시 공산당 간부가 옛날 유자 관료보다 훨씬 조직화되고 규율화되었다. 유교의 자리를 맑스 레닌주의와 마오사상이대체했다. 홍군을 토대로 인민해방군이 만들어졌다.(당관료, 맑스주의, 인민해방군) 당간부는 맑스 레닌주의 및 모택동사상의 지식으로 이전보다 훨씬 강력해진 통치자격을 얻었고 인민통치의 지침이 되는 이데올로기는 유법체제보다 훨씬 강화되었다. 이렇게 하여 과거 전통시기보다 더 강력한 철의 삼각이 구축된 것이다(Roderick MacFarquhar 2016). 마오와 그를 계승한 덩샤오핑의 정치노선은 결국 유법체제의 부국강병의 논리보다 훨씬 강화된 형태였다.

하지만 경제에서는 상황이 달랐다. 덩샤오핑은 경제노선에서는 마오를 이반해야 중국의 미래가 있다고 생각했다. 그가 보기에 경제는 극단적 처방이 필요했다. 그는 사회주의 이데올로기를 거의 버리다시피 했다. 대신 시장을 개방하고 과학 기술을 중시했다. 이것이 등소평이 경제를 성공시킨 비결이었다. 1992년 남순강화(南巡講話)를 통해 덩샤오핑이 주변의 반대를 무릅쓰고 개혁개방 정책을 재천명한 이유다.

1989년 텐안먼 민주화운동이 일어났을 때 민중 저항에 놀란 공산당 좌파 원로들은 동란의 표상인 문혁을 떠올렸고, 이 저항에 대응하기 위해서는 다시 사회주의 질서를 강화하고 자본주의 도입을 완화해야 한다고 주장했다. 반면 덩샤오핑은 중국의 부강을 이루기 위해 개혁

·개방에 더 박차를 가해야 한다고 봤다.[9] 자본주의냐 사회주의냐를 따지지 말고 쥐만 잘 잡으면 된다는 논리였다. 덩샤오핑은 경제 건설을 강조하지 않으면 소련의 전철을 밟게 될 수도 있다고 강조했다. 사실 현실 사회주의는 글로발한 자본주의 차원에서 본다면 근대화의 또 다른 방법이었다. 국가경영이라는 시각에서 본다면 먹고사는 문제와 근대화가 급선무이지 사회주의의 추구가 아니었다. 이 점에서는 마오도 동일하다. 그도 1964-5년의 시점에서 겉으로는 대약진 이후 위태로와진 자신의 지위를 만회하기 위해 문혁이라는 권력투쟁을 준비하면서도 안으로는 국가의 안보를 우선시했다. 이 때 국방력 강화를 위해 핵실험을 진행했고 문혁 기간에도 미국을 향해 화해의 손짓을 했다는 사실은 마오가 국가경영을 가장 중요하게 인식했다는 방증이기도 할 것이다.

서구 자본주의와의 접궤(接軌)라는 측면을 개방으로 해석할 수 있다면 19세기 중국의 개방은 수동적 개방이다. 반면 20세기 후반에 진행된 개혁개방은 능동적 개방이라 할 수 있다.[10] 1980년대가 서구 자본주의에 접궤하여 거기에 적응해간 과정이며, 1990년대는 서양이

---

9) 그는 자신이 감행한 1989년 6.4진압으로 인해 1992년 남순강화의 시도가 성공하지 못한다면 개혁가보다는 독재자로 역사에 남을 것이라는 부담이 있었다(조영남 2016, 335)

10) 秦暉는 개혁개방을 모택동이 결정한 것으로 본다(秦暉 2000) 그러나 1992년 남순강화는 '좌파'원로들의 반대를 무릅쓰고 덩샤오핑이 힘겹게 내린 결정이라는 점을 인정하면 개혁개방의 완성은 덩의 몫으로 돌려야 할 것이다(그레이엄 앨리슨 2015). 리콴유는 1978년 덩샤오핑의 개방을 1793년 건륭제의 실책을 200년 만에 만회한 것이었다고 본다. 영국의 매카트니 경이 1793년 중국을 방문하여 개방을 요구한지 200년만에 이루어진 개방으로 보는 것이다(같은 책.223-224).

론의 토착화 내지는 거부의 문제로 고심하는 과정이었고, 2000년대는 중국이 서구 자본주의의 극복을 통해 그 궤도를 바꿀 수도 있다는 자신감과 가능성을 타진하는 과정이었다(조경란 2013, 280). 이 과정에서 중국모델론과 베이징 컨센서스가 출현한 것도 사실이다. 이 모든 것의 중심에 사회주의 신념보다는 부강의 추구와 이를 바탕으로 한 중국의 굴기와 세계 최고의 위치 탈환이라는 지상의 목표가 있었다. 그러나 이 목표를 통해 부강을 이룬 대신 엄청난 빈부격차와 물신화 정도가 우려할 수준에 도달했다.[11] 이에 대해서는 중국 지식인도 한탄할 정도이다. "근대적 부강의 추구는 우리들의 사유와 상상을 상당히 물질화시켰다. 지금 중국은 이미 부강에 근접해있지만 부강 밖의 경지를 잊어가고 있다. 우리는 각종 비물질적인 것에 이미 생소하고 심지어 '비물질문화'를 상인들이 물건 고르듯이 한다. 이는 비물질문화를 훨씬 더 물질화시키는 전형적인 방법이기도 하다"고 지적한다(羅志田 2018, 20). 부강 너머의 가치의 상실을 지적한 것이다.

11) 2014-15년 기준 소득비율에서 상위 10%가 41.4%를 차지하고 하위 50%가 14.8%를 차지할 뿐이다. 2017년 발표한 지니계수는 0. 467이다(이종섭 2021).

4. 중국의 메타서사-Ⅲ : 다민족의 중화제국과 사상메카니즘

- 대일통과 중국 중심적 국제질서의 상상(조공체제)

중국 정부의 미래구상을 단순화시키면 부강을 토대로 하여 중국 고유의 역사와 사상을 재현하겠다는 것이다. 그것은 유법체제에 근거한 강대한 다민족 국가의 운영 메카니즘을 의미한다. 중국사는 분열과 통합의 반복으로 점철되어 있다. 기원전 4-3세기에 살았던 맹자가 하나로 통일되는 것을 최대의 가치로 여겼다는 것은 BC 8세기부터 혼란의 소용돌이에 들어간 중국에서 그것이 얼마나 중요한 가치였는가를 말해준다, 그만큼 천하통일을 의미하는 '대일통'은 중국의 전역사를 통해 위정자가 가장 우선적으로 처리해야 할 '대임무'였다. 이 강박은 어떻게든 다민족 국가의 통합을 유지해야 한다는 것이다. 이러한 미션은 진한제국 이후 현재까지 시대를 초월한다. 마이클 필스버리의 표현을 빌리자면 '영토의 완정성'(完整性)이며(마이클 필스버리 2016. 204) 캉유웨이(康有爲)의 표현으로는 '보전(保全) 중국'이다. 시진핑 시기에는 신장과 티베트 그리고 홍콩만이 아니라 타이완을 포함해야 중국몽의 실현이요, 슈퍼차이나의 실현이다. 이는 이 논문의 키워드인 '메타서사' 중에서도 근간을 이루고 있는 핵심적 '메타서사'이다.

이 핵심적 '메타서사'는 대일통 관념과 매우 밀접하게 연관되어 있다. 왕조시대나 근대 이후 모든 시기를 통틀어 대일통의 실현으로 모든 왕조는 지배의 정당성을 획득할 수 있었기 때문이다. 그렇기에 대일통을 이룬 왕조라면 그것이 한족 왕조이건 정복왕조이건 상관없이 정통성을 갖게 된다.12) 그런데 여기서 또 하나 주목할 것은 천하통일은 결코 중화의 통일만을 의미하는 것이 아니라는 점이다. 천하통일은 중화나 중국을 중심으로 하여 주변인 사이(四夷)가 그것을 둘러쌀 때 성립하는 것이다. 예를 들어 한나라 때 유학자 가의(賈誼)가 "천자는 천하의 머리이고 위이다, 만이(蠻夷)는 천하의 다리이고 아래이다"(『漢書』, 賈誼편)라고 했다. 중화와 이적(夷狄)이 상하관계 속에서 화이일체론의 성격을 갖는다는 의미다. 이들에 의하면 화이일체의 중화제국을 실현했을 때만이 이상적 형태의 정통왕조가 되는 것이다.

여기서 알 수 있는 것은 만주족의 청나라가 유교를 필요로 한 것처럼 유교는 漢'민족에 內屬'된 것이 아니라 '국가에 내속'되어 있다는 점이다. '유교국가'라는 것은 後漢 이후 中國國家가 유교의 이념에 의거하여 지배체제로 규정되었다는 의미다. 유교의 국교화가 아니라 '유교국가'라는 개념어를 사용하는 이유는 국가가 유교를 신체화하는 것을 중시했기 때문이다(渡邉義浩 2009, 321). 이런 인식은 동중서가 유교를 한족을 초월하여 종족과 무관한 방대한 통치원리를 만들어냈기에 가능한 것이다(조경란 2019).

---

12) 이 점을 인정한다면 헨리 키신저가 말하는 한족 평화주의가 성립할 이론적 근거가 사라진다. 문정인은 자신의 저서에서 이를 인용했다(문정인 2021, 104). 한족은 조공체제를 통해 주변국에 영향력을 행사했고 영토침탈을 하지 않았다는 것이다. 한족이 타국의 영토침략을 하지 않았다는 것은 팩트가 아니다. 고조선을 침략한 것은 한족이 아니고 누구인가.

이 논리대로라면 중화제국은 당연 중화왕조이지만 중화왕조가 모두 중화제국은 아니다. 양자의 구별 기준은 주변의 四夷를 세력범위 안에 넣느냐의 여부였다(王柯 2003, 204). 四夷를 세력 범위 안에 넣는 중화제국, 이것이 제국성을 확보하는 길이었다. 중국은 신해혁명으로 왕조는 무너졌으나 전통 제국의 이상을 버리지 못했기에 정치 전통이 '현대화'되지 못한 채로 남아 있다. 전통시기든 21세기든 제국성을 확보하는 것이 지배의 정당성을 획득하는 길이 되는 셈이다. 이점이 지금도 역설적으로 천하논의가 현실성을 갖는 이유이다. 따라서 시진핑 시대 최대 프로젝트인 일대일로와 중국몽은 이러한 천하질서 논의와 무관하지 않음에 유념해야 한다.

중국인 심리 저변에는 부강과 통일을 토대로 한 중국 중심의 국제질서를 다시 세워야 한다는 관념이 자리하고 있다. 이것이 중국 역사와 사상에서 핵심 개념인 '천하질서'다. 중국은 21세기가 된 지금도 이 개념을 고수하고 있다. 이 천하질서는 국내질서와 국제질서로 구성된다. 중국 내부는 유교적 질서관념인 차등에 근거해 있다. 이것이 종종 조화라는 개념으로 설명되기도 한다. 중국인에게는 차등이 자연질서다. 중국의 국제질서 관념은 국내의 차등질서를 그대로 확장한 것이다. 이 점에서 이들은 아직도 조공과 책봉의 관계로 '세계'가 움직여졌던 과거 자기 중심적 시각에서 탈피하지 못하고 있다. 이들의 서사에서 서양이 부상한 최근의 역사는 전 역사에서 변칙적인 시기에 해당할 뿐이다(그레이엄 앨리슨 2018, 178-181).

시진핑 정권은 '중국몽'과 '일대일로(一帶一路)'를 양대 프로젝트로 삼고 있다. 최근 중국 지식인들은 이를 천하질서의 새로운 형태로 정의한다. 요수쥔(尤淑君) 저장대 교수는 “전통적 천하질서는 더 이상 그대로 존재하지 않아도 지금의 중국 정치문화, 특히 외교정책 속에 여전히 강력히 살아 있다”고 짚었다(尤淑君 2016, 79). 중국사 분야 석학 거자오꽝(葛兆光) 푸단대 석좌교수도 “중국 정치의 전통은 대내적으로 일통관념, 대외적으로는 천하관념이다. 이 같은 전통적 국가 체제가 현재 정치체제와 이데올로기에 어떤 영향을 주는지 주목해야 한다”고 말한 바 있다(葛兆光 2019. 15). 문자 그대로 ‘하늘 아래 모든 것’(all under heaven)을 의미하는 ‘천하’는 인종 및 지리적 경계를 초월하는 문화와 가치체제(a regime of culture and values)에 의해 결합된 통치시스템을 의미하기도 한다(Ban Wang 2017, Introduction). 사실 이 개념이 최초로 성립한 것은 주나라 때이다. 천하질서의 ‘천하’는 주나라 800년의 봉건제도(자오팅양 2010)[13]와 진,한 이후 제국의 통합적 메카니즘을 의미한다.[14] 현재까지도 중국 지식인들이 천하라는 말을 ‘세계’라는 말로 바꿔 쓰지 않고 그 용어를 고집하는 것도 중국식의 질서를 부흥하려는 시대착오적 발상에서 비롯된 것이라 볼 수 있다. 세번째 메타서사인 신중화제국 체제의 재현은 곧 중국몽의 실현이다. 중국인들에게 중국몽은 강력한 국가능력과 인민의 하나된 마음

---

13) 거자오광은 자오의 ‘천하체계’를 역사가 아니라 유토피아라고 비판한다(葛兆光 2015, 17). 자오는 자신이 구상하는 천하체계를 새로운 보편주의라 명명한다. 이에 대해 문정인 교수가 제도적, 인식론적 기반을 따져 묻자 그는 대화의 광장인 아고라와 以天下 觀天下라는 노자의 명제를 제시한다. 지나치게 추상적이다(문정인 2010, 83-89).

14) 천하질서에 대한 재검토가 현대 중국의 행동 패턴을 분석하고 전망하는 데 필수 요소라는 점을 강조한 논문으로(전인갑 2018) 참조.

에 기초하여 중화 민족을 부흥시키는 것이다. 그러나 마오의 사회주의 체제가 민주가 결여되어 많은 문제를 일으켰다(첸리췬 2012, 365). 21세기 글로벌세계의 초연결 디지털 사회에서 민주 없는 사회주의 중국몽의 실현이라는 것이 말이 되는가.[15] 중국이 시공을 초월한 폐쇄된 공동체로 만족한다거나 과거로 돌아가 황제가 통치하는 제국으로 만족한다면 모르겠다.

우리가 유법체제(儒法體制)에 근거한 강대한 다민족 국가의 운영 메카니즘 즉 중화제국시스템의 속성을 알아야 하는 이유는 현재의 정치체제와 이데올로기 안에 이러한 전통이 여전히 살아움직인다고 보기 때문이다. 다민족 국가의 운영 메카니즘이 현재까지도 이어지고 있다는 것은 중국정치의 특징이기도 하다. 그것은 화이체제적 중화사상을 모태로 하여 서양제국주의 방식이 결합된 형태를 취하고 있다.[16] 신자유주의 비판자 데이비드 하비(David Harvey)의 '자본의 공간이동'이라는 일대일로에 대한 비판에서 보듯 서양의 식민의 방식을 중국은 그대로 답습하고 있다(데이비드 하비 2017, 18). 결국 중국의 거버넌스는 20세기를 거치면서 서양 제국주의를 극복한다는 명분을 내걸었지만 결과는 그들의 문법을 이용하여 자기를 강화했다. 이로 인해 봉건성이 제거되지 않은 채로 거기에 권위주의가 강화된 형태의 국가가 창출되었다. 중국 거버넌스의 이러한 사정 때문에 서양

---

15) 사회주의 민주보다 당의 영도를 강조하는 시진핑 체제의 중국몽에 대해서는 다음 논문 참조(이정남2021, 29, 33, 47).

16) 일본은 중국의 중화를 뛰어넘기 위해 일본형 화이체제를 만들었고 이를 팽창시켜 일본형 제국주의의 기초를 만들었다. 일본이 중화를 탈취하려는 과정이 일본의 근대화였다(배기찬 2017, 301).

근대의 정치이론이나 국가이론으로 현재의 중국을 이해하는 데 한계가 있다. 이러한 사정을 이해하지 못하면 21세기의 "'중국'이란 무엇인가," "'중국'은 왜 그런가"에 접근할 수 없다.

거자오꽝(葛兆光)은 구미에서 사상사가 점차 쇠퇴해가는 것과 달리 중국의 사상사 연구는 여전히 활력을 유지하고 있다고 말한다. 이유는 이렇다. "중국의 전통은 대내적으로는 일통관념과 대외적으로는 천하관념이 지금의 중국내 관리제도와 국제질서구상에 여전히 영향을 미치고 있다. 전통적 국가체제, 군신관계와 예의제도가 지금의 정치체제와 이데올로기에 여전히 영향을 주고 있다. 결국 중국은 역사 속에서 합리적 근거를 찾는 습관이 있고 사상사 속에서 문제를 근본적으로 해결하고자 하는 습관이 있다. 중국의 당대(當代) 사상도 항상 과거의 사상사 특히 근대사상사 속에서 합리적 기원을 획득하려고 한다"(葛兆光 2019. 15). 중국에서 사상은 일체를 관리하는 절대적 원리인 셈이다(葛兆光 2019. 7)

또한 조공과 책봉을 내용으로 하는 조공체제에 대해서도 외교 문화 정치를 포함한 동아시아 국제관계의 복합적 면모를 다각도로 검토해야 한다. 단순히 평화로왔다고만 평가해서는 문제가 있다. 이는 중국과 일부 서구 학자들의 주장이며 당시 중국의 옆에 있었던 나라들은 여기에 동의하기 힘든 부분이 적지 않다. 따라서 이 또한 오리엔탈리즘의 문제와 결부시켜 세밀하게 재론되어야 한다. 또한 서론에서 말한 것처럼 '메타서사'의 메카니즘은 중국 홀로 구성한 것이 아니라 외부의 일부 지식인과 협력하에 만들어낸 이상화된 스토리텔링일 가능성이 높다. 이들은 기본적으로 서구가 문명화 담론과 인권을 가지고 비서구사회에 개입해왔다고 보고 이의 현실적 극복태로 중국을 상정한다. 그러나 이는 기존의 오리엔탈리즘을 극복하는 것이 아니라 그 문법을 그대로 차용한 중국의 이상화일 따름이다(조경란 2014. 조경란 2015c. 조경란 2016). 경멸화와 이상화는 동전의 양면이다. 에드워드 사이드가 '오리엔탈리즘에서 공격했던 인식론을 그대로 답습하고 있다.[17]

5. '메타서사'에 대한 성찰과 소프트파워의 조건

– 대안으로서의 마이너리티과 글로벌 공공재

시진핑 정부에서 '메타서사'는 고도로 활성화되어 있다. 하지만 이 '메타서사'에 근거한 미래구상은 오히려 중국 소프트파워 구상의 원천적 장애로 작동할 가능성이 높다. 거기다 비판과 토론이 없는 문화와 거버넌스는 그 가능성을 한 층 높여준다. 또 자족적으로 운영될 만큼의 경제 규모는 중국으로 하여금 소프트파워를 생산해야 한다는 '절실

17) 월러스틴은 이를 유럽적 보편주의라 부른다. 그에 의하면 지금 포스트 유럽적 보편주의 시기로 진입하고 있다. 그 가능한 대안은 보편적 보편주의들의 네트워크와 유사한 다수의 보편주의들이다. 그러나 우리가 거기에 도달하리란 보장은 없다. 그는 이것이 앞으로 다가올 20-50년의 싸움이 될 것으로 예측한다. 월러스틴은 서론에서 지적한 서양의 일부 좌파 지식인과 달리 유럽적 보편주의의 문제를 충분히 지적하지만 그것의 극복태를 섣불리 설정하는 데 대해 매우 조심스런 태도를 보여준다. 가장 위험한 대안은 보편적 가치들에 기초했다고 주장하지만 더 사악하게 우리의 관습을 지배하게 될 새로운 위계적 불평등의 세계다(이매뉴얼 월러스틴 2008, 145-146).

함'을 촉구하지 않는다.이 점들은 중국의 밖에서 더 뚜렷하게 보인다.

이를 정리하면 첫째, 중국의 위정자와 지식인은 다민족 국가를 유지해야 한다는 강박에 가까운 신념을 가지고 있다. 중국 근대 전환기에 청왕조의 멸망은 문화의 멸망이자 제도의 멸망이었으나(이중텐 2015, 20) 중국은 이를 대체할 현대적 형태의 정치제도를 만들지 못했다. 그럼으로써 중국은 주변 나라와의 관계에서 조공체제 시기의 자기중심주의적 봉건의식을 청산할 수 없었다. 봉건의식이 청산되지 않음으로써 중국의 세계인식은 현대적 변화를 겪지 못했다. 이로 인해 중국의 위정자와 지식인은 세계의 지정학이 전통시대와는 판이하게 달라졌다는 사실을 고려하지 않고 미래를 구상한다. 그들에게 전통시대는 동아시아가 세계의 전부였다. 중국을 중심으로 돌아가는 조공체제는 동아시아에서 국제관계의 모든 것을 포괄했다. 그러나 21세기는 다르다. 이제 더 이상 중국을 중심으로 한 조공체제 같은 것은 어디에서도 가동될 수 없는 시대다. 그러나 중국의 위정자와 적지 않은 지식인들은 이 시대의 향수에서 벗어나지 못하고 있다. 예컨대 일대일로가 그렇고 왕후이의 과체계 사회(trans-systemic society)가 그렇다. 일대일로는 조공체제의 확장판이며 과체계 사회는 조공체제의 영어판일 따름이다. 여기에는 서양 좌파 학자들의 '기여'가 있다(마틴 자크 2010).[18] 이들의 주장에는 중국의 조공체제 500년 동안에는 전쟁이 일어나지 않았다는 등 팩트와는 다른 중국에

---

18) 이 외에도 알튀세, 알랭 바디우, 竹內好, 柄谷行人 등 여러 명이 있다. 워링은 68혁명 시기 초엘리트 출신인 프랑스 좌파 지식인들은 알튀세나 알랭 바디우같이 래디칼한 논법으로 자신들이 부르주아의 아들, 딸로서의 죄를 보상받으려 했다고 말한다(Wolin Richard 2010)

대한 이상화된 이해가 존재한다. 시대가 바뀌었다면 시대에 맞게 생각과 전략도 바뀌어야 한다. 21세기에는 아시아의 어느 나라도 중국을 경제적으로 분리시키는 냉전 스타일의 봉쇄 전략을 바라지는 않겠지만, 그렇다고 중국의 아시아 지배를 원치 않는다(Joseph S. Nye 2020, 19). 중국에 대한 세계의 반감은 많은 부분 중국의 이러한 시대착오적 발상과 그들의 중심주의에서 발생한다.

둘째, 중국은 사회주의 70년을 겪는 동안 비판과 견제라는 정치 시스템을 만들어내지 못했다. 공산주의 체제 아래서 중국의 지식인은 – 지도자의 교체로 정도의 차이는 있었지만 – 지속적인 탄압을 받아왔다. 이런 체제 아래서 지식인은 그들의 제 1역할인 비판과 견제라는 작업을 수행할 수 없었다. 예컨대 1957년 반우파 투쟁으로 지식인 비판이 본격화되면서 중국에서는 소프트파워가 만들어질 수 있는 기본 조건인 '비판'이 허용되지 않았다. 1956년 소련 공산당 20차 대회를 통해 후르시초프가 스탈린을 비판하자 이에 충격을 받은 마오쩌둥은 지식인들에게 공산당을 향해 하고 싶은 말을 모두 하라는 자리를 만들었다. 그 때 공산당에 '당천하'라고 비판했던 『광명일보』 편집장 추안핑(储安平)을 비롯하여 공산당을 향해 할 말을 한 지식인들은 이후 대부분 실종되거나 죽임을 당하거나 자살했다.[19] 문혁 때는 지식인들 사이에서 심지어 '어떻게 자살 것인가'라는 글이 나올 정도였다(조경란 2015b). 이런 환경 아래서 소프트파워는 탄생할 수 없다.

19) 이에 대해서는 1957년 반우파 투쟁을 다룬 장이허의 책 참조(장이허 2015). 장이허는 추안핑을 1949년 이후의 '진정한 지식인'이라 보았다(장이허 2015, 127).

더구나 70년의 공산당 통치하에서 지식인은 자기검열이 습관화되어 비판인지감수성마저 유지하기 힘들다.

여기서 중국사, 몽고사에서 세계적 권위자였던 Owen Latimore의 말을 되새겨보자. 동아시아 좌파 지식인에게 두루 인기가 있었던 그는 1971년 일본의 한 좌담회에서 아래와 같이 말했다.

“공산당의 역사를 회고해보면 그 정권은 흔히 권위주의적인 것이었습니다. 따라서 이제 만약 중국에서 유교가 갖는 권위주의적인 전통과 마르크시즘의 정당에게서 찾아볼 수 있는 일당독재적인 권위주의가 겹치게 된다고 하면 이것은 아마도 세계에서 그 유례를 찾기 어려운 아주 엄준한 전제적(專制的) 공산당이 생겨날 가능성도 있는 것입니다. 그런 반면, 공자가 가졌던 회의주의 또는 분석적인 경향, 또는 합리적 · 지성적으로 사물을 해결해가는 경향이 강하게 표면에 나타날 경우에는 이것 또한 세계에서 유례가 없이 인간적(휴매니스틱)인 어떤 것이 되리라 생각합니다. 중국공산당과 그 정치의 역사가 일천한 까닭에 장래 그 어느 쪽으로 향할지는 아직 단정할 수 없습니다.” (이영희 1977).

라티모어가 이 발언을 한 지 올해로 꼭 50년이 되었다. 50년이 된 상황에서 ‘전제적 공산당’의 모습은 누가 보아도 부정할 수 없다. 거기다가 ‘사상통제’가 일상화되고 있고 2021년 11월 역사결의를 통해 시진핑의 연장 통치가 확정되었다. 현재 ‘유례를 찾기 어려운 엄준한 전제적 공산당’으로 굳어질 확율은 90%이상이라고 봐야 한다. 부흥한 유학은 애초에 공산당을 견제할 힘이 없다. 왜냐면 부흥 단계부터 애초에 국가의 기획이 개입되어 있었기 때문이다. 따라서 21세기 중국의 유학은 운명적으로 민족주의화된 유학, 국가에 포획된 유학이라는 특징을 가지고 태어났다는 점에 주목해야 한다. 유학담론 주체들이 보여주는 우환의식의 과잉은 유학이 국가를 넘어서기 힘들게 한다.

그렇다면 세계, 동아시아와 소통할 수 있는 방법은 있는 것일까. 있다. 있지만 쉽지 않다. 있더라도 단기간 내에 실현될 수 없다. 그래도 말해보자. 첫째, 20세기 초 중단된 자기성찰의 마이너리티 사상을 소환하여 사상의 다원성을 다시 확보해야 한다. 필자는 중국공산당의 70년 통치 또한 사실상 황제의 지배체제와 진배 없다고 본다. 따라서 오래지 않아 20세기 초에 나타났던 비주류민족주의의 기원이라 할 수 있는 마이너리티 사상가들이 소구될 것이라 예상한다. 어느 한쪽으로 치우치면 다시 다른 한쪽으로 치우침으로서 균형을 잡아가는 것이 역사의 법칙이다. 중국 20세기 전반기에는 민주와 과학 외에 자유와 평등에 기초하여 중화제국 전반에 대한 자기 성찰을 보여주었다. 이 시기의 시도들은 단순히 서양의 추종에서 끝난 것으로 해석해서는 안된다. 이 시기 사상가들은 동서양을 긴장관계로 파악했다. 허나 현재 중국이 국가적 차원에서 추진되고 있는 '5.4운동 지우기'는 5.4를 서양과 등치시켜 이단시하고[20] '순수한 중국'(Chineseness)을 추구하려는 것이다.[21] 타자성을 배제한 동일성의 추구는 이 자체가

20) 이는 민족주의와 세계주의가 혼재된 5.4운동의 의미를 부정하는 꼴이다.

윤리성을 부정하는 것이기도 하다.[22]

둘째, 글로발한 가치를 적극 공유하는 방식으로 중국의 인상을 호전시킬 필요가 있다. 토마 피케티(Thomas Piketty)가 제시한 것처럼 참여적이고 지방분권화된 연방제 방식을 취하고, 민주적이고 환경친화적이며 다양한 문화가 혼종되어 있고, 여성존중의 사상을 담은 것이어야 이른바 새로운 형태의 사회주의가 될 수 있다(토마 피케티 2021, 10). 이렇게 될 수만 있다면 좋겠지만 누가 보아도 중국이 단기간 내에 위의 사항들을 실현하기란 쉽지 않을 것이다. 먼저 지방분권의 문제는 중국정치에서 금기사항이다. 기후문제에 대해서는 중국이 현재 전세계 탄소배출량의 28%를 차지한다. 기후 문제의 대책에 대해서는 중국의 국내 정치 상황과 이해관계 그리고 조건이 이를 허용할까를 따져보아야 하지만 무엇보다 공산당이 이를 실천할 의지가 있는가가 중요하다. 국제사회의 경쟁과 협력의 상호의존적인 관계 속에서 G2로 부상한 중국이 이에 어울리는 역할과 책임이 강조되고 있다(Joseph S. Nye 2020).[23] 이런 상황 속에서 중국의 역할과 책임을 간단히 거부하기에도 부담이다. 거부하면 국제사회에서 리더국가는

21) 이의 추구는 대륙신유가의 목표이기도 하다.

22) 1954-1955년에 집중적으로 이루어진 호적 비판운동과 무엇이 다른가. 이 때의 호적 비판운동은 호적은 대륙을 떠났는데 그가 남겨놓은 자유주의라는 문화의 흔적을 지우고자 했다는 점에서 중국공산당이 사상통일을 위해 '이질'을 근본부터 없애고자 하는 작업의 일환이었다.

23) 조셉 나이는 1929-1939년 사이 미국이 영국이 차지했던 제국의 자리를 교체할 때에 미국이 자기 책임을 다하지 못했음을 들어 현재 중국이 제 역할을 다하지 못한다고 본다. 이를 그는 킨들버거의 함정이라 불렀다(Joseph S. Nye 2020, pp. 16-17). 사실 중국의 일대일로도 세계의 경제적 상호의존을 높이기 위한 차원에서 진행되고 있다(성균관대학교 성균중국연구소 2018, 24-25).

커녕 보통국가가 되기도 힘들 것이기 때문이다.

자국 이기주의에서 벗어나 글로발한 리더십을 보여줄 수 있을 때 아시아에서 소프트파워도 형성 가능하다(오드 아르네 베스타 2018, 106). 소프트파워는 단순히 자신의 역사와 문화가 가지고 있는 것을 다시 부흥시킨다고 해서 만들어지는 것이 아니다. 자신의 역사와 문화의 비판적 토대 위에서 자기민족은 물론 세계가 나아갈 방향을 제시할 수 있을 때 소프트파워는 구성될 수 있는 조건이 겨우 만들어질 수 있다. 정용녠은 중국의 굴기를 말할 때 그 표지가 무엇인가를 물어야 한다고 본다. 그에 의하면 중국은 GDP의 증가 외에 네가지의 중요한 문제가 있다. 중국사회 도덕체계의 중건, 전지구화 아래서 현대중국의 이데올로기 건설, 중국의 국제적 발언권의 제고, 중국의 세계를 위해 대안적 문화선택 제공이 그것이다(鄭永年 2018, 4). 그러나 이러한 발상 자체가 얼마나 구태의연하고 얼마나 철학이 빈곤한지를 보여주는 것이다. 결국 비판과 토론이 맘껏 이루어질 수 있는 문화와 그것이 어느 정도라도 보장되는 민주주의 거버넌스가 마련되지 않는다면 장기적으로 백약이 무효하다는 것을 중국의 당국자와 지식인들은 알아야 한다.

6. 중국 소프트 파워의 딜레마와 한국의 전략

21세기에 들어와 벌써 20년이 넘었다. 중국의 문사철을 망라한 사상계는 10년 전까지만 해도 매우 고무되어 있었다. 서양학자와 중국학자가 주거니 받거니 '중국모델론', '베이징컨센서스' 등 다양한 형태의 중국의 길을 제시했다. 경제성장의 원인과 결과가 서양의 방식과는 다르다는 설명이 필요했기 때문이다. 적어도 2008년 북경 올림픽이 끝나고 그 즈음 일본을 제치고 G2가 되기까지는 그랬다. 100년 전 중국의 다수 지식인들의 꿈인 부와 강이 현실이 되었기에 그럴만도 했다. 허나 꿈이 현실이 된 후 역설적으로 논쟁이 사라진 시대가 되었다. 논쟁이 사라진 것은 시진핑 1인 독재로 사상과 언론이 통제되고 있는 것과도 관계가 있을테지만, 부강을 이룬 이후 지식계 전반이 그것을 뛰어넘는 지식의 좌표를 상실했음을 의미하기도 한다.[24] 국가적으로는 경제성장은 했는데 그것을 뛰어넘는 가치지향점이 없는 이 공동화된 현실, 개인적으로는 돈은 벌었는데 이걸 어떻게 써야 할지 모르는 상황, 아이러니하게도 이것이 지금 중국이 처한 가장 큰 딜레마다. 서양 추격에는 성공했는데 이후 자신만의 창조성이 요구되는 길목에서 중국은 돌파구를 마련하지 못하고 있다. 그것은 현재 중국이 부강너머를 상상할 수 없다는 것을 보여주는 것이기도 하다. 이 현상은 '메타서사'에 너무도 충실함으로써 소프트파워가 탄생할 수 없는 딜레마적 현실과도 긴밀하게 관련된다.

시진핑 체제로 들어선 이후 그가 소련 공산당이 왜 망했는가에 주목해야 한다고 힘주어 강조했던 것도 대안통치 세력이 없는 상황에서 공산당의 운명이 곧 중국의 운명이었기에 그랬을 것이다. 그 해체의 원인을 부패와 이념의 동요에서 찾고 집권 이후 줄곧 '부패와의 전쟁'을 치른 것도 그 때문이다. 그러나 공산주의 이념만으로 국가통치와

24) 이와 관련하여 시진핑 정부에서 지식 담론의 보수화 전통주의화를 다룬 논문으로 다음 논문 참조(주장환 2021, 105).

장기지배가 가능할 것이 아니기에 국민통합을 위해 찾아낸 것이 천하사상과 유교이다. 결국 마르크스주의와 유교 이 두가지를 가지고 경제성장에 걸맞는 가치의 좌표를 만들려는 심산이다. 이는 마치 한나라 때 한무제가 유가를 공식 이데올로기로 채용하면서 진나라 때의 법가사상과 앞 세대 문경지치(한나라 文帝와 景帝 때의 통치)의 도가와 황로지학을 극복한 것처럼 말했지만 유가로 치장한 법가사상이 치국사상이 된 것과도 비교될만하다.[25)]

유교 천하주의나 신유가 논의가 활성화된 것도 바로 이런 이유에서였다고 할 수 있다. 중국으로서는 유교문명을 무시하고 자신들의 부드러운 힘을 구상한다는 것이 상상하기 어려운 일이기도 하다. 시진핑이 2013년에서 15년 사이 보여준 유교에 대한 정치적 행보는 중국에서 마르크스주의는 이념이나 가치로서 역할은 거의 사라졌고 국민통합에도 역부족이라는 판단에서다. 물론 여기서의 유학은 공자의 개혁유교이기보다는 한대이후의 통치하기에 유리한 이데올로기화된 유교일 것이다. 그가 손수 공자연구원을 방문하고 공자 탄생 몇주기에 연설하고 유가를 만나 무릎을 맞댄 그의 정치적 행보는 그래서 우연이 아닌 것이다. 그러나 이는 바로 시진핑 정권이 얼마나 사상의 빈곤에 처해 있는가를 웅변적으로 말해주는 '사건'들이다.

시진핑을 만난 적이 있는 미국의 '괴짜' 백만장자 니콜라스 베르구르엔((Nicolas Berggruen)은 "마르크스주의 레닌주의와 유교가 앙상

25) 현재 시진핑 정부에서도 겉으로는 사회주의를 표방하지만 실제로는 유가와 법가사상(유법체제)이 정치 이데올로기이며 그 중에서도 핵심은 법가사상이라 할 수 있다(Zhaodingxin, 2015)

블을 이루고 있는 중국에서는 그러한 슬로건이 거대한 국가를 일원화하여 앞으로 나아가도록 사람들을 결집하는 역할을 한다"고 말했다(네이선 가델스 · 니콜라스 베르그루엔 2020, 182). 그는 중국이 미국보다 더 나은 사회를 만들어야 한다는 생각을 가지고 있는 열린 자선사업가이다. 그가 마르크스주의와 유학의 결합을 앙상블이라 표현한 것은 서양인이 보기에는 매우 이질적으로 보이는 두 사상의 결합이 신기해보였던 모양이다. 필자가 보기에 이 둘의 결합은 알상블이기보다 권위주의 정치를 강화하는 쪽으로 기능하여 사람들의 창의성을 가로막을 공산이 크다.

마이클 샌델(Michael Joseph Sandel)은 이렇게 말한 적이 있다. "공자에서 미국 공화주의자들에 이르기까지 전통적 능력주의는 통치에 적합한 능력에 도덕적, 시민적 미덕이 포함된다는 점에서 같다. 그들 모두 공동선이란 적어도 부분적이나마 시민의 도덕교육으로 이루어진다고 생각했기 때문이다. 그러나 우리가 현재 겪고 있는 '기술관료 버전'의 능력주의는 능력과 도덕판단 사이의 끈을 끊어버렸다"(마이클 샌델. 2020, 57). 중국 내부에서 70년동안 통치해온 중국공산당에 대해서는 남녀노소를 막론하고 무한한 능력의 행위자로 인식되어 있다. 더욱이 부강에 기초하여 G2가 됨으로써 중국 '공산당 엘리트의 능력'은 거의 신화가 되어버렸다. 능력이 있으면 도덕은 문제 삼지 않는다. 심지어 공산당은 미세먼지도 해결할 수 있는데 눈에 보이지 않는, 그래서 별로 '중요하지 않은' 소프트파워쯤이야! 중국 일반대중은 이렇게 생각할 가능성이 높다.

2020년 코로나19 사태에서 의사 리원량(李文亮)의 죽음도 중국공산당과 주류지식인의 가치의 상실, 철학의 빈곤을 극적으로 보여주는 장면으로 볼 수 있다. 의사 개인들의 의견과 생명이 공산당 통치의 '무사안위' 앞에서 초개같이 다루어지고 그것이 또 다시 얼마나 큰 재앙을 가져오는지를 중국인들은 똑똑히 보았다. 내가 북경대에서 만난 유명 원로 학자는 이 또한 궁극적으로는 문혁을 제대로 청산하지 못한 데 원인이 있다고 분석했다. 소프트파워가 설득력을 가지려면 국가를 초월해야 한다. 국가주도로 만들어야 한다고 생각하는 것 자체가 넌센스다. 공자의 仁은 국가를 초월해 있었기에 역설적으로 군주들에게 거절당했던 것이다. 군주에게 거절당할 수 있어야 소프트파워의 조건은 충족한다. 중국에 갇히지 않는 소프트파워가 탄생할 때 '비로소' 부강 너머를 상상할 수 있을 것이다.

| 참고문헌 |

그레이엄 앨리슨, 정혜윤 옮김. 2018. 『예정된 전쟁』, 세종서적.

그레이엄 앨리슨 외, 석동연 번역. 2015. 『리콴유가 말하다』, 행복에너지.

네이선 가델스 · 니콜라스 베르그루엔, 이정화 옮김. 2020. 『민주주의의 쇄신』, 북스힐.

다니엘 벨. 2017. 『차이나 모델』, 서해문집.

데이비드 하비, 최병두 옮김. 2017. 『데이비드 하비의 세계를 보는 눈』. 창비.

마이클 샌델, 함규진 옮김. 2020. 『공정하다는 착각』, 와이즈베리.

마이클 필스버리, 한정은 옮김. 2016. 『100년의 마라톤』, 영림카디널.

막스 베버, 전성우 옮김. 2017. 『직업으로서의 학문』, 나남.

마틴 자크, 안세은 옮김. 2020. 『중국이 세계를 지배하면』, 부키.

먼홍화 편저, 성균중국연구소 옮김. 2014. 『중국의 매력국가 만들기 : 소프트파워 전략』, 성균관대 출판부.

문성원. 2012. '진리'냐 '파국'이냐-문화대혁명의 서양철학적 반향에 대한 소고」, 『해체와 윤리』, 그린비.

문정인. 2021. 『문정인의 미래 시나리오』, 청림출판.

민두기. 1981. 「정치적 지도자로서의 모택동」, 『중국근대사론II』, 지식산업사.

배기찬. 2017. 『코리아 생존전략』, 위즈덤하우스.

성균관대학교 성균중국연구소 엮고 옮김. 2018. 『제19차 중국공산당 전국대표대회보고』, 지식공작소.

『시사in』 2021년 5월

오드 아르네 베스타. 2018. 「아시아를 이끄는 국가가 될 수 있을 것인가」, 『하버드 대학 중국 특강』, 미래의 창.

유재건. 2003. 「근대 서구의 타자 인식과 서구중심주의」, 『역사와 경계』 46, 2003. 3.

유재건. 2003. 「서구중심주의와 근대성」, 『한국민족문화』 32.

이매뉴얼 월러스틴, 김재오 옮김. 2008. 『유럽적 보편주의-권력의 레토릭』, 창비.

이영희 편저. 1977.『8억인과의 대화』, 창비.

이정남. 2021. 「시진핑의 중국몽 : 민주주의 없이도 가능한가」, 『중국의 꿈과 민주주의』, 아연출판부.

이중텐, 심규호 옮김. 2015. 『국가를 말하다』, 라의 눈.

이종섭. 2021. 「중국공산당 100년, 시진핑의 비전과 현실..성장에 가려진 그늘②」, 『경향신문』 2021년 6월 28일자오팅양, 노승현 옮김. 2010.『천하체계』, 길.

장이허, 박주은 옮김. 2015.『나의 중국 현대사』, 글항아리.

전인갑. 2018.「비대칭적 국제질서 : 천하질서, 그 변용과 현대적 재구성(Ⅰ)」,『서강인문논총』 51, 2018.4.

조경란. 2015a.「중국 탈서구중심주의 담론의 아포리아 - 20세기 국민국가와 중화민족 이데올로기의 이중성」,『중국근현대사연구』, 2015. 12.

조경란. 2015b.「중국 주류지식인의 과거대면 방식과 문혁담론 비판」,『사회와 철학』, 2015. 4.

조경란. 2019.『'천하질서'와 유교적 '보편주의'의 재구성의 가능성-Ⅱ: '대륙신유가' 의 '신캉유웨이'(新康有爲主義)에 대한 비판적 분석』, 2019. 12.

조경란. 2014.「냉전시기(1950-60년대) 일본 지식인의 중국 인식: 다케우치 요시미의 중국관: 사상적 아포리아와 '좌파-오리엔탈리즘'」,『사회와철학』 2014년 10월.

조경란. 2015c).「탈서구중심주의의 딜레마와 '좌파-오리엔탈리즘',『중국지식의 대외확산과 역류』(10인 공저), 학고방, 2015.

조경란. 2016.「중국은 '제국의 원리'를 제공할 수 있는가 - 가라타니 고진『제국론』의 비판적 분석」,『역사비평』, 2016. 8.

조경란. 2013.『현대중국 지식인 지도』, 글항아리.

조문영. 2019.「보편 중국의 부상과 인류학의 국가중심성 비판」,『중국사회과학논총』 2019 창간호(제1권 제1호).

조영남. 2016.『톈안먼 사건』, 민음사.

주장환. 2021.「'중국몽'과 중국 지식인 담론 지형의 변화 : 방향과 그 동인」(『중국의 꿈과 민주주의』, 아연출판부.

첸리췬, 연광석 옮김. 2012.『모택동 시대와 포스트 모택동시대 1949-2009』하, 한울.

토마 피케티, 이민주 옮김. 2021.『피케티의 사회주의 시급하다』, 은행나무.

헨리 키신저, 권기대 옮김. 2012.『중국 이야기』, 민음사.

홍석경. 2021.「문화 소프트파워와 국가 경쟁력 - 인문학의 가치 :한류현상으로부터의 교훈」,『제14회 한.중 인문교류정책포럼-문화소프트파워와 문황다양성, 인문학』 2021. 11. 19.

『漢書』, 賈誼편

甘陽. 2012.「從'民族-國家'走向'文明-國家'」,『文明 · 國家 · 大學』, 三聯書店, 2012.

葛兆光. 2019.「再談思想史在當代中國的重要性」,『書城』 2019. 1.

葛兆光. 2015.「對'天下'的想像-一個烏托邦想像背後的政治,思想與學術」,『思想』2015年 第29期.

鄭觀應. 1982.『鄭觀應集』上, 海人民出版社.

羅志田. 2018.「物質時代的文化重建」,『文化縱橫』2018. 12.

嚴復. 1986.『天演論』'譯例言' 5冊, 中華書局.

王滬寧. 1993.「作爲國家實力的文化 : 軟權力」,『復旦學報(社會科學版)』1993年 第3期.

尤淑君. 2016.「清代天下秩序观的建立' 解构及其转化」,『文化縱橫』2016年 10期.

鄭永年. 2019.「國家與發展-探索中國政治經濟學模式」,『文化縱橫』2019年 2期.

鄭永年. 2018.『中國的文明復興』, 東方出版社.

葛兆光. 2016.「中華民族の由來」.『思想』. 1106.

西村成雄. 2000.「二○世紀からみた中國ナショナリズムの二重性」, 西村成雄 편,『現代中國の構造變動-ナショナリズム-歷史からの接近』3, 東京大學出版會.

「現代政治における禮と法(共産主義と儒法闘爭)」(對談),『現代思想』2014年 3月.

秦暉. 2000.「ナショナリズムと中國知識人の國際政治觀」,『現代思想』, 2000年 6月.

渡邉義浩. 2009.「儒教の'國教化'論と'儒教國家'の成立」,『中國-社會と文化』. 東京: 東京大學出版會.

王柯. 2003.「帝國と民族—中國における支配正當性の視線」, 山本有造 編,『帝國の硏究』, 名古屋大學出版會.

Ban Wang, Editor. 2017. *Chinese Vision of World Order : Tianxia, culture, and World Politics*, Duke University Press.

Dingxin Zhao. 2015. *The Confucian-Legalist State : A New Theory of Chinese History*, Oxford University Press, Oxford.

Edward Friedman. 1996-97. "*Modernity's Bourgeoisie: Victim or Victimizer?*" China Information 11, no. 2-3.

Hao Chang. 1971. *Liang Ch'i-ch-ao and Intellectual Transition in China*, Harvard University Press(Cambridge, Mass).

Joseph S. Nye. 2012. "*China's Soft Power Deficit*". Wall Street Journal,2012. 5. 8.

Joseph S. Nye. 2020. *Power and Interdependence with China*, The Washington Quarterly, 2020 43:1.

Roderick MacFarquhar. 2016. *The Trauma from the Great Proletarian Cultural*

Revolution: Can the Iron Triangle Be Saved?, Modern China Studies 2016 Issue 2.

Wolin, Richard. 2010. *The Wind from the East : French Intellectuals, the Cultural Revolution, and the Legacy of the 1960s*, Princeton University Press.

2장

'중국식' 정치체제모델: 보편성을 획득할 수 있을까?*

이정남

Ⅰ. 서론

부상하고 있는 중국은 군사안보, 경제, 과학기술뿐만 아니라, 가치와 제도 영역에서도 미국과 치열한 패권경쟁을 하고 있다. 시진핑 정권의 등장이후 중국은 글로벌 강대국으로서 정체성을 분명히 하고 강대국 외교를 본격화함과 동시에 글로벌 거버넌스체제 개혁을 통한 국제질서의 재구성을 국가대전략의 목표로 제시했다. 그리고 미국에

* 이 글은 필자가 작성한 NEAR재단 연구보고서 〈중국의 강성 권위주의 체제의 지속 가능성과 한국의 대응 방정식〉(2021.3월)과 "시진핑 '신시대' 중국의 정치체제: 당국가체제의 '진화'와 새로운 패러다임의 권위주의체제의 등장"(『중소연구』 44/3(2020, 가을)의 2장을 대폭적으로 수정 보강하여 새롭게 작성한 것임.

게 서로 다른 제도와 문명이 평화롭게 공존하는 길을 함께 찾자고 주장하면서(王毅 2020), '중국식'의 정치제도와 가치에 기반한 새로운 문명형성의 길을 갈 것임을 분명히 하였다. 한마디로 2차 대전이후 보편가치로 간주되고 있는 자유, 인권, 민주주의와 시장경제 등의 서구적 가치 및 제도와 다른 중국식의 제도와 가치에 기초한 역사발전의 길을 가겠다는 것이다.

미국은 이런 중국의 정치체제를 공산당독재체제로 규정하고 자유민주주의 국가 간의 연대를 통해 중국의 인권과 민주주의, 그리고 시장경제체제에 반하는 정책에 공동으로 대응할 것을 촉구하고 있다. 이런 맥락에서 바이든 정부는 2021년 12월 '민주주의 정상회의(Summit for Democracy)'를 개최하여 권위주의 확산을 방지하기 위한 민주주의 국가간 연대 강화를 강조한 바 있다. 이에 대해 중국정부는 민주주의 모델의 다양성을 강조하면서 "서구식 민주주의와 다르다고 비민주적이라고 꼬리표를 붙이는 것은 다른 문명에 대한 서구식 오만과 편견"이라고 강력하게 반발하였다(王毅 2021). 그리고 이른바 중국식의 가치와 제도, 문화, 담론의 건설에 박차를 가하면서, 가치와 제도영역에서 미국과의 경쟁에서 주도권과 담론권을 장악해야 함을 강조하고 있다(颜晓峰 2021).

중국이 이처럼 가치와 제도영역에서 담론권 장악을 중시하는 것은 한 국가가 세계질서(혹은 국제질서)를 주도하고자 한다면 기본적으로 경제력이나 군사력 등의 권력(power)에 기초한 세력균형을 유지할 수 있는 능력도 중요하지만, 본국뿐만 아니라 그 시대의 일정 범위의 국가들이 공동으로 수용 가능한 보편적 공동의 규칙 혹은 문명이나

가치를 제시할 수 있어야 하기 때문이다(达巍 2021). 이런 맥락에서 일찍이 키신저는 "세계질서든 국제질서든 모두 두 가지 요소, 즉 정당성과 세력균형을 기초로 삼는다. 다시 말하면 허용 가능한 행동범위를 규정하는, 일반적으로 인정받는 일단의 규칙들과 그 규칙들이 무너진 경우에 하나의 정치단위가 다른 모든 정치단위를 예속시키지 못하게 만들며 제한을 가하는 세력균형을 기초로 한다"고 주장한 바 있다.[1)]

가치와 제도영역에서 담론권을 장악하고자 하는 시진핑 정권의 의지는 이른바 '4개 자신(중국 특색적 사회주의의 길(도로), 제도, 이론, 문화)'를 강조하면서, (서구와 다른) '중국식' 통치제도와 가치에 기초한 정치발전모델을 건설할 것임을 천명한데서 확인할 수 있다. 중국이 공산당 영도를 핵심으로 한 중국식의 제도와 이론, 그리고 문화에 기초하여 중국 특색의 사회주의 길(도로)을 갈 것이라는 내용이다. 특히 정치제도와 관련하여 18차 당대회이래 중국공산당(이하:중공)은 "중국식 사회주의 정치제도에 기초한 통치체계와 통치능력의 현대화의 실현"을 강조해 왔고,[2)] 18기 3중전회는 이것을 전면적 개혁 심

---

1) 키신저는 세계질서는 한 지역이나 문명이 공정한 합의의 특징과 힘의 분배에 관해 전 세계에 적용가능하다고 생각하는 개념을 설명하는 것이며, 국제질서는 이러한 개념들을 전 세계의 세력균형에 영향을 미칠 정도로 넓은 지역에 실질적으로 적용하는 것이라고 정의한다(헨리 키신저, 이현주 역 2016, 14-15).

2) 중국은 정치개혁의 방향으로 중국 특색의 '통치(治理)체제' 건설을 제시한다. '治理'에 대하여 혹자는 정부와 시민사회간의 상호작용에 기초한 정치과정을 설명하는 개념인 '거버넌스'로 번역하기도 하지만, 중국에서는 정치과정이 사실상 당정(정부)에 의해서 일방적으로 주도되고 있기 때문에 '통치'로 번역하는 것이 적정하다고 판단하여 이 글에서는 '통치'로 번역하여 사용하고 있다.

화의 총체적 목표로 제시한다. 그리고 19기 4중전회에서 국가의 통치체계와 통치능력 현대화의 3단계로 구성된 구체적 목표를 제시하기에 이른다: 공산당 건설 100주년이 되는 2021년까지 모든 방면의 제도를 더욱 더 성숙하고 정형화하는 데 분명한 효과를 거두고, 2035년까지 국가 통치체계와 통치능력의 현대화를 기본적으로 실현하며, 2049년 신중국 건설 100주년이 되는 해에 국가 통치체계와 통치능력의 현대화를 전면적으로 실현함으로써, 중국 특색적 사회주의제도를 더욱 공고히 하고 그 우월성이 충분히 드러나도록 한다(『新华网』(2019.11.5.).

주목할 점은 2010년 이후 중국이 글로벌 강대국으로 부상하면서 중국정치학계에서도 중국의 정치개혁과 정치변화와 관련된 담론에서 일대 전환이 일어나고 있다는 점이다. 그것은 개혁개방이후 중국의 정치개혁의 방향에 대하여 서구의 근대화론의 기본 가정을 수용하여 중국도 권위주의 단계를 그쳐 일정한 경제발전이 이루어지고 시민사회가 발전되면 민주적 전환의 길로 갈 것이라는 전제에서 벗어나, 서구의 자유민주정치체제와 구분되는 '중국식' 정치체제모델의 형성의 길로 가야 한다는 시각으로 전환되고 있다는 점이다(陈明明 2021; 景跃进, 陈明明, 肖滨 2016). 이런 맥락에서 현재 중국의 정치개혁은 현 정치체제의 '체제 전환'이 아닌 현 정치체제를 '보완'하는 방향으로 전환되어야 하며, 따라서 현재 중국의 정치체제를 (민주적)전환의 대상이 아닌 분석의 대상으로 삼아서 보다 완비된 중국식의 정치체제를 형성할 수 있도록 해야 한다는 주장이 제기되고 있다(景跃进 2021).

그리고 중국의 부상은 (중국)문명의 기초, (경제)발전의 기적, 사회주의식의 발전 경로 등의 특징으로 인해 서구 중심의 지식체계가 아닌 중국식의 지식체계를 사용하여 설명해야 하므로, 중국식 정치학담론체계를 만들어야 한다는 주장이 합의되어가고 있다(鄢一龙 2021).

그렇다면 중공이 구상하는 자유주의 국제질서를 대체할 새로운 질서를 이끌 정치제도 및 가치 영역에서의 구상은 구체적으로 어떠한 특징을 지니고 있는가? 그리고 이것은 중공이 19차 당대회에서 제시한 2035년과 2049년 중, 장기적 발전계획표에 비추어 볼 때 어떠한 방향으로 발전해 갈 것인가가? 이런 질문에 답하기 위해서 이 글은 구체적으로 다음의 질문을 던지고 답을 구하는데서 출발하고자 한다: 시진핑 정부가 제시하고 있는 '중국식' 통치제도와 정치체제모델의 특징과 내용은 무엇인가? 시진핑 정권은 어떤 정치제도와 가치에 기반한 정치체제모델을 구축하고자 하는가? 시진핑 정권에 의해서 재구성되고 있는 공산당 주도의 정치체제는 장기적으로 지속되면서 공고한 발전을 할 것인가? 아니면 정치적 격변을 동반하면서 새로운 정치체제로 변화할 것인가?

이런 분석을 통해 이 글은 중공이 재구성해 갈 새로운 국제질서의 기초가 될 중국식의 정치제도와 가치모델의 구상의 내용이 무엇이고, 그것의 중장기적 변화 및 발전형태를 전망해보고자 한다. 이것에 기초하여 정치제도와 가치의 관점에서 중공은 궁극적으로 동아시아 혹은 세계적 차원에서 새로운 문명질서를 성공적으로 쓸 수 있을 것인가에 대한 비판적 평가와 전망을 이끌어내고자 한다.

Ⅱ. '중국식' 정치체제모델 형성의 이론적 자원

시진핑 주석은 2021년 7월 중공 건설 100주년 기념사에서 "마르크스주의 기본 원리를 중국의 구체적 상황과 결합하고 우수한 전통 문화와 결합하여 21세기 중국의 마르크스주의를 계속 발전시켜가자"고 강조한 바 있다(『人民日报』 2021.7.1.). 또한 11월 6중전회에서 채택된 〈역사결의〉는 '시진핑 신시대 중국 특색 사회주의 사상'은 중화문화와 정신의 시대적 정수이자 마르크스주의 중국화의 새로운 도약의 실현으로 규정하였다(『新华网』2021.11.17.). 이것은 중국이 중국의 역사적 전통과 마르크스-레닌주의의 가치와 제도에 기초한 발전을 추구해야 함을 강조한 것으로, 그 이유로 시진핑은 "각 국은 국정(國情)이 다르고, 나라마다 정치제도가 독특하며, 이런 모든 것이 각 국의 인민들에 의해 결정되고, 그 나라의 역사적 계승, 문화적 전통, 사회경제적 발전을 바탕으로 장기적 발전, 점진적 개선, 내생적 진화의 결과이기 때문이다"고 언급한 바 있다(习近平 2017a, 286).

이런 주장은 그동안 중국의 전통적 가치와 제도를 마르크스주의에서 벗어난 봉건시대의 잔재로 간주한 마오쩌둥 시대와 비교하면 커다란 변화가 아닐 수 없다. 다른 한편 이것은 또한 중공이 이른바 중국식의 발전경로, 제도, 이론, 문화를 탐색하는 데 있어서 마르크스-레닌주의, 마오쩌둥과 덩샤오핑 등의 사회주의이념 외에도, 전통시대 중국의 통치사상과 제도 등에서 필요한 자원을 취하여 새롭게 재구성하고자 함을 알 수 있게 해 준다. 실제로 다수의 중국정치학자들도 이른바 '중국식' 정치체제모델 형성에 영향을 미치는 요소를 설명할 때 가장 일반적으로 전통 유가사상의 통치모델과 소련식 사회주의 통치모델, 그리고 부차적으로 서구민주주의체제의 영향을 언급하고 있다. 이 글도 이런 3가지 요소의 영향을 받으면서 오늘날의 중국의 정치체제모델이 형성되어 작동하고 있으며, 앞으로도 경로의존성을 보이면서 변화발전할 것으로 본다.

1. '소련식 당국가체제 모델'과 유가(儒家)적 '황권-민본주의 모델'의 영향

중공은 중국이 중국특색적 사회주의 길을 갈 것이며, 공산당 영도가 중국특색적 사회주의제도의 가장 본질적 특징으로, 중국의 정치제도 건설의 가장 중요한 핵심은 공산당의 영도제도 건설을 강화하는 것이라고 주장한다(包心鉴 2021). 2018년 8월 시진핑 주석은 처음으로 개최된 전국선전사상공작회의에서 선전과 사상업무에서 '수정창신(守正创新)', 즉 중공이 반드시 지켜야 할 것을 지키면서 동시에 창조적 변화를 꾀해야 함을 강조한다. 이것에 기초하여 "인민의 주체적 지위와 공산당의 영도, 사회주의제도를 지킬것"을 고수하면서, 동시에 마오쩌둥과 덩샤오핑 시대를 초월하여 중국 사회주의 제도와 이론의 정형을 새롭게 다져서 '중화 현대 사회주의'의 신문명을 창조해야 함을 강조한다(柯华庆 2021). 이런 논리에 기초하면, 시진핑 '신시대'의 중국식 정치체제모델의 형성과 발전도 신중국 건설이래 일관된 방향으로 자리해 온 공산당 영도하의 사회주의 정치제도를 기초로 하여, '신시대'의 조건에 맞게 창조적으로 발전시킨 것으로 간주할 수 있다.

중공은 1949년 혁명에서 승리한 후 소련식 정치모델을 벤치마킹하였고, 그 결과 스탈린시대의 소련의 정치제도는 오늘날 중국의 정치모델의 형성과 발전에 결정적인 영향을 미쳤다. 서구민주국가에서 정당이 민주정치의 도구로서 국가와 민중을 연결하는 역할을 하는 것과 달리, 소련공산당과 마찬가지로 국가체제를 전복하고 권력을 탈취하는 혁명정당으로 출발한 중공은 장기간 반(半)군사화된 조직으로서의 특징을 지니면서 신중국의 성립을 이끌어 내었고, 그 후 중국의 근대화를 이끌어가는 주요 역량이 되었다. 이것은 모든 권력이 공산당에 고도로 집중되는 형식으로 구현된다. 그결과 중공은 소련모델의 정당과 국가권력이 고도로 합치되고 권력이 고도로 집중된 정치체제를 만들었다. 특히 계획경제체제시기에, 정치, 경제, 사회생활의 모두 영역이 통일적으로 관리되는 제도에 기초하여 공산당은 이들 영역의 모든 사소한 것까지 모든 것을 독점하면서 당정이 일원화된 통치를 실행했다. 이런 기초위에서 권력이 중앙에 고도로 집중된 통치체제를 형성했다. 그리하여 '인민주권'의 국가 성격은 그 구체적 형식에서 실제로는 '공산당 주권'에 의해 대체된다(王长江 2013, 74-75).

그 결과 다음의 특징을 지닌 전체주의체제의 등장을 이끌어내었다: ① 조직적 측면에서, 권력이 고도로 집중되고 다층차로 구성된 조직체계를 형성하여, 당조직과 당원들은 모두 개인의 조직에 대한 복종, 소수는 다수에 복종, 하급은 상급에 복종을 내용으로 하여 모든 공산당의 활동은 중앙에 대한 복종 요구에 근거하여 전개되었다; ② 국가와의 관계에서, 공산당의 영도는 당조직이 조직형식에 기초하여 정부의 업무에 직접 참여하여 대체한다. 소련 공산당과 같이 중공 역시 각급 정부 및 그 부문과 서로 대응하는 조직체계를 가졌고, 이들 당조직이 국가 권력의 각 항목의 직능에 참여하여 복무하도록 했다; ③ 사회와의 관계에서, 집권당(공산당)이 국가권력을 전면적으로 통제하기 때문에 사회로부터의 요구의 표출도 전면적으로 담당했으며, 그 결과 실제로 국가와 당으로부터 상대적으로 독립된 사회를 만들어낼 수가 없었다(王长江 2013, 75-77).

이런 고도로 중앙집권적인 당국가체제는 중국의 정치전통 속의 일원주의 전통과 결합하면서 더 공고화되었다고 볼 수 있다. 뤄샤오보어(闾小波) 난징대 교수는 중국에서 서구와 다른 정치체제가 등장한 원인을 전통적으로 가치와 제도에서 이원주의적 특징을 지닌 서구사회와 달리 중국 정치 전통에 내재된 일원주의적 특징에서 찾는다. 서구사회의 이원주의가 자유민주체제가 등장하여 발전할 수 있는 토양이 된 반면, 중국의 정치전통에 내재된 일원주의는 공산당의 일원적인 중앙집권적 통치가 등장한 토양이 되었다는 것이다(闾小波 2018, 5-21). 그에 따르면, 중국의 전통적 일원주의는 크게 3가지 요소로 구분할 수 있는데, 하나는 권력 배치에서 황권주의 혹은 황권지상이고, 두 번째는 유가(儒家) 독존의 정치 문화 및 정치 전통 상의 연속성과 단일성이며, 셋째는 정치공동체(공간상)의 대일통(大一統)과 비경쟁구도이다. 바로 이 3가지 요소의 상호작용의 결과로 중국의 정치적 전통과 제도의 형성에서 일원주의적 특징을 형성하게 되었다. 이런 전통으로 서구사회에서 정치제도가 다원적 가치와 제도 간의 경쟁과 균형의 원리를 기초로 부단한 쇄신과정을 통하여 전수와 계승이 이루어진 것과는 달리, 중국정치에서는 일원주의의 전수와 계승이 계속적으로 복제(왕조가 교체되지만 제도가 전환되지 않은)되도록 만들었다(이정남·유은하·정주영 역. 뤄샤오보어 저 2019, 119-120). 그리하여 근대이전 수천년 간 지속되어 온 중국의 '황권-민본주의(皇权-民本主义)'는 오늘날에는 '(공산당)정당-민본주의' 통치형태로 나타나고 있다고 주장한다.[3)]

왕창장 중앙당교 교수도 중공은 유가사상에 대한 비판으로부터 출발하여 사회주의혁명의 목표를 추구하기 시작했지만, 유가사상의 영향이 완전히 제거되지 못하고 오늘날의 중공의 조직과 활동의 특유한 형태가 만들어지도록 영향을 미쳤다고 주장한다. 특히 그는 서구와 전통 중국의 정치적 전통의 결정적 차이는 민주적 법치(法治)전통의 부재임을 강조하면서, 이로 인해 중국에서는 서구와 달리 국가권력에 대한 견제 관념의 부재를 이끌어내어 오늘날의 중국의 당국가체제 형성에도 결정적인 영향을 미쳤다고 주장한다. 즉 "정치는 곧 좋은 일"로 간주하고 "현인치국"을 숭배하는 전통중국에서는 서구처럼 국가권력을 제한하고 예속해야 한다는 사고가 없었으며, 국가권력의

3) 그는 민본주의는 군주가 '민'을 '본'으로 하는 통치체제로, 군주는 주인으로서 어떠한 감독과 견제도 받지 않는 것이 특징이라면, 반면 민주주의는 '민'이 주인이고 주권자이며, 국가권력은 '민'의 감독하에 놓인 일종의 계약관계로 규정한다(이정남, 유은하, 정주영 역, 뤄샤오보어 저 2019, 93-96).

만능을 희망하고 국가권력이 강해져서 사람들의 의식주를 모두 책임지는 것을 가장 좋은 것으로 간주한다. 또한 서구처럼 권력 장악자를 경계하여 감독하고 견제하기보다는, 권력 장악자가 도덕, 권위, 능력을 한 몸에 집중하여 공적인 일에 봉사하여 인민을 복되게 하기를 희망한다. 바로 정치에 대한 이런 이해는 서구의 '시민형 정치문화'와 아주 다른 '신민형 정치문화'를 만들어 내었다. 그리고 평등개념이 존재하지 않고 엄격한 등급개념이 자리하면서 사람 간의 차별이 강조되고, 사람간 관계는 계약관계가 아닌 등급질서로 연결된다. 또한 이런 등급질서는 가족관계로 비유되어, 고대 중국학자들의 눈에 국가는 확대된 가정(게다가 부권제 가족)이었고, 그결과 '국가(國家)"라고 불렀다. 그리하여 국가가 가정이면, 통치자는 가장이고, 백성은 바로 자녀다. 군주는 국토 및 그 부속물의 소유자이고, 모든 신민의 주인이며. 정치상의 최고 통치자이다. 거대한 행정체계는 단지 지고지상의 황권의 연장이고, 각급 관리는 모두 황제의 노복이고, 철저하게 황제의 의사를 관철하여 광대한 민중을 관리하는 역할을 한다. 그리고 민중들은 황제 및 그 수하의 관리들이 모두 민중의 부모이므로, 이들의 통치에 복종해야 한다. 이처럼 사회의 모든 성원은 종법 및 정치적 등급관계 그물망 속에서만 존재한다(王长江 2013, 73-74).

심지어 커화칭(柯华庆) 우한대 교수는 중공의 통치모델을 고대 제왕의 통치모델과 유사하며, 다만 공산당은 개인(황족)이 아닌 조직이라는 점과, 또한 유가적 예(禮)로의 회귀를 주장하는 것이 아니라, 공적 봉사와 덕성 함양을 강조한다는 점에서 다를 뿐이라고 주장한다. 또한 개혁개방 이후 중공이 법치국가의 길로 나아가고자 했지만, 이것은 고대 제왕의 법치와 유사한 것일 뿐이라고 주장한다. 그 이유는 "공산당이 입법을 영도하고, 법 집행을 보장하며, 사법을 지지하고 법을 지키는 데 앞장서기 때문이다."(柯华庆 2017). 이것은 정용녠이 공산당 통치를 '조직화된 황제(ogranizational emperor)'의 통치로 묘사한 것과도 같은 주장이다(Zheng 2010).

이처럼 오늘날 공산당으로의 일원적인 권력집중에 기초한 중앙집권적인 권력체계 및 통치체제가 형성된 주요한 배경에는 중공이 소련식 정치모델을 벤치마킹한 점과 전통적인 황권지상의 일원적인 권력체계 전통의 영향을 받은 점이 자리한다고 볼 수 있다. 이런 맥락에서 푸단대의 천밍밍 교수는 중국이 '일원적' 국가제도를 채택하고 권력이 '고도로 집중된' 권력조직형식을 띠게 된 데에는 후발 근대화 국가로서 선진국을 추격해 가는 과정에서 전통 제국시대의 대통합을 강조해 온 '대일통' 전통이 그대로 채택되었기 때문이라고 지적한다(陈明明 2021).

주목할 점은 이런 당국가체제에서 추구한 대중노선이 전통시기 중국의 황권-민본주의 사상의 영향과 결합함으로써, 중공이 공권력을 사용하여 정치, 사회에 대한 중앙집권적인 권위주의 통치를 행하면서도, 동시에 전통 유가사상의 '민본주의'와 마찬가지로 '인민 중심'의 정책과 인민의 지지와 동원에 기초한 통치를 지속적으로 강조해온 점이다. 류샤오보어 교수에 따르면 신중국 건설이후 중공은 혁명적 군중노선의 연장 선상에서 인민에 대한 봉사를 종합 목표로 하여,

하층에 뿌리를 내리고 능동적인 민본주의로 보정해 갔다. 이런 '혁명적' 민본주의는 중공의 건국의 기초가 되었고 그 후에 '발전적' 민본주의로 전환해 갔다. 이런 맥락에서 개혁개방이래 경제발전 제일주의를 채택한 것은 인민이 최대한 빨리 빈곤을 탈피하도록 하기 위한 것이고, 장쩌민의 '3개 대표론'은 사회주의 시장경제체제의 발전에 놓인 인식상의 장애물을 제거하며, 후진타오의 '과학적 발전관'은 발전의 지속성과 적절성을 추구하고, 시진핑이 제기한 인민 중심의 '5위 일체(경제, 정치, 문화, 사회, 생태문명 건설)론'은 전 민중이 발전의 성과를 공동으로 추구하여 '공동부유'가 장기적인 현실이 되도록 하기 위한 것이다. 그리고 공산당의 이런 정책적 변화는 바로 인민에 대한 봉사 이념에 기초한 공산당의 능동적인 대응으로 인해 가능했다(闾小波 2018, 20-21).

상술한 바와 같이, 공산당 혹은 황제의 일원적 중앙집권적 통치와 전통 유가사상의 민본주의와 혁명적 군중노선의 상호작용은 오늘날 중국의 통치체제모델의 형성을 이끌어 내는데 중요한 영향을 미쳤다고 볼 수 있다.

2. 서구 민주주의모델의 영향과 한계

그렇다면 중국식 통치모델의 형성에서 서구 민주주의의 영향은 없는가? 사실 아편전쟁이후 중국의 지식인과 정치지도자들은 서구의 자유민주주의 모델을 수용하여 정치체제 변화를 이끌어내고, 이것에 기초하여 부강한 중국을 도모하고자 했다. 실제로 1911년 신해혁명은 민주공화제 수립을 목표로 한 아시아 최초의 시민혁명이었다. 비록 신해혁명의 실패로 서구식 민주주의가 공고화되지 못했지만, 그 이후 권위주의통치를 행한 국민당 정부 역시 궁극적 지향점은 민주국가의 형성임을 분명히 했다. 다시 말하면, 국민당이 공유한 근대화 방안은 전통 중국을 후진 민족으로 이해하고, 근대성의 근원은 서구의 과학적 지식과 근대적 체계이고, 계몽된 정치 엘리트의 개혁을 통해 강국(强國)을 건설하고, 최종적으로 자유와 민주주의를 달성하여 사람들의 권리를 보호하는 것이었다(李怀印 2013, 16-17).

그러나 서구식 자유민주주의가 아닌 소련식 정치발전의 길을 선택한 공산당이 혁명에 성공하면서, 중공은 신민주주의(인민민주주의) 단계를 거쳐 프로레타리아독재(무산계급독재)로의 전환을 꾀하면서 자유민주주의와 다른 (인민)민주주의 건설을 구상했다.[4] 혁명과정에서 중공은 '인민'이라는 제한된 범위에 한정된 것이기는 하지만, 보편선거권에 기초한 선거민주주의와 헌법에 기초한 통치 등 인민민주주

4) 인민민주독재 혹은 인민민주주의는 노동자 계급이 영도하는, 노동자·농민 동맹에 기초한, 각 민주계급과 중국내 각 민족이 단결하는 신민주주의를 지칭하는 개념이다. 이 표현은 1954년에 제정한 '5.4헌법'에도 계속 사용되었지만, 1956년 사회주의 개조시기에 들어서고 무산계급독재라는 표현이 출현하기 시작하면서 점차 사라졌다. 그러나 1982년에 통과된 『헌법』 '서언'에 인민민주독재는 실질적으로 무산계급독재라는 표현을 통해 인민민주독재라는 표현이 다시 사용되었다. 또한 1979년 중공이 발표한 〈4항 기본 원칙 견지〉에서 "무산계급독재 견지"라는 표현을 사용했는데, 덩샤오핑은 1993년에 이것에 대해 "당시 우리가 말한 무산계급독재는 곧 인민민주독재이고, 무산계급독재보다 인민민주독재를 사람들이 비교적 쉽게 받아 들인다"라고 언급한 바 있다. 결국 무산계급독재와 인민민주독재는 엄격한 의미에서 구분되는 개념이지만, 종종 혼재되어 사용되기도 했음을 알 수 있다.

의의 제도화에 대한 일련의 구상이 제기되기도 했다. 그러나 혁명이 성공한 이후 선거 민주주의의 제도화는 현실적인 상황의 한계를 이유로 실행되지 못하였다(이정남 2019, 83-111). 또한 "무산계급의 혁명독재는 프롤레타리아가 자본가계급에 대하여 폭력적 수단을 사용하여 획득하고 유지하는 정권으로, 어떤 법률적 구속도 받지 않는 정권"이라는 레닌의 말을 따르면서, 공산당의 권력을 어떻게 구속할 것인가와 구속 메커니즘을 어떻게 만들 것인가에 대한 어떠한 고민도 하지 않았다. 그리하여 민주주의가 효과적으로 작동하기 위해서 필수적인 권력에 대한 견제와 균형을 가능하게 하는 헌정체제도 제도화되지 못하였다(王长江 2019, 5-15).

결국 신중국의 건설이후 중공은 기본적으로 소련모델을 모방하여 중국의 정치제도를 형성한다. 소련모델은 레닌 사후 스탈린이 혁명당 건설의 성공 경험을 신성화, 교조화하고, 일련의 사유방식, 목표 임무, 조직 운영 등 방면에서 실제상 모두 혁명당의 특징을 그대로 보유하도록 확립한 전통모델을 의미한다. 이런 모델은 중공을 비롯하여 후발 사회주의 국가에 그대로 전파되었다. 그리하여 중국은 소련모델의 신형정당과 국가권력을 결합시켜 당정이 고도로 합치되고, 권력이 고도로 집중된 정치체제를 만들었고, 그 결과 인민민주주의(혹은 무산계급 민주주의)의 제도화는 실패로 돌아갔다.[5)]

5) 레닌은 민주주의를 국가권력 '형태' 혹은 '형식'으로 간주하였고, 국가권력의 소멸과 함께 민주주의도 소멸한다고 보았다. 따라서 프롤레타리아 독재 혹은 인민민주주의도 궁극적으로 사멸할 것이지만, 사멸되기 전까지는 인민에 의한 통치를 가능하게 하는 민주적 절차의 제도화가 필요하다고 볼 수 있다.

그러나 개혁개방이후 민주주의건설은 다시 중국의 주요한 관심 사항이 되었다. 덩샤오핑이 수차례 "민주주의가 없으면 사회주의가 없고, 사회주의 현대화도 없다"고 강조한 데서도 알 수 있듯이(邓小平 1994, 333), 비록 서구식 민주화를 반대하고 중국식 민주주의를 강조하였지만, 그 과정에서 민주주의 제도화에 의미있는 요소들이 도입되기 시작한다:

우선, 장쩌민시기에 법에 의한 통치(依法治国)를 사회주의 민주주의의 핵심 내용으로 간주하면서, 당의 영도, 인민주권(人民当家主), 법치라는 3가지 요소의 유기적 통합에 기초한 정치체제를 만들어야 한다는 '제법'을 제기하기 시작했다(李艳 2004, 44).

둘째, 선거메커니즘의 점진적 확대적용이다. 1982년 헌법개정을 통하여 전국인대 선거에서 직선제의 범위를 현급까지 확대하고, 1980년대 후반이후 농촌의 촌민위원회와 도시 사구주민위원회에 직선제의 확대 등이 대표적인 시도들이다. 특히 후진타오시대에 계급과 체제를 초월한 보편 가치로 민주주의를 공개적으로 인정하기 시작한 점은 주목할 만한 변화이다. 2005년 국무원에서 출판한 〈중국민주정치건설백서(中国的民主政治建设白皮书)〉와 뒤이은 2007년 2월 전국인대정치보고는 "민주주의를 보편적 가치로 인정하고, 민주주의, 법, 자유, 인권 등은 자본주의만이 독특하게 가지고 있는 것이 아니고, 인류가 긴 역사 속에서 공동으로 추구한 가치이며, 공동으로 창조한 문명의 성과"라고 명시했다. 이런 인식하에 도시와 농촌의 주민의 인구비례에 근거하여 인민대표대회 대표 선출을 가능하게 하는 선거

제도개혁을 단행하고,[6] 민주적 제 권리의 보장에 대한 강조, 법치의 구현과 권력에 대한 감독과 견제, 시민의식의 성장에 대한 강조 등 상당히 진전된 민주화 추진의 의지를 보여주었다.

셋째, 비록 선거실시의 확대를 통한 정치참여의 확대를 반대하는 논리로 등장한 것이기는 하지만, 시진핑 시기에 '협의' 민주주의를 공산당 영도의 주요한 방식, 중국식 민주주의의 특유한 형식이고 독특한 장점으로 언급하면서 협상민주제도 건설을 통해 인민의 정치참여를 보장해야 한다고 강조한 점도 서구 민주제도의 영향으로 볼 수 있다. 시진핑은 2014년 9월 21일 정치협상회의 성립 65주년 기념식에서 중국 특색의 민주주의 실현의 제도적 형식으로 '선거와 투표'를 통한 인민의 권리 행사 및 '협의'를 통한 사회 각 방면에서 의견 일치의 확보라는 두 가지 형식을 언급했다(『新华网』 2014.9.21; 『人民网』 2007.10.15.). 더 나아가 시진핑 주석은 민주주의의 작동 기제로 선거제도를 부정하지는 않지만, 선거보다 협의민주주의를 중요한 민주주의 실현 방식으로 강조하면서 이것이 공산당의 영도를 실현하는 중요한 방식이고 중국식 사회주의 민주정치 특유의 형식이자 독특한 장점이라고 강조한다. 그리고 이런 협의민주제도 건설을 통해 인민의 정치참여를 보장해야 한다고 주장하였다(熊玠 2016).

상술한 바와 같이 개혁개방이후 중국 민주주의의 제도화 방향을 둘러싸고 법치, 직접선거의 실시와 민주적 권리보장, 협의민주주의

6) 중국은 건국초기 전국인민대표대회 대표를 선출할 때 농촌과 도시의 인민대표가 대표하는 인구 비율은 각각 8:1로 정하였으며, 이것은 1995년에 4:1로 변경되었다가, 2010년에 1:1이 되면서 마침내 도시와 농촌의 평등한 선거가 이루어졌다(中华人民共和国国务院新闻办公室 2021).

메커니즘 등 다양한 주장이 제기되었다. 이런 내용은 개혁개방 이전 시기 중국의 정치제도와는 다른 이른바 '서구식' 자유민주주주의의 중요한 작동메커니즘이라는 점에서 중국정치제도에서 서구식 민주주의 제도가 미친 영향으로 간주할 수 있다. 이런 상황에 대해 류샤오보어 교수는 중국의 전통 민본주의가 방어적 민본주의에서 능동적인 민본주의로 전환하면서 포용성과 흡수성을 강화시켜서 사회주의 사상과 제도를 흡수하고, 서구의 민주주의 제도와 담론을 융합하여 '법치'와 '협의' 등 민주주의 담론을 흡수한 결과 '발전적' 민본주의를 형성했다고 평가하기도 한다(閆小波 2018, 21).

그러나 서구민주주의 영향에 대한 류교수의 긍정적인 평가와는 달리, 징예징 칭화대 교수는 중국식 민주주의는 서구의 선거, 다당제, 3권 분립, 자유 등의 개념이 빠진 "권력의 공산당으로의 일원적 통일성과 효율적 행사를 중요시하는 민주집중제의 견지+시장경제+공민참여(협상을 통해)+법치(비자유주의적)"을 주요 내용으로 하는 것이며, 민주주의의 핵심 내용이라고 할 수 있는 다당제와 선거에 기초한 지도자 선출 등을 빼고 협상과 법치 등의 주변적인 내용만을 강조하고 있다고 주장한다. 따라서 이런 특징을 지닌 정치체제를 '민주주의'체제로 개념화하기보다는 다른 새로운 체제개념을 만들어서 설명하는 것이 더 적절하다고 주장한다(이정남 2018, 184).

더 중요한 것은 중국의 기층(혹은 준기층)수준에서 실행되고 있는 선거제도, 협상메커니즘, 그리고 법치메커니즘은 실제로 민주주의의 제도화의 기초로 작동되기보다, 공산당의 통치수단으로 활용되고 있을 뿐이라는 점이다.

우선, 중국의 선거제도가 과연 민주제도의 메커니즘으로 작동하는가이다. 현급이하 인민대표대회와 도시와 농촌의 기층단위에서 직선제를 도입하고 선거를 통한 지도자 선출 등이 시도되고 있지만, 선거민주주의가 작동할 수 있는 공정한 경쟁과 참여를 가능하게 하는 제도적 장치가 부재하면서 선거는 요식 행위에 불과하다는 점이다. 둘째, 비록 협상 메커니즘을 통한 정치참여를 강조하지만, 협상민주주의는 독자적 민주주의 형식으로서 보다는 선거민주주의의 문제점을 보충하기 위하여 등장한 것으로 선거민주주의가 실현되었을 때만이 협상민주주의가 실현될 공간과 가치를 지닐 수 있다는 점에서 그 역할에 분명한 한계가 있다는 점이다(陈剑 2016). 따라서 이것은 곧 인민의 선거를 통한 지도자의 선출과 감독 기능을 사실상 부정하고 국가의 통치 과정에 동원적으로 참여할 권한만을 인정하는 결과를 초래할 뿐이다.

셋째, 법치(rule of law)가 실질적으로 관철되고 있지 못하다는 점이다. 중공은 법치를 강조하고 있지만, 공산당은 법치에 대한 영도적 지위, 즉 인민을 영도하여 헌법의 제정과 실시를 영도하는 지위를 차지하고 있다(习近平 2019). 그리고 공산당이 헌법을 제정하고 수정하는 중요한 근거는 바로 당의 노선, 방침, 정책 등의 상위 규범이다. 또한 당 중앙은 최고 국가권력인 전국인대를 영도하고 그것으로 인해서 전국인대보다 높은 지위를 차지한다. 법치국가는 절대로 당의 영도를 제거하면 안된다고 주장한다. 그리고 영도적 지위를 지닌 공산당은 "스스로를 엄중히 다스리고, 자기가 제정한 근본 대법(大法)에 복종한다면, 또한 '자각적'으로 당장(黨章)의 요구에 기초하여 헌법과 법률의 범위 내에서 활동한다면, 헌법의 권위는 마침내 진정으로 세워진다"고 주장한다(强世功 2015, 18-29).

특히 19차 당대회 이후 " '전면적 의법치국'에 대해 당의 영도를 견지한다"는 시진핑의 법치사상에 기초하여(邵六益 2021), 공산당 산하의 '의법치국영도소조'의 법치건설에 대한 통일적 영도를 강조한 것에서 볼 수 있듯이, 공산당은 법치에 의해 통제와 견제를 받는 대상이 아니라 법치를 '영도'하는 지위를 부여받음으로써 무소불위의 권력을 보유하도록 했다. 〈정법공작조례(政法工作条例)〉는 당의 정법업무에 대한 영도에 대해 "주요하게 〈정법공작조례〉의 각 항목을 실천하고, 당중앙을 중핵으로 하여 각급 당위원회가 전체적 국면을 총괄하고 각 방면을 조율하며, 당정법위원회가 계통관리와 조직적 조율을 하고, 정법 단위의 당조(당위)가 주관하여 주도적으로 움켜쥐고 각자 맡은 바 임무를 완수하도록 하는 당의 정법업무를 영도하는 총체적 구도와 운영 체제를 통하여 당 영도의 과학화와 법치화 수준을 제고한다"고 규정하고 있다. 이것은 제도적으로도 국가의 법치과정에 대한 공산당의 지도적 역할을 분명히 한 것이다. 따라서 비록 중국 공산당 18기 4중전회가 '전면적인 법에 의한 국가통치' 결정을 내렸지만, 이는 곧 법치(rule of law)가 아닌 법이 공산당의 통치 도구 역할을 하는 '법에 의한 통치(rule by law)'를 의미할뿐이다.

따라서 이런 사실들에 기초해 볼 때 서구 민주주의 작동메커니즘으로부터 일부 형식적 요소가 중국식 정치체제모델의 형성과정에서 수용된 것은 사실이나, 내용에서 그 본래적인 의미를 완전히 벗어남으로써 현재의 중국의 통치체제의 형성에 자유민주주의 제도의 영향은 극히 미미하다고 볼 수 있다.

Ⅲ. 시진핑 '신시대' 중국의 정치체제: 신권위주의체제의 종식과 '유사전능주의(quasi-totalism)'체제의 등장

비록 개혁개방정책의 추진과정에서 경제발전에 초점을 둔 경제체제개혁이 중점적으로 이루어졌지만, 중국의 정치발전에 대한 비전은 근대화론적 시각에 기초하여 민주사회로의 발전이라는 지향성에 기초해 왔다. 그러나 2010년 이후 중국의 글로벌 강대국으로의 부상이 눈앞의 현실이 되고, 서구와 다른 가치와 제도를 기초로 국제질서를 재구성하고자 하는 포부가 부상되면서 이른바 중국식 정치제도와 이론이 강조되고 정치체제발전 방향에에 대한 시각에서 패러다임의 전환이 이루어진다. 그 결과 유사전능주의체제가 등장한다.

신중국 건설이후 중국의 정치체제는 소련의 정치모델을 벤치마킹했기 때문에 소련과 마찬가지로 전체주의로 간주되었다. 그것은 경제적으로는 공유제와 계획 메커니즘에 기초로 한 계획경제체제가 작동하고, 고도로 중앙집권화된 권력이 이데올로기를 통해 건설되며, 당정군 조직이 국가 전반에 대해 통제를 하고, 전능(全能)한 국가권력이 사회의 모든 곳에 침투하는 것을 특징으로 한다. 그리하여 마오쩌둥

(毛澤東) 시대의 국가권력의 사회에 대한 통제가 강압과 억압적 통제 방식 뿐만 아니라, 대중운동방식의 '동원'과 '설득'에 바탕을 두었다는 점과 1960년대 후반에 드러난 당내 최고 통치엘리트 간의 갈등과 다원적 경쟁의 존재 등을 이유로 하여, 소련이나 파시즘체제를 설명하는 개념인 전체주의체제론으로 중국의 구체적 정치적 상황을 설명하는 것이 부적절하다는 비판이 제기되기도 하였지만(鄢一龙 2020), 전체주의론은 마오쩌둥 시대의 중국의 정치제제의 특징을 잘 설명해주는 개념으로 자리하였다.

그러나 개혁개방정책을 통해 사회주의 이념의 교조적 적용으로부터 탈피하여 경제성장 제일주의를 전략노선으로 채택한 중공은 경제적으로 서구 자본주의 국가에 문호를 개방하고 시장경제체제와 사적 소유제의 인정을 통하여 글로벌 경제의 구성원으로 편입되어 갔다. 이처럼 시장화와 사적 소유가 인정되고 빠른 속도로 경제가 성장하면서 시민사회 성장의 맹아도 보이기 시작한다. 그리고 비록 정치적 민주화라는 관점에서 변화가 아주 미미하였지만, 시장경제체제로의 전환과 경제의 고속성장에 따른 사회영역의 다원적 이해관계의 등장 및 이익 갈등 상황에 조응할 수 있는 통치제도와 관련된 일련의 개혁이 진행된다. 이런 상황에서 공산당에 의한 권위주의 통치와 시장경제체제를 기반으로 하여 일정한 경제성장을 이룩한 후 장기적으로 민주화의 길로 갈 것이라는 지향점이 형성된다.

이런 정치적 상황에 대해 학계에서는 권위주의(authoritarianism)로 설명하는 데 이견이 없었다. 권위주의론은 중국이 근대화를 향해 전환하는 국가로써, 시민사회 역량이 점차 발전하고 있지만 전통적 권위가 쇠락하는 과정에서 전환과정의 안정을 유지하기 위하여 국가 권위가 필요하며, 따라서 과도적으로 권위주의체제가 출현하였다는 인식에 기초하였다. 그리고 서구학계에서는 다양한 수식어를 붙인 권위주의 개념을 사용하면서 중국의 정치체제를 규정지었다. 그러나 권위주의론은 포괄하는 범위가 매우 넓은 묘사적 개념이다. 그것은 주로 정치체제의 분류라는 관점에서 출발하여, '이상적인' 민주주의와 전체주의라는 두 가지 극단 사이의 긴 스팩트럼 속에 존재하는 모든 정치체제를 그 속에 포함시키고 있다. 이로 인해 중국의 정치체제는 개혁개방 40여 년 동안 내부적으로 많은 변화가 발생하였으며, 이런 모든 변화를 권위주의체제라는 이름으로 개괄될 수 없다는 인식이 확산되기 시작했다. 이에 많은 학자들은 현대 중국정치의 발전을 권위주의로 규정지을 경우 설명력이 크게 떨어지고 있다는 것을 인식하고, 수정을 가해 권위주의 앞에 각종 수식어를 붙여서 개념화하였다. 그 결과 옌이롱 칭화대 교수의 조사에 따르면 약 30개 이상의 '수식어'가 붙은 권위주의개념이 등장하여 중국 정치체제를 설명하고 있다(鄢一龙 2017).

이 글도 시진핑 등장 이전의 개혁개방시기 중국의 정치체제는 공산당 통치와 시장경제체제의 결합을 기초로 하는 신권위주의체제(neo-authoritarianism)로 규정했다. 덩샤오핑은 1989년 천안문 사건 당시 강력한 수단을 이용하여 급진적 자유파를 주변화시키고, 1992년에는 남순강화(남방을 시찰하면서 한 연설)를 통해 공산당 내에서 시장경제 방향의 개혁에 반대하는 보수파를 주변화시킴으로써, 1992년에 신권위주의체제의 형성을 이끌어 내었다. 그 이후 등장한 장쩌민과 후진타오 역시 유연한 신권위주의체제에 기반하여 경제발전을 이룩한 이후 보다 높은 단계인 민주주의 체제를 향해 전환해 갈 것을 전제로 하였다. 구체적으로 시장경제의 발전->사회적 이익의 다변화->계약적 규칙과 법치 문화의 형성->시민사회와 사회조직의 충분한 발전->중국 특색의 민주정치 과정을 통한 발전을 상정하였다. 장쩌민은 이른바 '3개 대표'를 제기하며 집권 정통성을 유토피아적 평균주의 공약에서 선진 문화, 선진 생산력, 광대한 인민의 근본이익에 기반한 실효적 정당성으로 전환하고, 후진타오가 제시한 기층의 민주적 선거, 조화사회의 실현, 공민의 질서있는 정치참여 등은 신권위주의체제의 한 단계 높은 민주적 발전을 향한 노력을 의미하는 것이었다(萧功秦 2019).

이처럼 시진핑 정권의 등장이전까지 중국내에서는 시장경제체제와 공산당 권위주의 통치에 기초하여 경제발전을 이룩한 이후 정치적으로도 민주주의체제로 전환될 것이라는 공감대가 형성되었다.[7] 실제로 덩샤오핑 시기부터 장쩌민, 후진타오 시기를 그치면서 진행된 일련의 중국식 민주주의의 담론의 발전과정에 대한 분석은, 점진적이고 장기적 과정을 통하여 중국이 민주사회로 갈 것이라는 것을 전제로 하고 있다는 점을 충분히 확인할 수 있다(이정남 2019, 83-111). 이런 상황에서 후진타오 시대에 진입한 이후 중국내 정치학자들 사이에는

7) 2019년 8월 3일 샤오콩친 교수와의 심층 면접 및 2019년 7월 30일 징위에진 교수와의 심층 면접 자료에 기초함.

서구와 다른 중국의 상황에 부합하는 중국식 민주적 전환방식을 강조하면서 중국에 어떻게 민주화를 실현할 것인가에 대한 방대한 연구와 다양한 견해가 등장하였다.

시진핑 시대에 진입하면서 개혁개방정책이래 중국이 견제해온 기본 가정, 즉 경제가 저발전 단계에서 과도적 정치체제로서 공산당에 의한 신권위주의 통치를 거친 후, 궁극적으로는 서구식 헌정체제 혹은 민주주의로 갈 것이라는 기본 전제에서 벗어나기 시작한다. 중국의 '일체(동서남북중, 노농학병)'을 영도하면서 이른바 '중국몽' 실현을 이끌어낼 주도적 권력으로 공산당의 역할이 더욱 더 강조되고, 강력한 권력을 지닌 공산당에 의한 강성 권위주의통치가 이루진다. 또한 이른바 '중국식' 정치제도와 발전경로를 강조하면서 이러한 강성 권위주의체제를 서구식 민주주의와 구분되는 이른바 중국식 정치체제모델로 발전시켜 나갈 것임을 분명히 했다.

상술한 바와 같이 중국은 개혁개방이래 신권위주의 체제를 통해 정치사회적 안정을 유지한 조건하에서 경제발전을 이끌어냄으로써, 궁극적으로 민주주의 사회로 간다는 전제하에 정치발전을 추진해 왔다. 비록 경제체제 전환에 비해 정치체제의 체제전환이 상대적으로 '지체'되었지만, 그럼에도 불구하고 민주화로의 기본 방향에 대해서는 합의가 유지되었다. 이런 상황은 서구에서 탄력적 권위주의로 간주되면서(Nathan 2008, 25-43) 중국체제의 변화에 대한 기대를 낳았고, 중국내에서도 후진타오 시대에 전례 없이 정치학자나 헌법학자들이 헌정민주주의 실현을 이끌어내기 위한 탐색 방향에 대한 논의가 활발하게 전개되기에 이른다.[8] 후진타오 정부 역시 2005년 〈민주백서〉를 발행하여 민주주의와 인권을 보편가치로 인정하고, 헌정민주주의 건설을 위한 다양한 탐색의 필요성을 강조한 바 있다(이정남 2010).

그러나 시진핑의 등장이후 이런 분위기는 사라지고, 이른바 중국식 통치체제의 현대화라는 방향하에(중공 18기 3중전회보고와 19기 4중전회보고) 공산당 주도의 강성 권위주의의 제도화를 본격적으로 추진한다. 이념적으로 마르크스-레닌주의와 유가사상의 결합을 기초로 형성된 통치사상에 기반하여 공산당의 사상영역에 대한 영도적 지위가 강조되고, 국가자본주의체제에 기반한 경제성장, 공산당의 정치, 경제, 사회, 인터넷 공간 등에 대한 전방위적 통제의 강화가 이루어지고, 그동안 진행되어온 민주적 참여와 절차의 제도화를 통한 정치지도자 선출에 대한 각종 방식의 탐색(이른바 비밀투표 방식의 민주추천제의 실시에 기반한 당내 민주화, 기층 선거 및 향진 단위의 당과 행정 수장의 직선제의 확대 시도 등)시도가 중단된다. 그리고 민주적 정치참여의 주요 메커니즘으로 '선거'가 아닌 공산당 영도하의 '협상' 방식을 강조함으로써 인민의 정치참여가 당국가체제에 대한 지지를 동원하는 데 한정되도록 했다.

중국의 '일체(동서남북중, 노농학병)'을 영도하면서 이른바 '중국몽' 실현을 이끌어낼 주도적 권력으로 공산당의 역할이 더욱 더 강조되고, 강력한 권력을 지닌 공산당에 의한 강성 권위주의통치가 이루

8) 俞可平 · Lieberthal 공편(2013)에 관련 논문이 수록되어 있음.

진다. 또한 이른바 '중국식' 정치제도와 발전경로를 강조하면서 이러한 강성권위주의체제를 서구식 민주주의와 구분되는 이른바 중국식 정치체제모델로 발전시켜 나갈 것임을 분명히 했다. 이처럼 서구와 구별되는 이른바 '중국식'통치모델이라는 이름하에 진행되는 일련의 통치방식의 제도화는 '유사전능주의체제'의 확립을 의미한다.

"탕저우(邹谠, 영문명: Tang Tsou)"는 개혁개방정책 이전의 중국의 정치체제를 "전능주의(全能主义, totalism)"로 규정지었다. 전능주의체제는 정치기구(공산당)의 권력이 '언제든지' '무제한으로' 사회 모든 계층과 모든 영역에 침입하고 통제할 수 있는 정치체제이다. 이런 전능주의체제하에서는 국가(당국가체제)는 직접 혹은 간접적으로 통제하고 관리하는 영역 외에도, 사회발전의 필요성에 기초하여 국가의 단위(單位)와 사회집단 등에게 독립된 자주권을 부여하고, 전략적인 고려해서 일시적으로 통제를 하지 않거나, 마작놀이 같이 당국가체제가 개입하지 않는 사적 생활 영역 등이 존재하지만, 이들 영역은 모두 헌법, 법률, 민의, 도덕적인 보장을 받지 못한다. 이에 반해 자유민주체제하에서는 개인이나, 집단의 자유와 권리는 헌법, 법률, 민의 및 도덕상의 보장을 받고 정치는 침범할 수 없다(邹谠 1994, 7-8; Zhang 2018, 79). 탕저우에 따르면, 전능주의의 이런 특징은 전체주의와 유사하지만 다음의 점에서 전체주의와 다르다. 우선, 전능주의체제는 20세기 초 중국사회가 직면한 전면적인 위기를 해결하기 위하여 출현한 정치체제로서, 정치적 통제 역할 뿐만 아니라 국가 건설에 대한 긍정적인 역할도 했기 때문이다(邹谠 1994, 81).

또한 농민과 유기적 관계의 형성 및 일련의 동심원적 (계급)연합의 형성에 기초해 각종 사회집단과의 협력관계를 추구하여 정치적 동원 및 참여의 범위를 확대했다. 따라서 이런 전능주의체제는 정치권력의 지배 범위의 확대를 통해서 사회혁명을 억제하고, 통치계급을 보호하며, 낡은 사회를 지속시키는 것을 특징으로 하는 전체주의와 다르다고 주장한다(王锐 2021, 24).

탕저우의 이론은 시진핑시대 정치체제 특성을 설명하는 데 유용한 이론틀로 활용될 수 있다. 시진핑 정권은 등장이후 중화민족의 부상이라는 '중국몽' 실현을 가장 중요한 핵심적인 국가 목표를 설정하였고 자유와 민주주의, 인권 등의 보편가치를 주변화시켰다. 그리고 중국몽 달성을 위해 국가의 통합과 안정(이른바 大一統)을 최고의 가치로 강조하고 이것을 위한 제도적 기초로 공산당의 통치 지위를 강화한다. 즉 "중공은 동서남북중, 노농학병 등 중국의 모든 것을 영도한다"는 지위가 부여된다. 이제 공산당은 사회 모든 영역에서 '언제든지' '어느곳'이나 통제가 가능하여 국가권력의 통제가 일상화되어 있다. 그러나 공산당은 동시에 '인민 중심의 발전사상'을 강조하면서 빈곤퇴치운동, 부패관리에 대한 대대적인 숙청 등을 통해서 대중의 지지를 동원해냄으로써 통치 정당성을 확장하고자 한다. 이를 위해서 국유기업의 주도적 역할과 권위주의 체제의 경제적 개입을 결합한 이른바 '국가자본주의체제'를 형성하여 경제정상을 지속함으로써 인민의 삶의 질을 제고시키고 중국몽 실현을 이끌어내고자 하였다.

이런 시진핑 시대의 통치형태는 그것의 등장 배경과 통치형태에서

탕저우가 제기한 전능주의체제와 상당한 유사성을 찾을 수 있다. 물론 중국경제가 시장화되고 세계화 과정에 본격적으로 참여하면서 완전한 의미의 전능주의체제는 더 이상 존재하기 어렵다. 또한 사적소유권을 가진 개인들이 시장경제체제를 통해 더 이상 국가에 직접적으로 의존하지 않고도 삶을 유지할 수 있다는 점에서, 국가권력의 통제는 마오쩌둥시대의 전능주의체제와 '범위'와 '정도'에서 차이가 있다. 그럼에도 불구하고, 중국몽 실현을 목표로 제시하고 이것을 이끌어갈 핵심조직으로서 공산당의 통치지위를 강화하면서, 공산당의 정치, 경제, 사회 등 전방위적 영역에서의 전면적인 통제의 강화와 인민중심의 발전사상의 강조를 통한 대중지지 동원 등은 전능주의체제와 유사성을 발견할 수 있다.[9)]

Ⅳ. 유사전능주의 체제의 구성요소와 주요 특징

시진핑시대의 유사전능주의체제는 중화민족의 부상이라는 이른바 '중국몽'을 통치 목표로 내세우고, 강력한 국가권력의 사회의 각 계층와 영역에 대한 전면적인 '통제'와 경제성장, 반부패와 빈곤퇴치 등을 통한 대중적 지지와 동원에 기초하여 공산당 중심의 통치를 구축하여 정치안정화를 꾀하는 정치체제이다. 이런 유사 전능주의체제의 주요 구성요소와 특징은 다음과 같다.

---

9) 시진핑은 중공 정치국학습회에서 중공이 21세기를 통해서 반드시 지켜야 할 사명은 인민의 행복을 위해 초지일관 실천하고, 중화민족의 부흥을 추구하는 것임을 강조했다(习近平 2021).

1. ‘중국몽’ 실현을 위한 제도적 배치

신권위주의체제의 유사전능주의체제로의 전환은 시진핑 주석의 등장과 함께 시작되었지만, 기본적인 완성은 19차 당대회를 그치고 시진핑 2기로 진입하면서 이루어졌다고 볼 수 있다. 이런 체제의 주요한 목표는 자유와 민주, 인권 등의 보편적 가치가 아닌 중화민족의 부상이라는 이른바 ‘중국몽(中國夢)’의 실현이다. 그리고 이를 실현하기 위한 제도적 기초로서 유사전능주의체제의 제도화가 이루어졌다.

시진핑 주석은 세계 2위의 경제대국이 된 중국을 실질적인 강대국으로 발전시켜 명실상부한 초강대국이 되도록 해야 하는 관건적인 시기에 중국의 지도자가 되었다. 따라서 시진핑 정권은 총괄적인 정책방향으로 정치적 민주화보다 세계질서의 대변화속에서 중국의 주도적 지위를 확보하여 ‘천추의 위업’인 중화민족의 부상이라는 ‘중국몽’을 실현하는 것임을 분명히 했다. 이런 중국몽의 제기는 18차 당대회에서 당총서기로 선출된 직후인 2012년 11월 29일 시진핑이 6명의 공산당 정치국상무위원을 이끌고 중국역사박물관의 부흥의 길 전시실을 참관하면서 “중화민족의 위대한 부흥을 실현하는 것은 바로 중화민족의 근대 이래로의 가장 큰 꿈이다”라는 말에서 시작되었다(习近平『新华网』 2012.11.29.). 뒤이은 2013년 3월 12기 제1차 전국인대 폐막연설에서도 “중화민족의 위대한 부흥이라는 중국몽의 실현은 국가 부강, 민족 진흥, 인민 행복이다. 중국몽은 민족의 몽이면서 동시에 개개 중국인의 몽이다”고 언급함으로써(习近平 『新华网』 2013.3.17), 중국몽 실현이 중요한 통치목표임을 분명히 했다.

그 이후 시진핑은 2013년 11월 중공 18기 3중 전회에서 중국몽 실현을 위해 중공이 나아가야할 향후 10년간 개혁정책의 방향을 5가지로 제시했다: ① 시장이 '결정적 역할'을 하도록 하는 경제체제개혁 심화를 강조하면서도, 동시에 '공유제를 주체로 하고 다양한 종류의 경제성분이 공동으로 발전'하는 '중국 특색의 사회주의 시장경제체제'를 건설한다; ② 법치에 기초한 국가 통치체제와 통치능력의 현대화를 추진한다; ③ 도시와 농촌의 통합적 발전과 분배제도 개선을 통한 민생개선 및 빈부격차를 해소 한다; ④ 반부패와 법치의 구현, 국방 및 군대개혁의 심화, 문화, 생태, 및 공산당개혁 등에 걸친 포괄적인 개혁 방향을 제시; ⑤ 개혁정책의 가이드라인으로 '중국 특색의 사회주의 이론・경로・제도라는 방향' 및 '공산당 영도하의 점진적인 개혁의 추진'을 강조하면서 영도소조를 설립해 공산당 중앙이 개혁을 직접 총괄할 것임을 분명히 한다.

이러한 발전 목표와 정책 방향은 집권 2기로 들어서는 2017년 11월에 개최된 19차 당대회에서 보다 완성된 형태로 구체화된다. 시진핑은 장장 3시간 20여 분의 긴 당대회 보고에서, 중국이 국제무대의 중앙으로 진입하는 '신시대"에 진입하였으며, 중국은 이제 경제발전에 초점을 둔 '개혁개방'시대에서 '강대국' 중국 시대로의 진입하였음을 선언하였다. 또한 공산당 설립 100주년이 되는 2021년까지 전면적 소강사회를[10] 실현하고, 2035년까지 전면적 현대화를 실현하여 '충

10) 소강(小康)은 더 나은 사회 생활에 대한 고대 사람들의 열망의 단순한 표현이다. ≪诗经≫에 '백성도 열심히 해서, 소강할 수 있다("民亦劳止, 汔可小康")는 구절에서 유래한 용어로, 중공이 말하는 '전면적 소강사회'는 '중진국 수준, 혹은 선진국으로 진입하는 초입부'에서 비교적 풍족한 삶을 누리는 사회를 의미한다고 볼 수 있다. 2021년 1월 신년사에서 시진핑은 중국은 '전면적 소강사회' 목표를 완성했다고 선

분하고 균형적인 성장'을 통하여 선진국으로 진입하며, 이에 기초해 2035년 이후부터 2050년까지 국제사회에 선도적 영향력을 발휘하는 종합강대국으로 부상한다는 중장기적 계획안을 밝히고, 이 모든 과정을 공산당이 이끌고 가겠다는 의지를 분명히 했다.

우선, 중국이 맞이한 '신시대'는 전면적 소강사회의 최후의 승리이고, 사회주의 현대화와 강(대)국시대의 전면적 건설과 중화민족의 위대한 부흥이라는 '중국몽' 실현의 시대로, 중국이 세계무대의 중심으로 나아가 인류를 위하여 더 큰 공헌을 하는 시대로 규정하고 있다. 둘째 '신시대'에는 '인민의 갈수록 증가하는 아름다운(美好)생활에 대한 수요와 불균형적이고 불충분한 발전 간의 모순'으로 주요모순이 전환되었다고 주장함으로써, 중국이 경제적으로 이미 중진국을 넘어 선진국으로 진입하는 길에 놓여있음을 인정하였다. 따라서 중국은 향후에 경제 발전 일변도의 정책이 아닌, 법치와 생태, 문화, 분배, 안전문제 등에서 균형적 발전을 이끌어내는 정책으로 전환할 것임을 분명히 했다.

이것을 달성하기 위해 중공 영도하에 '중국 특색의 사회주의 길'을 갈 것임을 명확히 했다. 그리고 중국 특색 사회주의의 총괄적인 사업방향으로 이른바 '5위 일체(경제, 정치, 문화, 사회, 생태문명의 건설)'을 제시하고, 이를 실현하기 위한 전략적인 배치로 이른바 '4개 전면(전면적 소강사회 건설, 전면적 개혁의 심화, 전면적 의법치국, 전면적 종엄치당(從嚴治黨: 엄격한 당 관리)'을 제시하였다. 그리

언하였다.

고 이른바 '4개 자신(중국 특색적 사회주의의 길(도로), 제도, 이론, 문화)'을 견지할 것임을 강조하고, "공산당 영도가 중국 특색 사회주의의 가장 본질적 특징"임을 강조하면서 공산당이 2050년까지 중국 사회를 이끌어갈 것임을 분명히 했다. 또한 당장(黨章)을 수정하여 공산당이 "당·정·군·민·군, 동·서·남·중, 당이 모든 것을 영도한다""는 점을 명시함으로써 제도적인 보증을 했다.

결국 정치제도 측면에서 볼 때 '중국 특색 사회주의'의 길은 공산당 주도의 통치체제 구축(즉 통치의 현대화와 통치능력의 강화)으로 요약될 수 있으며, 그 구체적인 실현은 중국공산당으로의 전방위적 권력집중과 통일적인 영도가 강조되는 유사전능주의체제의 통치메커니즘의 완성으로 귀결되었다.

2. 공산당 중앙과 시진핑 '핵심'으로 권력의 고도 집중과 중앙집권적인 통치의 강화

유사전능주의체제를 제도적으로 뒷받침하는 것은 공산당 중앙과 당의 '핵심'인 시진핑으로 권력의 고도 집중과 배치를 통한 통치의 강화이다. 18차 당대회이후 중공은 당중앙과 그 '핵심'인 시진핑의 지위를 강화하면서(이른바 2개 수호), 중국몽 실현을 중심으로 한 통치목표와 비전을 추진할 수 있는 권력 기반임을 분명히 한다. 2016년 18기 6중 전회에서 시진핑에게 '핵심' 지위 부여하고, 2017년 19차 당 대회 이후 첫 번째 개최된 정치국회의에서 "중공중앙 정치국의 당중앙 통일집중 영도에 대한 약간의 규정"을 통과하였는 데, 규정

자체는 공개되지 않고 있지만 “시진핑 총서기의 당 중앙의 핵심과 전체 당의 핵심 지위를 견결하게 수호하고, 당 중앙의 권위와 집중통일 영도를 견결하게 수호한다.”고 규정하였다. 이것을 이후 ‘두개의 수호(两个维护)’로 명명하고 있는데, ‘두개의 수호’는 당 ‘중앙’과 당의 ‘핵심’ 즉, 시진핑으로의 권력 집중을 상징하는 표현이다.

여기서 주목할 점은 시진핑으로의 권력 집중은 단순한 개인 권력의 강화가 아니라 당으로의 권력 집중과 당의 영도에 대한 재강조와 함께 이루어졌다는 점이다. 즉 중국의 ‘일체(동서남북중, 노농학병)’을 영도하면서 이른바 ‘중국몽’ 실현을 이끌어낼 주도적 권력으로 공산당의 지위가 확립되고, 이런 공산당의 ‘핵심’으로서 시진핑의 지위를 강조한다. 그리고 19기 6중전회는 시진핑의 당중앙과 전 당의 ‘핵심지위’와 시진핑사상의 ‘지도적 지위’를 확립하는 것이(이른바 ‘두 개의 확립 两个确立’) 신시대 당과 국가의 사업 및 중화민족의 위대한 부흥을 추진하는 데 있어서 결정적 의의가 있음을 강조했다.

당중앙과 시진핑으로의 권력집중은 18차 당대회 이후 집단적 권력승계를 뒷받침해 온 각종 제도나 관행들이 사실상 파기되거나 지켜지지 않고, 시진핑이 권력승계에 대한 게임의 규칙을 다시 쓰는 등의 방법을 통해 이루어졌다.

첫째, 권력승계 제도적 메커니즘의 퇴행과 시진핑 우위의 제도적 메커니즘의 형성이다. 1982년 헌법이 규정하고 있는 국가주석과 부주석에 대한 중임제 임기제한의 폐지나 격대지정 관행의 폐지, 그리고 7상8하 나이제한 관행의 변칙적 적용(79세인 왕치산의 국가부주석

등용) 등은 그동안 각종 제도와 관행에 기초한 권력 승계 메커니즘의 제도화라는 점에서 분명한 퇴행이다. 이런 권력승계 제도화메커니즘의 퇴행은 시진핑의 권한 강화와 다른 상무위원들 간의 힘의 비대칭성의 강화로 연결되었다. 비록 19차 당대회에서도 7인의 상무위원을 선출하여 이들 각 7인이 각각 당과 국가권력기관의 지도직을 맡음으로써 집단지도와 개인 업무분담과 책임이 상호 결합된 제도의 형식적인 틀이 유지되고 있지만(黎和 2017), 당 총서기와 다른 상무위원들 간의 관계는 사실상의 상하 관계로 구조화되어 왔다. 이것은 당정의 지도책임을 맡은 상무위원들이 1년에 1회씩 당 총서기에게 서면으로 보고업무를 하도록 한 규정을 통해서 가시화되었다(『博讯』 2017.10.29.).

둘째, 시진핑 사상을 중공의 지도사상 뿐만 아니라 21세기 마르크스주의로 위치지움으로써 스트롱맨으로서 시진핑의 권위를 강화하는 작업이 진행되었다. 19차 당대회를 거치면서 당장과 헌법에 '시진핑 신시대 중국특색의 사회주의 사상'을 삽입함으로써 1인 숭배가 횡횡하던 마오쩌둥 시대의 우상화 방식을 답습하면서 여타 지도자들을 압도하는 스트롱맨으로서 시진핑의 권위를 높이고자 했다(李建国・王威 2018). 또한 2021년 11월에 개최된 19기 6중전회는 〈당의 백년 분투의 중대한 성과와 역사적 경험에 관한 결의〉를 통과시킴으로써 시진핑의 당내의 위상을 마오쩌둥과 덩샤오핑에 버금하는 지위로 확립한다. 그리고 '시진핑 신시대 중국특색의 사회주의 사상'은 당대 중국의 마르크스주의임과 동시에 21세기 마르크스주의이며, 중화문화와 중국 정신의 시대적인 정수로써 마르크스주의의 중국화의 새로운 도약으로 위치지웠다. 이런 시진핑의 당 중앙과 전 당의 '핵심지위'와 시진핑 사상의 '지도적 지위'를 확립하는 것이(이른바 두 개의 확립) '신시대' 당과 국가의 사업 및 중화민족의 위대한 부흥을 추진하는 데 있어서 결정적인 의의가 있음을 강조했다.

셋째, 공산당 영도소조의 역할 강화를 통한 시진핑으로의 권력 집중이다. 시진핑은 집권이후 공산당 산하 영도소조 18개 중 7개의 조장을 맡고 있다. 이것은 '전면적 개혁 심화 영도소조', 국방 안보 개혁, 사이버 안보, '재정 경제, 외교안보, 대만 등과 같은 핵심적 정치, 경제, 외교, 안보를 총망라한 것이다. 장쩌민이 재임 기간 중 조장을 맡은 소조가 4개, 후진타오가 2개(외사영도소조와 대만공작소조)인 점과 비교되면서 당 조직을 통한 직접 지배 의지를 알 수 있다. 특히 주목할 점은 시진핑 집권이후 영도소조의 기능과 성격에 중대한 변화가 발생하여 권한이 강화된 점이다. 과거에 소조는 당정 업무 분담과 관련한 정책 협의와 조정기구로 주로 정부의 주요 정책 결정을 위한 아이디어를 제공하고 조정하는 역할이 중심이었다면, 18대 이후 비공식적으로 정책결정에 깊숙이 영향을 미치는 기구로 변화했다(Johnson & Kennedy 2015). 이것은 공산당의 정치, 경제, 사회 개혁에 대한 직접 관리 및 지배 강화에 대한 의지를 반영하는 것으로 볼 수 있으며, 특히 시진핑이 조장을 맡고 있는 4개 소조를 위원회로 격상한 것은 실제로 영도소조가 협의 기구 이상의 정책 결정자 역할을 하는 것을 의미한다.

넷째, 당 조례 등의 규정을 통한 시진핑의 핵심으로서의 지위 강화이다. 우선, 2017년 19차 당대회 이후 첫 번째 개최된 정치국회의에서 통과된 "중공중앙 정치국의 당중앙 통일집중 영도에 대한 약간의 규정"은 정치국 위원들과 국가기구 당조(黨組)의 당 중앙과 시진핑 총서기에 대한 술직 보고를 규범화했다. 정치국원들의 당 중앙과 총서기(시진핑)에 대한 술직보고는 2015년부터 시작되었지만, 그 이전의 술직보고는 총서기가 정치국을 대표하여 당 중앙위원회 전체회의에 하던 것이었다는 점에서 분명한 차이가 있다. 둘째, 중공은 19기 3중전회와 4중전회를 "당이 모든 것을 영도하는 제도체계"를 확립하고, 당의 통치(治黨)는 반드시 엄격하게 법과 제도에 기초하여 이루어져야 함을 강조하면서 각종 당내 법규 개정을 통해 당내 법규체계를 정비해 왔다. 그리고 이것을 통해 국가통치체제 현대화를 이끌어내고자 해 왔다(柯华庆 2021). 이런 맥락에서 중국공산당 19기 5중전회는 〈중앙위원회공작조례〉를 개정하여 중앙위원회, 정치국 및 상임위원회 위원들이 "조례"를 엄격히 이행 및 준수하고, 당중앙과 당중앙의 핵심인 시진핑 총서기를 보호하는 데 앞장서며, 당중앙의 권위와 중앙집권적 통일적 영도를 보호할 것을 요구했다(中共中央印发 2020). 특히 개정된 조례는 당총서기가 중앙정치국 회의와 중앙정치국상무위원회 회의, 중앙서기처 판공실 회의, 당 중앙 의결 및 의사조정기구 회의의 4대 최고위급 회의 의제를 확정하는 유일한 권한을 보유하도록 하고 있다. 이를 통해 시진핑은 국가정책을 둘러싼 중요의제 및 의결의 범위와 내용을 결정하는 최고 권한을 사실상 공식화했다. 비록 이번 조례 개정이전에도 시진핑이 막강한 권한을 지니고 있었지만, 당 업무조례를 통해 총서기의 유일한 권한을 명문화함으로써 총서기의 최고 권력을 합법적으로 정당화 했다(이재영 2020; Mai 2020). 셋째, 2020년 12월 26일 상무위원회에서 국방법 개정안을 의결해(2021년 1월 발효) 군사정책 제정권과 결정권이 국무원과 시진핑이 주석으로 있는 중앙군사위가 공동으로 보유하던 것에서 중앙군사위원회로 넘어감으로써, 시진핑이 국가 방위에 필요한 물자 동원과 전쟁 개시에 대한 법적 근거를 손에 쥐게 되어 권한 강화를 초래하게 되었다(『아주경제』 2021.1.4.).

이러한 과정을 통하여 공산당 중앙과 시진핑 '핵심'으로 권력의 고도 집중과 중앙집권적인 통치의 강화가 이루어지고, 시진핑 주석과 공산당의 정치, 사회 전반에 대한 전면적 통제 강화를 가능하게 하는 통치 메커니즘 구축이 이루어졌다.

3. 사회와 사상에 대한 전면적 통제를 통한 정치사회적 안정의 실현

유사전능주의체제는 또한 사회내의 각종 누적된 모순을 해결하기 위해 정치체제의 민주화를 이끌어내고 민주적 절차적 정당성을 강화함으로써 통치안정성을 끌어내기보다는, 경제, 사회, 사상에 대한 전면적 통제를 통해 정치사회적 안정을 구현하고자 한다. 이런 통제는 특히 전 사회에 대한 공산당조직의 조직적 통제의 강화, 이데올로기와 인터넷에 대한 통제를 강화하여 누적된 사회적 모순의 분출로 인한 사회적 돌발 사태를 방지하는 데 초점이 두어진다.

1) 중국공산당의 정치와 사회에 대한 전면적 통치 메커니즘 구축과 통제 강화

18차 당대회이후 중공내부에서는 개혁개방 30여 년 동안 중공의 영도는 중대한 성과를 냈음에도 불구하고 심각한 도전에 직면해 있으며, 따라서 중공의 사회 각 영역에 대한 영도와 통제를 다시 새롭게 강화할 필요가 있다는 인식이 확산되었다. 그 결과 공산당으로의 권력집중을 중심으로 한 당정체제의 개혁을 통하여 공산당의 중앙집권화된 통치를 강화한다. 그리하여 공산당권력이 사회, 경제 각종 업무영역에 빠르게 진입하여 국무원이 담당하는 업무 범위가 축소되고, 당 부문이 중대한 의사 결정을 담당하고 정부 부문이 의사결정의 집행만을 담당하는 권력구조가 등장하였다. 이런 공산당의 통치 위상은 19차 당대회에서 "동서남북중, 도농학병 등 중국의 모든 것을 공산당이 영도한다"는 선언으로 나타나고, 이에 기초하여 공산당을 정치, 경제, 사회 모든 영역의 통제를 가능하게 하는 통치 메커니즘을 구축한다. 그것은 다음의 구체적인 메커니즘을 통하여 이루어지고 있다.

첫째, 당정기구개혁을 통해 '당이 모든 것을 영도하는 제도체계'를 이끌어냈다. 19대 이후 국무원과 당중앙 조직으로 이원화되었던 각종 업무기구를 일원화하고 중공중앙 조직부와 선전부, 통전부 등에 기존 국무원 산하 업무 부문을 통일하여 지도 및 관리하도록 함으로써, 당의 전면적 영도를 관철할 뿐만 아니라 사회 안전과 통제 실현에 중요한 부문들을 직접 관리 통합할 수 있도록 하였다(中共中央印发 2018). 한마디로 '공산당의 모든 것에 대한 영도'의 원칙 아래 공산당 영도라는 국정운영의 체계적 사고를 형성함으로써 당정 기구개혁을 통해 정부기구에 대한 당 조직의 직접적이고 통일적인 관리 확대와 업무 일원화 및 기능 강화라는 당정 일원화의 특징을 실현한 것이다(황태연 2019, 29-30).

둘째, 사회 모든 영역의 당 조직망 확대를 통한 공산당의 사회적 침투의 강화를 추진하였다. 신중국 성립이후 중국공산당은 밀집된 조직 네트워크를 통해 사회를 동원하고 개조했다. 그러나 개혁개방 이후 한동안 공산당의 기층 조직 건설이 약화되어 당조직이 기층사회에 침투하여 기층사회를 제대로 이끌기 어려운 상황이었다. 이런 상황에서 시진핑 정부가 등장하면서 중공은 기층 당조직 건설을 통해 기층사회 통치에 대한 당 조직의 역할을 강화하였다(田先红 2020, 118-140). 19대 보고에서 시진핑은 "조직력 향상에 중점을 두고, 정치적 기능을 부각시켜, 기업, 농촌, 공공기관, 학교, 각종 연구기관, 도시의 기층 사회조직, 사회단체 등은 공산당의 주장을 선전하고, 당의 결정을 관철하며, 기층사회를 통치하고, 군중을 동원시키고 단결시키며, 개혁을 추진하는 강한 전투의 보루"라고 언급하면서 이들 부문에서 당조직 건설에 박차를 가했다(习近平. 2017b).

2020년 1월에 발표된 중국공산당 '조직조례'에 따르면, 기관 당원 100명 이상은 당의 기층위원회를 설립해야하고, 당원이 100명 미만이어도 업무에 필요하면 상급 당조직의 비준을 받아 당 기층위원회를 설립하도록 했다. 그리고 기관 당원이 50-100명 이하면 당 총지부위원회를 조직하며, 만약 50명이 안되어도 업무상 필요하면 상급 당조직의 비준을 얻어서 당 총지부위원회를 설립할 수 있다. 또한 정식 당원 3명 이상이면 당 지부를 설립하도록 했다. 정식 당원 7명 이상의 당 지부는 지부위원회를 설립하고, 정식 당원이 7명이 충족되지 않은 당지부는 1명의 서기와 필요시 1명의 부서기를 둘 수 있다고 규정하고 있다(中共中央印发 2020). 이처럼 당조직 건설이 강조되면서 2018년 모든 중국의 각급 당위원회는 총 3,208개로, 그 중에서 성급(省、区、市) 당위원회가 31개, 시급(市、州) 위원회가 398개, 현급(县、市、区、旗) 위원회가 2,779개이다. 또한 전국 8,561개의 도시 가도(街道), 31,610개의 향진, 102,555개 사구(주민위원회), 545,189개 행정촌이 당조직을 설립함으로써 99% 이상의 당 조직 건설율 보였다. 그리고 23.0만 개 국가기관이 당 조직을 수립하여 약 99.7%가 당 조직을 수립했고, 51.5만개 사업 단위가[11] 당 조직을 수립하여 총수의 95.2%, 18.1개 공유제기업이 당 조직을 설립하여 90.9%를 나타내고, 전국 158.5만개 비공유제기업이 당조직을 건설하고, 26.5만 개의 사회단체가 당조직을 건설했다(中共中央组织部 2021).

이런 당지부는 공산당의 최하층 조직이자 가장 기본이 되는 조직으로, 공산당의 모든 슬로건과 주장 및 정책은 당지부를 통해 군중속으로 침투할 수 있다. 특히 당지부는 상시적인 활동을 통해 당원 사이에 사상적 소통과 감독이 가능하게 만든다. 이들은 당의 정책을 학습하고 관련 문건들을 검토하며 장단점을 파악한다. 그리고 최종적으로

11) 사업단위는 기업이나 정부행정조직을 제외한 연구기관, 방송국, 출판사 등을 일컫는다.

당의 목표를 수용하여 의견을 일치시키고 결집한다. 바로 이런 기층 조직은 공산당의 기층사회에 대한 침투를 가능하게 하는 핵심적인 집권 기반이 된다(조호길 · 리신팅 2017, 77-78).

2) 인터넷 통제의 강화와 통제사회의 구축

중국공산당은 당의 노선과 방침에 따라 통치가 이루어지며, 엄격한 당기율을 통하여 당의 방침이 확정된 이후 당원이 그것을 위배하는 내용을 언론에 공개적으로 발표하는 것을 허용하지 않는다. 또한 당의 이념이 사회 각 방면에 확장되고 침투하여 사회적 행위와 사상을 구속하고 규범화하여 주류 이념이 되도록 한다. 공산당은 이를 가능하도록 핵심적 가치를 주도적으로 제기할 뿐만 아니라, 신문과 방송, 출판, 인터넷의 감독과 관리를 강화하고, 사상과 이념에 대한 통제를 강화함으로써 당의 노선에 반하는 행동을 억제하여 정치사회적 안정을 이끌어내고 있다(陈明明, 李松 2020, 1-17).

특히 인터넷 기술의 발달로 인터넷이 주요한 사회적 소통 공간이 되면서, 중국에 시민사회가 성장하고 민주적 사회로의 전환을 가능하게 하는 조건으로 작용할 것이라는 기대와는 달리, 중국의 인터넷기술은 중국의 민주화를 추동하는 메커니즘으로서 보다는 시민사회를 효율적으로 통제하는 기능을 아낌없이 발휘하고 있는 상황이다. 그것은 중국정부가 인터넷 정보 통제시스템과 사회정보시스템을 구축하여 다양한 사회통제시스템을 만들고 있기 때문이다.

첫째, 다양한 메커니즘을 구축하여 인터넷 통제를 강화하고 있다:

① 2013년 시진핑 정권은 '정보통신영도소조(19대 이후 정보통신위원회로 개칭해 위상을 강화함)'를 창설하여 인터넷에 대한 중앙집권화된 통제권을 장악하였고, 그 결과 현재 중국의 웹은 온라인상에서의 행위를 모니터하고 규제하는 방대한 법률적, 기술적 능력을 갖춘 60개가 넘는 기관들에 의해 장악되어 있다. ② 2017년 6월부터 전면적으로 시행된 〈사이버보안법〉은 기업이 중국 내부에서 지켜야 할 보안과 프라이버시에 대해 광범위하게 규정하고 있으며, 이를 통해 중국정부가 실시간으로 내용을 검열하고, 외국 기업들이 중국 내에 데이터 서버를 두도록 강제했다. 특히 이 법의 7조는 개인이나 기업, 그리고 공공기관들에게 공안이나 정보기관들의 활동을 지원하도록 강제하고 있어, 정보기관에서 국가 안보를 위협할 수 있는 위험성이 있는 기관이나 조직, 개인들에 대한 정보를 요구할 때 지원하고 협조해야 한다. ③ 중국인들의 외국 기술 싸이트에 대한 접근을 금지하고 소셜미디어 플랫폼들을 집중 감시하는 인터넷 정책을 펴고 있다. 중국정부는 트위터와 유투버를 각각 웨이보와 유큐로 대체하도록 하는 등 자국 싸이트 이용을 유도하고 있다. 즉 중국 인민이 원하는 정보를 중국 내부에서 얻을 수 있는 정보망을 조성해 인터넷 검열을 길들이도록 하는 정책을 구사해 왔다(김진용 2017, 473-474).

둘째, 사회신용프로그램 구축을 통한 공산당 통제를 강화하고 있다. 사회신용프로그램은 AI기술의 진보와 감시체제를 서로 연계시켜서 네티즌들이 정치적 통제를 자연스럽게 받아들이도록 하는 사회통제기제이다. 사회신용프로그램의 목적은 알고리즘적 지배를 확립하는 데 있으며 이것을 중국 외부에서는 디지털 독재의 일환으로 받아들이고 있다(Dockrill 2019). 중국정부는 2014년부터 일부 지역에서 시범적으로 도입해 온 디지털 감시와 빅데이터 기술을 엄격하게 적용시켜 중국사회에 전면적 사회신용체계를 구축하여 2020년까지 모든 개인과 기업, 지자체에 사회신용 평점을 매겨 대출 심사는 물론 비행기 탑승 허용 여부까지 결정하기로 했다. 이런 빅데이터를 통해 사회 전체를 규제하는 새로운 방식의 사회신용시스템은 정보를 매일 업데이트하고 개인을 따라 다니며, 완벽하게 통제하는 시스템이기 때문에, 중국 전체를 감시와 처벌의 파놉티콘으로 만들겠다는 무시무시한 의도로 평가되고 있다.

중국정부는 실제로 이것을 가능하게 하는 장치를 차곡차곡 진행해 오고 있다: 우선, 중국 전역에 인공지능(AI) 기술을 적용한 '안면 인식 시스템'을 탑재하여 개개인을 인식할 수 있을 정도의 고성능 감시카메라 설치를 확대해 왔다. 영국 기술 웹사이트 컴패리테크는 전 세계에서 CCTV 감시가 많은 도시 20곳을 꼽았는데, 그 중 18곳이 중국의 주요도시이다. 이들 도시에 2017년 기준으로 CCTV 약 2,000만 대가 설치돼 있는 것으로 알려졌다(『조선일보』2020.7.17.). 둘째, "모든 사람에게 식별표를 붙이려는 중앙집권화 시도"라고 비판받는 안면 인식 등록의 확대 발전을 추진 중이다. 이를 위해 2019년 12월 1일부터 새로운 이동전화 서비스 가입시 얼굴 스캔 등록을 의무화했다. 마트와 편의점, 관공서와 지하철, 대학, 은행 등에도 안면 인식 서비스를 도입하여 '얼굴 정보를 등록하지 않으면 일상생활을 하기 불편하다'는 말이 나올 정도이다. 〈중국경제망〉은 2019년 11월 23일 "2019년은 1억 1,800만 명 수준인 안면 인식 결제 이용자가 2022년에는

7억 6,000만 명으로 급증하면서 현재 보편적으로 쓰이는 QR 코드 결제 시스템을 대체할 것"이라고 보도한 바 있다. 또한 한 시장조사업체는 "안면 인식 기술의 적용 범위가 넓어지면서 중국 내 관련 시장 규모도 올해 34억 5000만 위안(약 5,810억 원)에서 5년 뒤인 2024년에는 100.5억 위안(약 1조 6,925억 원)으로 급성장할 것"이라고 전망했다(참고 〈표1〉)(『조선일보』 2019.12.5.). 셋째, 특히 주목할 점은 중국이 드론과 감시 카메라, AI 안면 인식 기술을 활용해 '비둘기'라는 암호명의 지역 공중 감시 시스템을 운영한다는 점이다. 드론에 탑재한 AI 시스템이 동화상에서 특정 패턴을 찾거나 사람의 안면을 인식해 신원을 확인한다. 수배자처럼 특정 인물을 찾기 위한 기술이지만 이를 응용하면 시위나 항의하는 사람이 누구인지, 어디에 사는지도 밝힐 수 있다. 이것은 첨단기술을 활용해 인간의 일거수일투족을 들여다보는 비인간적 감시 장치가 중국에서 현실이 될 수 있음을 의미한다(『중앙일보』 2019.8.18.).

〈표1〉 중국의 안면인식 기술 적용 현황과 추세

항목	내용
공항	얼굴 스캔으로 발권 여권 없이 출국심사
철도와 지하철	얼굴 스캔으로 개찰구 통과(1초 이내) 게좌에서 자동으로 요금 차감
마트, 편의점, 식당	지갑, 스마트폰 없이 안면인식으로 결제
호텔	안면인식으로 신분확인 및 체크인 키 없이 방문 열림
은행	안면인식으로 ATM에서 출금
이동전화 가입	2019년 12월 1일부터 새로운 이동전화 서비스 등록 시 얼굴 스캔 등록 의무화

출처:『조선일보』(2020.7.17.).

3) 엘리트와 대중에 대한 사상교육 강화와 사상 통제

시진핑 정부는 출범 초부터 전체 당원 특히 당의 최고층의 사상 통일을 중요한 목표로 하고 사상통제의 강화에 주력해 왔다. 보편적 가치, 3권 분립, 군대 국가화, 권귀(权贵)자본주의, 역사허무주의 등에 대한 일련의 금지령(이른바 8항 금지령)을 통하여 공산당 이데올로기에 대한 관리권, 영도권, 그리고 담론권 강화를 이끌어내어 통치 안정성을 꾀해 왔다. 구체적으로 2013년 중공중앙은 〈현재 이데올로기 영역 상황에 대한 통보〉(2013년 중반 9호)를 대학교육기관 및 현급 행정기관이 하달한 이후 관련 내용이 즉시 통제된 바 있다. 〈통보〉의 핵심 목적은 2013년 4월 시진핑이 하달한 당해 하반기 추진하기로 한 "거울에 비추어 목욕을 하자"라는 내용의 대중교육실천운동의 전개와 당 정풍운동의 목표와 같은 것으로, 당내 이상과 신념의 동요를 정돈하고 이념을 수립해서 당을 정화하고 순결성을 유지하려는 것이었다. 그 구체적 내용은 중국공산당당원의 이데올로기 영역의 3개 자신(중국 특색의 이론, 도로, 제도에 대한 자신: 18대 보고에서 언급)을 수립할 것과 7개 금지조항으로 된 이데올로기 선전방향에 대한 지시가 포함되어 있다. 7개 금지 조항은 "보편가치, 언론자유, 공민사회, 공민의 권리, 중국공산당의 역사적 착오, 권귀자본가, 사법독립 등에 대해 언급하지 말 것"이다(何毅亭 2020),

또한 시진핑 사상의 학습을 강화시키고 시진핑 사상을 21세기 마르크스주의로 교육하는 등 신격화 작업을 추진해오고 있다. 엥겔스의 학설은 '19세기 마르크스주의'이고, 레닌주의, 마오쩌둥 사상, 덩샤오핑 이론을 첫 성과와 기본 내용으로 한 중국 특색의 사회주의 이론은 '20세기 마르크스주의'이며, '시진핑 신시대 중국 특색 사회주의 사상'은 21세기 마르크스주의로 선전되고 있다(何毅亭 2020). 더구나 당장과 헌법에 '시진핑 신시대 중국특색의 사회주의 사상'을 삽입함으로써, 1인 숭배가 횡횡하던 마오쩌둥 시대의 우상화 방식을 통해서 여타 지도자들을 압도하는 스트롱맨으로서 시진핑의 권위를 높이고자 하는 시도가 관변매체를 통해서 강화되고 있다(李建国・王威 2018). 이같은 시진핑 사상으로의 사상적 일원화의 추구는 각급 당원의 사상학습과 각 급 학교의 애국교육으로 구체적으로 실천되고 있다.

첫째, 당원에 대한 사상학습교육의 강화이다.

중공 지도부는 개혁주의자인 고르바초프와 함께 소련공산당 구성원들 사이의 이데올로기적 느슨함이 소련 국가 몰락의 핵심 요인으로 오랫동안 간주해 왔다(Dotson 2019). 따라서 당원에 대한 사상교육과 사상적 단결을 공산당의 안정적 장기집권의 핵심 조건으로 간주한다. 그리하여 중국공산당은 당원 사상교육을 강화하기 위해서 교육채널로 2019년 1월부터 스마트폰앱 〈学习强国〉을 만들어서 사용하고 있다. 이 앱은 이데올로기 교리 학습을 위한 채널 역할을 하는 것 외에도 감시 도구로도 사용된다. 즉 앱을 플랫폼으로 하여 당원들은 앱 사용 시간, 기사 읽기 및 댓글 작성, 당 정책에 대한 테스트를 위해 "학습 포인트" 할당량을 충족해야 한다. 또한 "다양한 사용자

데이터 및 앱 활동이 포함된 상세한 앱 로그 보고서를 매일 수집 및 전송"하고 "루팅된 기기에 대한 백도어에 해당하는 코드, 사용자의 휴대 전화에 대한 완전한 관리자 수준 액세스 권한 부여"를 포함한다(Dotson 2019).

중공중앙은 2019년 11월 11일 2019-2023년 당원 교육 및 양성을 위한 전국 업무프로그램을 발표했다. 이 프로그램은 공산당이념 훈련의 기초로 "시진핑 사상"을 강조하면서 시진핑의 개인숭배를 홍보하는 데 박차를 가하고, 당중앙 지도부와 그 지도부의 확실한 "핵심"(核心)으로서 시진핑에게 강화된 충성을 요구하는 내용으로 구성되어 있다. 그리고 사상교육은 중화민족의 부상이라는 "중국의 꿈"(中国梦)의 달성, 중국의 정치와 사회에 대한 공산당의 단호한 통제 유지, 당국가 기관과 거버넌스의 지속적 개혁 등 3가지를 중심 내용으로 한다(Dotson 2019). 이 과정에서 중공중앙에 대한 권력집중과 시진핑에 대한 더 엄격한 개인적 충성도를 요구하는 것으로 표현된다.

또한 당중앙조직부는 당 간부 "교육 및 육성" 프로그램을 관리하기 위하여 중앙과 지방 단위에서 "당간부 집중 훈련"(党员集中培训)을 진행한다. "다양한 수준의 당위원회"(各级党委)는 매년 이러한 훈련을 조직해야 하며, 당원들에게 매년 일정 기준을 충족하는 훈련프로그램을 이행하도록 하고 있다.

그 외에도 중공중앙은 매월 1차 정도의 정치국 집단학습회를 개최하여 당내의 사상 통제와 통일성 확보를 추진하고, 민주생활회를 개최하여 사상적 통제를 강화하고 있다. 2015년부터 정치국이 민주생활회를 개최해 왔지만, 특히 미국의 중국에 대한 견제가 본격화된 2018년 12월에는 25명의 정치국원들이 함께 모여서 3일간(25일-27일) 연속으로 개최하면서, 중미 무역전으로 중국공산당 최고위층 내부에 출현하고 있는 의견 분열과 긴장에 따른 당내의 반발 가능성을 우려하여 미리 자아비판을 하게 했다. 또한 2020년 6월 신화사 보도에 따르면, 당원을 대상으로 "不忘初心、牢记使命(초심을 잊지말고 사명을 명심하자)" 주제 교육을 2019년 보다 24.3% 증가시켜 99.7%의 향진수준에서 직접 교육을 실시했다. 그리고 3,201개 지방 당위원회 지도집단에서 민주생활회를 개최하였으며, 400.7만개 당지부가 전문(专题) 조직생활회를 개최하여 당원을 평가했다(『新华社』 2020.6.30.).

둘째, 각급 학교에서의 애국주의 교육의 강화이다.

시진핑은 2019년 3월 18일 전국의 대학-중고등-초등학교 사상정치과목 담당 교사들이 참석한 회의에서, 사상・정치과목이 입덕수인(立德树人:덕을 갖춘 인재를 배양한다)의 근본적 임무를 실현하는 핵심으로 간주하면서 이 과목을 가르치는 교사들의 역할을 강조했다(习近平 2020). 그리고 집권당에 대한 충성심을 가지고 중국 청소년과 중국 사회 전체를 교육하기 위한 강화된 "애국 교육"에 대한 새로운 일련의 지침을 강조한다. 또한 중공중앙과 국무원은 2019년 11 월 12일 "신시대의 애국교육시행 지침"(新时代爱国主义教育实施纲要)을 발표하고, 공산주의 이데올로기 교육을 두 배로 늘려 중국사회 전체에 이데올로기 주입을 강화하고자 했다. 비록 젊은이들이 핵심 대상이지만 이 지침은 "애국 교육은 모든 사람을 위한 교육"이며 이러한 프로그램은 중국 사회 전체로 확대되어야한다고 주장하고 있다(Dotson 2019). 실제로 다수의 중국학자들과의 인터뷰에 기초하면, 중국은 모든 학교에 마르크스-레닌주의학과를 설립하여 대학생을 대상으로 한 사상교육을 강화하고 있으며, 이로 인해 중국내의 박사학위 소지자들의 취업난에도 불구하고 이 분야에서는 인재난을 겪고 있는 상황이다. 또한 해외에서 유학 후 대학이나 연구기관에 취직한 인사들을 반드시 새로운 사상교육을 통하여 사상적 '정화'를 해야 한다. 특히 공산당원의 경우 매주 사상교육 및 시험을 치러 결과를 검증받도록 하고 있다. 이런 모든 것은 사상 통제가 전례 없이 강화되고 있음을 의미한다.

4. 인민의 지지 동원과 이에 기초한 통치 정당성 강화

중국공산당은 혁명과정을 통해서 인민의 지지와 동의를 얻어서 통치권을 확보했다. 그러나 시대적 조건의 변화에 따라 정당성의 기초가 변화하면서, 혁명적 정당성은 공산당의 통치를 계속 정당화해주는데 한계가 있었고, 공산당은 새로운 통치 정당성을 탐색해야만 한다. 특히 시장경제체제로 전환과 함께 이루어진 급속한 경제성장은 중국인들의 빠른 소득증대(2020년 말 1인당 GDP 1만 달러 초과)를 초래했을 뿐만 아니라 국민들의 교육수준, 법치 및 시민의 권리의식의 제고를 이끌어내었다. 동시에 경제발전 제일주의와 선부론에 기초한 성장방식은 지역간, 도농간, 계층간 심각한 빈부격차와 환경문제 등을 초래하였고, 민주화 없는 권위주의 통치에 기반한 성장은 권력과 자본의 결탁으로 인한 심각한 사회적 부패가 만연하였다. 이런 문제가 방치되면 공산당 통치위기로 전환될 수 있음을 인식한 후진타오는 이른바 '과학적 발전관'을 내세우면서 자연과 인간, 지역과 계층 간의 이른바 조화로운 발전을 강조하면서 환경문제나 빈부격차문제를 해소하기 위한 다양한 구상을 제기하기 시작하고, 학계에서는 당정권력에 대한 견제 메커니즘의 건설에 대한 논의가 활성화되기도 한다.

시진핑 정권도 이런 심각한 사회적 위기 상황이 공산당 통치 능력을 심각하게 훼손할 수 있음을 깨닫고, '빈곤퇴치'운동과 부패관리를 대대적으로 숙청하는 반부패운동을 단행하고 '인민 중심의 발전사상'을 강조하면서, 대중의 지지에 기반한 통치를 추진함으로써 통치 정당성을 강화하고자 시도해 왔다.

우선, 시진핑은 집권이후 빈곤 탈출을 국정의 중요한 위치에 놓고 추진했으며, 이것을 이른바 "4개의 전면(전면적 소강사회 건설, 전면적 개혁 심화, 전면적 의법치국, 전면적 엄격한 당 관리)" 전략 배치와 "5위 일체(경제, 정치, 문화, 사회, 생태문명의 건설)"의 총체적 사업배치에 포괄시키면서 전면적 소강사회 건설과 '두개(당 창건과 건국)의 100년' 달성을 추진한다는 점을 분명히 했다. 이를 위해 2015년 11월, 중국공산당중앙·국무원은 〈빈곤탈출 공격전 승리에 관한 결정〉를 발표하고, 빈곤탈출 업무를 대대적으로 추진하여 2020년까지 농촌 빈곤층을 모두 빈곤에서 벗어나고, 빈곤 현은 모두 딱지를 떼고, 모든 지역의 빈곤을 해결한다는 목표를 제기했다(苏蒙蒙, 王贤斌 2020, 86-89). 그 결과 중국정부는 2014년 중국 국무원이 지정한 중국 빈곤 지역 832곳이 2020년 구이저우성(贵州省) 첸시현(黔西县), 칭룽현(晴隆县) 등 9개 현의 탈빈곤 선언을 마지막으로 모두 가난에서 벗어났다고 선언한 상황이다. 특히 시진핑(習近平)은 2021년 8월 17일 제10차 중앙재정위원회회의에서 전면적 소강사회 달성에 기초로 하여 이제 인민의 공동부유를 실현하는 역사적 단계에 진입하였다고 선언하면서, 덩샤오핑의 경제발전 중심의 '선부론'에서 '공동부유'노선으로 전환하고 이것을 장기적 정책노선으로 추진할 것임을 분명히 했다. 그리고 2035년에는 모든 인민의 공동부유의 더욱 확실한 성과를 거두고, 2050년에는 모든 국민의 공동부유를 기본적으로 실현한다는 목표를 제시했다(习近平 2021c).

다음으로, 반부패 투쟁의 대대적인 전개이다. 시진핑은 다당제와 권력 분립, 선거민주주의 등의 헌정민주의 제도화 방식이 아닌, '권력을 제도의 상자에 가둔다'는 개념을 제시하면서, 반부패투쟁을 고강도로 진행하였고, 집권 2기에 들어서면서 그 성과를 국가감찰위원회의 건설로 집약해 냈다. 그는 당 18차 당대회이래 "감히 부패하지 않고, 부패할 수도 없으며, 부패하고 싶지 않은 기제를 설립한다"는 명확한 목표를 가지고, 현재까지도 전례 없는 강도로 반부패운동을 전개하여 국민들의 지지를 이끌어냈다. 이에 대해 19차 당대회 보고서는 "부패하지 않으려는 목표는 초보적으로 실현되었는데, 썩지 않는 우리 일수록 더욱 견고하여, 썩지 않으려는 제방이 구축되고 있으며, 반부패 투쟁의 압도적 형세가 이미 형성되어 공고히 발전되었다"고 강조했다. 2018년 12월 중국공산당 중앙정치국 회의는 그동안의 반부패 투쟁에 대해 높은 평가를 하면서, 19차 당대회이래 반부패 투쟁에서 압승을 거두어 당을 전면적으로 철저히 다스리는 데 있어 중대한 성과를 이룩하였다고 주장한 바 있다(王长江 2019).

구체적으로 싸우스차이나 모닝 포스트(SCMP) 2019년 12월 6일자에 시진핑 집권 이후 6년간 '반(反) 부패' 캠페인으로 처벌받은 공직자가 약 35만 명에 달하는 것으로 파악됐다고 보도했다. 한 자료에 따르면 2012년 11월 18차 당대회 이후 2016년 8월까지 장차관급 고위간부와 군장성급 등 이른바 '호랑이'급 지도간부 약 180명이 낙마(그 중 5명은 국가급, 10명은 중앙위원, 14명은 후보위원임)하고,[12] 또한 91,913명 관리가 부패로 행정처분을 받을 정도로(그 중에서 80%는 과장(科)급임) 대대적으로 전개된 반부패운동을 통해 권력기반을 공고화했다. 중국 국가통계국이 제시한 2016년 현재 중국의 당정 기관에 근무하는 공직자 수가 1천 250만 명인 점을 감안하면, 전체 공직자의 2%가 넘는 인원이 반부패 캠페인에 따라 처벌을 받았음을 의미한다.

시진핑 정권은 이런 반부패 투쟁을 통하여 줄곧 높은 수준의 대중의 지지를 이끌어내었을 뿐만 아니라, 동시에 정적을 제거하고 시자쥔(习家君: 시진핑의 옛 부하, 지인들)을 권력에 포진시켜 감으로써 권력기반을 공고화해 갔다. 이것은 19차 당대회에서 18명의 정치국원 중 시자쥔으로 분류될 수 있는 사람이 약 13명이 된다는 점에서 확인

12) 낙마 간부 중, (정·부) 국가급 지도자 5명 포함한다: 정국가급: 조우용캉(周永康, 전 상무위원)/ 부국가급: 링지화(令計劃, 통전부장), 쉬차이호우(徐才厚, 군사위 부주석) 쑤롱(蘇榮, 전국정협 부주석), 궈보슝(郭伯雄, 군사위 부주석)이다.

가능하다(Li 2017). 또한 시진핑은 2021년 8월 중앙재정경제위원회 회의에서 '공동부유'를 제시하고 덩샤오핑시대의 성장제일주의 노선의 실행과정에서 초래된 만연한 부패와 제도적 불평등을 해소하고 중산층 중심사회로 전환한다는 목표를 제시하였다. 이러한 '공동부유'로의 정책 전환과 그에 따라 수행되는 새로운 반부패투쟁과 사회적 불평등 완화가 성공적으로 추진된다면, 당의 통치정당성을 강화하고 시진핑의 장기집권을 안정화하는 기초가 될 수도 있을 것이다(Diallo 2021).

5. 지속적 성장에 기초한 중국몽 실현의 보증과 통치 정당성 강화

개혁개방 이후 사회주의 이데올로기에 대한 대중적인 신념이 약화되면서 경제성장을 통한 인민의 생활 수준 제고는 중국공산당의 통치정당성의 기초로 작용했고, 따라서 공산당은 경제성장이라는 실적에 기반한 정당성 확보에 주력해 왔다. 이처럼 인민들의 삶의 질의 향상을 통한 대중적 지지를 이끌어내는 것은 중국공산당이 추구하는 유가적 민본주의적 가치(인민 중심 사상)의 구현일 뿐만 아니라, 통치의 중요 수단인 사회주의 군중노선의 관점에서 볼 때도 매우 중요한 가치이다. 또한 지속적 경제성장은 중화민족의 부상이라는 민족주의적인 이념을 뒷받침해주는 실질적인 기초가 됨으로써 중국공산당의 장기집권을 가능하게 해주는 핵심조건이다.

중국은 그동안 글로벌 시장경제체제 속으로 진입함으로써 성공적

성장의 길을 걸어왔다. 그러나 중국은 자유시장경제체제의 규범과 규칙을 수용하여 중국의 경제체제를 개혁하기 보다는, 자유시장경제체제와는 다른 국가자본주의 경제체제의 길을 걸으면서 중상주의적 경제성장 방식을 통해 서방 선진국으로부터 도입한 자본과 기술을 활용해 선진국을 추격하는 전략(중국제조 2025 등)을 추진해 왔다. 구체적으로 중국 경제개혁의 전체적 방향을 제시한 2013년 18기 3중전회에서 중국공산당의 국유기업 개혁방향은 민영화가 아닌 혼합 소유제 개혁이었다. 사회주의 공유제의 주체적 지위를 견지하고 국유경제의 주도적 작용을 발휘하겠다는 것을 분명히 하면서, 국유 부문과 민간 부문이 상호 지분 소유제를 구축하자는 조치였다. 즉 국유기업에 대한 대대적인 민영화는 자제하겠다는 것으로, 이것은 국유자산의 유실을 방지하고 국유 자본의 영향력 확대도 가능한 것이라고 중국내에서 좌파의 환영을 받은바 있다. 또한 2019년 19기 4중 전회에서도 "공유제를 주체로 하고, 노동에 따른 분배, 사회주의 시장경제를 중국 사회주의 기본 경제제도로 간주하고, 이것은 당의 영도를 전제로 해야 한다"고 규정함으로써 자유시장경제체제와 다른 길을 갈 것임을 분명히 한 바 있다.

주잉(朱颖) 상하이사범대 경제학과 교수는 중국의 이런 경제제도(사회주의 기본 경제제도)에 대하여 서방 자유시장경제제도와 분명히 다른 것이라고 평가하면서, 중국은 지금까지 서구식 모델이 기초한 시장경제체제의 길을 간다고 선언한 적이 한 번도 없다고 주장한다. "중국은 서방모델에서 경제발전에 유리한 점을 취하지만, 자체 원리상 공산당의 영도를 배척할 수밖에 없고 경제 자유화 경향을 주장하는 시장경제를 받아들일 수 없다. 시장경제는 중국 경제 발전의 수단일 뿐이라고"주장한다(朱颖 2020). 주교수의 주장은 한마디로 중국은 시장경제체제의 길을 가지만 서구와 달리 국가자본주의체제에[13] 기초하여 시경경제체제를 수단으로 삼아서 국가주도의 경제성장을 추구하고자 함을 알 수 있다.

이른바 국가자본주의체제에 기초한 국가주도적 경제정책을 통해 중국은 그동안 고속성장을 이끌어내었으며, 이것은 공산당의 중요한 통치 정당성의 기초로 작용해 왔다. 국가의 경제 개입이 경제의 창조능력을 해친다는 일반적인 우려에도 불구하고, 다수의 기업은 제4차 산업혁명을 주도하는 글로벌 기업으로 성장하였다. 또한 비교적 안정적인 경제성장이 유지되어 2019년 말에 1인당 GDP 1만 276달러를 달성하였다. 그리고 코로나 펜데믹이 터지기 전까지 미국과의 무역전쟁 와중에도 6%-6.5%의 중속 성장을 유지하였고, 2018년 실업률 역시 당국이 연내 목표로 제시한 5.5%의 범위 안에 있었고, 2019년 1,530만 개의 새로운 일자리가 도시와 농촌에서 창출되어 연간 목표인 1,100만개 일자리를 초과 달성했다(122.9%)는 자체 평가가 나오기

13) 블랑코 밀라노비치(Branko Milanovic)는 『홀로선 자본주의(Capitalism Alone)』(2019)에서 미중의 체제 대립을 미국의 자유 능력주의적 자본주의(liberal meritocratic capitalism)와 중국의 국가자본주의(political capitalism)의 대립으로 간주한다. 국가자본주의는 시장경제를 현대화를 위한 '수단'으로 활용하면서, 시장 친화적 방식을 채택하되 시장에만 맡기는 것이 아니라, 계획과 시장을 적절히 결합하여 희소한 자원을 최적 분배하기 위하여 국가가 금융정책, 산업정책, 인력정책 등을 종합적으로 배치하는 것을 특징으로 한다. 이 글은 이 개념을 수용하여 중국의 경제체제를 국가자본주의로 규정한다.

도 했다(『유스핌』 2020.1.17.).

코로나 펜데믹 이후에도 미국 및 유럽과 비교하여 중국경제가 빠른 회복세를 보이면서, 2020년 2.3%의 성장률로 세계 주요국 중에서 유일하게 플러스 성장을 하였으며, 미국의 경제적 제재에 따른 디커플링에 대한 전망과 달리 오히려 7.8%의 수출 증가율을 나타냈다. 이는 코로나 이후 기업들이 해외생산에 따른 리스크를 줄이기 위해 이른바 리쇼어링 혹은 온쇼어링을 추구할 것이라는 전망과 함께 수출이 감소할 수 있다는 예측이 있었지만, 코로나 영향을 상대적으로 덜 받으면서 안정적으로 생산을 공급해 줄 수 있는 조건을 구비한 중국에 각국의 수요가 집중되었기 때문이다. 그 결과 중국의 세계 수출 점유율이 2019년 12.7%에서 2020년 8월에는 14.3%로 높아지고, 2020년 말에는 16%에 육박할 전망이다. 코로나 이후에도 이런 흐름은 쉽게 전환되지 않을 전망이다(지만수 2020).

그러나 중국의 국가 주도적 성장방식에 대한 미국의 구조적 개혁에 대한 요구와 과학기술발전에 대한 전방위적 견제는 코로나 펜데믹에 따른 경제적 위기를 훨씬 능가하는 중국경제에 대한 커다란 도전이다. 이런 상황에 대응하기 위해 중국은 2020년 19기 6중전회에서 14차 5개년 규획 및 2035년 장기발전계획안을 내놓으면서 이른바 '쌍순환 전략'과 자급자족적 과학기술 혁신을 들고 나왔다. 즉 국내 대순환을 위주로 하고 국내·국제 이중순환을 촉진하는 경제구조를 만든다는 구상이다. 넓은 국내시장을 이용하여 성장을 추구하면서 자생적인 과학기술 혁신과 산업 고도화의 동력을 중국내부에서 찾고자 하는 실현계획을 마련한 것이다.

이것은 미국이 중국의 반도체 산업 육성을 틀어막고 국가 주도적 산업지원 정책을 비난 하는 가운데 과거 '중국제조2025'식의 선진국 자본과 기술을 활용하여 선진국을 추격하는 전략이 아니라, 신산업을 중심으로 혁신과 산업 고도화의 동력을 중국 내부에서 찾고자 하는 전략을 취하는 것이 특징이다. 이처럼 국가 주도적 지원을 통해 선진국을 추격하고 글로벌 시장을 장악하는 모델이 점점 작동하기 어려워지는 상황에 직면하여, 중국정부는 그 대안으로 신산업분야에서 정부가 차세대 인프라 구축을 통해 신산업의 시장, 기술, 산업이 성장할 수 있는 생태계를 만들고자 하는 계획안을 내놓은 상태다.

결국 이것은 국가자본주의체제의 개혁을 통해 개방형 자유시장경제로 나아가기 보다는 국가 주도적 성장방식을 지속하면서 넓은 국내시장을 이용하여 성장을 이끌어내고 과학기술 혁신과 산업 고도화의 동력을 중국내부에서 찾고자 하는 전략이다. 만약에 이런 구상이 지속적 경제성장과 과학기술혁신을 이끌어내지 못하고 중진국의 함정에 빠지는 결과를 초래한다면, 중국경제는 결국은 글로벌 시장경제체제의 압력에 따라 개방형 시장경제로 나아가는 구조개혁으로 갈 수밖에 없을 것이다. 따라서 이른바 '쌍순환과 혁신'으로 특징지을 수 있는 '14.5규획'의 성공여부는 중국의 유사전능주의체제가 지속적으로 유지 강화될 수 있을 것인가를 가늠하는 주요한 척도가 될 것이다. 그러나 현재 중국의 경제적 상황은 만만치 않다. 중국 경제를 견인해 온 수출·투자·소비 모두에서 적신호가 켜진 상태다. 2021년 4/4분기 4%

성장, 2년 평균 5.1%의 성장율을 보이면서 '바오 5%'도 흔들이고 있다. 글로벌 투자은행(IB)인 골드만삭스와 JP모건은 올해 중국의 경제 성장률 전망치를 각각 4.3%와 4.9%로 제시한 상황이다(『아주경제』2022.1.17.).

V. 유사전능주의체제의 지속과 변화의 다이나믹스

1. 변화에 영향을 미치는 요소와 평가

시진핑 정부는 중화민족의 부상이라는 이른바 '중국몽'을 통치 목표로 내세우고, 유사전능주의체제를 형성하여 '통제'와 대중 '동원' 방식에 기초한 정치사회적 안정화를 구축하면서 중국의 부상을 추진하고 있다. 이런 유사전능주의체제의 지속과 발전은 공산당의 흔들리지 않는 공고한 통치 지위와 함께 시진핑 주석의 안정적 장기집권이 이루어질 때 가능하다. 왜냐하면 유사전능주의체제의 등장이 시진핑의 통치 목표인 중국몽 달성과 이것을 가능하게 하기 위한 제도적 배치에 기초하여 이루어졌기 때문이다. 물론 다른 정치지도자가 상술한 시진핑의 통치 목표와 방식을 계승할 경우에도 유사전능주의체제가 지속될 수 있겠지만, 최고지도자의 교체는 불가피하게 정치발전노선에 큰 변화를 수반할 가능성이 높기 때문에 유사전능주의체제의 지속성에도 영향을 미칠 수밖에 없을 것이다. 이런 체제의 지속성은 다음과 같은 요인이 결정적으로 작용할 것으로 보인다.

1) 통치 엘리트의 단합 정도와 시민사회를 통제 가능한 범위에 둘 수 있는가?

정치체제변화의 관점에서 중국의 정치사회적 안정에 결정적 영향을 미치는 변수는 통치엘리트의 단합정도와 시민사회를 통제 가능한 범위에 둘 수 있는가이다. 특히 통치엘리트의 단결과 통합은 중국의 정치체제 변화에 영향을 미치는 가장 핵심적인 변수이다. 그것은 새로운 체제변화를 추동해 낼 자율적 시민사회 역량이 부재한 상황에서 엘리트 내부 단결력의 확보가 안정적 통치능력을 확보하는 데 있어 가장 결정적 변수이기 때문이다. 또한 시민사회의 성장과 국가로부터의 자율성의 제고 및 저항운동의 성격과 조직화 정도도 중국의 정치적 변화를 전망하는 중요한 변수이다. 그 이유는 시민사회가 성장하여 국가로부터 일정한 자율성을 지니게 되고 정치체제변화를 주요 내용으로 한 저항운동이 성장하여 이 운동이 전국적 수준의 조직으로 결집될 때 유사전능주의체제는 근본적인 도전을 받게 되기 때문이다. 이 두가지 점에서 볼 때, 향후 중단기적 시간 내에 중국에서 급격한 정치변화가 발생할 가능성은 낮아 보인다.

우선, 중공의 통치 엘리트 통합과 단결 정도를 살펴보면, 시진핑의 등장이후 시진핑으로의 권력 집중이 강화되면서 엘리트 간 권력공유(power sharing)에 기초해 제도화된 집단지도체제가 사실상 형해화됨으로써 집단지도체제를 통한 통치엘리트 간 응집력을 유지하는 기능은 약화되었다. 그러나 통치엘리트 간 권력갈등이 폭발적으로 분출되기보다 타협을 통해서 통제될 가능성이 더 높아 보인다. 그 이유는:

첫째, 중공의 엘리트들은 장기간의 육성과정을 통하여 사상적으로 뿐만 아니라 조직적으로 강력한 통합력을 갖추고 있기 때문이다. 둘째, 소연방의 해체를 목도한 중공 엘리트들은 엘리트 갈등이 결국은 중공의 붕괴를 자초할 수 있다는 컨센서스가 강하게 자리하고 있기 때문이다. 물론 이런 컨센서스가 곧 시진핑의 권력이 공고함을 의미하지는 않는다. 미국의 전략적 견제와 선택적 디커플링 압력 속에서 '신성장전략'으로 제시한 이른바 '쌍순환'과 '자립적 혁신' 전략이 성공하지 못한다면, 중국은 어쩔 수 없이 부상전략을 수정하고 노선전환을 해야한다. 이 경우 시진핑을 제외한 엘리트 간 극적인 타협으로 그동안의 발전노선을 주도해 온 시진핑에게 책임을 물어 권력 중심으로부터 퇴각시킬 가능성도 배제할 수 없다. 참고로 대약진 운동의 실패이후 마오쩌둥도 정책실패의 책임을 지고 2선으로 퇴각한 바가 있다.

실제로 공산당 지도부 내에서 다양한 정책적 현안을 둘러싸고 리커창 총리와 시진핑 주석 간의 갈등은 지속적으로 노출되어 왔다. 그러나 집권 초부터 꾸준히 추진해 온 시진핑을 중심으로 한 권력 집중과 정적 제거로 인해 당 지도부 안에서 '소수파'인 리커창 총리는 막강한 권력자인 시주석 사이에서 권력투쟁과 '모반'을 실행할 충분한 힘을 보유하고 있지 못한 상황이고, 리커창의 소신 발언도 당내에서 넘지 말아야할 선을 지키고 있는 것으로 보인다. 시진핑은 최고 지도자로 등장한 이후 당정에 대한 대대적인 정풍운동과 반부패 투쟁을 통해 정적을 제거하고 '시자쥔"을 중심으로 한 권력집중을 꾀해 왔고, 영도소조를 설립하고 조장을 독식하는 방법을 통하여 권력기반을 공고화했으며, 중국정치에서 총서기의 일인 권력을 제한할 수 있는 비공식적 기제인 원로정치를 차단하는 방식을 통해 권력을 집중해왔다(이정남 2017, 22-25). 그리하여 당정군 엘리트가 사실상 시자쥔에 의해 장악되어 있다(Li 2016, 20-22; 여유경 2018, 179).

둘째, 시민사회의 성장 및 국가로부터의 자율성의 정도, 시민사회의 저항운동의 성격과 조직화 정도에 기초해 볼 때, 중국의 시민사회의 성장과 저항능력은 여전히 체제안정을 위협할 정도로 성장하는 데는 한계가 있다. 중국의 시민사회는 성장과정 중에 있는 과도기 시민사회이고, 국가로부터의 자율성이 여전히 낮은 상태를 유지하고 있다. 비록 다양한 대중시위(이른바 군체성사건)의 발생이 꾸준히 증가해오고 있지만, 이런 대중시위는 반정부운동의 성격을 띠고 있지 않으며 전국적인 수준에서 조직화되어 있지도 못한 상황이다. 또한 공산당 조직의 그물망을 통한 통제, AI 기술을 통한 사회 통제망 구축, 사상통제, 물리력을 동원한 통제 등 다양한 방식을 기초로 '강한 국가' 대 '약한 사회'라는 비대칭적 구조를 형성하고 있다. 무엇보다도 중국몽 실현의 열망과 애국주의 교육의 영향으로 민족주의 정서가 강한 조건에서, 지식인과 시민사회가 당정부문을 공격대상으로 한 민주화 운동으로 전환될 가능성은 매우 낮아 보인다.

2) 인민의 지속적인 지지의 동원을 통해 통치 안정화를 꾀할 수 있는가?

반부패정책이나 “공동부유”정책 등을 통한 대중적 지지를 동원하는 방식은 사회주의 이념을 기반으로 한 공산당의 사회주의 대중노선의 적용일뿐 만 아니라 군주가 ‘민’을 나라의 근본으로 삼을 것을 요구하는 전통 유가(儒家)의 민본주의 사상과(이정남외 2인 역, 뤼샤오보어 저, 2019, 93-96) 현능(賢能)주의 이념에 대한 구현의지의 발현이기도 하다. 시진핑 정권은 그동안 대중의 지지를 동원하기 위하여 반부패정책과 탈빈곤정책을 대대적으로 추진해 왔다.

반부패 투쟁은 시진핑정권의 등장이후 줄곧 인민의 지지를 이끌어내는 중요한 자원으로 작동해 왔다. 시진핑 정권은 그동안 공산당에 의한 전면적 통치를 강조함과 아울러서 “당에 대한 엄격한 기율관리, 법치행정, 정무공개’에 기반한 공산당의 통치능력의 제고를 강조해 왔다. 반부패투쟁은 이것을 실현하는 중요한 방식이고, 집권 8여년 동안 시진핑은 차관급 이상의 당정 관료를 440여 명을 반부패 혐의로 조사하는 등, 엄청난 성과를 내면서 18대 이후 시진핑에 대한 인민들의 광범위한 지지를 이끌어내는 주요한 기초로 작용했다. 향후에도 이런 반부패 투쟁은 계속 강조되면서 정적이나 불만 세력을 제거하는 수단으로 사용될 뿐만 아니라, 당정 부패를 청산하는 성과를 냄으로써 인민들로부터 지지를 이끌어내는 중요한 수단이 될 것으로 보인다.

또한 집권초부터 대대적으로 전개해온 빈곤퇴치운동도 시진핑 정권의 대중적 지지를 이끌어낸 주요한 자원이다. 시진핑 정권은 2021

년 '전면적' 소강사회 목표 달성을 선언하고, 빈곤 퇴치 운동 목표를 완수했음을 선언했다. 중국 언론들은 "중국 농촌의 빈곤 인구 1억 명이 시주석 집권 8년 간 모두 가난에서 해방됐다"고 보도했다. 중국정부도 2021년 초에 최근 10년 동안 중국에서 매년 적어도 1,000만 명의 빈곤층이 절대빈곤에서 벗어나고, 농촌 빈곤인구는 2010년 말 1억 6,600만 명에서 2019년 말에 551만 명으로 감소하였으며, 빈곤 발생률이 17.27%에서 0.6%로 떨어졌다고 발표한 바 있다. 비록 '1인당 연 소득 4,000위안(66만원)'인 중국의 절대빈곤기준이 국제 기준(연소득 218만원)에 비해 지나치게 낮다는 평가가 있고, 빈곤퇴치운동의 성과에 대한 허위·과장보고 등의 다양한 비판이 제기되고 있지만, 이 운동의 성과는 상대중들의 지지를 동원할 수 있는 주요한 정책적인 성과임은 부정할 수 없다.

뿐만 아니라 시진핑은 2021년 8월 17일 중앙재정위원회회의에서 그동안 이룩한 전면소강사회를 기반으로 하여, 모든 인민이 부유해지는 이른바 '공동부유'정책을 추진할 것임을 천명하면서, 2035년까지 공동부유를 실질적으로 진전시키고, 2050년에 기본적인 공동부유실현을 이끌어낼 것임을 선언한 상황이다. 이것은 그동안 고속성장과정에서 빠르게 확대되어 온 빈부격차 문제를 해결하고 중산층 중심 사회를 건설하고자하는 야심찬 목표로, 그 성과에 따라 향후 시진핑 정권의 통치정당성을 강화하는 중요한 기초가 될 것이다. 반부패투쟁의 성과에 대한 경외심이 사라지기 시작하면서, 부의 재분배, 사회 발전의 기회 균등화, 사회적 불평등 감소 등의 제기는 인민들의 지지를 이끌어낼 수 있는 새로운 기회가 될 수 있기 때문이다(Ryan Hass 2021).

3) 경제적 실적에 기반한 중국몽 실현과 인민의 삶의 질의 개선을 보증할 수 있는가?

경제성장은 지난 40여 년 동안 민주화 없이도 중공이 인민들로부터 높은 지지를 유지해 온 정당성의 기초였다. 따라서 시진핑 시대의 유사전능주의체제가 지속적으로 유지될 것인가는 지속적 경제성장을 통해 인민들로부터 실적에 기초한 통치 정당성을 이끌어낼 수 있을 것인가에 달렸다고 볼 수 있다. 코로나 펜데믹 이후 코로나 상황에 대한 빠른 안정적 통제로 중국이 세계의 안전한 생산기지와 공급처 역할을 하게 되고, 2010년 이후 중국정부가 줄곧 추진해 온 내수중심의 성장 방식의 전환이 영향을 미치면서(2010년을 정점으로 중국의 gdp 대비 수출 비중은 꾸준히 감소하여 2010년 26.2%에서 2019년 17.4%에 달 함), 중국경제는 미국의 대중국 견제에도 불구하고 비교적 양호한 경제성장세를 보였다.

그러나 관건적 문제는 중국이 혁신과 산업 고도화를 유지할 동력을 찾을 수 있는가이다. 이런 점에서 비관론도 만만찮은 상황이다. 중국경제는 '미국의 혁신-중국의 생산-글로벌 판매구조' 속에서 성장했으며, 기술과 인재 등 혁신 방면에서 여전히 단기간에 미국을 따라잡기 어렵다. 더구나 미국으로부터 본격화된 견제는 중국에게 글로벌 시장에 진입하여 선진기술과 자본을 끌어들여 선진국을 추격한다는 '중국제조 2025"식의 성장을 더 이상 추구하기 어렵게 되었다. 이런 상황에서 중국은 19기 5중전회에서 “국내 대순환에 기초한 대외 대순환” 병립과 신산업에서의 “자립적 혁신’을 슬로건으로 내걸고, “내수시장에 기초한 소비확대와 신산업에서의 혁신’을 중심으로 한 성장전략을 제시한 바 있다. 이런 맥락에서 2021년 공동부유정책이 제기되면서 부동산기업과 빅테크기업(전자 상거래 플랫폼, 비디오 게임 또는 배달 서비스 등)에 대한 광범위한 규제정책에도 불구하고, 첨단제조업과 녹색 기술, 반도체 생산, 전기 자동차 등 국가가 우선 순위로 하는 핵심전략적 산업부문의 경쟁력 강화를 이끌어내고자 하는 의도를 분명하게 보이고 있다. 바로 이런 경제정책의 변화를 꾀하면서 미국과의 대결에서 지구전 버티기로 들어가고 있으며, 이런 정책의 변화가 이끌어낼 결과에 따라 유사전능주의체제의 안정적 작동여부가 결정될 것이다.

2. 유사전능주의체제의 변화 방향

상술한 4가지 변수를 중심으르 하여 유사전능주의체제의 변화를 다음과 같이 중단기적 및 장기적 관점에서 전망해 볼 수 있다.

1) 2035년까지의 중단기적 전망: 유사전능주의체제의 불안정한 지속

상술한 4가지 구성요소에 대한 전망에 따르면, 여러 도전 요인에도 불구하고 시진핑 정권이 장기집권으로 갈 가능성이 높으며, 따라서 중단기적 기간 내에 유사전능주의체제의 지속 가능성은 비교적 높다. 중공 내에 이른바 "백년 간 미증유의 대변화 국면" 속에서 중국의 부상을 이끌면서 미중 간의 패권경쟁을 승리로 이끌 핵심적인 역량이 공산당이라는 데 일종의 컨센서스가 형성되어 있으며, 시민사회가 체제변화에 어떤 동력도 제공해줄 수 없는 조건에서, 시진핑 주석의 당정군에 대한 지지기반이 비교적 공고할 뿐만 아니라 시진핑을 대체할 수 있는 엘리트내부의 대응세력도 가시화되지 않고 있는 상황이다. 더구나 중국을 세계적 경제 강국으로 부상시키고 인민의 삶의 질을 제고했다는 공산당에 대한 중국인들의 신뢰와 지지도 비교적 공고한 상황이며, 경제적인 상황이 급작스럽게 쇠퇴국면으로 접어들지 않는 한 결정적인 위기 상황은 오지 않을 것으로 보인다.

중국내에는 "지난 100년의 공산당 발전사와 현재 민주주의 국가들이 처한 곤경을 감안할 때 정치적 성과와 실패, 그리고 이에 따른 민심의 향배에 기초하여 통치체제의 우월을 평가해야 하며" "'민주주의'라는 아름다운 구호도 인민의 삶을 나아지게 만들지 못한다면 그저 이데올로기적 간판에 불과할 뿐"이라는 인식이 자리하고 있다. 베이징대 왕지쓰 교수는 이런 상황을 잘 설명해주고 있다: "중국의 국가지위의 상승으로 중국인의 자신감과 자긍심이 제고되고 있는 반면, 미국과 다른 서방 민주국가들에 팽배한 정치적 혼란, 사회경제적 불평등, 인종·종족 분열, 경제침체가 만연해 있어 서구식 모델에 대한 중국인들의 평가가 낮은 상황이다. 중국인들은 냉전 후 서구식 모델을 본뜬 많은 개발도상국과 옛 사회주의 국가의 발전상이 좋지 않으며, 미국이 가장 깊이 개입한 아프가니스탄과 이라크라 등은 여전히 빈곤과 불안정, 정치폭력에 시달리고 있다고 인식한다. 이 때문에 많은 중국인, 특히 젊은 세대는 자신감과 심지어 상대방을 경멸하는 필승의 신념으로 미국의 압박에 맞서야 한다는 인식이 팽배해 있다. 이처럼 중공이 인민들 사이에서 신망이 두텁고 권력기반이 흔들릴 수 없는 상황이므로, 비록 중국에 경제성장 둔화, 고령화와 사회보장체계의 부족 등 여전히 도전적 요인이 존재하지만, 예측 가능한 미래에 공산당의 영도는 도전받지 않을 것이다. 따라서 국제사회의 중국을 변화시키고자 하는 압력은 효과가 없거나 오히려 국내 결속을 촉진하고 반서구 정서를 자극할 뿐이다"(王缉思 2021).

상술한 상황에 비춰볼 때 유사전능주의체제는 중단기간 내에 극적인 전환없이 지속할 가능성이 높아 보이지만, 다음의 요인으로 인하여 상당히 불안정한 지속성의 형태를 띨 수밖에 없을 것이다.

우선, 1990년대 이래 30여 년 간 힘들게 제도화해 온 집단지도체제가 파괴되면서 엘리트간 갈등이 제도화된 틀 속에서 통제되지 못하고 각종 정책과 권력승계를 둘러싼 통치엘리트 간 권력투쟁이 일상화되어 이로 인한 정치적 불확실성에 지속적으로 시달릴 것이다.

둘째, 20차 당대회를 통해 시진핑의 장기집권이 눈앞의 구체적 현실이 되면 시민사회 내에서도 정치개혁과 민주화를 둘러싼 주장이 (대도시의) 지식인들을 중심으로 표출되기 시작할 것이며, 이로 인한 혼란에 대응하기 위해 당국가체제의 강권적 통제가 더 강화될 수밖에 없고, 이것은 다시 시민사회내의 반발을 불러냄으로써 정치적 혼란과 불안정성은 더욱 더 확대될 것이다.

셋째, 가장 큰 도전은 슈퍼파워로서 국제사회에서 인권과 자유, 민주주의 등의 보편가치를 부정하는 모습은 결국 국제사회에 대한 엄청난 위협세력으로 인식되어 국제사회와 주변국들로부터 더 강한 저항에 부닥칠 수밖에 없다는 점이다. 2021년 5월에 미국의 퓨리서치 센터가 실시한 전 세계 17개국에 대한 중국에 대한 호감도 조사결과는 국제사회의 중국에 대한 인식이 반중을 넘어 '중국 공포증'으로까지 묘사되는 수준이다(『아주경제』 2021. 6. 29).

넷째, 이런 상황에서 중공은 유사전능주의 통치에 대한 정당성의 기초를 만들어내기 위해, 시장경제 보편 규칙을 준수하고 개방형 시장경제체제와 성장방식을 이끌어내기 보다는, 국가주도적 경제발전 모델과 성장방식에 기초하여 중속 성장을 이끌어낼 수 있는 각종 정책적 수단을 강구하면서 경제적 영향력 확대에 주력할 것이다. 그러나 이런 중공의 정책은 개방형 시장경제체제를 지향하는 선진 자본주의 국가들과 경제구조개혁을 둘러싼 지속적인 충돌을 낳을 것이며, 이로 인해 이들 국가들의 중국에 대한 견제와 압력이 거세지면서 경제성장에도 부정적인 영향을 미칠 것이다. 그 결과 지속적인 성장을 통해 인민의 삶의 질을 개선하고 중화민족의 부상을 이끌어내고자 하는 중국공산당의 목표 실현은 지연되거나 커다란 도전에 직면할 것이다.

다섯째, 모든 정치, 경제, 사회, 사상이 공산당의 일원적인 통치하에서 움직이고 개인 및 다원적인 사회적 행위체들의 자유를 보장하지 않는 유사전능주의체제는, 경제성장과 함께 빠른 속도로 다원화되고 있는 중국사회구조의 변화에 조응하지 못할 뿐만 아니라, 다양한 창의적 사고에 기초하여 과학기술영역의 혁신을 이끌어내어 첨단산업을 중심으로 한 경제적 표준과 규칙을 다시 쓰는 명실상부한 경제대국으로 부상하는 데 걸림돌이 될 것이라는 점이다.

바로 이런 요인들로 인하여 유사전능주의체제는 중단기적으로 지속적인 불정성을 나타내면서 유지될 것이며, 따라서 정치사회적으로 내재된 상당한 불안정성을 통제해내고 중국몽 실현을 위한 사회적 통합과 안정을 보장하는 데 주력하는 정치체제모델로 자리할 것이다.

2) '연성' 권위주의를 향한 전환: 2049년까지의 정치체제

2035년 1인당 gdp가 약 2만 3천 달러의 중등 선진국으로 진입하면(林毅夫 2021), 이에 따라 성장한 시민사회의 민주화 요구와 저항도 만만찮을 것이고, 세계 제1의 경제대국으로 부상한 중국에 대해 민주주의와 인권 등 보편가치를 추구하는 국제사회의 정치변화에 대한 압력이 더욱 더 강화될 것이다. 더구나 정보화 사회로 빠르게 진입하면서 중국인들의 인지능력이 향상되고 성찰적이고 능동적인 행위자로 변화되고 있다. 정보사회의 시민은 탈물질적 가치를 추구하는 시민, 정치적인 것을 실천하는 시민, 자기 조직적 시민, 사회적이면서도 개인적인 시민, 그리고 모니터 시민의 특성을 지니고 있기 때문이다(윤성이 2009, 149-169). 따라서 공산당도 정보사회로 편입하고 있는 중국의 정치적 환경의 변화 속에서 정보사회 시민으로 재탄생하고 있는 중국인들의 정치참여 요구를 통제로만 해소하기 어려울 것이다. 또한 소득격차 해소와 사회복지체계 구축 등을 통한 대중의 지지를 동원해내기 위한 정책은 점차 둔화되는 경제성장 속도로 갈수록 성과를 내기 어려울 것이며, 민주주의와 법치가 제도화되지 않은 조건에서 추진되는 반부패투쟁도 점점 그 성과를 내는 데 한계를 드러낼 것이다. 이로 인해 어떻게 공산당의 일원적인 통치지위를 유지하면서 "국민의 참여요구를 수렴할 것인가"에 대한 근본적인 구조적 도전에 직면할 것이다.

이런 상황에서 중공은 서구와 다른 '중국적' 특징을 지닌 제도와 가치에 기초한 새로운 정치체제모델을 만들어 유사전능주의체제의 변화를 이끌어내기 위한 일련의 개혁을 시도할 것이다. 그 결과 나타날 수 있는 정치변화에 대한 시나리오는 다음 3가지로 예측할 수 있다:

첫째, 현재와 같이 공산당으로의 일원적인 권력 집중과 통일적인 통치를 강조하는 유사전능주의체제가 지속되면서, 이에 저항하는 대중적 요구의 분출과 이에 대한 공산당의 강화된 통제로 불확실하고 불안정적인 정치적 상황이 지속되는 경우이다. 유사전능주의체제는 중국 국내적으로 경제발전에 따른 시민사회의 성장과 정치참여 요구의 증가로 체제변화에 대한 강력한 압력을 받을 것이고, 더구나 세계 최대 경제대국으로의 중국의 지위 상승과 함께 국제사회의 인권과 민주주의에 대한 갈수록 증가되는 요구로 인하여, 국내외적으로 고립되어 물리적 강제력에 기반한 강권적인 통치를 지속할 수밖에 없을 것이다.

둘째, '연성' 권위주의체제에 기반한 중국식 정치체제모델의 형성이다. 초보적 선진국 수준의 경제발전이 이루어지면서 이것에 조응할 수 있는 이른바 '중국식 민주주의의 제도화'에 대한 탐색이 본격화될 경우에 등장할 수 있는 모델이다. 이 모델은 성장된 시민사회의 정치참여 요구를 일정 부분 수렴하지만, 공산당이 지속적으로 영도적인 지위를 누리면서 중국몽 실현에 앞장서는 것을 특징으로 한다. 당정의 직접선거 실시의 범위가 확대될 것이고, 협상 민주주의 메커니즘의 역할도 실질적으로 강화될 것이며, 법치의 실현을 통한 통치과정의 제도화 정도도 제고될 것이다. 그러나 공산당의 배타적 권력 장악 지위가 여전히 유지되고 있어서, 당내민주화 장치를 제외하고 핵심권력층에 대한 인민의 선출 및 견제와 감독 메커니즘의 제도화는 여전히 해결해야 할 과제로 남을 것이다. 따라서 이런 연성 권위주의체제는 국제사회로부터 수용 가능한 '매력적인 중국식 모델'로 자리하는 것은 어려울 것이다.

셋째, 민주화를 통해 자유민주주의체제의 형성의 길로 가는 것이다. 이것은 중공이 제시한 2049년까지의 발전계획표로부터 완전히 벗어나는 것으로 실현 가능성이 가장 낮아 보인다. 또한 이 과정에서 중공의 중국사회 전반에 대한 통제능력의 상실과 다양한 정치세력간 갈등과 경쟁으로 정치사회적으로 엄청난 혼란을 초래할 수도 있어 장기적인 혼란국면에 놓여질 가능성도 배제할 수 없다.

결국 상술한 3개의 경로 중 장기적으로 가장 가능성이 높은 것은 연성 권위주의체제로의 전환이고, 그 다음이 현재와 같은 교착상태가 지속되는 것이다. 이런 관점에서 볼 때, 중공은 신중국건설 100주년이 되는 2049년까지도 정치제도 측면에서 이른바 '중국식 정치체제모델'로 칭할 수 있는 '매력적이고 안정적인 모델'을 만들어내기보다, 여전히 중국식모델을 탐색하고 찾아가는 과도적인 전환기에 놓여 있을 것으로 전망된다. 그것은 중공의 주요 목표가 2050년까지 강력한 중앙집권적 통치를 통한 안정속의 발전을 이끌어냄으로써 중화민족의 부상이라는 중국몽 실현에 여전히 초점을 둘 것이기 때문이다. 중국식의 매력적인 제도와 가치, 문화 등에 기반한 문명강대국의 길은 그 다음 단계에서의 주요한 과제가 될 것이다.

Ⅵ. 결론: '매력적'인 '중국식' 정치체제모델로 전환될 것인가?

시진핑 등장이후 이른바 중국식 정치발전 경로와 제도라는 기치하에 추진된 일련의 정치제도의 변화는 유사전능중의체제로서의 특성을 띠고 있다. 이것은 강력한 국가권력의 사회의 각 계층과 영역에 대한 전면적인 '통제'와 반부패 및 빈곤퇴치 등을 통한 대중 '지지의 동원'에 기초하여 공산당 중심의 통치를 구축함으로써 정치안정화를 꾀하는 정치체제이다. 그리고 국제사회에서 보편가치로 간주되는 자유와 민주보다 중화민족의 '천추의 위업'인 중국몽 실현을 최우선 가치로 추구하면서 이것의 실현을 담보하기 위한 통치제도로서 기능한다.

이와 같은 특징에 근거해 볼 때, 유사전능주의체제는 경제력과 군사력을 중심으로 한 국력 증강을 통해 중국몽 실현을 위한 대일통(大一統)을 보장하는 통치형식이라는 순기능적 역할이 부각됨으로 인해, 중·단기간(2035년) 동안 극적인 전환이 없이 지속될 가능성이 높다. 그리고 이러한 측면에서 힘에 기반한 능력과 영향력 확대에는 순기능적으로 작용할 수 있으나, 국제사회를 매력적으로 견인해내어 중국의 소프트파워를 강화하는 제도적 자원으로서의 기능은 덜 부각될 수밖에 없다.

이와 더불어, 정치제도 측면에서 현재의 유사전능주의체제가 연성 권위주의로 정착하거나 혹은 새로운 변화의 압력속에서 변화를 위한 다양한 시도도 지속적으로 추진될 것이다. 그러나, 유사전능주의체제의 통합과 안정보장에 대한 역할의 부각은 유사전능주의체제와 결정적으로 다른 정치체제(이른바 '중국적' 특징을 지닌 민주주의체제 등)로의 전환에 대한 압박을 상쇄시키게 됨으로써, 정치체제의 변화를 위한 다양한 시도가 추진될 수는 있으나, 장기적으로(2049년) 이른바 '중국적' 특징을 지닌 '매력적인' 민주주의체제로 전환되어 안정적으로 공고화될 가능성은 높지 않아 보인다.

따라서 예측가능한 미래에 민주와 인권, 자유, 평등 등의 인류 보편가치를 충분히 구현한 정치체제모델을 제시하여 국제사회로부터 수용 가능한 '중국식' 모델을 완성할 가능성은 높지 않아 보인다. 그리하여 이른바 "중국식 발전경로, 제도, 이론, 문화" 등이 국제사회로부터 보편가치로 인정받으면서 이것에 기초한 문명강대국으로 성장하기보다는, 연성 권위주의체제에 기초한 경제력과 군사력에 기반한 '강한' 그러나 '매력이 결여된' 글로벌 강대국이 될 가능성이 높다.

이것은 결국 중공 100주년인 현 시점에서 시진핑 정권이 제시한 중국식 정치체제모델은 중국몽 실현이라는 중화민족의 역사적 과제를 해결하기 위한 특정 역사적 단계에서의 과도적 정치체제모델은 될 수 있으나, 글로벌 강대국으로 부상한 중국이 새로운 국제질서 혹은 지역질서를 이끌 보편적이고 매력적인 정치체제모델로 발전하기는 어려울 것임을 의미한다. 그것은 중공의 주요 목표가 2050년까지 강력한 중앙집권적 통치를 통한 안정속의 발전을 이끌어냄으로써 중화민족의 부상이라는 중국몽 실현에 여전히 초점을 둘 것이기 때문이다. 따라서 '중국식'의 '매력적인' 제도와 가치, 문화에 기반한 문명강대국의 길은 그 다음 단계에서의 주요한 과제가 될 것이다.

2021년 7월 1일 시진핑은 중공수립 100주년 연설에서 중국이 '아시아의 병자'에서 국제무대의 중앙으로 진입하였으며, 이제 미국과 나란히 당당하게 경쟁할 것이며 그 어떠한 치욕적 대우도 참지 않을 것임을 선언했다. 실제로 중국의 부상은 눈부시다. 2021년 말이면 중국의 GDP가 미국의 GDP의 71% 정도가 될 것으로 전망되며, 이것은 미소 냉전시대인 1980년대 초 소련의 GDP가 미국의 50%에도 못미쳤다는 점과 크게 비교된다. 또한 중국은 이미 미국을 대신해 세계 최대의 외국인 투자처로 부상했다. 미국인들은 중국과의 경쟁에서 기세가 중국쪽이 더 강해지고 있다고 점점 느끼고 있으며, 중국내에서도 국가 지위의 상승으로 인한 자신감과 자긍심이 팽배한 상황이다. 시진핑 주석은 2021년 1월에"지금 세계는 100년 만에 큰 변화를 겪고 있지만, 시간과 기세는 우리 편이다"라고 주장했으며, 3월에는 중국의 젊은 세대는 현재 이미 "세상을 '평등하게 볼 수 있게 되었다" 고 언급한 바 있다. 또한 2021년 3월 알래스카 미·중 고위급회의에서 양제츠 외교담당 정치국원은 참석한 미국 관료에게 공개적으로 "높은 곳에서 내려다보는 방식으로 중국과 말할 자격이 없다…실제 역량에 기반을 둔 지위로부터 출발하여 중국과 대화해야 한다"고 비난한 바 있다.

그러나 중국인의 자부심·자신감이 역대 최고조에 달하고 중국식의 특수성을 강조하고 중국식 가치와 제도를 강조하면서, 국제사회는 빠른 속도로 중국에 대한 호감도가 낮아지고 중국에 대한 위협의식이 제고되는 것으로 나타나고 있다. 2021년 6월 30일 미국의 퓨 리서치 센터가 17개국 대상으로 중국에 대한 평판을 조사한 결과, 부정적인 견해가 역대 가장 높게 나왔다. 퓨리서치가 2~5월 동안 북미, 유럽, 아시아 내 총 17개국의 성인 약 1만 9000명을 대상으로 중국의 평판에 대해 설문조사를 실시한 결과, 15개 국가에서 중국을 부정적으로 본다는 대답이 50% 이상 나왔다. 퓨리서치에 따르면 이 같은 수치는 2018년 이후 급격히 증가해 올해 역대 최고치를 기록했다. (『조선일보』 2021.7.2.).[14)]

---

14) 가장 부정적(unfavorable) 시각을 가진 나라는 일본이 88%로 가장 높았다. 스웨덴(80%), 호주(78%), 한국(77%), 미국(76%)이 뒤를 이었다. 미국에 이어 캐나다, 네덜란드, 독일, 대만, 벨기에, 뉴질랜드, 프랑스, 영국, 이탈리아, 스페인에서도 중국을 부정적으로 보는 사람이 50%를 넘었다. 부정적 응답률이 50% 이하인 나라는 그리스(42%)와 싱가포르(34%)였다. 특히 싱가포르는 시진핑 주석에 대한 신뢰도 조사에서도 긍정적 대답이 높게 나온 유일한 국가다. 하지만 중국의 인

매력적인 제도와 가치, 문화의 건설을 통하여 국제사회로부터 동의되거나 수용되지 못한 강대국 중국은 결국 국제사회의 도전이나 위협으로 간주될 가능성이 높으며, 이는 새로운 문명질서의 중심으로 등장하는 것을 어렵게 할 것이다. 결국 글로벌 차원 혹은 지역적 차원에서 지도국가가 되고자 하는 중국의 꿈은 중국적 '특수성'의 논리에 갇히기보다, 보다 개방적이고 포용적인 국제사회로부터 수용가능한 제도와 가치를 만들어 낼 때 가능할 것이다. 그러나 현재의 중국은 중화민족의 부상이라는 근대 이래의 천추의 위업 달성이라는 정체성에 매몰되는 현상이 강하게 나타나고 있으며, 이는 상대적으로 국제사회의 새로운 문명질서를 리더하는 매력적 강대국의 지위 추구에는 부정적 요소로 작용하고 있다.

권문제에 대해서는 부정적 시각을 보였다.

| 참고문헌 |

김진용. 2017. "시진핑시기 중국의 모바일 인터넷 발전과 통제." 『아세아연구』 제60권 2호.

뤄샤오보어 저, 이정남 · 유은하 · 정주영 역. 2019.『중국의 민주주의: 민주관념의 생성과 변천』 서울: 아연출판부.

여유경. 2018. "시진핑의 제도적 조정을 통한 권력과 정당성 강화: 중국 공산당 19차 전국 대표대회를 중심으로." 『아태연구』 제25권 제4호.

윤성이. 2009. "민주주의 패러다임의 재성찰." 『현대정치연구』 가을호(제2권 제2호).

이재영. 2020. "중국 공산당 제 19기 중앙위원회 제5차 전체회의와 한반도에 주는 함의." 『통일연구원 Online Series』 (2020.11.5.).

이정남. 2010. "민주주의에 대한 중국의 인식: 비교 역사적 관점을 중심으로." 이정남 편, 『민주주의와 중국』 서울: 아연출판부.

______. 2018. "시진핑(习近平)의 중국몽(中国梦): 팍스 시니카(Pax-Sinica)구상과 그 한계." 『아세아연구』 제61권 4호.

______. 2017. "시진핑(習近平)의 권력강화와 중국 권위주의 체제의 변화: 경쟁적 독재에서 확립된 독재로의 전환인가?" 『중소연구』 제 41권 제1호.

______. 2019. "5.4운동 100년을 통해서 본 중국 정치체제의 변화: 당국가체제의 '승급'인가? 민주체제로의 전환인가?" 『현대중국연구』 제21권 제2호.

조호길 · 리신팅. 2017. 『중국의 정치권력은 어떻게 유지 되는가』 서울: 메디치.

지만수. 2020. "코로나와 트럼프 이후 중국경제," 『IIRI Online Series』 No.80(12월 24일).

황태연. 2019. "중국의 당정(黨政)관계 변화, 마오쩌둥 시대로의 회귀인가?: 시진핑 시대 당정기구개혁을 중심으로." 『현대중국연구』 제21권 2호.

헨리 키신저, 이현주 역. 2016. 『헨리 키신저의 세계질서』 서울: 민음사.

"[천광암 칼럼]'두파혈류' 미-중 신냉전에서 한국경제가 살아남는 길." 『동아일보』 (2021.7.5.).

"[中공산당 100년]"왜 모두 우리를 싫어하나"…중국의 자문자답." 『아주경제』 (2021. 6. 29).

"중국을 가장 싫어하는 나라는 일본"…한국은 몇위?" 『조선일보』(2021.7.2.).

"'감시 사회' 하면 이 나라…CCTV 많은 도시 20곳 중 18 곳 싹쓸이." 『조선일보』 (2020.7.17.).

“[Tech &BIZ] 기차도 안면 인식으로 탑승… 中, 현대판 빅브라더 우려.” 『조선일보』(2019.12.5.).

“홍콩시위대 위치정보 껐다···中 디지털 감시에 아날로그 반격.” 『중앙일보』(2019.8.18.).

“소, 돼지 공짜로 나눠줬다” 760조 살포해 ‘탈빈곤’ 선언한 중국.” 『연합뉴스』(2021.1.3.).

“시진핑 1인 체제 굳히기...中중앙군사위, 군·국방 지휘.” 『아주경제』(2021.1.4.).

“중국 2019년 경제 무역전쟁 속 선방, 국민소득 1안 달러 돌파.” 『유스핌』(2020.1.17.).

“[中경제 심층진단] '5% 성장률 사수' 시험대 오른 중국 경제.”『아주경제』(2022.1.17).

李怀印, 岁有生' 王传奇译. 2013.『重构近代中国 : 中国历史写作中的想象与真实』 中华书局.

邵六益. 2021. “中国政法体制的政治历史解读.” 『法意读书』 (2021. 7. 26).

田先红. 2020. “政党如何引领社会 ? -后单位时代的基层党组织与社会之间关系分析.”『开放时代』 2期.

林辉煌. 2021. “构造“核心” : 村庄治理中的党组织.” 『开放时代』 第4期.

王毅. 2020. “国务委员兼外交部长王毅回答中外记者提问.” 『新华网』(2020.5.24.).

王毅. 2021. “弘扬真正民主精神 共创人类美好未来.” 『人民网』(2021. 12.13)

颜晓峰. 2021. “新发展阶段的意识形态建设.” 『学习时报』 (2021.1.21.)

达巍. 2021. “现行国际秩序演变的方向与中国的选择.” 『国际问题研究』 第1期.

景跃进·陈明明·肖滨. 2016. 『当代中国政府与政治』 北京: 中国人民大学出版社.

习近平. 2012. “承前启后 继往开来 继续朝着中华民族伟大复兴目标奋勇前进.” 『新华网』(2012.11.29).

习近平. 2013. “习近平在十二届全国人大一次会议闭幕会上发表重要讲话.” 『新华网』(2013.3.17).

习近平. 2014. “在庆祝中国人民政治协商会议成立65周年大会上的讲话.”『新华网』(2014.9.21.).

______. 2017a. 『习近平谈治国理政』(2권) 北京 : 外文出版社.

习近平. 2017b. 『决胜全面建成小康社会 夺取新时代中国特色社会主义伟大胜利——在中国共产党第十九次全国代表大会上的报告』 北京 : 人民出版社.

______. 2019a. “加强党对全面依法治国的领导.” 『求是』 (2019.2.15.).

______. 2019b. “思政课是落实立德树人根本任务的关键课程(2019年3月18日).”『观察者网』(2020.9.2.).

______. 2021a.“用好红色资源 赓续红色血脉 努力创造无愧于历史和人民的新业绩.”(2021年6月25日在十九届中央政治局第三十一次集体学习时的讲话),『求是』2021.19.

______. 2021b. “在庆祝中国共产党成立一百周年大会上的讲话.”『人民日报』(2021.7.1.).

______. 2021c. “扎实推动共同富裕.”『求是』(2021.10.17.).

包心鉴. 2021. “国家制度建设的发展历程及内在逻辑.”『学习时报』(2021.6.14.).

柯华庆. 2017.“党规是法治中国的核心.”『爱思想』(검색일:2017.5.2.).

______. 2021. “论守正创新作为新时代党的思想路线.”『爱思想』(검색일: 2021.6.19.).

王长江 2013. “中国共产党: 从革命党向执政党的转变.” 俞可平 · 李侃如(Kenneth Lieberthal),『中国的政治发展』北京: 社会科学文献出版社.

______. 2019. “中国共产党执政七十年党建经验再思考.”『党政研究』第4期.

闫小波. 2018. “从守成到能动:中国共产党与民本主义的转向.”『吉林大学社会科学学报』第58卷 第1期.

陈明明. 李松. 2020. “当代中国党政体制的沿革: 路径与逻辑.”『统一战线与国家治理专题』第6期.

陈明明. 2021. “中国政府原理的集权之维：历史与现代化”『公共管理与政策评论』(2021.6.7)

邓小平. 1994.『邓小平文选』(第2卷) 北京: 人民出版社.

李艳.2004. “江泽民对毛泽东, 邓小平社会主义民主政治思想的继承发展论析.”『党的文献』第4期.

胡锦涛. 2007. “高举中国特色社会主义大旗帜 为夺取全面建设小康社会新胜利而夺门：在中国产党第十七次全国代表大会上的报告.”『人民罔』(2007.10.15.).

熊玠. 2016. “把协商民主作为国家战略.”『学习时报』(2016.6.30).

陈剑. 2016. “协商民主与中国政治发展.”『理论动态』2016年 7月, http://chenjian.blog.21ccom.net/?p=292(검색일:2016.7.29.).

强世功. 2015. “党章与宪法:多元一体法治共和国的建构.”『文化纵横』8月号.

鄢一龙.2020. “中美政治体制比较：“七权分工”vs.“三权分立”.”『东方学刊』第9期.

______. 2017. “六权分工：中国政治体制概括新探.”『清华大学学报(哲学社会科学版)』第1期.

______. 2021. “为什么西方理论无法阐释中国.” 邹东涛 主编,『中国道路与中国道理』社会科学文献出版社,『爱思想』(검색일: 2021.8.5.).

萧功秦. 2019. “从新权威主义看中国改革40年.” 『中国战略分析』(中国战略分析智库)(2019.3.2).
______. 2020. “中美关系的新思考.” 『萧功秦评论』(2020.9.8.).
何毅亭. 2020. “习近平新时代中国特色社会主义思想是21世纪马克思主义.” 『学习时报』(2020.6.15.)(第1版).
中共中央组织部. 2018. “2018年中国共产党党内统计公报.” 『共产党员网』(2021.1.12.일 검색).
中共中央印发. 2018. “深化党和国家机构改革方案.” 『新华社』(2018.3.21).
中共中央印发. 2020. “中国共产党中央委员会工作条例.” 『新华社』(2020.10.12.).
黎和. 2017. “李成: FT中文网：中国政治仍在常规中运作.” 『FT 中文网』(2017.11.1).
李建国 · 王威. 2018. “人民日报：习近平的英雄情怀.” 『人民日报』(2018.5.22).
林毅夫. 2021. “中国经济的前景与关键改革.” 林毅夫新作 『论中国经济：挑战´ 底气与后劲』 中信出版社, 『爱思想』(검색일: 2021.6.3).
王缉思. 2021. “反华阴谋：北京眼中的“新华盛顿共识.” 『外交事务』(Foreign Affairs) 2021年 7-8月号, 『爱思想』(검색일: 2021.6.25.)
邹谠. 1994. “全能主义与中国社会.” 『二十一世纪中国政治:从宏观历史与微观行动角度看』 (香港)牛津大学出版社.
王锐. 2021. “全面理解中国革命-中国现代史上的’全能主义”概念再思考.” 『学术评论』 1期.
艾四林 2021. “脱贫攻坚：体现中国特色社会主义的制度优势.” 『中国社会科学报』(2021.1.28).
苏蒙蒙,王贤斌. 2020. “中国新时代脱贫攻坚工作新探.” 『中国发展』 第20卷 第2期.
郑永年. 2021. “如何走好“中国式现代化新道路”？” 『21世纪经济报道』(2021.7.27.).
郑永年· 朱云汉. 2021. “自由世界秩序还是多元世界秩序?” 『ipp评论』 (2021年08月11日)
朱颖. 2020. “中国非市场经济地位尘埃落定意味着什么？” 『联合早报』(2020.7.20).
华中人民共和国国务院新闻办公室. 2021. “中国的民主.” (2021年12月).
“中共中央关于坚持和完善中国特色社会主义制度推进国家治理体系和治理能力现代化若干重大问 题的决定.” 『新华网』(2019.11.5.).
“中国共产党第十九届中央委员会第四次全体会议公报.” 『新华社』 (2019.10.31.).
“中共中央关于党的百年奋斗重大成就和历史经验的决议(2021年11月11日中国共产党第十九届中央委员会第六次全体会议通过）.” 『新华社』 (2021.11.17.).
“中共新规：政治局委员每年要向习近平述职.” 『博讯』 (2017.10.29.).
“2020 中国共产党最新党内统计数据发布.” 『新华社』 (2020.6.30.).
Diallo, Fatoumata. 2021. “Xi Jinping and “Common Prosperity”: New Governance P

aradigm or Tool to Consolidate Power?" *James Town China Brief* Vol. 21,Issue 24(December 17).

Dotson, John . 2019. "The CCP's Renewed Focus on Ideological Conditioning, Part 2: The New Five-Year Plan for Training Party Cadres." *The Jamestown Foundation* (December 31, 2019).

Friedrich, C. J. & Z. Brzeziniski. 1956. *Totalitarian Dictorship and Autocracy*,

Cambridge, Mass: Harvard University Press.

Friedrich, C. J. (ed). 1954. *Totalilarianism*, Cambridge, Mass.: Harvard University Press.

Hass, Ryan. 2021."Assessing China's "common prosperity" campaign." *The Brookings Institution* (September 9, 2021).

Mai, Jun. 2020. "Xi Jinping to tighten grip on power with new rules for top policy-making bodies,"*South China Morning Post* (Oct. 13, 2020)

Li, Cheng. 2016. *Chinese Politics in the Xi Jinping's Era*, Brookings Institute(Oct. 18, 2016).

Li, cheng. 2017. "New team, new agenda? What the 19th Party Congress tell us." Brookings Institute(Nov. 2, 2017)

Nathan, Andrew J. 2008. "China's Political Trajectory: What Are the Chinese Saying?" Cheng Li(ed), *China's Changing Political Landscape*, The Brookings Institution.

Zhang, Gaorong. 2018. "Quasi-Totalism: A Comprehensive Study of the State-Society Relations in China." *Comparative Economic & Social Systems* (2018 6 issue).

Zheng, Yongnian. 2010. *The Chinese Communist Party as Organizational Emperor: Culture, Reproduction and Transformation,* Routledge.

Johnson, C. K. and Kennedy, S.. 2015. "China's Un-Separation of Powers: The B lurred Lines of Party and Government." *Foreign Affairs*. 24 Jul.

Dockrill, Peter. 2019. "China's Chilling 'Social Credit System' is Straight out of Dystopian Sci-Fi, And it's Already Switched On." https://www.sciencealert.com (검색일: 2019.10.22).

3장
'천하'의 귀환을 어떻게 이해할 것인가?: '국민국가' 중국에서 '천하' 중국으로

전인갑

Ⅰ. 왜 '천하'에 다시 주목하는가?

2021년 6월 미국이 주도하는 북대서양 조약기구(NATO)는 2021년 6월 정상회담 코뮈니케에서 '생뚱맞게' 러시아가 아닌 중국을 겨냥하여 중국이 "워싱턴 조약에 내재한 근본적 가치와 상반되는 강압적인 정책"을 통해 기존의 국제질서에 '체계적 도전(systemic challenges'을 야기하고 있다고 선언했다.(Brussels Summit Communiqu 2021, 20) 미국이 제시하는 가치와 규범, 국제질서 및 규칙을 부정하고 중국 자신의 가치와 규범에 따라 디자인되는 국제질서 및 규칙을 만들고 있는 중국의 움직임을 '체계적 도전'이라 규정한 것이다. 여기서 우리는 중국과의 경쟁을 이제 경제와 군사 · 정치 영역의 패권 경쟁을 넘어 가치와 규범 그리고 질서와 제도의 차원으로 확대되었음을 인정하지 않을 수 없는 미국/서구의 곤혹감을 읽을 수 있다.

일종의 문명사적 경쟁이라 할만한 작금의 상황은 중국의 경제·정치·군사적 부상에서 시작되어 21세기 이후에는 양자 충돌의 범주가 가치와 규범 그리고 제도의 영역으로 확대되고 있다. 이러한 현상을 사상사적으로 해석하자면 서구적 모더니티(modernity)를 '보편적'이라고 전제한 위에 정립된 제도와 규범이 도전에 직면했음을 의미한다. 환언하자면 보편이라 인식된 서구적 모더니티에 대한 중국의 도전과 대안을 둘러싼 충돌이 향후 상당 기간 지속할 미·중 경쟁의 본질이라 하겠다. 이러한 현상으로 인해 동아시아는 '거대한 전환'의 소용돌이 속으로 빨려들고 있다. 이것이 1921년 7월, 50여 명으로 출발한 중국공산당 100년의 현주소이다.

본 고는 역사적 맥락에서 위와 같은 현상의 의미를 검토한 글이다. 역사학자의 눈으로 보기에 '보편적' 모더니티에 대한 중국의 도전과 대안 모색은 상실한 '글로벌 표준 제공자의 위상'을 회복하려는 문명사적 분투의 산물로 읽힌다. 그리고 2천 년 이상 초대국을 유지한 경험–패권과 문명을 결합하여 중국문명과 중국제국의 구조적 안정성을 지속적으로 유지한 경험–은 이러한 분투를 가능하게 한 원동력이라 할 수 있다. 중국이 디자인하는 미래가 일조일석에 만들어지는 것이 아니라는 의미이다. 그러므로 오늘날의 글로벌 표준과 규범 그리고 '보편적' 모더니티를 구성하는 여러 개념을 가지고 이 기획의 실체를 분석하려 한다면 중국이 디자인하는 미래기획의 본질을 파악하기도 어려울 뿐 아니라 중국의 움직임이 초래할 파장에 대한 실사구시적 대응이 부실해질 우려가 크다.

쑨원(孫文)·장제스(蔣介石)과 마오쩌둥(毛澤東)·덩샤오핑(鄧小平)이 그러했으며, 캉유웨이(康有爲)·량치차오(梁啓超)도, 펑유란(馮友蘭)도 그러했듯이 20세기 중국의 지식인·권력 엘리트들은 '강한 중국'의 회복과 함께 '문명 중국'으로의 복귀를 추구하였다. '강한 중국'이란 패권을 장악한 중국을, '문명 중국'이란 문명의 헤게모니를 행사하는 중국을 의미한다. '문명 중국'을 전통적 개념으로 말하자면 '천하 중국'이다. 필자는 작금의 모색을 전통 중국제국을 지탱했던 가치와 질서, 제도 그리고 세계관의 응결체인 '천하'를 복원하여 패권뿐 아니라 문명의 헤게모니를 확립하려는 문명사적 도전이라는 차원에서 분석해 왔다. 그러므로 '문명중국'이라는 표현보다는 '천하 중국'이라는 용어가 적절하다고 생각된다. 하지만 불필요한 논란을 줄이고 독자들에게 친숙하면서도 '천하 중국'의 의미를 내포한다고 생각되는 '문명중국'을 사용하되 '문명(천하)중국'으로 표기한다.

'문명(천하)중국'은 복고적 미래주의자인 캉유웨이가 그렇게도 염원한 중국의 미래상이었고, 전통시대 중국 문명의 구조적 안정성과 지속성이 가능했던 근원 중의 하나이다. 또한, '문명(천하)중국'은 패권 중국과 더불어 중국제국을 지탱한 두 개의 수레바퀴로 전자가 보편가치를 상징한다면 후자는 제국의 압도적인 정치·경제·군사적 역량을 상징한다.

강한 중국을 복원하기 위한 20세기 중국의 격동은 주지하듯이 역사의 전면을 화려하게 장식하였다. 반면 문명의 헤게모니를 회복해야 한다는 집단의식은 20세기 중국 엘리트 사회의 심층에 복류하였다. (이 흐름은 20세기 중국사에서 중서문화논쟁, 과학과 현학 논쟁, 인문정신중건 논쟁, 중국문화본위 논쟁, 중국문화열 논쟁, 국학열 논쟁 등 여러 차례에 걸친 격렬한 문화논쟁으로 표출되었다) 복류한 이 집단의식은 20세기 전 기간에 걸쳐 간헐적으로 현상화(現像化)되다가 1990년대 국학열을 시작으로 복류에서 본격적으로 벗어나기 시작하였다. 그리고 이러한 흐름은 2008년 베이징 올림픽과 세계금융위기를 계기로 '세계 역사 속에서 중국의 시각(時刻)이 도래'했다는 자신감 회복으로 표출되었다.(姚中秋 等 2013; 姚中秋 等 2014; 2019) 2013년 시진핑 시대가 열리면서부터는 문명의 헤게모니 '회복'을 위해 분투해야 한다는 복류하던 집단의식이 주류적 사고로 급속히 전환되었다.

중국이 '글로벌' 패러다임에 가한 충격은 이제 서구/미국이 주도하는 글로벌 질서에 대한 '체계적 도전(systemic challenges)'으로 평가될 만큼 강해졌다. 사실 중국에 의해 시작된 변화의 바람은 점점 더 근원적인 문제-예컨대 게임의 규칙, 보편가치, 워싱턴 컨센서스 對 베이징 컨센서스 등-에 대한 성찰을 재촉하고 있다. 미국 역시 이러한 변화를 인정하는 차원을 넘어 본격적인 '전략적 경쟁'에 나선 지 오래다. 정치, 군사, 경제의 영역에서 불붙기 시작한 미국의 '전략적 경쟁'이 이제 아메리카니즘(Americanism)의 본질적 가치를 수호하는 차원으로 확대되고 있다. 우리는 2020년 5월과 11월에 공개된 미 행정부의 두 보고서에서 그러한 사실을 확인할 수 있다.(The White

House 2020; The Policy Planning Staff, Office of the Secretary of State 2020)[1)]

미 행정부의 보고서에서 특히 주목되는 점은 〈우리들의 가치에 대한 도전들(Challenges to Our Values)〉에 대응하는 미국의 원칙이 매우 중대하게 제시되었다는 사실이다. 여기서 미국은 "공유하는 규범과 가치에 대한 공격에 저항할 것"임을 선언하였다. 이는 중국이 제시하여 행동의 준거로 삼는 규범과 가치가 '글로벌' 규범과 가치를 훼손하고 게임의 판을 전면적으로 교체하는 지경에 이르고 있다는 현실 인식에서 나온 미국의 대응 전략이라 할 수 있다. 우리는 발언에서 미국이 전파하고 지켜온 규범과 가치를 절대 양보하지 않을 것이라는 강한 의지를 읽는다. 그러므로 이들 보고서에서 천명한 대중국 전략은 짧지 않은 미래에까지 미국의 그것으로 지속할 가능성이

---

1) 이들 보고서는 중국에 대해 품었던 미국의 기대와 대중국 전략의 실패를 인정하는 데서 출발하여 중국 체제를 근본적으로 재평가하고, 미국의 새로운 전략적 접근방식을 제시하였다. 앞으로 미국과 중국, 두 체제 간에 장기적인 '전략적 경쟁'이 진행될 것이므로 미국의 이익과 영향력을 높이기 위해 '행동'으로 대응하겠다는 결의를 보여주고 있다. 이 보고서는 세계질서의 재편이 장기간에 걸쳐 진행될 것으로 예상하고 이에 대한 전략적 대응 방향을 제시하는 동시에 미국의 이익 수호와 자국민 보호가 대중국 전략의 최우선 명제임을 분명히 하였다. 경쟁자 없는 수퍼 파워 미국이 자신의 이익 수호와 자국민 보호, 미국의 가치(〈ideology〉가 아닌 〈values〉)에 대한 도전 불용이라는 명제를 자신의 과제로 천명한 것에서, 중국을 전략적 경쟁자로 강도 높게 공격하지 않을 수 없는 미국의 깊은 고뇌를 읽을 수 있다.

크다.[2)]

그렇다면 이러한 변화의 본질은 무엇인가? 그것은 20세기의 패러다임〈국민국가 패러다임〉이 쇠퇴하고 중국이 발신하는 새로운 패러다임이 태동하여 세계가 패러다임 충돌의 격렬한 회오리 속으로 빨려들어가고 있다는 사실일 것이다. 그런데 이 충돌을 역사적 관점에서 살펴보면 결코 간과할 수 없는 의미가 있다. 그것은 첫째, 중국의 경우, 사유와 실천의 기준이 변하고 있다는 것이고, 둘째는 중국과 서구, 중국과 미국 간 경쟁의 본질이 달라지고 있다는 점이다.

20세기는 서구(modernity)가 사유와 실천의 기준이었다. 서구가 창안하고 확산시킨 이념과 가치, 규범과 제도는 20세기 중국인에게 진리이자 모델 그 자체였다. 그리하여 그들은 서구의 이념과 가치, 서구의 길을 충실히 따르는 한편 민족주의와 '反식민'을 추구하며 근대적 국민국가를 건설하는 과업에 매진하였다. 말하자면 강국몽을 서구의 방식으로 추구한 것이다. 20세기 중국의 이러한 노력은 서구의 사유방식과 서구의 개념으로 중국과 세계를 해석하고 중국이라는 국가를 근대적 강국으로 건설하려 한 움직임이었다고 할 수 있다.

그런데 21세기 중국에서는 그 기준이 바뀌고 있다. 중국의 역사와 전통에 뿌리를 둔 고유의 가치와 사유방식 그리고 개념으로 세계를 사유하고 세계의 질서와 체계를 만들어야 한다는 광범위한 컨센서스

---

2) 이 보고서는 세계질서의 격동 그리고 그 격동이 가장 치열하게 전개될 공간인 동아시아에서 발생하고 있는 격류에 대응할 준비를 하라는 미국의 신호이기도 하다. 한국은 그 준비를 어떻게 할 것인가? 기존의 세계체제인가 혹은 새로운 세계체제의 등장인가를 두고 벌어지는 미국과 중국의 패권 경쟁, 규범경쟁 속에서 한국은 지속 가능한 번영을 위해 무엇을 성찰하고, 무엇을 선택해야 할 것인가? 등의 무거운 현안이 한반도에 던져지고 있다.

가 지식인 엘리트와 권력 엘리트 사이에 널리 퍼졌다. 이러한 현상은 중국과 서구/미국 간에 패러다임 충돌이 발생하고 있음을 의미한다. 이제는 서구의 가치·규범·제도와 중국의 가치·규범·제도 간의 경쟁은 불가피해졌다. 세계의 우려와 비난에도 불구하고 중국은 명확히 이 방향으로 가고 있다. 그러므로 이에 대한 정교한 비판 및 대안 담론 모색은 한국학계가 직면한 긴요한 학문적 과제라 할 수 있다.

중국과 서구, 중국과 미국의 경쟁 역시 질적 변화를 맞이하고 있다. 중국에서 경제, 정치, 군사적으로 강한 중국이 되었으니 이제는 '부강의 부상'을 넘어 '문명의 부상'으로 나아가야 한다는 담론이 크게 확산되고 있다. 이것은 중국 엘리트의 사유가 인류의 보편가치와 질서를 논의하는 단계로 진화했음을 의미하는 현상으로 중국이 문명의 헤게모니를 회복하겠다는 강한 의지의 발현이라 생각된다. 다만 중국이 창안하려는 보편가치가 서구의 그것을 대체하는 것일지 혹은 서구의 그것과 양립하는 다종 보편가치일지 혹은 창안 자체가 가능할지는 지켜볼 일이기는 하다. 우리는 이를 흔히 가치경쟁이라 말하는데, 이 경쟁은 정치, 군사적 패권 혹은 경제적 패권이나 기술표준 경쟁과는 차원을 달리한다. 이 경쟁은 사유방식, 정체성 그리고 상식과 관련된 근원적인 문제를 둘러싼 경쟁이다. 이 경쟁은 미국 그리고 서구로서도 힘겨운 경쟁이 될 것으로 예상한다.(The White House 2020, 16)[3)]

---

3) 왜냐하면, 진한제국 이래 중국은 문화주의를 치국의 요체로 삼아 가치와 문화, 도덕을 제국 운영의 필수적인 자원으로 활용해 온 경험을 두텁게 쌓고 있기 때문이다. 미국 스스로도 이 경쟁을 "두 시스템 간에 진행되는 장기간에 걸친 전략적 경쟁임을 인지한다"고 밝히고 있다.

우리는 여기서 중국의 역사 속에서 만들어진 용어와 개념 그리고 사유 방식으로 새로운 패러다임을 제시할 자원이 중국에 존재하는가? 존재한다면 그것의 실체가 무엇이며, 서구라는 현재의 글로벌 스탠다드를 대신하거나 병립할 만한 대안적 스탠다드가 될 수 있는가라는 어려운 문제에 봉착하게 된다. 이 글이 '천하'에 주목하는 이유가 바로 여기에 있다. 천하는 가치의 개념임과 동시에 지리적 개념이다. 가치 개념으로서의 천하는 오늘날의 용어로 말하자면 문명과 동의어라 할 수 있다. 그것은 중국이 발신하는 글로벌 표준으로서의 문명이며, 글로벌 표준으로서의 보편가치로 바꾸어 읽어도 무리는 없다. 말하자면 가치 개념으로서의 천하는 전통시대 중국이 발신한 보편주의 그 자체였다.[4)]

최근 중국 사상계에서 신천하 담론이 마치 르네상스를 맞이한 듯한 양상을 보이는 것은 전통적 천하 개념을 적극적으로 소환하여 새로운 보편주의를 제시하려는 시도이다. 또한 보편주의는 패권 대국이 제공해야 하는 필수적 공공재라는 점에서 천하의 복귀는 초대국 중국의 생존 전략으로도 불가피한 선택이라 하겠다. 이글은 천하 붕괴에서 천하 '복귀'에 이르는 추이를 국민국가(민족) 패러다임과 천하 패러다임의 소장(消長)을 통해 살펴본 후, 천하를 중국 고유의 가치가 아니라

4) 전통시대 중국제국은 패권 대국이 제공해야 하는 필수적 공공재인 보편주의를 창안하고 확신시켰다. 중국의 보편주의가 생산한 규범과 제도는 전통시대 중국이 주재하는 세계질서를 유지하는 근간이었다. 과거와 현재와 미래를 會通하면서 미래를 만들어가는 중국인 고유의 사유 방식을 고려할 때, 이러한 역사의 유산이 여전히 문명의 헤게모니 장악을 염원하는 중국의 문명사적 실천에 유효하게 작용하리라는 점은 충분히 예상할 수 있다.

일반화할 수 있는 새로운 글로벌 가치로 복원하려는 중국의 실험을 시론(試論)적으로 정리·평가하려 한다.

Ⅱ. 21세기 중국, 패러다임의 전환을 모색하다.

1. '신시대(新時代)' 이니셔티브

중국의 근대는 중국문명이 '미증유'의 충격을 입은 시기이다. 중국제국이 패권을 상실했기 때문에 그러했던 것은 아니다. 그것은 중국문명과 중국제국의 근기(根基)인 가치(values)가 전도(顚倒)되어 망국(亡國)보다 훨씬 심각하게 경계했던 망천하(亡天下)의 현상이 눈앞에서 빠르게 전개되었기 때문이었다. 이로써 중국은 보편을 만들고 전유해온 역사의 종언을 맞이하는 운명에 처하게 되었다. 전통적인 용어로 말하자면 천하 국가로서 문명의 헤게모니를 행사하던 보편제국, 중국이 수많은 국가 중의 하나로 추락한 것이다. 이를 천하질서의 해체라 하기도 하고, 중화질서/중화체제의 해체라고 말하기도 한다.

그런데 이를 좀 더 심도 있게 이해하자면 보편제국/문명제국은 국민국가(nation state)로 바뀌어야 했고, 천하질서로 불린 제국질서는 대내적인 면에서는 집권질서가 분권질서로, 대외적인 측면에서는 중국 중심의 위계적 세계질서(중화질서)가 조약체계(treaty system) 혹은 국가 간 체제(interstate system)로 불리는 근대적 국제질서('대등'한 질서)로 대체되어야 했다. 그리고 사유의 패러다임에서도 변화가 불가피했는데, 천하주의적 사유방식이 내셔널리즘적 사유방식으로 바뀌어야 했다.

근현대 중국인에게서 근대의 수용이란 이러한 변화를 '상식'으로 받아들이는 것이었다. 패러다임의 변화가 발생한 것이다. 천하주의-'보편성'-를 대전제로 정립된 문명제국 패러다임이 모더너티를 대전제로 하는 국민국가 패러다임으로 전환하기 시작한 것이다. 국민국가 패러다임은 20세기의 중국 나아가 동아시아 여러 국가가 절대적 가치를 부여하고 추구했던 패러다임이다. 이 패러다임은 21세기 20년이 지나고 있는 현시점에서도 마치 역사적 소임을 굳건히 완수하려는 늙은 장수처럼 여전히 동아시아 세계에 강한 영향력을 지속하고 있다. 그리하여 우리는 동아시아 그리고 중국의 근현대는 국민국가 패러다임의 시대였다고 단언할 수 있다.

그렇다면 국민국가 패러다임이란 무엇인가? 그것은 「근대적 보편가치 구현」(내향성), 「근대적 국민국가 건설」, 「민족주의·반제·반패권 실현」(외향성)이라는 3대 명제를 해결해야 하는 패러다임이었다. 이 패러다임은 서구의 보편가치와 개념, 민족주의를 '진리'로, 국민국가/민족국가 건설을 당위로 여기는 사유방식이라 하겠다. 이 점에서 보자면 오사신문화운동은 획기적인 의미가 있다. 그것은 서구가 만든 보편가치(이하 서구의 보편가치로 표현)가 중국이 수용해야 할 보편가치 나아가 글로벌 스탠다드가 되어야 한다는 시대를 열었다.

그리하여 이제 중국인들은 "서구의 보편가치를 전제로 서구의 개념과 용어로 사유하고, 그러한 사유방식에 따라 중국을 만들어"야 했다. 이에 따라 "사유의 기준과 실천의 방식이 '중화'에서 '서구'로 전환"하지 않을 수 없게 되었다. 이것은 서구의 스탠다드(the Western Standard)가 중국의 스탠다드(the Chinese Standard)를 대체하는 인식체계 상의 혁명이었다. 그 후 국민국가 패러다임은 중국 그리고 동아시아에서 새로운 전통으로 정착하게 된다. 그런데 그 과정에서 이 패러다임의 동아시아적 진화가 동시에 진행되는 바, 동아시아 각국의 고유한 역사와 문화, 각기 지향하는 국가이상(國家理想) 등 각국의 국정(國情)에 적합한 길과 방식으로 국민국가 패러다임이 분화 발전했다.

이 패러다임은 내향성과 외향성 양면이 있다. 내향성은 「근대적 보편가치 구현」이라는 명제에서 전형적으로 나타나는 바, 국민국가 내부에서 민주주의 확충을 비롯하여 자유, 평등, 민주, 인권, 시장경제 등의 가치가 구현되는 국가를 건설하는 방향으로 전개되었다. 국민국가 패러다임의 내향성은 중국을 지탱하는 체계(시스템)들의 구조적 안정성과 응집력-패어뱅크(J. K. Fairbank)의 표현을 빌자면 "뛰어난 관성(remarkable inertia)"(John K. Fairbank, Edwin O. Reischauer, Albert M. Craig 1965, 404)- 그리고 문화 전통과의 충돌로 말미암아 항상 격렬한 문화논쟁을 불러일으켰으며, 국가건설 전략을 두고도 치열한 정치적 쟁론을 야기하였다. 「근대적 국민국가 건설」은 근현대 중국에서 공리(公理)로 여겨졌다. 이념과 정파, 신구(新舊)와 보혁(保革)을 뛰어넘어 중국인이라면 당연히 추구해야 할 시대적 의무였다. 「근대적 국민국가 건설」은 청말 변법운동부터 본격적으로 시도되는데, 이것은 중체서용론적 국가건설 구상을 시작으로

20세기 중국이 숙명처럼 추구해야 했던 '우상'이었다. 후술하는 바와 같이 량치차오는 이 '우상'의 탄생을 상징하는 인물이다. 그는 「문명」이 아니라 「국민국가(민족)」에서 중국의 미래를 찾고자 했다.

외향성은 「민족주의・반제・반패권」을 실현해야 한다는 명제에서 명확히 보인다. 이 명제는 국민국가의 자주와 독립, 반식민 나아가 반패권-대국의 패권주의에 반대할 뿐 아니라 패권을 추구하지 않고 국민국가 간의 '대등'한 공존을 모색-을 실천하는 방향으로 전개되었다.(예컨대 중화인민공화국이 외교정책의 대원칙으로 제시한 평화공존의 원칙은 20세기 중국이 추구해 온 반패권의 지속이라 하겠다) 20세기 전반기까지는 국민국가 패러다임의 외향성이 민족운동이라는 이름으로 중국과 동아시아 각국의 국가건설 방향에 결정적인 영향을 미쳤다. 20세기 후반기에도 이 패러다임의 외향성은 여전히 위세를 떨치고 있다. 동북공정, '일본군 위안부' 문제를 비롯한 한・중・일의 각종 역사 현안과 그로 인해 발생하는 외교 분쟁은 국민국가 패러다임의 외향성이 여전히 강력하게 작용하고 있음을 보여주는 대표적인 사례이다.[5]

국민국가 패러다임의 등장은 다음과 같은 점에서 주목해야 한다. 이 패러다임은 장구한 중국사에서 면면히 이어져 오는 중국 고유의

5) 그런데 동조화했던 동아시아의 국민국가 패러다임은 20세기 후반 이후 변화할 조짐이 나타났다. 중국은 외향성이, 한국은 내향성이 주선율이 된 것이 대표적인 사례이다. 중국의 길은 반패권을 강조하는 국제주의로 진화할 가능성에 주목할 필요가 있다. 중국이 강조하는 국제주의는 패권 제국이 주도하는 세계질서를 전제로 한 국제주의로 흐를 가능성이 농후하다.

천하주의적 사유체계-중국의 전통적 국가론-와는 매우 다른 사유체계였다. 하지만 중국의 근현대는 이 패러다임에 압도된 시대였다. 수많은 중국인은 이것을 '중화' 생존의 대전제라고 여겼다. 양무운동의 실패로 제국체제가 본격적으로 붕괴의 길에 접어들면서부터 20세기가 종언할 때까지 중국은 국민국가 건설에 매진한다. 그 길은 길고도 긴, 그리고 혁명과 건설, 혼란과 격동, 실패와 좌절 그리고 기대가 혼재하는 고통스러운 길이었다. 그럼에도 불구하고 국민국가를 성공적으로 건설하여 '강한 중국'을 회복하려 했던 고난의 여정은 20세기 내내 계속되었다. 중국의 강국몽은 청말 민국 초부터 지금까지 지식인 엘리트와 권력 엘리트의 공통된 염원이었다.(이상의 내용은 전인갑 2020, 9~12 내용을 재구성하고 일부 보충한 것이다.)

20세기 중국의 역사 인식은 이러한 염원의 실현을 전제로 삼았다. 간단히 말하자면 혁명과 격동, 서구화, 근대화, 민족주의와 국민국가 건설, 계몽 등 중국 현대사의 전면을 장식한 개념과 방향을 확산하고 실현하는데 '복무'하는 역사 인식이 주류였다 해도 과언이 아니다. 20세기 역사 인식의 대전제는 국민국가 패러다임이고, 이 패러다임 구현을 위한 '필요'에 따라 역사해석의 방향이 결정되는 특징을 보였다. 혁명사와 국가건설사 연구가 주류 역사학의 반열에 오르고, 대중적 역사 인식도 혁명과 건설, 계몽을 중심으로 형성되었던 것도 이 때문이다.

그런데 21세기 벽두부터 중국에서 국민국가 패러다임을 넘어 새로운 패러다임을 적극적으로 탐색하는 현상이 발생하였다. 천하 패러다임(문명국가 패러다임)을 주창하는 담론의 등장과 확산이 그것이다. 이러한 현상을 좀 더 깊이 있게 해석하자면 국민국가의 시대를 종결하고 중국이 이니셔티브를 행사하는 신제국-신천하질서-의 시대를 열려는 움직임으로 이해할 수 있을 것이다. 그 성공 여부와는 무관하게 중국에서 국민(민족)국가의 시대가 신제국(신천하)의 시대로 전환하려는 실험이 진행되고 있음은 명확하다. 여하튼 새로운 패러다임의 등장으로 중국의 위상이 20세기와는 전혀 다른 차원으로 발전했다는, 말하자면 미국과 함께 세계질서를 편성하고 변경할 수 있는 위상으로 부상했다는 사실을 새삼 확인한다.

필자는 시진핑의 '신시대' 선언을 패러다임 전환의 본격적인 시작으로 평가한다. 이는 '신시대' 선언이 20세기 중국의 최고 가치였던 국민국가 패러다임의 완성과 다음 시대로의 질적 전환을 선포했다는 의미이다. 그는 청 말 이래 지난하게 걸어온 국가건설의 과정을 다음과 같이 총결한 바 있다. "중국몽을 실현하기 위해서는 중국의 길을 가야 한다. 이것은 중국 특색의 사회주의의 길이다. 이 길은 쉽게 오지 않았다. 그것은 개혁개방 삼십여 년의 위대한 실천 속에서 태동한 것이며, 중화인민공화국 성립 육십여 년의 계속된 탐색 속에서 만들어졌다. (이 길은) 근대 이후 일백 칠십여 년 동안 중화민족이 추구해온 발전의 역정에 대한 본질적 총결산을 통해 나온 것이다. 그리고 중화민족이 오천여 년의 유구한 문명을 전승하는 과정에서 형성된 길이다."(習近平 2013, 35) 그리고 그는 2017년 10월 중국공산당 제19차 전국대표대회에서는 "중국 특색의 사회주의가 신시대에 진입"했음을 선언하였다. 그리고 신시대에는 중국의 사유방식과 중국의 방안으로 새로운 사회제도와 이념을 만들어 인류운명공동체를 건설하고, 새로운 세계질서를 구축하는 과업을 중국이 수행할 것을 강조하였다.(习近平 2017, 30) 2018년에는 여기서 한 걸음 더 나아가 중국은 서구와의 가치와 규범경쟁을 공식적으로 선언하였다.

그러므로 시진핑의 '신시대'는 국민국가 패러다임에서 중국이 벗어났음을 의미함과 동시에 중국이 새로운 패러다임으로 미래를 열어가겠다는 비전을 내포한 개념으로 보아야 한다. 그 목표 역시 분명하다. 중화민족의 위대한 부흥(중국몽)을 실현하는 것이다. 중국몽이 어떻게 구현될지 혹은 어떤 결과를 가져올지는 아직은 미지수이다. 그러나 분명한 사실은 중국이 이제 국민국가 패러다임의 완성을 선언했고, 중국 특색의 국가건설 방식을 중국만의 고유한 방식이 아니라 일반화, 보편화할 수 있는 건설 방식으로 진화시키려 한다는 점이다. 이 점에서 시진핑의 '신시대'는 미래 담론이라고 할 수 있다. '신시대'는 중국의 가치와 사유 방식-양자는 중화성(中華性)의 근본 요소-을 전제로 재조(再造)된 중국일 것이다. '천하'는 중화인민공화국을 문명의 헤게모니와 패권을 행사하는 제국으로 재조하려는 꿈-제국몽-을 실현하는 역사적으로 '검증'된 자산으로 소환되고 있음은 분명해 보인다.(이상의 서술은 전인갑 2020, 38~41의 내용을 재구성한 것이다.)

2. 패러다임 전환의 자산: 전통적 '천하'

전통시대의 동아시아 세계질서는 진한제국을 거치면서 정교하게 디자인되어 갔다. 혹자는 "전통 왕조의 천하질서는 결코 제국질서와 다르다"고 했지만 천하질서의 실질은 진(秦)에 의해 시작되고, 한(漢)에 의해 정교하게 짜여진 제국질서 그 자체이다.(본 절은 전인갑 2018, 133~142의 내용을 기초로 재구성·수정한 글이다) 또한, "천하질서는 서로 필요한 바를 취하는 공공의 질서를 형성했으며, 중국이 제공하는 것이지만 최종적으로는 공동으로 필요한 국제 공공 생산품"으로 이 질서는 배타성이 없으며, 전통 시대 국제관계 속에서 상당한 경쟁력을 갖고 있었다고 평가한 바 있다.(李揚帆 2015)

말하자면 중국제국은 역사적으로 보편가치인 '천하'라는 공공재를 여러 국가에 제공함으로써 국제질서를 안정적으로 유지하고 상호 공존의 번영을 실현할 수 있었다. 중국학자들은 천하에 대한 이러한 해석을 통해 패러다임 전환의 역사적 자원으로 '천하'를 소환하고 있다. 사실 이런 해석은 일정한 범위에서 타당하다. 가치 개념으로서의 천하는 지상의 모든 사람들이 공유할 수 있는 공공재이고, 중국제국은 이 공공재를 확충하고 지속해야 하는 능력과 의무를 동시에 지니고 있었다. 그런데 우리가 주목해야 할 또 다른 측면은 전통적 '천하'는 패권 중국을 영속하게 하는 이념적·실질적 장치였다는 점이다.

실제 천하질서는 제국의 지배영역에 대한 강력한 통일/통합력을 전제로 제국의 패권과 풍요로움(부), 보편가치 창조력과 확산력, 제국의 이상-제민지배(齊民支配)의 이상과 천하일통(天下一統)의 이상-이 유기적으로 결합하여 형성된 것이다. 그러므로 천하질서를 제국질서와 분리할 수 없을 뿐 아니라 천하질서를 작동시키는 제도인 조공체계 역시 제국질서를 외화(外化)시킨 시스템이라 해야 할 것이다. 말하자면 제국 내부의 일원적 지배체제에 상응하는 제국 외부의 이상적 국제질서가 조공체계였다. 그런데 이것은 국제질서의 규범적 모델 혹은 규범적 제도로서 시대에 따라 그 구체적인 실현 형태가 달랐으며, 규범적으로 작동되기도 했지만 그렇지 않기도 했다는 점을 간과해서는 안 된다.

진한의 제국질서가 등장한 후 천하는 제국의 지배가 직접적으로 관철되는 '천하의 내경(內境)'과 제국의 지배가 이념적으로만 관철되는 상상된 제국의 지배영역인 '천하의 외경(外境)'으로 구분되었다. 이로써 제국이 곧 천하이고, 제국의 질서가 천하의 질서와 동일한 질서가 된다. 천하질서/제국질서에는 내경과 외경으로 구분되는 천하의 현실태(現實態)를 반영하여 전자에 적용되는 제민지배의 원리와 후자에 적용되는 화이(華夷)의 원리가 존재한다. 제민지배의 질서와 화이의 질서가 완전한 일체로 기능하는 상태가 되어야 '천하의 내경'과 '천하의 외경'이 하나가 되는 천하일통이 완성되게 된다. 이 상태가 대일통(大一統)의 국면이다.

화이의 원리는 '천하의 외경'에 적용되는 규범이다. 화이론은 중국이 자신을 포함한 세계를 인식하는 고유의 사유체계이다.(화이론은 세계사에서 흔히 발견되는, 세계를 문명과 야만으로 구분하고, 야만을 문명으로 인도하는 미션을 당위로 여기는 이분법적 세계 인식의 한 종류이다) 우리가 흔히 중국 중심주의라고 부르며 중국의 패권질서를 합리화하는 인식체계인 중화주의도 화이론을 토양으로 개화한 중국인의 사유방식이다. 화이론의 논리 구조는 간명하다. "천하는 보편문화의 가치를 구현한 세계의 중심(中)인 문명세계(華)와 문명적 가치를 구현하지 못한 중화 이외(化外)의 야만 세계(夷)로 구분"된다. 또한, 원리상으로 중화는 화외(化外)를 문명의 상태로 이끌어야 하며 -이를 교화라고 한다-, 이(夷)는 중화의 가치를 수용하여 자신을 교화된 상태로 바꾸는 것은 당위이다.

화이질서는 다양한 형식으로 제도화되었다. 이 질서의 본질이 중국의 압도적인 하드파워(패권)와 소프트파워(중화문명의 보편성)를 전제로 유지된 위계적 질서였으므로 이 질서를 구현하는 제도 역시 위계성을 내포하지 않을 수 없다. 가장 일반적으로 알려진 제도로는 책봉, 조공과 호시, 동맹(화친) 혹은 역진공(逆進貢) 등이 있다. 책봉제도와 조공제도는 화이질서를 구현한 정치제도였고, 조공 또한 호시와 함께 경제적으로 화이질서를 지탱하는 시스템이었다. 그런데 화이질서를 구현하는 제도는 중국과 그 주위의 국가 간의 힘의 강약을 비롯한 현실적 요인에 따라 탄력적으로 적용되는 경우도 적지 않았다는 사실을 간과해서는 중국 중심적 역사해석의 늪에 빠질 수밖에 없다. 이런 경우로는 양국이 대등한 위치에서 관계를 제도화한 화친 혹은 동맹이 있었고, 중국이 역으로 다른 제국에 조공하는 역진공이 있었다.

천하질서는 지금까지 살펴본 바와 같이 대단히 복잡하고 다원적 구조이며, 상황에 따라 그 외양이 바뀌는 속성이 있다. 특히 천하질서의 구조는 복합구조[6]이며, 위계성을 전제로 하는 다중심 질서였다.

---

6) 이에 대해서는 상론할 기회가 있을 것이나 간략히 소개하면 다음과 같다. 중국제국은 복합체계로 유지되었다. 거버넌스 측면만을 보자면 고도의 집권시스템, 지방과 민간의 이익을 인정하는 분권적 지배시스템 존재, 이질적 비중화 세계에 대한 羈縻와 土司 등의 간접 지배시스템, 조공과 책봉을 매개한 이념적 지배시스템이 공존했다.

현재 중국이 천하질서를 새로운 국제질서의 대안으로 끌어들일 수 있었던 근본적인 요인이 여기에 있다. 말하자면 21세기 천하론에서 구상하는 신시대 세계질서는 중국 중심의 일원적 질서가 아니라 전통적 천하관에서 제시하는 다중심의 질서이므로 '신시대' 질서는 패권적·강압적 질서가 될 수 있다는 점은 기우라는 설명이다. 그러나 중국과 민감한 역사적 관계를 이어왔던 한국의 상황에서는 그러한 언설은 패권을 분식하는 논리에 불과하다는 우려를 떨칠 수 없다.

Ⅲ. '천하', 새로운 가치·질서 담론으로 귀환하다.

'신시대' 질서구상은 21세기 시작부터 분분했고, 현재도 진행 중이다. 미국과 함께 세계질서의 편성자이자 변경자로 등장한 중국이고 보면 지식인 엘리트와 권력 엘리트의 담론 공간에서 이러한 논의가 백출하는 것이야 충분히 이해할 수 있다. 그런데 이 현상에서 주목해야 할 점은 중국 엘리트들이 정치와 군사, 경제 방면의 패권 경쟁은 이미 중국으로서도 자신감을 가질 만하다고 여기지만 세계가 공유할 수 있는 매력적인 가치를 창안·발신하는 데는 부족함이 있다고 인식한다는 점이다. 그리하여 이들은 서구/미국과 패권을 경쟁함과 동시에 문명의 부상을 통해 중국이 창안하고 확산시킬 '문명의 표준'을 제시하는 것을 자신들의 '소명'으로 여기고 이를 구현하기 위해 진력하고 있는 것으로 보인다. 그 성공과 실패 여부는 차치하더라도 현시점에서 볼 때 세계가 공유하는 가치와 문화를 제공하려는 중국의 시도는 중국 엘리트 사회의 일반적 흐름이 되었을 정도이다.7)

여하튼 중국이 이제 서구의 규범에 경쟁을 선포한 것은 분명하다. 규범경쟁의 시대에 접어들었다고 할 수 있다. 전술했듯이 신제국질서 건설을 중국이 선언했는데, 이 선언은 불가피하게 세계질서의 규범을 누가 만들고, 규범을 운영하는 이니셔티브를 누가 행사할 것인가를 둘러싼 경쟁을 촉발할 것임은 자명하다. 중국의 제국화가 지속되는 한, 규범경쟁은 글로벌 차원에서 중대한 이슈로서 점점 더 격렬해질 것으로 예상된다.

세계질서는 시공을 초월하여 존재한다. 그리고 세계질서는 세계주의 혹은 국제주의라는 보편주의적 이념을 토대로 작동된다. 또한, 보편주의가 생산한 규범과 제도는 이 질서를 유지하는 근간이다. 세계질서에 참여하고자 하는 단위들은 이 규범과 제도 그리고 이를 생산한 보편주의(보편가치)를 동의・수용함으로써 비로소 세계질서를 구성하는 기본단위가 될 수 있다. 그러므로 세계질서의 규범을 둘러싼 경쟁은 세계질서의 체계(세계체계), 작동방식, 주도권 그리고 기본단위들의 참여방식을 변화시키는 요인으로 작용한다. 일반적으로 역사상 규범경쟁은 일정한 시기 동안 규범의 진공 상태를 낳고, 규범의 공백은 새로운 규범의 등장을 촉진하기 마련이다. 그리고 새로운 규범에 상응하는 새로운 질서와 제도가 구축된다.

21세기에 중국이 촉발한 규범경쟁은 아편전쟁 이후 중국이 벌여온 서구와의 가치경쟁/규범경쟁과는 전혀 다른 차원에서 전개되고 있

---

7) 정치, 경제, 군사적 패권을 넘어 '문명의 표준'을 다시 바꿀 가능성을 오늘날의 중국 엘리트들이 적극적으로 탐색하고 있다고 판단되므로 그 동향에 대한 심도 있는 분석과 그 파장에 대한 전망은 한국학계의 주요한 연구 대상이라 하겠다.

다. 20세기의 주된 흐름은 서구 규범의 수용을 대전제로 그것의 중국적 재구성/토착화를 도모하는 한편 전통적 중국 규범의 현대적 재구성을 모색하는 방식으로 진행되었다. 20세기 전반기는 일방적인 열위에서 벌인 규범경쟁의 시기였다. 이 시기에는 서구의 근대 규범-서구가 창안한 보편가치, 행위규칙과 제도-의 수용이 시대적 과제였다. 그렇다고 해서 서구의 가치를 수용해야 한다는 당시의 시대적 과제가 중국을 폐기·청산을 전제한 일방적 수용을 의미하지는 않았다. 서구 규범과 중국 규범의 절충과 융합 혹은 중층적 통합을 위한 지적 분투들이 20세기 지성사의 저류에 강하게 흘렀다. 문화 보수주의 사조들의 지적 분투에서 잘 드러나는 이러한 흐름은 '수용형 규범경쟁'이라 하겠다.

20세기 후반기는 서구 규범의 보편성을 인정한 바탕 위에 '중국 특색의 규범'을 창안하고 확산하는 방식으로 규범경쟁을 벌인 시기였다. 이 시기에는 중국 고유의 세계주의-천하주의-가 프롤레타리아 국제주의라는 외피를 쓰고 부활하거나 후술하는 바와 같이 캉유웨이나 쑨원의 대동세계론에서 발견되는 보편주의적 세계질서 구상이 재등장하였다. 그렇지만 이 시기에 서구 규범의 보편적 가치가 부정되지 않았다. 중국의 지식·권력 엘리트들은 오히려 서구 규범을 전제로 작동하는 현존하는 "체제와 제도를 타파하고 혁신"하는 것이 아니라 "이를 수호하고 존중하는 기초 위에(서 현행 규범의 결핍/불합리성을: 필자) 개선"하는 방향으로 규범경쟁에 개입하였다. 이러한 흐름은 비록 '중국 특색'을 강조함으로써 결과적으로 서구 규범의 절대적 가치에 도전하는 한편 서구 규범과 중국 규범의 등가성 나아가 중국 규범의 보편성(서구 규범도 보편적이고, 중국 규범도 보편적이라는 의미. 두 보편성이 병존하는 상태를 의미)을 확보하려 했다는 점에서 '융합형 규범경쟁'이라 하겠다.

오늘날 중국이 제기하는 규범경쟁은 20세기의 그것과는 성격이 전혀 다르다. 중국의 역사 속에서 발원하는 개념과 사유방식으로 세계를 분석하고 건설할 수 있는 새로운 패러다임을 생산함으로써 중국이 근대 서구가 창안한 패러다임과 경쟁하는 구도를 만들고자 한다. 새로운 패러다임은 새로운 규범을 만든다. 최근 중국에서 재등장한 다양한 세계질서론-신조공질서, 신천하주의, 신천하체계, 문명형 대국 등-에서 엿볼 수 있듯이 중국은 이제 다양한 방식과 논리로 세계가 보편적으로 공유할 가치와 규범을 제공하려 한다. 이 작업은 중국의 표준을 글로벌 표준으로 만드는 작업이다. 우리는 이러한 시도에서 전통 시대 중국의 학인 관료들이 보편주의를 중시한 사유방식의 귀환을 읽는다.

여하튼 이러한 현상에서 21세기의 지식·권력 엘리트들이 '대안형 규범경쟁'을 벌이고 있음을 발견할 수 있다. 물론 아직은 '대안형 규범경쟁'이 일반적 현상으로까지 확산했다고 보이지는 않는다. 그러나 '대안형 규범경쟁' 즉 중국의 보편주의적 사유 전통과 가치, 규범으로 새로운 질서와 체계, 제도를 제공하려는 움직임이 본격적으로 전개되고 있는 것은 부정할 수 없는 현상이다. "중국은 총체적 곤란에 직면한 세계에 기존과는 다른 세계질서의 청사진을 제공"해야 한다는 성세

(盛世)의식과 사대부적 천하의식이 그러한 탐색을 자극한 것으로 보인다.

이러한 현상의 대표적인 사례가 중국 사상계에서 이슈화된 '캉유웨이 모델'과 '량치차오 모델'을 둘러싼 쟁론이다. 청말 중국은 문명제국의 보편성이 부정되는 상황에 직면했다. 이는 문명제국 중국의 몰락을 의미했으며, 문명제국은 국민국가로 전환해야만 했다. 이러한 일련의 과정은 중국이라는 역사체에 가해진 미증유의 충격이었다. 왜냐하면, 보편가치와 보편주의는 중국이라는 제국을 '보편제국'답게 만드는 핵심이었기 때문이다. 보편을 자부했던 문명제국인 중국이 붕괴하는 미증유의 충격에 직면한 캉유웨이와 량치차오는 중국의 보존을 위한 대안을 고뇌하였다. 고뇌의 결과는 전혀 다른 길이었다.

캉유웨이는 '문명국가' 모델을, 량치차오는 '국민(민족)국가' 모델을 선택했다. 두 모델 중 전자는 보편가치의 구현과 대동 세계를 추구하는 '천하'–'천하' 국가–를 선택한 모델이었고, 후자는 민족, 민족주의, 열국 체제와 세력균형의 질서를 선택한 모델이었다. 또한, 중국이 향후 모색해야 할 국가건설의 길에 대해서도 전자는 보편주의 문명국가를, 후자는 민족주의 국민국가를 모델로 제시했다. 량치차오가 제시한 모델은 그 후 100여 년 동안 국가건설의 전범이 되어 중국은 근대적 국민국가 만들기에 진력해 왔다. 그리고 그가 구상한 세계질서는 세력균형과 열국 병립의 질서였다. 이 질서하에서 중국은 세력균형의 열국 체제를 구성하는 하나의 대국 그 이상도 그 이하도 아니었다.

그런데 캉유웨이의 구상은 그 전제부터 량치차오와 전혀 달랐다. 그의 핵심적 논점은 대동(大同)을 대안적 세계질서로 제시하는 데서부터 출발한다. 복고적 이상주의라 할 만한 대안이기는 하지만 그의 구상은 문명과 교화에 기반을 둔 문명국가론이었다. 중국의 문화주의 전통에 따르면 구성원의 문화적 동일성을 확보하기 위해 민(民)을 '교화'하고, 지상에 문화 공동체를 구현해야 하는 것이 국가가 존재해야 하는 이유이다. 캉유웨이 역시 '보편제국이 하나의 국민국가로 전환되는 변혁 과정에서 중국이라는 국가의 응집력을 문명과 교화의 각도에서 찾아내자고 제안'하고, 이를 목표로 그는 '유가 학파를 기독교와 유사한 종교로 재건'하는 문명 프로젝트를 상상하였다. 그의 구상은 '문명' 즉 문화적 동일성을 국가의 정당성과 합법성의 원천으로 여기고, 문화적 동일성을 국가 발전과 사회 안정의 근간으로 인식하는 전통적 문화주의의 연장선에 있다 하겠다.

최근 중국의 사상계에는 량치차오 모델보다는 캉유웨이 모델에 가까운 질서구상이 크게 확산하고 있다. 캉유웨이 모델이 사상계의 이슈로 떠올라 쟁론의 대상이 된다거나 신캉유웨이주의(新康有爲主義)가 등장하는 등의 현상을 목도할 수 있다. 이러한 현상은 향후 중국이 어떠한 세계질서를 구축할 것인가라는 현시대 중국 지식인들의 고뇌의 산물이다. 그 고뇌의 핵심은 문명국가를 선택할 것인가 아니면 국민국가를 선택할 것인가 혹은 양자가 '합일(合一)'된 문명형 국가를 만들 것인가의 문제이다. 그런데 이와 함께 주목해야 할 현상은 중국 지식인들이 세계를 대상으로 사유하고, 세계의 미래에 대한 책임의식을 가지고 행동한다는 사실이다.(펑유란에 의하면 세계를 단위로 사고하는 것은 『大學』에서 전형적으로 나타나듯이 대단히 뿌리 깊은 사유방식이라는 점을 강조한다. 馮友蘭 1982, 243) 량치차오도 벗어던지지 못했던 '천하흥망(天下興亡) 필부유책(匹夫有責)' 의식에서 그 전형성을 확인할 수 있듯이 천하를 사유단위로 삼고, 천하에 대한 책임의식을 당위로 여기는 중국인의 사유방식-천하관-이 다시금 발현된 것이 아닌가 싶다.

21세기에 들어서자마자 중국 사상계에서는 다양한 세계질서 담론-이하 '신천하' 담론으로 정의한다-이 크게 유행하고 있다. 일본의 저명한 미래학자 카라다니 고진 조차도 이 논의에 합류한 상황이고 보면 더욱더 이 논의에 주목하지 않을 수 없다. 주요 담론으로는 신조공질서론, 신천하주의론, 신천하체계론, 문명형대국론, '중국의 시각론', 신유가문명국가론, 유학계 중심의 신천하질서, 유가헌정론 등을 들 수 있다. 백화제방의 형국을 보이는 다양한 '신천하' 담론을 보면서 중국 사상계가 분명 세계와 문명을 사유의 단위로 삼아 중국의 국가성격을 재정의하고 세계질서를 새롭게 구상을 하고 있음을 다시 한번 확인할 수 있다. 마치 전통적 천하론이 귀환한 듯하다. '신천하' 담론의 이러한 확산은 위에서 살펴본 캉유웨이 모델(천하와 문명국가)이냐, 량치차오 모델(민족과 국민국가)이냐를 둘러싼 쟁론이 캉유웨이 모델로 수렴되고 있음을 의미하는 것으로 판단된다.

이들 '신천하' 담론은 논자들의 이념적 차이에도 불구하고, 한결같이 전통의 역사적·지적·도덕적 자원을 활용하여 '중국의 사유방식'

을 중건하는 데서 출발한다. 그리하여 서구적 사유방식과 구별되는 중국의 사유방식으로 중국 그리고 인류와 세계의 문제를 사유하며, 중국의 방식으로 세계를 책임지는 한편 이를 구현할 수 있는 새로운 보편주의 '서사'를 발굴하려는 담론이다. 물론 이러한 담론의 유행은 권력 엘리트와 지식인 엘리트에 의해 '정교'하게 준비된 기획물이라는 혐의를 지울 수 없는 것도 사실이다. 왜냐하면 "세계질서에 대한 상상은 문명과 역량에 대한 강한 자신감을 갖춘 정치 공동체에서 생겨나는" 것이 통상적이고 '신천하' 담론의 유행은 '중국 굴기라는 현실과 그 정책적 수요에서 발원'한 측면이 강하기 때문이다.

여하튼 작금의 '신천하' 담론은 중국 중심의 규범적 세계질서, 그것도 평화적인 세계질서를 지향한다는 점을 내세운다. 또한, 이 담론의 논자들은 중국이 패도가 아닌 왕도의 대동세계를 지향하는 관용과 조화의 대국이고, 역사적으로도 그러한 존재임을 강조한다. 이들의 눈에는 중국이라는 제국은 왕도의 구현자였고, 미래의 중국 역시 그 구현자여야 하는 존재이다. 말하자면 이들 담론은 패권을 가진 부강하기만 한 나라가 아니라 패권을 넘어 보편성을 겸비한 도덕 국가, 문화국가를 상상한다. 이러한 국가는 인류의 보편가치를 창안하고 그 가치를 구현할 수 있는 종합적 능력을 갖춘 대국일 수밖에 없다. 이러한 국면은 패권과 보편가치가 결합함으로써 실현된다. 패권과 보편가치를 합일하는 사유방식은 전형적인 중국의 문화주의 국가론이고 천하주의 세계관이다.

그러므로 최근의 '신천하' 담론의 핵심적 논리 구조는 문화주의 국가론=천하주의 세계관에서 발원한다 하겠다. 자유주의부터 민족주의, 신좌파, 국가주의에 이르기까지 다양한 이념적 스펙트럼을 보이는 각종 '신천하' 담론은 서구의 역사와 문화 전통이라는 외부의 토양에서 새로운 질서론과 문명론을 창안하려는 것이 아니다. 그 반대로 논자들의 이념적 차이에도 불구하고 중국의 역사와 문화 전통 속에서 미래의 세계질서를 구상하고 있으며, 그 결과 다양한 '신천하' 담론들이 추구하는 최종적인 목표는 한 길로 모이는 것이 아닌가 생각된다. 그것은 보편성의 추구이다. '신천하' 담론에 대한 평가는 담론의 실체가 좀 더 명확히 드러나면 보다 정밀하게 이루어져야 한다. 하지만 현시점에서 필요한 것은 문화주의 전통에 기반을 두고 진행되는 새로운 가치와 질서 담론을 객관적이고 면밀하게 파악하는 일일 것이다. (본 장은 전인갑 2018, 116~123을 재구성하고 보완한 내용이다)

맺음말

21세기의 시작과 함께 역사학계를 필두로 학술·문화계에서 국민국가 패러다임에서 벗어나 새로운 대안을 모색하는 움직임이 크게 유행하고 있다. 이 움직임은 지난 150여 년 동안 중국이 서구가 생산한 '근대'(=서구)적 사유방식 그리고 서구의 개념과 이론을 뒤쫓아가느라 급급했다는 반성에서 출발한다. 이 반성은 이제는 중국이 창안하는 새로운 사유방식과 개념, 이론으로 중국과 세계의 문제를 사유하고 해결하며, 미래의 중국과 세계를 건설해야 하는 단계로 넘어왔다는 자신감의 발로라 하겠다. 이러한 움직임은 현재 우리가 당연하다고 여기는 인식체계를 중국의 역사적 경험/전통과 현실(비서구 세계의 역사적 경험과 현실로 환치해도 무방하다)을 중심에 두고 전면적으로 재구성하려는 문명사적 도전이라 생각된다.(전인갑 2020, 39~40) 그 저변에는 성세의식의 확산이 존재한다.

그러한 현상과 관련해서 2008년과 2009년은 주목할만한 해이다. 베이징 올림픽과 글로벌 금융위기를 성공적으로 넘어간 중국은 이때부터 서구의 모더너티를 지양하고, 대안적 가치를 찾으려는 실험을 드러내놓고 진행하고 있다. 2013년 이후 시진핑 체제의 신시대 선언은 그러한 실험이 이제 담론의 차원에서 한 단계 도약하여 패권 중국의 생존 전략의 주요 아젠다로 진화했음을 알리는 신호탄이었다. 필자는 그러한 실험을 대안형 규범경쟁(대안형 문명담론) 발신이라고 그 의미를 부여하였다.

대안형 문명담론은 민족주의나 국가주의에서 벗어나 중국의 보편주의를 확충하는 방향으로 진화할 가능성이 농후하다. 이것은 분명 지성사적 반전이다. 이러한 반전의 조짐은 1990년대 국학열에서 시작되었다. 그러나 본격적인 움직임은 베이징 올림픽과 글로벌 금융위기 이후였다. 이때부터 중화와 서구를 융합하기 위한 문화적 모색을 넘어 '중화의 재보편화'를 향한 문명사적 탐색이 불가역의 흐름으로 뿌리내리기 시작했다.(전인갑 2019, 140~141) 앞서 살펴본 다양한 문명담론은 천하주의, 천하관 등 중국이 생산한 가치, 중국 역사와 전통에서 발원하는 개념(道統, 文質, 民本, 均分, 大一統, 經世, 會通, 體用, 五常, 王道, 覇道 등)과 사유방식으로 중국과 세계를 건설・운영해야 한다는 점을 강조한다는 공통점이 있다.

필자로서는 동의하기 어렵지만, 이들 담론은 중국 중심의 규범적 세계질서, 그것도 평화적인 세계질서를 지향한다는 점을 스스로 강조한다. 말하자면 이들 담론은 패권을 가진 부강하기만 한 나라가 아니라 패권을 넘어 보편주의를 발신하는, 말하자면 문명의 헤게모니를 행사하는 문명국가를 이상적인 그리고 현재의 중국이 지향해야 할 국가로 설정한다. 그러한 국가는 인류의 보편가치를 창안하고 그 가치를 구현할 수 있는 종합적 능력을 갖춘 대국일 수밖에 없다. 이러한 국면은 패권과 보편가치가 결합함으로써 실현된다. 패권과 보편가치를 하나로 통합해야 한다는 사유방식은 중국의 전형적인 문화주의 국가론이고 천하주의 세계관이다.(전인갑 2019, 141~142) 이 세계관을 현대적으로 재구성하여 생산할 질서가 곧 중국이 그토록 집착하는 새로운 '신제국 질서'라 하겠다. 이것이 시진핑이 제기한 '신시대' 이니셔티브이다.

'신시대' 이니셔티브의 함의는 다음과 같이 정리할 수 있다. 서구/미국이 주재하는 자유주의 세계질서는 오늘날의 보편적 국제질서이다. 반면 오늘날의 중국은 '현대적으로 재구성한 천하주의'를 기반으로 하는 새로운 세계질서를 구상하고 있다. 그렇게 함으로써 서구/미국이 주도하는 세계질서와 중국이 주도하는 세계질서가 양립하는 구도를 형성하려 한다. 미국 주도의 자유주의 질서와 중국 주도의 신천하주의 질서의 경쟁이라 하겠다. 신천하주의적 질서는 중국이 주도하는 '신제국질서'일 것이다. 중국공산당 100년에 대한 자신감은 천하질서의 귀환에서 발원하는 것이라 하겠다. 우리가 이 질서의 실재성과 허구성, 억압성에 대한 분석에 매달리지 않을 수 없는 것은 과거의 역사가 그러했듯이 경쟁하는 두 질서의 자장 속에서, 특히 부상하는 중국이 구축하려는 새로운 질서를 상수로 놓고 한반도의 미래를 기획해야 하기 때문이다.

이 글은 고려대학교 아세아문제연구원에서 주최한 학술회의 〈중국 공산당 건립 100년과 2049년 중국: 어떤 강대국이 될 것인가?〉(2021.7.14)의 발표문으로 작성된 것으로 동 학술회의에서의 논의를 반영한 원고이다. 동 학술회의 발표문은 2000년 이후 중국에서 유행하고 있는 신천하 담론에 대한 필자의 몇 편의 논문과 학술회의 발표문을 학술회의의 목적에 부합하도록 재구성하거나 새로이 보완하여 작성되었음을 밝힌다. 기존 연구는 다음과 같으며, 기존 연구를 활용한 내용은 해당 부분에서 밝혔다. 전인갑. 2018. "비대칭적 국제질서: 천하질서, 그 변용과 현대적 재구성(1)." 『서강인문논총』 51; 전인갑. 2019. "오사 100년, 「신화」에서 「역사」로: 현대중국 문화담론의 반전." 『현대중국연구』(현대중국학회) 제21권 제2호; 전인갑. 2020. "국가건설 패러다임의 전환과 민족주의-'민족'과 '천하'의 길항." 『동북아역사논총』 67호; 전인갑b. 2020. "동아시아, 패러다임의 전환과 '신시대'의 부상." 원광대학교 한중관계연구원 한중관계 회고와 전망 학술회의 발표문(한중관계연구원. 2021. 『2020년 한중관계 정세 보고』, 원광대학교 한중관계연구원 所收).

| 참고문헌 |

전인갑. 2018. "비대칭적 국제질서: 천하질서, 그 변용과 현대적 재구성(1)." 『서강인문논총』 51.

전인갑. 2019. "오사 100년, 「신화」에서 「역사」로: 현대중국 문화담론의 반전." 『현대중국연구』(현대중국학회) 제21권 제2호.

전인갑. 2020. "국가건설 패러다임의 전환과 민족주의-'민족'과 '천하'의 길항." 『동북아역사논총』 67호.

전인갑b. 2020. "동아시아, 패러다임의 전환과 '신시대'의 부상 원광대학교 한중관계연구원 2020년 한중관계 회고와 전망 학술회의(2020.12.4.) 발표문."

한중관계연구원 편. 2021. 『2020년 한중관계 정세 보고』, 원광대학교 한중관계연구원.

習近平. 2013. "在第十二屆全國人民代表大會第一次會議上的講話(2013.3.17)." 中共中央文獻硏究室 編, 『習近平關于實現中華民族偉大復興的中國夢論述摘編』. 北京: 中央文獻出版社.

习近平. 2017. "决胜全面建成小康社会夺取新时代中国特色社会主义伟大胜利—在中国共产党第十九次全国代表大会上的报告(2017.10.18)." 『新华网』 2017年 10月 27日.

姚中秋 等. 2013. "世界歷史的中國時刻." 『開放時代』 2013年 第2期.

姚中秋 等. 2014. "中國時刻的思想創發." 『天府新論』 2014年 第2期.

姚中秋. 2019. 『世界歷史的中國時刻』. 海南出版社.

李揚帆. 2015. "中華帝國的概念及其世界秩序:被誤讀的天下秩序." 『國際政治硏究』 2015年 第5期.

馮友蘭. 1985. 『中國哲學史』, 螢雪出版社.

John K. Fairbank, Edwin O. Reischauer, Albert M. Craig. 1965. East Asia: The Modern Transformation. Boston: Houghton Mifflin Company.

The White House. 2020.5. United States Strategic Approach to the People's Republic of China. Washington: The White House.

The Policy Planning Staff, Office of the Secretary of State. 2020.11. The Elements of the Chinese Challenge. Washington: Office of the Secretary of State.

The Heads of State and Government participating in the meeting of the North Atlantic Council. 14 June 2021. Brussels Summit Communiqué. Brussels: the North Atlantic Council.

제2부

부상전략:
평화적 부상은
가능한가?

4장
중국의 세계질서 구상과 일대일로의 역할

표나리

Ⅰ. 들어가는 말: 중국은 대안적 세계질서를 제시할 수 있을까?

21세기 이후 이룩한 급속한 경제성장을 통해 동아시아 지역 강국으로 도약한 중국은 강력한 경제력을 기반으로 국제 사회에 영향력을 미칠 수 있는 대국이 되고자 시도하고 있다. 개혁개방 초기 덩샤오핑(鄧小平)의 '도광양회(韜光養晦)' 방침에 따라, 주로 중국 내부의 경제 발전에 집중하고, 이러한 발전에 도움이 될 수 있도록 주변 환경이 안정적으로 유지되는 것을 선호했다면, 국가의 발전이 일정한 궤도에 다다른 이후부터는 주변 환경의 불안정이나 혼란을 어느 정도 감수하면서라도 중국의 영향력을 확대하려는 방향으로 변화가 나타났다.

2013년 시진핑 중국 주석이 제안했고, 2017년에는 중국 공산당의 헌법에 해당하는 '당장(黨章)'에 삽입됨으로써 국가 대전략으로 격상된 '일대일로(一帶一路 · BRI)'는 이러한 중국의 의도를 가장 뚜렷하게 보여주는 상징적인 전략이다. 출범 초기에는 주로 물류와 무역 네트워크 구축 등에 중점을 둔 경제발전 방안으로 홍보되었으나, 시간이 흐르면서 '발전'과 함께 '일대일로'의 또 다른 중점 노선인 '평화'로 대변되는 안보 이익 추구라는 지정학적 의미, 그리고 중국의 새로운 국제질서 수립이라는 잠재적인 의미까지 내포하게 되었다. '일대일로'의 의미와 위상의 변화는 2013년 신형대국관계 제안, 2014년 아시아인프라투자은행(이하 AIIB) 설립, 그리고 2016년에는 운명공동체 건립 제안을 통해 △글로벌 전략을 제안할 수 있는 국가로서의 지위를 모색하고△글로벌 전략 추진의 기틀을 마련하며△글로벌 전략의 철학 · 사상적 기반을 구축하는 일련의 행보를 통해서도 드러난다. 특히 시진핑 집권2기에 진입한 2017년에는 '일대일로 2.0(혹은 세계화 2.0)'을 선언하며, 구상(initiative) 단계에 그쳤던 '일대일로' 사업을 글로벌 거버넌스 차원의 논의로 심화시킬 것임을 분명히 하고, '일대일로'가 경제 전략 그 이상임을 암시한 바 있다(人民網 2017/4/14).

2020년 중국 우한(武漢)에서 시작된 Covid-19 팬데믹이 전 세계로 확산된 이후, 미국은 당시 트럼프 행정부의 미국우선주의 기조와 국내봉쇄가 맞물리며 글로벌 위기 상황에 대한 리더십을 발휘하지 못했고, 이러한 공백을 중국이 메우려는 시도가 나타났다. 이 시기 중국은 대외원조의 경험과 '일대일로' 포맷을 활용, 보건·의료 물자와 자국이 개발한 Covid-19 백신을 지원했으며, 동시에 중국식 방역 모델과 사회 시스템의 우수성을 홍보하기도 했다. 이 과정에서 과거 서구 선진국들의 비난의 대상이었던 권위주의 정치체제와 집단의 공익을 우선시하는 사회문화의 효율성이 주목 받았다. 더 나아가서는 이러한 체제와 방식이 다른 국가에서도 수용될 수 있을지에 관한 논의가 나타나기도 했다.

이렇듯 날로 심화되는 미·중 경쟁에 대해, 일부는 이를 전통적인 패권경쟁으로 해석하기도 하고, 다른 일부는 미국의 세계패권과 중국의 지역패권을 맞바꾸는 패권협력으로 가는 과정으로 보기도 한다. 물론 현재 시점에서 미래의 결과를 예단하기는 어렵겠지만, 경쟁의 과정에서 양국이 통상마찰을 넘어 가치와 체제를 포함한 모든 분야에 대한 전면전을 벌이고 있다는 현상에 대해서는 연구자들 간에 이견이 없는 것으로 보인다. 중국을 '중국공산당'으로, 시진핑을 '공산당 총서기(General Secretary)'로 지칭했던 전임 트럼프 행정부(의 폼페이오 장관)는 물론, 뒤를 이은 바이든 대통령 역시 과거 대통령 후보자 시절부터 자신이 당선되면 1년 안에 「글로벌 민주주의 정상회담(Global Summit for Democracy)」을 추진하겠다고 공언하는 행보를 통해 미국과 중국의 경쟁이 이데올로기의 영역으로까지 확대되고 있음을 보여주었다(Michael Crowley 2021/1/31). 미국은 최근 대 중국 외교에서 일종의 금기로 여겨져 왔던 신장위구르, 티베트, 홍콩의 인권 문제를 제기하며, 그간 국제사회의 보편 가치로 여겨졌던 자유·민주·인권에 관한 논의를 본격적으로 수면 위로 끌어올렸다. 중국의 기존 대응을 고려하면, 상술한 지역에서 국제 보편가치가 훼손되지 않았다고 주장하거나, 민주・인권과 같은 가치는 오히려 미국에서 보장되지 않고 있다고 역공을 펼쳤을 가능성이 높지만, 최근에는 점차 가치 차원에서의 경쟁을 회피하지 않는 모습을 보이고 있다. 다시 말하면, "미국과 서구 세계가 지향하는 가치가 과연 보편적인가?" 혹은 "이러한 가치들이 비서구 국가를 포함한 전 세계 모든 국가와 민족에게 이로운가?" 와 같은 근본적인 문제제기를 시작한 것이다. 이 과정에서 경제・금융・보건・IT를 비롯한 영역별 경쟁에서도 기존의 바운더리 내에서 경쟁하는 모습과 함께, 아직 제도적으로 미비한 새로운 영역(예컨대 전자화폐)에 대한 선점을 통해 우위를 선점하려는 시도도 나타나고 있다.

상술한 추이를 감안하면, 미・중 경쟁은 이제 국가 대 국가의 경쟁을 넘어 두 개의 상이한 세계질서와 국제 표준 간의 경쟁이라는 차원의 문제로 진화되고 있는 듯하다. 두 세계 간의 마찰은 2019년 홍콩 국가보안법 통과와 2020년 Covid-19 발원지 논쟁 등에서 전 세계 국가들이 미국과 서방국가들 : 중국이라는 두 개의 진영으로 나뉘어 지지와 협력을 선언하는 모습을 통해서도 가시화된 바 있다. 다만 중국이 아직까지는 영토와 주권을 논하며 민족국가로서의 틀을 확고하게 구축하려는 모습이 강하게 나타나는 만큼, 패권국인 미국을 초월해 새로운 체제와 질서를 구축하는 단계에 이르기까지는 적지 않은 시간이 소요될 것으로 보인다.

본고는 중국이 전 세계를 향해 선포한 '중국의 꿈(中國夢)'이라는 목표를 달성하기 위한 실천전략인 '일대일로'를 통해 중국이 제시하는 대안적 세계질서의 모습을 전망해보고자 한다. 보다 구체적으로는, '일대일로'가 내포한 지경학적 요소와 지정학적 요소들을 정리하고, 그 근원이 되는 중국의 정치적 전통과 가치관이 '일대일로'라는 대외전략을 통해 발현되는 모습에 대해 고찰해 볼 것이다. 그리고 국제사회가 중국이 제시하는 대안적 질서를 수용할 가능성과 함께 최근의 변화가 한국에 시사하는 바에 대해서도 논하고자 한다.

Ⅱ. '일대일로'의 출범을 통한 대외전략의 전환

'일대일로'는 2013년 시진핑 주석의 중앙아시아 및 동남아시아 순방 기간 중 제기된 중국의 국가발전 전략이다. 2013년 9월, 카자흐스탄 나자르바예프 대학 강연을 통해 '실크로드 경제벨트'의 구상과 소위 '5통(五通)'으로 불리는 정책・물류・무역・금융・문화 등 '일대일로'의 5대 전략부문이 제시되어 현재까지 이어지고 있다(人民日報 2013/9/8; 新華網 2013/10/15).

〈표 1〉 '일대일로'의 5통

명칭	핵심 추진내용	특징
1.정책소통 (政策疏通)	• 다양한 국가들과 정책 교류 확대를 통해 지역 협력 기반 구축	– 교류와 협력을 전면에 내세워 네트워크 구축과 확장을 꾀함. – 단기적 상업이익을 보장하지 못하는 사업이라도 네트워크 구축에 유리하다면 전략적으로 추진함.
2.도로연통 (道路聯通)	• 에너지와 물자의 수송을 위한 통로 확보	– '일대일로' 초기 단계에서 가장 강조되었음.
3.무역창통 (貿易暢通)	• FTA 확대 추진	

4.화폐유통 (貨幣流通)	• AIIB 건설 및 운영 • '실크로드 기금' 창설 및 운영	• 미국 역시 2011년 '뉴 실크로드 전략'을 제시한 바 있으나, 기금의 편성/투여는 없었음. • 중국은 구상의 초기 단계에서부터 자금을 확보해 투자함.
5.민심상통 (民心相通)	• '일대일로' 성공 여부가 참여국들의 협력에 달려있음을 감안, 참여국과 긴밀한 관계를 유지를 위해 노력	• 2015년 이후 공공외교와 소프트파워 강화에 주력함. • 특히 비민주, 반인권의 부정적 이미지를 개선하기 위해 2015년까지 1,600조원 이상을 투자해 소프트파워 강화를 시도, 특히 사회주의 이데올로기가 아닌 중국의 전통문화적 가치를 강조함.

출처: 『新華網』 2013/10/15 보도를 토대로 필자가 작성함.

또한 같은 해 10월에는 인도네시아 의회 연설을 통해 중・아세안 국가들 간의 협력 제고를 위한 방안으로써 '21세기 해상 실크로드' 구상과 AIIB 설립 방안이 언급되었다(新華網 2013/10/3). 이후 2017년 '빙상 실크로드'를 추가하면서 '일대일로'의 3개의 루트가 만들어졌다. 출범 초기 '일대일로' 구상은 중국의 국내 발전을 경제성장 전략으로 출발했고, 대외적으로는 '사업'으로 홍보되었다. 당시에는 중국의 급속한 성장에 따른 에너지 자원의 부족과 과잉 생산 문제에 대응하기 위한 방안으로서 '일대일로'가 제시되었다고 보는 견해가 많았다. 실제로도 에너지 자원을 안정적으로 수송하기 위한 물류와 과잉 생산된 물자를 수출할 수 있는 무역 네트워크 구축이 우선적으로 언급되고, 다음으로 AIIB를 위시한 금융 네트워크가 거론되는 등 경제적인 측면이 많이 부각되었다. 상술한 정황을 고려하면, 초기의 '일대일로' 구상은 금융・환율・교역 등 경제・통상적 요인을 통해 국가이익을 촉진한 전형적인 지경학적 전략이었다고 볼 수 있다. 국제관계 전반을 볼 때, 20세기에는 군사력・인구・영토・자원 등 전통적인 국력요소들을 강조하는 지정학적 논리가 힘을 얻었다면, 21세기에는 세계화 추세로 인해 지경학적 경제논리가 각광받는 모습을 보인다. 2013년 출범한 '일대일로' 구상 역시 이러한 추세와 무관하지 않았다. 당시 미국과 유럽이 약화되고 아시아 특히 중국이 부상하면서 세계경제의 무게중심이 아시아 태평양으로 이동했고, 중국의 경제는 안정적으로 발전했다. 중국은 이러한 이점을 최대한 활용하고자 했다.

'일대일로'는 중국이 개혁개방 이후 확보한 경제력을 기반으로 주변국들과 각 지역을 대상으로 추진했던 정치・경제 정책과 전략들을 모아 재구성한 일종의 플랫폼이다. 따라서 내용적으로는 기존의 해외투자・경제협력・대외원조를 비롯한 대외경제 정책과 중첩되는 부분들이 적지 않다. 예컨대 중국의 대외원조가 집중되었던 베네수엘라, 파키스탄과 같은 국가와 아프리카 지역은 '일대일로'에서도 주요한 전략 거점으로 거론된다(陳傑 2020). 주요 사업 항목 역시 대외원조에서 가장 큰 비중을 차지했던 인프라 건설이[1] '일대일로'에서도 핵심적인 역할을 하고 있다. 또한 '일대일로'의 주요 동기 중 하나였던 시장 및 무역 네트워크 개발은 기존의 국가별・지역별 경제협력 사업과 연계된다.

그럼에도 불구하고 중국이 과거에는 개별적으로 시행했던 정책들을 국가 차원에서 하나의 전략으로 통합해 포괄적으로 관리한다는 측면에서 '일대일로'는 대외전략 전반의 전환을 의미한다. 물론 현재

---

1) 2011년 기준 670 건(『中國的對外援助白皮書』2011).

까지 '일대일로' 연선 국가에 대한 정책과 기존의 경제협력 및 원조 정책 간 통합이 완전히 이루어진 것은 아니다. 그러나 점차 기존의 대외정책들을 '일대일로'의 추진 동력으로 삼고, 국가 차원에서 이들을 연계적으로 관리하고자 하는 추이가 나타난다. 예컨대 중국은 '일대일로' 전략 하에서 각 연선국가를 지역별로 경제벨트나 청색경제통로(Blue economic passage) 등으로 묶고, 이들을 대상으로 사업을 추진할 때 각 사업이 중국의 발전이라는 큰 목표 하에서 중장기적으로 기여할 수 있는 방향을 모색하며, 이러한 목적을 기존의 양자 외교나 양국 간 정치·경제적 협력보다 우위에 두고 있다(魏裕亮 2021).

Ⅲ. '일대일로'의 발전과 확장

1. 두 번의 전환점과 '일대일로'의 위상변화

'일대일로'가 추상적인 형태의 경제협력 구상에서 출발해 중국 대외전략의 핵심이자 새로운 대안적 세계질서 건설을 위한 청사진이라는 현재의 수준에 이르기까지 두 번의 전환점이 있었다. 첫 번째 전환은 2015년 국무원 산하 국가개발위원회가 '일대일로'를 '새로운 35년의 기본 대외 노선'으로 천명하면서 이루어졌다. 당시는 1978년 12월 18일에 시작된 덩샤오핑의 개혁개방이 36년차에 접어든 해로서, 신생 계획인 '일대일로'에 의도적으로 개혁개방과 맞먹는 기간의 임무를 부여함으로써, '일대일로'가 개혁개방 못지않은 주요 전략으로서 무게를 가지게 된다는 결정을 부각시켰다(騰訊財經 2015/3/26). 두 번째 전환점은 「2017년 중국공산당 제19차 전국대표대회(이하 19차 당대회)」를 통해 '일대일로' 추진을 당장에 명기한 시점이다. 이후 일대일로가 연속성을 가지고 추진될 중국의 장기 전략임이 명확해졌다.

이후 중국은 많은 국가들에게 '일대일로' 참여를 독려하면서 몸집 키우기에 나섰다. 중국 외교부(2021/6/29)에 따르면 '일대일로'는 현재 세계에서 가장 규모가 큰 국제협력 플랫폼이다. 2021년 5월 기준, 140개의 연선국가와 32개 국제기구가 중국과 '일대일로' MOU를 체결했으며, 중국과 이들 간의 수출입총액은 6,708억 4,600 USD(2021년 1~5월 누적액 기준)로 지속적인 증가 추세에 있다. 전년도인 2020년의 연간교역량이 1조 3,500억 USD였음을 감안하면, Covid-19의 확산에도 불구하고 2021년에는 이 수치를 무난히 달성 혹은 초과할 것으로 보인다. 물류 수송로 확보 측면에서도 중앙아시아・남아시아・서아시아・유럽을 통과하는 15개의 간선을 포함한 중국-유럽 구간 화물열차가 연간 1만회 이상 운행되며 유라시아 대륙 전역의 철도운송을 커버하는 성과를 거두었다.[2] '일대일로'와 함께 출범한 다자 간 은행인 AIIB도 영국의 참여를 시작으로 93개의 참여국을 확보했다. 이를 기반으로 현재까지 AIIB가 인프라 사업에 투입한 투자액 규모는 75억 USD로 알려져 있다(Kotra 2017).

이처럼 '일대일로'가 양적으로는 성과를 거두었지만, 질적인 측면에서는 몇 가지 현실적인 문제를 노정하고 있다. 첫째, '일대일로'연선국가의 숫자는 8년간 2배 이상 증가했으나, 중국이 이들과 체결한 것은 대부분 법적 구속력이 없는 MOU('일대일로' 양해각서)에 불과

2) 이상의 수치는 모두 『中國一帶一路網』 참조: https://www.yidaiyilu.gov.cn/jcsjpc.htm.

하다. 심지어 중국의 가장 큰 해외 개발협력 파트너인 러시아와는 MOU마저 체결하지 않고, 『협력에 관한 연합성명』을 발표하는데 그쳤다. 둘째, '일대일로' 사업의 핵심인 인프라 투자의 대상이 대부분 개발도상국이나 빈곤국인 만큼 중국 측이 재정적 부담을 지게 되는데, 자금 운용 과정에서 많은 문제가 발생하고 있다. 최근 '부채의 함정'이라는 별칭까지 얻게 된 인프라 건설 사업은 정치적으로 매우 불안정한 지역을 통과하는 리스크를 가졌음에도 불구하고 ① 국책사업의 추진 시 자주 발생하는 방만한 업무관행과 ② 지나치게 낙관적인 재원마련 계획을 근간으로 기획되었고, 사업이 중국의 고금리 조건부 융자에 기대 진행되면서 상대국들의 (갚을 수 없는)부채 문제로 이어졌다는 것이 문제의 핵심이다. 특히 이 과정이 중국의 의도된 기획이었다는 의혹이 제기되면서 오명을 얻게 되었다. 과거 중국의 대외원조 사례에서 지적되었듯, 중국의 해외 사업은 대부분 중국 기업이・중국 자본에 의해・중국산 자재와 중국인 노동자를 근간으로 추진하게 되는 만큼, 현지인의 고용이나 현지 경제의 활성화 같은 기여가 매우 제한적으로 나타나고, 이는 결국 중국 및 협력 사업에 대한 상대국 여론의 악화로 이어진다. 이러한 문제들로 인해 '일대일로' 사업 시행의 정체나 취소가 발생하기도 한다.

2. 지경학적 구상에서 지정학적 전략으로

1) 일대일로'와 중국의 지경학(地經學)

'일대일로' 구상을 제시할 당시 중국에는 급속한 경제 발전에 따른 과도한 자원소모, 과잉 생산, 사회적 불평등, 환경오염과 같은 문제들이 산적해 있었다. 30년간 유지되었던 고속성장이 더 이상은 불가능하다는 전망과 함께 그간 고속성장을 견인하고 글로벌 금융위기에 대응하기 위해 실시했던 경기부양 정책의 부정적인 결과로서 국내 공급 과잉이 발생했다. 동시에 사회의 발전에 따라 소비량이 급증한 에너지는 안정적인 수급이 절실한 상황이었다. 그에 따라, 지도부가 국내의 문제를 해결하기 위한 돌파구로서 제시한 것이 '일대일로'였다. 그래서 초기의 '일대일로'는 주로 에너지 자원의 수송로 확보와 과잉생산 전이를 담당할 해외시장 개척에 주력했다. 특히 풍부한 자금을 바탕으로 이미 존재하는 시장 이외에도 잠재력 있는 지역을 발굴해 대규모 인프라 건설을 추진하는 등 신규 시장 개척에 적극적인 모습을 보였다. 또한 국내에 축적된 대규모 외환을 활용해 기업들의 해외진출과 투자를 유도했고, 일자리 창출과 같은 부수적인 효과를 거둠과 동시에, 동남아시아와 중앙아시아 등 주변을 중심으로 중국의 영향력을 확대해 나갔다. 이를 위해 철도망 연결 사업,[3] 항만 건설,[4] 가스관 건설[5] 등을 추진했다. 동시에 AIIB 설립을 중심으로 금융

---

3) 몽골에서 중국을 거쳐 유럽으로까지 연결되는 화물철도와 중국-중앙아시아-유럽 및 중국-동남아시아를 연결하는 두 가지 노선의 고속철도가 건설되었거나 건설중임.

4) 파키스탄 과다르 항의 운영권 인수를 시작으로 스리랑카 콜롬보항, 방글라데시 치타공항, 미얀마 차우크퓨항, 예멘의 모카·아덴항 등을 중국의 자금으로 건설함. 무역항으로서의 기능을 강조했던 중국의 항만 건설 사업은 2015년 아프리카 지부티에 군사기지를 건설한 것이 알려지면서 국제사회의 우려와 견제를 받게됨.

5) '일대일로' 시행 이전인 2006년부터 러시아와 천연가스 공급계약에 합의했으며, 2009년에는 투르크메니스탄으로부터 공급받는 가스 파이프라인이 개통되었음. 또한 2013년부터는 중국-미얀마 간 가스파이프라

분야의 협력도 추진했다. '새로운 실크로드 구상'(현재의 '일대일로')을 재정적으로 지원한다는 것이 이 은행의 설립취지였다. 동시에 AIIB와는 별개로 '실크로드 기금'을 조성해 '일대일로'에 참여할 가능성이 있는 신흥국에 대해 대규모 인프라 건설 투자를 지원했다. 개도국의 인프라 투자라는 목적 측면에서 보면 AIIB와 실크로드 기금이 동일하지만, 그 대상에는 차이가 있다. 「중앙재경영도소조 제8차 회의」에 따르면, AIIB는 (중국을 제외한) '일대일로' 참여국들에게 인프라 건설을 위한 자금을 제공(융자)하고, 실크로드 기금은 중국에게 직접 일대일로 사업 시행에 필요한 자금을 지원한다(中國廣播網 2014/11/7). 이는 중국이 '일대일로'의 시행을 앞둔 예비 단계에서부터 사업의 목표와 규모, 각 참여자의 역할 등을 세심하게 구상했음을 의미한다. '일대일로'에 앞서 등장했던 미국의 'New Silkroad' 계획이 자금이 편성되지 않아 구체적인 사업 시행으로 이어지지 못하고 구상 단계에 그쳤던 것과는 대조적이다.

이렇듯 시진핑 집권 1기에 해당했던 '일대일로 구상'의 초기 단계에서 모든 계획은 주로 중국의 경제적 이익 추구와 위험의 헤징에 맞추어진 것처럼 보였다. 전략 추진 과정에서 활용하는 수단 또한 이미 세계 2위로 도약한 중국의 거대한 경제력이었다. 당시만 해도 시진핑 주석의 예정된 임기가 끝나는 2022년이 되면 '일대일로'가 영향력을 상실할 것으로 전망하는 시각이 있었을 만큼, 국가 발전 전략치고는 추상적이고 모호했던 '일대일로'가 추구할 수 있는 가장 원대한 목표는 당 창건 100주년인 2021년까지 이루고자 했던 '전면적 소강사회

인도 수송을 개시함.

건설'이었다(이코노미조선 2015/7/1; 아주경제 2015/3/30). 당초 '일대일로'가 중국의 소강사회로 발전하는 과정에서 나타나는 여러 가지 문제의 해결을 위해 제시된 일종의 솔루션이었기 때문이다. 더욱이 중국이 '일대일로'에 투자한 자금에 비해 가시적인 성과는 크지 않았고, 국제 여론마저 호의적이지 않았다. 중국이 '일대일로'의 핵심 대상으로 공을 들였던 중앙아시아에서부터 반중정서가 확산되기 시작했으며, 스리랑카 항만 개발을 비롯해 동남아시아에서 추진 중이었던 사업들에서도 잡음이 발생하는 등 중국 내외에서 '일대일로'의 성공에 대해서는 회의적인 시각이 우세했다. 이런 배경 하에서, 중국은 '일대일로'에 투입된 자금의 규모나 기대했던 과잉생산과 에너지 수급 등의 문제가 얼마나 해결되었는지에 관한 정보를 공개하지 않았다. 그리고 중국 지도부는 실질적인 사업의 성과평가가 이루어지지 않았음에도 불구하고 2021년 7월 1일, 『중국 공산당 창당 100주년 기념 연설』을 통해 소강사회를 공식 선언했다(新華社 2021/7/1). 이로써 '일대일로'의 추진 목표는 자동적으로 '전면적 소강사회 건설'의 다음 단계인 '2049년 신시대 중국특색의 사회주의 건설'로 넘어가게 되었다.

2) '일대일로' 와 중국의 지정학(地政學)

'일대일로'는 시진핑 집권2기를 앞둔 2017~2018년에 이르러 성격과 의미가 크게 변화되었다. 2017년 19차 당대회에서 중국 공산당의 헌법에 해당하는 당장에 '일대일로'가 삽입되고, 뒤이어 2018년 「제13기 전국인대 1차 회의」에서 시진핑 장기집권의 포석으로 평가되는 중국 헌법 79조의 임기제한 조항이 철폐되면서, 2022년 시한부 계획으로 평가되던 '일대일로'가 기존보다 훨씬 진일보한 의미를 가지게 된 것이다. 아무리 권위주의적 성격이 강한 중국이라지만 '일대일로'와 같은 특정 정책이 헌법에 삽입된 것은 전무후무한 일이다. 이것은 '일대일로'가 수년 혹은 시진핑의 임기 내에 한정해 추진할 계획이 아닌, 당과 국가의 차원에서 최소 한 세기 이상 장기간에 걸쳐 추구할 명실상부한 대전략임을 의미했다. 이후 중국에서 일대일로는 더 이상 '구상(倡議)'으로 불리지 않는다. 여기에 2017년 미국이 『국가안보전략(National Security Strategy)』을 통해 중국을 국제질서에 대한 위협으로 규명하고, 미국・일본・인도・호주 등 소위 'Quad국가'들을 중심으로 '자유롭고 개방적인 인도-태평양 지역'을 건설하기 위한 '인도-태평양 전략(이하 인-태 전략)'을 선언하는 외부환경의 변화가 더해지면서, '일대일로'는 미국과 동맹국들 간의 연대에 대응하는 성격까지 가지게 되었다(The White House 2017). '일대일로'를 견제하기 위해 미국의 '인-태 전략' 역시 대규모 인프라 투자 계획이 포함되었고, 이미 오바마의 '재균형 정책'이 촉발한 미・중간의 지정학적 경쟁이 본격적으로 전개되기 시작한 상황에서, 중국의 '일대일로'는 자연스럽게 지경학적인 목표 이상을 추구하게 되었다. 이후 '일대일로'의 성격과 내용 가운데 해상안보를 중심으로 한 안보전략의 특징이 강화되었다. 중국은 과거 후진타오 집권기에도 '말라카 딜레마'에 대응하기 위한 '진주목걸이' 전략을 구상한 바 있다. 진주목걸이 전략은 시진핑 시기에 이르러 '21세기 해양 실크로드 구상'으로 통합되었고,

‘일대일로’가 본격 시행되기 시작한 이후에는 지부티에 해군기지를 건설했으며, 미얀마 짜욱퓨(Kyaukphyu)항에도 인민해방군의 주둔을 시도하는 등 빠르게 추진되었다. 미국이 중국을 포위하는 지정학적 전략을 구사하면서, 중국 역시 격상된 ‘일대일로’ 라는 지정학 전략으로 맞서는 모습이다.

즉, 초기의 ‘일대일로’가 대륙에서 자기 방어에 몰두했던 중국이 해양을 통해 진출하는 변화에 의미를 두었다면, 2017년 이후의 ‘일대일로’는 경쟁, 특히 패권국인 미국과의 본격적인 경쟁을 염두에 두고 전개되는 모습이다. 우선 기존 ‘일대일로’의 두 개 노선은 주로 서진(西進)에 중점을 두었으나, 최근의 ‘일대일로’는 진출 방향을 서쪽으로 한정하지 않고, 동쪽으로는 현상이 악화되지 않도록 관리하고(東管), 남쪽으로는 영향력을 확대하며(南開), 북쪽과는 협력을 강화하는(北和) 등 모든 방향으로 전개되고 있다. 이를 바탕으로 태평양-인도양-대서양을 서로 잇고, 모든 대륙을 관통하는 대륙-해양 연계 프로젝트를 지향하며, 북극 개발과 같이 기존에 시도해보지 않았던 미지의 영역으로까지 시선을 확장하고 있다. 각각의 방향에 대한 중국의 진출은 지정학적으로 중요한 함의를 내포한다. 먼저 서쪽으로의 진출은 중국이 전통 지정학적으로 중요한 유라시아 지역(heart land)의 강대국 경쟁에 참여했음을 의미한다. 이 지역은 전통적으로 러시아 패권 지역이었으나 소련 붕괴 이후 일종의 무주공산이 되었는데, 아시아 최대의 지역강국인 중국이 공식적으로 진출 선언을 한 모양이다. 다음으로 황해와 남중국해 등 해양으로 이어지는 동남쪽으로의 관리 및 영향력 확대는 중국해군이 계획하고 있는 △연안-근해-원해로 확장되는 해군력의 진출, △제1~3 도련선의 돌파, △미 해군이 제해권을 가지고 있는 서태평양으로의 진출이 순차적으로 이루어질 것임을 의미한다. 이 시도가 성공한다면 미국과 그 동맹국들에 의한 對중국 봉쇄의 돌파구를 마련할 수 있다. 마지막으로 북쪽과의 협력 강화는 러시아와의 협력 이외에도 '빙상 실크로드'로 대표되는 북극 진출을 지칭한다. 이것은 중국에게 '실크로드'를 초월해 역사적으로 경험해보지 않았던 새로운 길을 개척할만한 자본과 자신감이 생겼다는 방증일 것이다. 북극북동항로의 개척에 따른 물류적인 이점도 기대할 수 있겠지만, 중국의 선박(이후에는 해군 소속 선박일 가능성도 있는)이 미국령 알래스카에 인접한 베링해협을 자유롭게 통과할 수 있다면 중국의 입장에서는 군사・ 안보 차원에서도 의미 있는 성과로 평가될 수 있다.

전통 지정학에 따르면 국가들의 대외행위의 주요 동기는 자연자원, 영토, 그리고 통로의 필요에 의한 쟁탈이다. 지정학은 2차 세계대전 이후 힘을 잃었으나, 냉전 종식 이후 이데올로기의 영향력이 약화되면서 다시금 주목을 받고 있다. 비록 중국이 "지정학 게임을 추구하지는 않겠다"고 주장하기는 했으나 동기적 측면에서 볼 때, '일대일로'는 전통 지정학의 요소들을 상당 부분 충족하는 것으로 보인다.

첫째, '일대일로' 전략은 시종일관 안정적인 에너지 자원(자연자원)의 확보를 추진 동기이자 중요한 목표로 거론하고 있다. 중국은 2009년 이후 세계 최대의 에너지 소비국이 되었고, 폭발적인 경제성장에 필요한 에너지 자원의 수요 폭증에 대응할 방안을 고민해왔다. 석유는 주로 중동에서 해상운송을 통해 중국에 도착하는 것이 전통적인 방식이었으나, 만약 미국에 의해 이 루트가 봉쇄될 경우 심각한 에너지난에 빠질 우려가 있었다. '일대일로'의 육상루트인 '실크로드 경제벨트'는 유라시아라는 옵션을 활용해 에너지 안보의 위협요인을 관리하기 위한 방안이다. 중동・페르시아 만・러시아 등 주요산지와 물리적으로 가까운 이점을 활용한 것이다. 또한 기존의 해상운송 루트에 대해서도 '해상 실크로드'를 추진함으로써 방글라데시-미얀마 지역을 활용해 미국과 인도의 연합에 대응할 우회로를 만들었다. 천연가스는 러시아와 투르크메니스탄 등 유라시아 대륙이 주요 생산지인데, 야말(Yamal) 등지에서 투자를 통해 중국이 직접 생산에 참여함으로써 수급의 안정성을 확보했다.

둘째, '일대일로' 전략은 중국의 해양 진출을 위한 통로로 활용된다. 앞서 언급한 동남아시아를 경유하는 해상 실크로드 루트의 경우, 에너지 자원 확보와 동시에 봉쇄를 돌파하는 통로로써도 중요한 의미를 갖게 된다. 예컨대 중국 쿤밍과 미얀마 짜육푸항 간에 건설된 송유관과 가스관은 인도양과 믈라카 해협이 봉쇄당할 경우 자원 수송로가 된다. 그리고 이를 철도와 연결하면 미얀마-벵골 만-파키스탄-아라비아 해로 이어지는 루트가 완성되는데, 해상 실크로드를 통해 미국의 제해권이 미치지 않는 운송루트를 확보하는 의미가 있다. 화물운송 루트가 확보된다면 이후에는 사람의 수송루트로도 발전시킬 수 있다. 그리고 민간 차원에서의 자유로운 운송이 이루어진 이후에는 해군력의 진출 가능성 또한 열리게 될 것이다.

셋째, 중국이 '일대일로' 전략을 통해 전통 지정학에서 강조하는 것과 동일한 방식으로 물리적인 영토의 쟁탈을 시도하는 것은 아니지만, 관계와 영향력의 측면에서 중국의 문화적 '영토'를 확장하고자 시도하는 것은 분명해 보인다. 또한 '해상 실크로드'를 추진하는 과정에서 이 운송로를 보호하는 외해보호 임무를 수행하기 위한 전략으로 항만에 군사기지를 건설하고, 남중국해 일대에 인공섬을 조성했으며, 정박・통신・활주로와 같은 군사시설을 구축했다. 이러한 행위는 중국군 전략가인 왕샹(王翔 2016)의 주장처럼 "남중국해 지역에 대한 중국의 영토・주권 수호가 '일대일로' 전략의 순조로운 추진에 도움을 주는" 까닭도 있지만, 더 나아가서는 아시아 재균형 전략 하에 인도양 및 태평양 지역에서 군사력을 증강하고 있는 미국과 동맹국들에 대응하기 위한 군사적 전초기지 구축 전략과 연계되어 있다는 관측이다(이호철 2017).

또한 최근 설득력을 얻고 있는 비판지정학은는 고정된 지리적 특성 자체보다 국가 간의 관계와 담론을 통해 만들어지는 영향력의 중요성을 강조한다. 이러한 비판지정학적 시각에서도 전략적 의도와 목적을 가지고 '실크로드'라는 고대의 역사현상을 기술하고 경제발전 경험을 중심으로 중국의 이야기라는 담론을 만들어낸다는 '일대일로'의 특징은 의미를 가진다.

Ⅳ. '일대일로'의 함의와 지향

중국이 자국의 진출 전략을 '일대일로'로 공식 명명(2014년 4월)하기 이전에 순차적으로 발표했던 두 개의 루트인 '실크로드 경제벨트(一帶, 2013년 9월)'와 '21세기 해상 실크로드(一路, 2013년 10월)', 그리고 2017년에 추가된 '빙상 실크로드(2017년 3월)' 에는 모두 실크로드라는 용어가 사용되었다. 중국정부가 고대 실크로드와 '일대일로'가 동일한 것은 아니라고 선을 긋기는 했으나, '일대일로'의 장점과 필요성을 역설하는 과정에서 실크로드는 지속적으로 언급되었다. 실크로드라는 표현을 사용한 이유에 대해 중국 정부가 직접적으로 설명한 적은 없다. 다만 중국국가발전개혁위원회·외교부·상무부가 발표한 연합성명(國家發展改革委、外交部、商務部 2015)과 관영언론 보도 가운데 "고대 실크로드의 역사적 기호를 빌렸다."고 언급한 부분을 주목해 볼 수 있겠다. 관영지인『인민일보(人民日報 2016/10/27)』는『실크로드 세계사(Frankopan 2016)』의 작가인 영국의 역사학자 프랭코판의 기고문을 인용해 "실크로드는 과거의 세계, 심지어 오늘날의 세계를 만들어냈으며 미래의 세계까지 만들 것"이라는 구절을 인용해, 평화·번영·개방·창조(創新)·문명의 길인 '일대일로'를 안착시키면 천하에 혜택이 돌아갈 것이라는 주장을 펼치기도 했다.[6] 당시 중국이 전통적 세계관에서 세계를 의미하는 '천하(天下)'라는 표

6) 인민일보가 4차례나 서평을 게재한『실크로드 세계사』가 출간되기 이전부터 중국 지도부는 피터 프랭코판에게 주목했음. 국무원신문판공실은 그의 2014년 4월 중국발전포럼(CDF· 2001~2021) 발언을 인용, 국외 연구자들의 '일대일로' 인식 동향을 소개하기도 함(國務院新聞辦公室網站 2014/8/11). 본래 비잔틴사를 전공한 프랭코판은 중국 지도부의 주목을 받고『실크로드 세계사』를 출간하기 이전까지는 영국의 시골마을인 코츠워드에서 호텔을 경영하는 등 국제 학계무대에서 널리 알려진 연구자는 아니었던 것으로 보임.

현을 그대로 사용했다는 점도 기억할 필요가 있다. 시진핑 주석(新華網 2017/5/24)은 「일대일로 국제협력 정상포럼」 기조연설을 통해, “고대 실크로드를 따라 로마・파르티아・쿠샨 왕조 등 고대국가들이 번성했고, 한・당이 성세를 맞는 등 지역의 대발전과 대번영을 일궜음”을 강조했다. 실크로드의 역사적 배경인 한・당 시대는 중원 왕조의 서역 진출이 활발했으며, 중국이 전 세계GDP의 40% 차지하는 번영을 누렸던 시기이다. 특히 당(唐朝)은 중국인들에게 열망의 대상이 되는 영광의 시대로서 종종 ‘중화부흥(中華復興)’ 및 ‘중국의 꿈(中國夢)과 함께 언급된다.[7] 그러므로 시진핑 지도부가 한・당 시대의 중원 왕조가 세계와 소통하는 방식이었던 실크로드를 내세우는 저변에는, 실크로드를 통해 이룩했던 과거의 번영을 다시 한 번 재현하고자하는 중국인들의 염원이 담겨있다. 이 과정에서 실크로드에 내포된 요소들은 중국이 건설하고자 하는 새로운 세계질서 구축의 수단으로 재구성될 수 있다. 이러한 인식을 바탕으로 본장에서는 ‘일대일로’에 내포된 요소들의 문화적 함의와 추구하는 방향에 대해 논하고자 한다.

1. 중화부흥: 대국의 정체성 회복

7) 중국 관영 CCTV는 베이징 올림픽 개최 이후 ‘한복(漢服)부흥 운동(현재 중국의 전통복식으로 알려져 있는 치파오는 청나라 지배 계층이었던 만주족의 전통 복식인만큼, 한족의 전통 복식인 ‘한복’을 되살려야 한다는 운동, 필자 주.)’을 이끌고 있는 가수 쑨이(孫異)의 「한・당으로 돌아가자(重回漢唐)」는 노래를 방영해 중국인들의 뜨거운 호응을 받았음.

중국인들의 인식 속에서 중국은 언제나 대국(大國)이다. 일반적으로는 물리적인 힘과 정치적 영향력, 그리고 사회・문화적 영향력의 세 가지 조건을 모두 갖추어야 명실상부한 대국임을 주장하고 또 국제사회로부터 인정받을 수 있다. 고대 중국은 진(秦)의 통일로부터 2,000년 이상 지속된 제국의 역사 속에서 상술한 세 가지 조건이 충족되었고, 이를 바탕으로 오랫동안 세계적인 강대국의 지위를 누렸다. 그리고 누적된 경험에 의해 자연스럽게 대국의식이 형성되었다. 문제는 상술한 대국의 세 가지 조건을 갖추지 못한 시기에도 스스로가 대국이라는 인식에는 거의 변함이 없었다는 점이다. 이 때문에 남루한 현실과 이상적인 대국의식 사이에서 정체성 위기가 출현하기도 했다. 대표적으로 2,500만 명에 이르는 아사자를 발생시킨 '대약진운동'의 와중에도 제3세계 국가들에 대한 대규모 원조(援助)를 시행했던 것은 현실과 정체성 간의 괴리에서 발생한 정치적 착오였다고 볼 수 있다. '중국은 대국이면서 소국인 국가'라고 규명했던 현실주의자 덩샤오핑(中國共產黨新聞 2014/8/25)은 이러한 착오를 수정하고 현실에 부합되는 정책을 시행하려고 노력하기도 했다.[8] 그러나 개혁개방의 결과로 급속한 경제성장이 이루어져 현실 상황이 개선된 이후, 중국 지도부는 다시금 애국민족주의와 같은 방식을 활용해 대국으로서의 정체성을 공고히 하고 있다. 민족주의의 강조는 특히 시진핑 집권 이후에 매우 두드러진다. 중국이 강조하는 중국민족(혹은 중화

8) 덩샤오핑이 복권 이후 가장 먼저 내린 외교적결정은 대외원조의 중단(알바니아)이었으며, 이러한 결정은 당시 중국이 공여국 역할을 수행하기에는 경제상황이 너무나 열악하다는 그의 인식에서 기인했음.(鄧小平文選1993, 112)

민족)의 독특한 세계관인 '천하관(天下觀)' 가운데 핵심은 세계의 중심에 중국이 자리하는 동심원 구조이다. 이러한 전통적 인식이 중국이라는 국명에 남아 오늘날까지 이어지고 있다.

중국이 세계의 중심이자 대국이라는 자아인식은 대략 아편전쟁 이전까지는 큰 저항 없이 유지되었다. 중국이 동아시아의 질서를 유지할 책임이 있는 중심국가라는 관념이 중국 스스로에게 뿐만 아니라 주변국들에서도 대체로 무리 없이 수용되었기 때문이다. 동아시아에는 이미 유가(儒家)철학에 대한 신념이 거의 종교에 필적하는 수준으로 매우 굳건히 뿌리내리고 있었기 때문에, 19세기까지도 문명화된 세계인 중원(中原)혹은 중국이 중심에 위치하고, 주변부에는 이민족의 거주지인 사해가 배치되며, 그 바깥은 사황(四荒) 혹은 대황(大荒)으로 불리는 인간의 힘으로 파악하기 어려운 이질적인 세계가 존재할 것이라는 중국식 세계 구획이 무비판적으로 계승되었다. 물론 시기별로 중원의 주인이 계속해서 바뀌었던 만큼 근본적으로 어느 특정 민족이 우월한 것으로 고정되지는 않았으나, 유가철학을 중심으로 한 문화가 문명과 야만을 구분하는 기준으로 확립되면서 공자의 후대로서 유교문화의 정통성을 계승했다고 여겨지는 민족인 한족이 중화중심적 세계관의 주인공으로서 힘을 얻게 된다.

그러나 이후 중원, 특히 한족이 몇 차례 쇠락의 시기를 겪으면서 소위 사해를 비롯한 주변부의 이민족들이 물리적·정신적으로 중화중심의 질서에서 이탈하는 추이가 가속화되었다. 한 예로 명·청 교체기 이후의 조선에서는 소중화(小中華)의식, 즉 조선중화주의가 점점 강화되었다. 조선중화주의란 만주족이 세운 청나라는 문명 세계에

속하지 않으니, 세계에서 유일한 중화 국가의 명분은 이제 조선에 있다는 사상으로, 비록 본질적으로 중화적 세계관에서 벗어나지는 못했으나, 세계의 중심을 중원에서 반도로 옮겨왔다는 점에서 당시로서는 파격적인 주장이었다. 사실 조선은 16세기부터 성리학을 깊이 받아들이면서 스스로를 오랑캐가 아닌 중화문명을 완벽하게 수용한 '소중화'라는 인식을 가지고 있었고, 1644년 명나라 멸망 이후 이러한 인식과 더불어 서양 문물이 유입되면서 기존의 세계관에 수정이 가해져 '조선을 중심으로 하는 중화세계'라는 인식을 가능하게 했던 것으로 보인다.

중국에게는 이러한 변화가 위기로 인식되었을 것이다. 중화중심적 세계관은 철저한 위계질서로 이루어져있다. 이 세계관 속에서 '사해' 나 '사황' 등은 지리적 개념이라기보다는, 중국인이 창조해낸 정치·문화적 공간으로 이해하는 것이 적합하다. 중국과 타민족 혹은 국가를 구분하고 양자의 관계를 규정하는 지표는 문명화 정도였는데, 소위 문명은 오로지 중국 문화와의 유사 정도에 따라 평가되었다. 예컨대 유가의 영향을 크게 받은 조선과 월(越, 현재의 베트남 지역)은 비교적 문명화된 이민족으로 인식되었고, 상대적으로 문화의 유사 정도가 낮은 일본과 북방 유목민들은 야만적인 것으로 폄훼되었다(趙汀陽 2011). 그러므로 이 세계관 내에서는 중심과 주변, 상국과 하국, 종주국과 조공국 간의 구분과 위계가 분명했다. 그러나 만약 주변(오랑캐)·하국·조공국이 사라진다면 중심·상국·종주국도 존재할 수 없는 상대적인 세계이기 때문에, 중심(중원을 차지한 국가)의 입장에서 주변·하국·조공국의 존재는 중요했고, 이러한 주변부의 이탈은 심각한 문제로 간주되었을 것이다.

뒤이어 19세기 중엽에는 일반적인 문제의식 혹은 위기의식을 뛰어넘어 중국인의 굴욕감과 수치심을 자극하는 사건이 발생했다. 바로 아편전쟁(1840년)과 청일전쟁(1894)이다. 중국식 세계관에 입각해 두 사건을 보면, 아편전쟁은 아예 기존의 세계관에 포함되지도 않았던 '붉은머리 짐승(紅夷)'이 중국을 침략해 점령한 황당한 사건이었고, 청일전쟁은 사해・내해(內海)와 같이 유교를 받아들여 이민족이나마 문명화된 것으로 인정받지 못했던 야만족 왜(倭)가 중국을 점령한 모욕적인 사건이었다. 명나라의 멸망 이후 내부의 결속이 점차 약화되고 있던 중화 세계가 외부로부터의 침략까지 받게 되면서 중국인들이 수천 년간 공들여 구성해온 세계관 자체가 붕괴된 셈이다. 그래서 현대 중국인들은 아편전쟁이 발발한 1840년부터 중화인민공화국이 수립된 1949년 까지를 특별히 '굴욕의 100년'이라고 부른다. 비록 량치차오(梁啓超・양계초)와 캉유웨이(康有爲・강유위)와 같은 당대의 젊은 지식인들을 중심으로 중국에게 적합한 근대화 방식에 대해 진지하게 성찰해보기도 하고, 아시아 최초로 민중이 주도한 신해혁명을 추진하는 등 성과가 전무한 것은 아니었으나, 중국공산당은 중공 수립 이전의 한 세기 동안 중국은 반식민지 상태였음을 강조했다(中華人民共和國國務院新聞辦公室 1991). 만약 사회주의 혁명을 지속하지 않는다면 언제든 다시 국가를 잃고 민족도 사라질 수 있다는 공포를 중국인들에게 주입해 일종의 '민족적 트라우마'를 만들어낸 것이다.[9)]

---

9) 중국의 공립 초등・중학교에서는 "나라의 치욕을 잊지 말라(勿忘國恥)."는 주제가 매년 정규 교과과정에 편성되어 다루어짐. 초등학교 교과서의 ≪원명원의 파멸(圓明園的毁滅)≫과 ≪랑아산의 다섯장사(狼牙山五壯

그래야만 중국공산당의 영도 아래 굴욕의 100년과 대비되는 영광의 100년이 가능했다는 논리가 세워지며, 공산당 통치의 정당성 확보가 가능해지기 때문이다. 즉, 1950년부터 2049년까지는 중국 공산당이 지켜낸 중국이며, 소위 '두 개의 100년' 가운데 두 번째 100년이 되는 2049년은 중국이 과거의 굴욕을 청산하고 미래의 영광으로 가는 분수령이자, 중국인들의 시대정신으로서 의미를 부여받았다.

〈그림 1〉 중국 공립 초등학교의 '물망국치' 수업모습

士)≫ 단원이 이 과정에 해당됨. "학생들로 하여금 애국주의의 훈도에 감화되어, 역사적 책임감과 사명감을 증진시킬 것(使學生受到愛國主義的熏陶感染，增強曆史責任感與使命感。)"이 교육목표로 제시되고 있음. (〈그림 1〉 참조.)

이렇듯 그들 스스로의 생각에는 명실상부한 대국이자 세계의 중심이어야 마땅한 중국이 정당한 지위에서 이탈했을 때 받은 굴욕과 수치심의 흔적이 현대 중국의 정치적 슬로건과 정책 곳곳에 남아있다. 제국주의의 침략으로부터 민족을 구하기 위해 일으켰다는 명분을 내세운 사회주의 혁명이나, 경제 발전과 생산력 증대로 낙후한 중국에서 탈피하자는 대약진 운동, 그리고 초영간미(超英趕美: 영국을 뛰어넘고 미국을 따라잡자) 운동 등이 대표적이다. 이를 2차 세계대전 종전 이후 많은 빈곤국들이 시도한 경제개발 계획을 비교해보면, 대다수의 개도국들은 스스로 설정한 목표치에 맞게 정책을 추진했을 뿐 중국과 같이 가상의 적을 설정하고 특정 상대보다 잘 살겠다는 목표를 세우는 경우는 드물다. 유독 중국의 발전 계획, 국가 전략 속에는 본래의 지위를 빼앗겼다는 위기의식과 남루한 현실을 극복하고 영광을 되찾자는 절치부심이 투영되어 있다. 1971년 UN에서의 중국대표권 지위 회복(중국의 UN 가입)에 대해 중국인들이 그토록

열광했던 것도 국제문제에 참여할 자격이 생겼다는 안도와 더불어 이것이 빼앗겼던 권리를 '회복'하는 절차, 즉 정의라고 받아들였기 때문이다.

1990년대 이후 개혁개방의 결과로 경제 성장이 시작되고, WHO 가입 이후 대규모 외자유치를 통해 높은 경제력을 보유하게 되면서, 중국은 비로소 이러한 경제력을 활용해 원래의 자리를 되찾겠다는 의지를 드러냈다. 우선 국내적으로는 '중화민족의 위대한 부흥'을 설파하며, 중국 공산당의 주도로 과거의 영광을 되찾겠다는 의지를 분명히 함으로써 내부 역량 결집을 시도했다(新華社 2011/12/11). 시진핑 지도부는 이러한 분위기를 고취시키기 위한 방안으로 2016년부터 '중국의 르네상스(中華文藝複興)'를 추진하고 있으며, 특히 전통문화를 '세계 문화의 격랑 속에서 발을 딛고 설 수 있는 토대'라고 추앙하고 있다(中國中共黨史學會 2019). 문화대혁명 시기 타파의 대상으로 전락했던 봉건적 가치들이 그들을 파괴했던 공산당의 손에 의해 부활하게 되는 모순적인 상황이 벌어지고 있는 것이다. 이런 흐름 속에서 특히 중국 문화의 핵심과도 같은 공자와 유교적 가치들이 전면에 등장한다. 또한 대외적으로는 중국에게 익숙한 고대제국의 시스템에 더해 과거 중화제국의 몰락을 야기했던 폐쇄성에 대한 반성을 담은 진출 전략을 제시했다. 즉, △ 전략의 기본 틀은 고대의 실크로드에서, △ 정책의 실천 방식은 1990년대 이후 재개한 중국식 대외원조 모델에서, 그리고 대륙국가 특유의 폐쇄적인 기질이 망국으로 이어졌던 과거에 대한 반성을 바탕으로 △ 해양으로의 진출을 모색하는 대전략의 수정이 더해진 것이 바로 '일대일로'이다. 그러나 바이든 미국 대통령 집권 이후 주요7개국(G7) 정상들이 '일대일로'를 견제하기 위한 공동 대응 방안을 모색하며, 외부로 진출하겠다는 중국과 자유주의 선진국들 간에 일종의 대결 구도가 형성되었다(Steve Holland. Michael Holden 2021). 중국에게는 이러한 대결과 난제들을 극복하고 성공적으로 일대일로를 안착시킬 수 있느냐의 여부가 대국의 정체성과 권위 회복을 위한 첫 걸음이 될 것으로 보인다.

2. 운명공동체: 중국과 연선국가들

'일대일로' 구상이 발표된 이후 중국에서는 이를 홍보하기 위해 수많은 자료와 발언, 정책이 쏟아졌지만, 정작 '일대일로' 지도나 참여국 명단과 같은 공식적이고 구체적인 내용은 전혀 공개되지 않아 의문을 낳았다. 이에 대해 중국 정부는 일대일로의 핵심 내용은 실크로드 문화 콘텐츠를 활용한 개방적이고 포용적인 국제 지역 경제협력 플랫폼인데, 중국 정부가 그 범위를 한정해 연선 국가 명단이나 지도를 만드는 것은 바람직하지 않다(中國一帶一路網 2018/2/6), 즉 개방성의 차원에서 상세한 내용들을 규정하지 않았다고 설명했다. 그러나 이러한 모호성이 '일대일로'에 대한 국제사회의 우려를 키운다는 주장이 중국 지도부 내에서 공감을 얻으며, 최근에는 중국과 일대일로 협력문서에 서명한 140개 국가의 명단을 공개하는 등 가능한 정보는 공개하는 쪽으로 기조가 변화하고 있다(中國一帶一路網 2021/3/12).

중국은 '일대일로'에 참여하는 모든 국가가 평등하다고 주장하지만, 주도국인 중국과 연선국들 간에는 투자하는 국가와 투자를 받는 국가의 역할 구분이 명확하다. 예컨대 중국 상무부는 '일대일로' 연선 국가들에 진출하고자 하는 중국 기업들을 위해 62개 국가에 대한 『투자지침』을 제공하고 있다. 그러나 역으로 참여국 정부들이 자국 기업의 활동을 돕기 위해 중국에 관한 투자 정보를 제공하는 모습은 찾아보기 어렵다. '일대일로'의 초기부터 참여해온 연선국들 가운데 대다수는 개발도상국이다. 중국은 이들에 대해 일종의 대외원조와 투자, 그리고 무역이 결합된 대규모 지원을 통해 중국과의 관계 강화를 시도하고, 과잉생산이나 자원소모와 같은 중국 내부의 문제들을 국제협력을 통해 해결하고자 시도해왔다. 사실 원조·투자·무역 3자의 결합은 소위 '앙골라 모델'이라고도 불리며 후진타오 집권기부터 중국이 지속하고 있는 중국식 대외원조의 전형적인 모습이다. 물론 참여국에 관한 『투자지침』의 제공 여부가 '일대일로'에서 해당 참여국이 차지하는 비중을 의미하는 것은 아니며, 중국기업들이 공개된 투자정보를 통해 대규모 해외 인프라 사업에 참여할 수 있을 정도로 중국의 국책사업들이 투명한 과정을 통해 시행된다고 볼만한 근거를 찾기도 어렵다. 다만 근본적으로 중국이 '일대일로'라는 거대한 시스템을 이끌며, 일방적으로 자본·기술·인력을 제공하고, 다른 국가들은 이를 수용하는 구도 속에서는 중국 일방의 영향력이 강화될 수밖에 없다. 더욱이 '일대일로'가 어느 정도 궤도에 오른 이후에는 일본, 한국, 호주, 인도, 미얀마, 그리고 유럽 국가들과 같이 초기 '일대일로'의 대상이 아니었던 미국의 우방국들을 포섭해 중국에게 유리한 환경을 조성하고자 시도하는 점도 의미심장하다(아시아경제 2019/5/15). 중국이 개도국뿐만 아니라 선진국들의 '일대일로'에 참여를 독려하는 배경으로 제시한 것은 중국 외교의 기본원칙인『평화공존 5항원칙』을 토대로 만든『일대일로 참여국의 우호협력』이다. 그 주요 내용은 다음의 네 가지를 포함한다: ① 중국은 세계 각국과 성장 경험을 공유하고 싶지만 내정에 간섭하지 않을 것이다; ② 사회제도나 발전모델을 수출하거나 강요하지도 않을 것이다; ③ '일대일로' 는 지정학 게임의 구태를 반복하지 않고 협력과 상생의 새로운 패러다임을 개척할 것이다; ④ 안정을 해치는 소그룹 대신 화합과 공존의 대가족을 만들겠다(央廣網 2017/5/14).

종합하면, 중국은 국제사회의 난제를 극복하고 평화를 실현하기 위해 자국의 경험을 비롯한 여러 가지를 제공하겠지만, 그 대가로 아무것도 강요하거나 요구하지는 않을 것이라는 주장이다. 자국의 이익보다는 대의를 전면에 내세운 이런 구상은 한 국가의 발전전략이나 사업계획이라기 보다는 오히려 대외원조 모델에 가깝다. '화합과 공존의 대가족'이라는 대목은 전통적으로 미국이 담당해 온 글로벌 위기 하에서 국제공조를 이끄는 리더십을 연상케 하기도 한다.

그렇다면 중국은 왜 이런 이타적인 공여국의 역할을 자처하는가? 중국이 공식적으로 이유를 소명한 적은 없으나, 유사한 역할 모델이 과거 중국식 세계질서 하에서도 존재했다. 바로 조공체계이다. 과거 조공국이었던 우리의 입장에서는 중국에 반강제적으로 공물을 바치고, 사대하는 불쾌한 이미지가 먼저 떠오르지만, 정작 종주국이었던 중국은 우리와는 전혀 다른 이미지로 조공체계를 기억한다. 대표적인 것이 조공 체계 하에서 중국은 이득을 취한 것이 아니라, 오히려 동아시아의 질서와 의(義)를 수호하기 위해 양보한 부분이 적지 않다고 보는 시각이다. 예컨대 중원의 역대왕조들은 조공국에 대해 '적게 받고 많은 회사품을 주는' 방식으로 운영되었으며, 중국과의 조공-희사 행위는 일종의 고대 무역으로써 오히려 조공국들이 참여를 희망했다는 해석이 중국 내에서는 폭넓게 설득력을 얻고 있다(屈從文 2007, 1). 중국의 역사학자인 왕후이(王暉 2012)는 이러한 맥락에서 조공체계를 '과체계사회'라는 용어로 바꾸어 지칭하고 있다. 왕후이는 조공체제가 다체제 사회뿐 아니라 다사회적 시스템을 연결하는 네트워크로, 더 넓은 역내 정치공동체를 하나로 연결시켜 왔음을 거론하며 근대에 서구 자본주의의 확장에도 불구하고 아시아 지역의 조공 네트워크는 완전히 파괴되지 않았고, 심지어 '하나의 세계 시스템으로서의 아시아'는 지금까지도 남아 있다고 주장한다. 더욱이 조공체계는 유교나 한자문화, 혹은 종교신앙의 성격과 반드시 겹치지 않고, 중앙왕조와 성격이 다른 조공번속에 대해서도 문화적 동질성을 유일한 존재 근거로 내세우지 않았음을 근거로 이러한 유연성이 근대 이후의 민족국가 중심의 국제 체제에 대한 대안으로서 가치를 가질 수 있다고 역설한다. 왕후이와 같은 학자들은 과체계사회를 '일대일로'와 연결시키는데, 역사의 회귀인 '일대일로'가 자본주의와 사회주의라는 서로 다른 힘의 각축 과정이며 자본주의 경제논리를 극복하고 과체계사회를 구축하는 수단이 되어야 한다는 그들의 주장은 매우 의미심장하다(汪暉 2015/4/3). 세계 경제의 아시아로의 이동, 자본주의 경제 패러다임의 개혁, 각기 다른 문명과 문화를 연결하는 영향력이라는 내용도 내용이지만, 별도의 논의를 통한 담론 형성 없이 이 구도의 중심에 매우 자연스럽게 중국을 배치하는 중국 지식인들의 태도 때문이기도 하다.[10] 이를 통해 중화중심주의의 연속성이 드러난다.

유가철학에서 지향하는 최고의 가치는 '인(仁)'이다. 한국어로는 '어질다'고 풀이되고, 중국어에서는 종종 '애(愛)'와 함께 '인애(仁愛)' 즉 인류애적인 사랑의 의미로 사용된다. 그런데 이 중국식 사랑은 현대적 의미의 사랑과는 차이가 있다. 우리가 현대 사회에서 이야기하는 사랑은 서로의 독립과 평등을 보장하는 전제하에서 상호적으로 작용하는 것이다. 이에 비해 중국의 '인'은 강한 자에게서 약한 자에게로 혹은 높은 자에게서 낮은 자에게로만 성립되는 불평등한 사랑이다. 중국이 대안적 질서로서 제시하는 과체계사회의 모델인 '일대일로'가 패권의 추구가 아님을 역설하는 것은 기실 당연하다. 또한 중국식 시스템 안에서는 이미 위계질서가 정해져 있기 때문에, 조공체계의 종주국인 중화제국이나 '일대일로'의 리더인 중국이 새로이 패권을 추구해야 할 이유가 존재하지 않는다. 이렇듯 중국의 시선으로 바라보는 세계질서는 우리에게 익숙한 서구식 민족국가 체제와는 매우 다르다.

시진핑 주석이 『일대일로 참여국의 우호협력』을 통해 제시한 '화합과 공존의 대가족'이라는 이상적인 국제사회의 모습을 보자. 중국의

---

10) 소위 과체계사회와 새로운 패러다임의 당위성을 논하면서, 그 중심에 중국이 위치해야 하는 이유에 대한 논의는 배재됨.

정치문화에서 '국가(國家)'는 가정의 확대 개념으로서, 이 가정들이 확대되고 연결되면 중국식 대가족의 연장선상에 있는 천하, 즉 세계의 개념이 만들어진다(費孝通 1948). 이 세계에 속한 국가들은 마치 중국식 가정의 구성원들처럼 서열관계가 존재하고, 하늘의 왕국(天朝)인 중국은 다른 국가들을 보살필 책무를 가진 것으로 인식되었다. 이러한 세계관에 따라 개인 간, 국가 간에 서로 협력하고 화합을 실현한다면 최종적으로 온 세상이 평화로운(協和萬邦) 이상세계를 이룰 수 있다고 생각했는데, 중국이 국제 체제와 국가의 안정이나 주변국들 간의 화목을 강조하는 경향은 여기에서 생겨난 것이다. 중국 공산당에 따르면, 이러한 가치관에 의해 대내적으로는 조화로운 사회(和諧社會)를, 그리고 대외적으로는 '일대일로'를 통한 '인류운명공동체(人類命運共同體)'의 건설하는 것이 공산당의 임무이자 중국이 추구해야하는 목표이다(中國共產黨新聞 2008/9/25; 解放軍報 2021/7/9 등). 다만 중국은 현재까지 부분적으로라도 민주화 과정을 겪지 않고 일정한 경제성장을 이룩한 유일한 권위주의 체제 국가인 만큼 중국의 경험이 세계적인 보편성을 가지기는 어렵다. '민주'가 국제사회의 보편 가치로 인식되는 국제질서 하에서 개도국들의 '일대일로' 참여는 특수성을 모델로 삼아 발전의 기초를 다져야 하는 만큼, 이를 독려해야 하는 중국의 입장은 근본적인 문제를 노정하고 있다.

3. 대동사회: 중국식 세계질서의 복원(圓夢中華)

아이켄베리(Ikenberry, John 2014)에 따르면, 지정학이라는 문제에 가장 효과적으로 대응하는 방식은 질서구축이다. 제2차 세계대전 이후 패권국으로 부상한 미국은 자유주의 국제질서, 다자주의, 동맹, 무역협정, 민주주의 등을 구축함으로써 한 세기를 효과적으로 관리하고 무엇보다 패권을 유지해왔다. 미국에 이어 부상한 국가인 중국은 스스로가 충분한 힘을 얻기 이전까지는 상술한 질서에 참여(다자주의, 무역협정)하거나, 최소한 반대하지는 않는(민주주의) 태도를 유지했지만, 시진핑 집권 이후부터는 경제력을 기반으로 기존의 자유주의적 국제질서에 도전하거나 국제 보편가치에 대한 근본적인 의문을 제기하기 시작했다(衛興華 2015/11/30; 鍾國興 2016). 중국이 미국과 더불어 세계 최대의 경제대국 가운데 하나라는 사실 그 자체나, 시진핑 집권 이후 본격화된 미·중 간 통상 마찰이 전략 경쟁으로까지 심화되어가는 추이를 감안하면, 이러한 안티테제의 대상이 패권국인 미국임은 자명한 일이다. 더욱이 21세기 중국의 첫 번째 목표였던 소강사회 건설을 선언하고 다음 목표인 신시대 중국특색의 사회주의 건설을 향해 나아갈 것을 천명한 2021년, 중국은 미국 일극주의에 반대하는 '다극주의(多極主義)' 혹은 '다자주의(多者主義)'를 지향한다는 기존의 주장을 더욱 강화하고 있다(新華網 2021/07/06). 다만 중국이 미국의 대척점에 서는 것이 아니라, 미국 주도의 일방주의가 아닌 다극적 국제질서를 지지한다는 방식으로 미국과의 정면 대결은 피하고 있으나, 현재 국제사회가 안고 있는 난제들을 거론하며 대안적 세계질서의 필요성에 대해 점진적으로 강조한다.

중국이 현재까지 국제사회를 향해 자국의 글로벌 비전을 제시한 유일한 모델이 '일대일로' 전략이다. '일대일로'가 다수의 참여국으로 구성되기는 하지만, 중국이 이 구상을 미국 주도의 자유주의 국제질서 자체에 반기를 들고 새로운 대안적 국제질서를 제시하는 단계로까지 발전시킬지 여부를 공식적으로 거론한 적은 없다. 다만 지도부와 긴밀한 관계를 맺고 있다고 여겨지는 여러 지식인들과 관영매체의 논평 등을 통해 자본주의 경제 패러다임에 대한 개혁의견이 제시될 뿐이다. 전 절에서 인용한 왕후이는 현재 중국에서 가장 주목받는 신좌파 학자 가운데 하나이다. 그는 자본주의적 방식을 반복해서는 '일대일로'의 성공이 불가능하다고 단언한다. 심지어 '일대일로' 초기부터 핵심적인 두 개의 목표로 거론되어온 과잉생산의 해결과 금융 네트워크의 확장에 대해서도 근본적으로는 자본주의 경제체제에서 비롯된 문제이기 때문에 지금과 같은 자본주의 제도권 안에서의 개혁이 아닌, 반드시 사회주의적인 색채를 띤 강력한 운동을 통해 모든 경제생활을 사회적 네트워크 안으로 편입시켜야만 한다고 주장한다. 이 과정에서 '일대일로'가 자연스럽게 발전할 수는 없으며, 서로 상이한 힘들의 각축 과정이 될 것임을 담담하게 시인하고 있다(汪暉 2015/4/3).

그만큼 노골적이지는 않지만, 중국 지도부의 공식적인 견해 속에서도 점차 기존의 선진국과 각축을 피하지 않겠다는 의지가 드러나고 있다. 우선 중국 공산당 중앙당교 기관지인 『학습시보』는 '일대일로'의 국제적 의미에 대해: "평화적자(赤子), 발전적자, 거버넌스 적자 치유의 심각한 도전이 인류 앞에 놓여 있다. 이는 기존의 글로벌 지배체제에 구조적 문제가 생겼음을 단적으로 보여주는 만큼 새로운 해법과 대응책이 시급하다. 중국은 신흥대국으로서 능력도 있고 의지도 있으며 글로벌 지배체제 완화에 기여할 책무도 있다. '일대일로'는 새로운 문제에 도전해 새로운 상황에 대한 중국의 글로벌 통치 방안인 '인류운명공동체'를 구축하고, 상생·공유를 실현하겠다는 목표를 달성하기 위한 구체적인 실천방안" 이라고 정의한 바 있다(陳積敏 2018/2/26). 또한 점차 강한 어조로 중국의 의지를 드러내고 있는 시진핑 주석은 2020년 「제75차 UN총회 일반토의」 연설을 통해, 다자질서의 수호자로서 중국의 역할을 받아들이며, 유엔과 세계질서에 대한 책무를 다할 것임을 시사하는 발언으로 주목을 받기도 했다(海外網 2020/9/24).

그러나 현실에 대한 비판 이외에 아직까지 중국이 대안적 질서에 대한 구체적인 청사진을 제시한 바는 없다. 그러므로 현재로서는 2012년 시진핑의 중국공산당 총서기 취임사와 2016년 신년사, 그리고 2017년 제19차 당대회 보고를 통해 제시된 내용을 토대로 중국의 미래비전을 전망해볼 수 있다. 2012년 시진핑은 중국의 새로운 리더로서 공식적인 행보를 시작하며, 중화민족의 위대한 부흥과 해양 강국 건설 두 가지를 '중국의 꿈'으로 제시했다(新華社 2012/11/15). 2016년에는 중화부흥을 위해 중국이 나아갈 궁극적인 세계질서의 구상으로 '인류운명공동체'를 제시했다(新華社 2015/12/31). 그리고 2017년 「중국공산당 제19차 전국대표대회 보고」에서는"중국의 세계질서 구상은 궁극적으로 인류운명공동체를 건설하는데 있으며, 이를 위해 중국방안을 제공해야 한다."고 강조한 바 있다(人民日報

2017/10/28). 일련의 내용을 정리하면 다음의 〈그림 2〉와 같다.

〈그림 2〉 중국의 전략과 미래비전

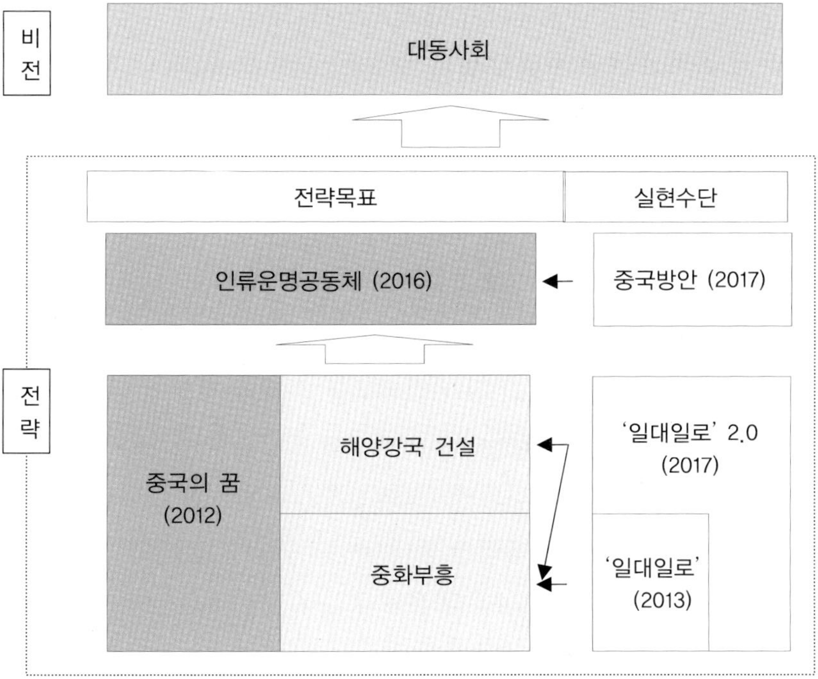

2012년 이후, 중국이 제시하는 국가전략의 대상은 국내에서 세계로 점차 확대되는 모습을 보인다. 그리고 이 과정에서 강조되는 것은 중국의 역사와 경험이다. '중국방안(中國方案)'은 중국의 역사적 경험과 중국인의 고유한 사유체계를 통해 만들어진다. 이를 토대로 전 인류에게 보편적으로 적용될 수 있는 공동체를 만들자는 주장은, 중국이 자신의 역사 속에서 출현한 개념과 가치관을 활용해 세계의 문제를 다룰 수 있는 새로운 패러다임을 만들어 기존의 서구식 패러다임과

경쟁할 것임을 의미한다. 이것은 20세기의 중국이 그러했듯, 중국의 규범을 서구의 방식으로 개선하거나(中體西用), 서구의 규범 위에 중국의 색채를 덧입히는 수준의 변화는 아닐 것이다. 중국이 왕후이와 같은 신좌파 학자들의 입을 빌어 말했듯, 그런 방식으로는 현재 중국과 세계가 직면한 문제를 해결할 수 없다고 믿기 때문이다. 유구한 역사에 걸맞게 무수한 '중국의 경험'과 '중국인의 사유체계' 가운데 어떤 것을 적용할 것인가에 대해서도 21세기 초부터 중국 내에서 많은 논의가 있었다. 후진타오 전임 중국 주석의 외교 책사 가운데 한 명으로 알려진 왕이저우(王逸周 2013, 108-187)[11]는 중국이 직면한 문제들과 국제정치 학계에서 논의 중인 12가지 학설을 결합해 국제문제에 대한 중국의 개입이 필연적이라고 주장하기도 했다. 그리고 이 논증의 과정에서 △ 왕도와 패도관(王道覇道說), △ 중국을 내핵으로 삼아 아시아태평양 지역의 영향력을 증대시키는 구도, △ 손자병법의 지혜 등 중국의 전통적 사유체계를 활용해 중국이 추진력을 발휘해 새로운 아시아와 세계를 만드는데 눈에 띄는 공헌을 해야 한다는 당위성의 논리를 전개했다.

중국이 '운명공동체'라는 개념적 모델을 성공적으로 구현했을 때, 이 공동체가 지향할 미래 비전으로는 '대동사회(大同社會)'가 제시되었다. '대동사회' 개념은 근대기의 중국 지식인 캉유웨이의 '대동주의(大同主義)'에서 착안한 것이다. 전통적 사유 속에서 대동사회란 평등

11) 베이징대 국제관계학원 부원장. 자유주의적 시각에서 중국의 책임대국 역할을 강조하면서도, 영토·주권 문제에 대해서는 현실주의적 입장을 따른다는 측면에서 중국 외교부의 입장과 거의 궤를 같이하는 학자임.

한 신분과 재화의 공정한 분배, 윤리도덕의 구현이 실현되는 인류의 이상향을 의미한다(禮記 禮運篇). 이러한 이상향의 모습은 근대에 이르러 중화제국의 몰락을 겪으며 중국의 생존 혹은 보존을 위해 고민해야 했던 당대 지식인들에 의해 구성원의 문화적 동일성을 토대로 '대일통(大一統)'[12]의 세계질서를 실현할 수 있는 정통성과 응집력을 가진 국가(중국)의 모습으로 재탄생했다. '대일통' 사상에 따르면, 구성원의 문화적 동일성을 확보하기 위해서는 사람들(중국인과 타민족 모두를 포괄하는)에 대한 교화가 선행되어야 한다. 이를 토대로 문화공동체를 구현하는 것이 중심국가인 중국이 해야 할 책무이자 존재이유라는 것이 근대 중국인들이 가진 천하의식이었다.

그러나 과거와는 달리 중국은 현대 세계의 중심이 아니며, 중국문화 또한 보편적인 주류문화가 아니기 때문에 중국이 추구하는 대동사회를 구현하기 위해서는 문화적 동일성 확보의 과정이 필요하다. 시진핑은 '일대일로' 사업 항목의 하나로 '민심상통'을 포함시켜, 경제력이나 군사력과 함께 소프트파워를 통한 참여국 설득을 시도하고 있다. 공자학원의 설립이나 '일대일로' 연선국가들에 대규모 경기장을 건설하는 소위 '체육관 외교(Stadium diplomacy)'가 이런 작업에

12) 『春秋公羊傳』에서 처음 사용됨. 『春秋』의 첫 머리인 '元年, 春, 王正月'를 '元年者何 君之始年也 春者何 歲之始也 王者孰謂 謂文王也 曷為先言王而後言正月 王正月也 何言乎王正月 大一統也'라고 해석하였음. 하나로 통일됨을 의미하며, 공자가 바라던 주나라 천제로 모든 제후들이 통일되는 이상향을 일컬음. 이는 공자의 사상과 그가 바라던 이상 국가를 집약적으로 보여주는 것으로, 한 명의 왕 아래 모든 것들이 질서 있게 유지되고 왕도정치가 실현되는 모습을 나타냄. 즉, 정치적으로 통일된 영토와 문화적으로 유교 이념에 입각한 덕치가 포함된 개념임.

해당된다.

중화중심적 세계의 문화적 동일성은 위계성을 전제로 한다. 선교사들을 통해 서구의 문화와 종교를 전파하고, 이교도들을 개종시켜 식민지나 약소국을 자국과 유사한 사회로 만들고자 노력했던 서구열강이나 내선일체(內鮮一體)를 주장했던 일본과는 달리, 중화제국은 이민족(오랑캐)에 대한 중국화를 시도하지 않았다. 천하질서 하에서 중국 문화를 누리는 것은 일종의 특권으로 간주되었으며, 심지어 허가받지 않은 외국인에게는 중국어 학습도 금지되었다. 다시 말해 중화제국이 외부에 중국 문화를 소개했던 것은, 그들의 찬란한 문화를 자랑하여 부러움을 사고 우월한 존재로서 추앙을 받기 위해서이지, 중국화된 타자를 만들기 위함은 아니었다. 중화중심적 세계 속에는 야만이 존재하기 때문에 문명이 돋보일 수 있고, 非중국의 존재를 통해 중국이 주목받을 수 있는 정반합의 관계가 존재한다. 다만 이민족이 중국의 우월함과 권위를 인정하기 위해서는 어느 정도의 문화소양과 지식 교육이 선행될 필요가 있었다.

이런 특징들을 감안할 때, '일대일로'는 중국식 세계질서, 즉 천하질서 하의 문화공동체인 대동사회를 21세기에 구현하기 위한 중국방안의 모델이자, 중국 문화의 우수성을 전파하기 위한 문화적 교화수단이 될 수 있다. 중국의 공식적인 입장은 자국의 가치나 이데올로기를 다른 나라에 강요하지 않겠다는 것이다. 이것은 중국의 입장을 국제사회에 전달하고 중국에 유리한 시스템을 수립하기 위한 수단이 근대 서구열강식의 무력행사는 아닐 것이라는 주장으로 이해할 수 있다. 그보다는 문화적 교화를 통해 다른 국가들이 스스로 중국을 찾아오게 만드는 것이 더욱 중국다운 방식일 것이다(Jerome Chen 1979, 429). 다만 현재의 자유주의 국제질서 자체를 근원적으로 수정하고자 대안을 찾는 국가가 얼마나 존재하며, 이들 가운데서도 운명공동체와 대동사회와 같은 생소한 비전에 공감하고 중국과 함께 전환의 블록을 형성할 수 있는 힘을 가진 특정 집단이 존재할지는 미지수이다.

Ⅴ. 나가는 말: 세계는 중국식 세계질서를 받아들일 수 있을까?

동 연구는 중국이 21세기 국가전략으로 제시한 '일대일로'를 통해 중국이 구상하는 미래세계의 비전과 이를 수립하고 유지하기 위해 필요한 세계 질서의 모습에 대한 고찰이다. '일대일로'가 현재 진행중이며 지속적으로 변화하는 전략인 만큼, 이 고찰의 상당 부분은 아직 일어나지 않은 일에 대한 전망이라는 한계를 안고 있다. 그러나 현재까지 중국 지도부와 관영언론, 친정부 성향의 지식인들이 언급한 내용을 통해 '일대일로'가 많은 부분에서 중국의 전통적인 통치 시스템인 '천하질서' 하의 중화중심적 세계관을 차용하고 있음을 유추할 수 있다. 초기에는 조공체계나 중화중심주의의 부활이 아니라고 선을 긋던 중국도 현재는 점차 현대 국가전략과 전통 사유방식 간의 연계성을 인정하는 모습이다. 특히 공산당 창당 100주년을 맞아, 당 고위 지도자들의 발언을 통해 중국의 국제체제 균형자 혹은 세계질서의 창조자 역할을 정당화하는 모습이 자주 관찰된다. '일대일로'가 중국이라는 특정 국가의 발전전략임에도 불구하고 줄곧 국제공공성을 강조하거나, 중국의 발전이 곧 세계의 발전이라는 생각은 전통적인 중화중심적 세계관과 매우 유사하다. 중국의 패권 추구 의혹에 대해 부인하는 과정에서도 중국이 중심이 되는 중화질서 속에서는 다툼도 없었고, 위계질서 안에서 서로 조화를 이루었다는 전통을 거론하기도 한다(新華社 2014/09/24; 新華社 2021/04/20). 중국이 '패권 추구'라는 추측에 대해 강한 거부감을 보이는 배경에는 대략 두 가지 요인이 작용한다. 첫째는 중국어와 중국문화에서 '패・패도(霸・霸道)'라는 표현이 가지는 부정적인 뉘앙스 때문이다. 『순자(荀子)』는 '패'를 도덕과 정의를 핵심으로 하지 않고, 단지 완력과 책략에만 의지하여 지배적 지위를 획득하고자 하는 행위라고 정의한다. 즉, 권모술수만을 중시하고 이득과 지위만을 중시한다는 의미가 담겨있다. 이는 유가철학에 의해 '인(仁)'과 '의(義)'라는 명분을 정치에서 가장 중요시하는 중국의 사유방식에서는 환영받기 어려운 개념이다. 더욱이 사람들은 자신이 속한 민족과 국가의 문화가 비교적 공정하고 합리적이라고 생각한다. 자국의 전략이 보편적인 도덕과 정의를 고려하지 않는 방향으로 수행되고 있다고 주장하고 싶은 정치인은 존재하지 않을 것이다. 물론 객관적인 시각에서 중국의 행위가 얼마나 어질고 의로운가에는 의문의 여지가 많다. 다만 행위에서 도덕적인 명분을 매우 중요시 하는 것이 중국 정치문화의 특징임을 감안하면, 중국 지도부가 '패권 추구'라는 표현을 수용하기란 어려울 것으로 생각된다. 둘째는 패권의 전제인 국제체제를 구성하는 평등한 국민국가(Nation state)들 간의 경쟁이라는 개념과 국가들 간의 위계성을 전제로 하는 중국식 세계관 간의 충돌 문제이다. 4장 2절에서 언급한 바와 같이, 체제의 리더인 중심국가는 굳이 자신보다 낮은 층위의 주변부 국가들과 다투어 패권을 추구할 필요성이 존재하지 않는다. 그러므로 중국의 입장에서는 애초에 '패권 추구'라는 현상이 성립할 수 없다고 인식할 수 있지만, 용어에 대한 부정이 그 안에 담긴 요소들에 대한 부정과 일치하는가에 대해서는 추가적인 분석이 필요할 것으로 보인다.

보다 현실적인 문제는 위계질서를 통해 평화(조화)를 구현하는 중국식 대안적 질서를 21세기의 세계인이 수용할 수 있을지 여부이다. 국가들 간의 형식적 평등이 당연한 대전제로서 받아들여지는 현대 국제관계에서 국가 간의 위계는 받아들이기 어려운 중국식 패러다임이다. 중국이 '중국방안'이라고 명명했듯, 천하질서는 중국의 경험과 기억 속에서만 긍정적으로 존재하는 것이며, 중화중심적 세계는 중화민족에게 가장 적합하고 이상적인 체제일 것이다. 중국은 인류운명공동체와 대동사회가 표방하는 예외적인 조화로움과 평화를 이야기하지만, 전 세계 다른 민족들도 자신의 체제와 사유방식이 예외적으로 이상적이라고 주장할 수 있다. 그러므로 외부자의 입장에서는 중국이 다른 호전적인 민족들과는 달리 전통적으로 평화를 추구해왔기 때문에 현대에도 이를 재현해 직면한 문제들을 해결할 수 있다는 주장에 대해 의문의 여지가 많다.

과거 미국이 세계 패권국으로 부상했을 때, 전후의 상황을 활용해 경제력과 기축통화 지위와 같은 하드파워를 획득함과 동시에 국제사회의 지지라는 소프트파워를 장악할 수 있었던 배경에는 미국과 미국의 가치는 소위 '미국 민족'만이 중심이 되는 것이 아니며, 그 영토 또한 모든 이민자에게 열려있고, 특정 민족이 우대받거나 그들의 이익을 위해 미국이라는 공동체가 운행하는 것이 아니라는 명분이 있었다. 당시나 지금이나 '아메리칸 드림'은 非미국인의 것이었지만, '중국몽'은 중국인만을 위한 것이다. 다만 '일대일로'의 대상인 개도국들 가운데 유사한 정치체제를 가진 일부 국가들은 중국을 모델로 삼을 가능성도 있을 것이다. 중국은 부분적으로라도 민주화 과정을 겪지 않고 일정 수준 이상의 경제성장을 이룩한 유일한 권위주의 당-국가 체제 국가이기 때문에, 이러한 지배구조를 선호하는 국가 혹은 정치적 엘리트 집단이 존재한다면 중국의 발전 경험을 모델로 삼는 것도 이론적으로는 가능해보인다. 그러나 국제사회의 어떠한 국가도 다른 국가의 영향력 아래에서 운신하거나, 다른 국가보다 더 낮은 지위임을 수용해야 하는 시스템을 지지하기는 어려운 만큼 일부 국가들이 일시적으로 중국모델을 차용하더라도, 그들이 원하는 수준의 발전을 이룩한 이후에는 폐기할 가능성이 크다. 비록 현실에서는 국가 간 힘의 차이가 현격하고, 다른 국가의 영향을 받을 수밖에 없는 형식적 평등에 불과할지라도, 이미 서구적 근대질서를 수용한 현대의 국민국가들은 형식적 평등을 보호하는 시스템을 정의로 받아들이기 때문이다. '과체제 사회', '대동사회'를 이야기하는 중국 스스로조차 '영토'와 '주권'이라는 근대 국민국가의 핵심 개념을 넘어서지 못하는 모순이 이를 잘 보여준다.

'일대일로'에 참여하는 대다수 연선국가들의 공통적 관심사는 경제적 실익이다. 현재의 '일대일로'가 이를 얼마나 충족시킬 수 있을지, 결정적으로 경제적 실익에 기반을 둔 관계가 중국이 기대하는 '운명공동체'의 구상으로까지 발전할 수 있을지는 미지수이다. 상당수 주변국들은 중국과의 지나치게 긴밀한 연대로 인해 자국 경제가 중국에 복속될지 모른다는 두려움마저 지니고 있다. 특히 아시아 지역의 주변국들에게 천하질서와 조공체계에 대한 부정적인 기억은 이러한 우려를 증폭시키는 악몽에 가깝다. 그래서 중국과 경제 협력 사업은 전개하되, 중국의 전략적 의도는 경계하며 중국 중심의 아시아라는 개념조차 지지하지 않는 경우가 많다. 현재 중국의 가장 긴밀한 파트너로 이야기되는 러시아마저 중국과는 다른 생각을 가지고 유라시아 연합(Eurasian Union · EAU) 건설을 향해 나아가고 있다. 이러한 맥락에서 러시아는 중국이 '일대일로'를 통해 전통적으로 러시아의 안마당으로 인식되어온 유라시아 지역으로 영향력을 확대하는 것 반기지 않는다. 군사동맹의 가능성이 거론될 만큼 중국의 가장 강력한 파트너로 알려져 있으면서도 정작 중국이 사활을 걸고 있는 일대일로에 대해서는 양해각서를 체결하지 않고, 야말 LNG 프로젝트나 시베리아의 힘 등 개별 사업 단위의 투자는 받지만 공식적인 '일대일로' 협력 사업을 시행하지도 않는 점이 러시아의 입장을 대변한다.

한국의 경우, 한반도 신성장 동력 마련을 위한 전략을 고민하는 과정에서 유사하게 미개발 지역으로의 진출 방안이자 노선의 일부도 중첩되는 '일대일로'가 매력적인 협력 방안으로 인식되기도 했다(이효진.김영선.이장규 2014). 그러나 경제발전 모델로 보였던 '일대일로'의 지정학적 성격이 점차 강화되고, 대안적 세계질서로의 성격 역시 우리에게 익숙한 서구식 국제관계와는 다른 패러다임을 추구하는 것임이 거듭 확인되면서, 기존의 기대감보다는 우려의 목소리가 더욱 힘을 얻고 있다. 비단 한국뿐만이 아니라, 경제발전이 시급한 일부 개도국을 제외하면 얼마나 많은 자유주의 국가들이 일방향적인 세계전략인 '일대일로'에 편승할지 예측하기 어렵다. '일대일로'가 진정으로 국제사회의 안정과 평화를 위한 공공재적 성격의 대안임을 증명하는 것은 결국 중국의 몫이다. 국제사회의 우려는 중국의 '일대일로'와 평화로운 국제사회 실현의 목표가 실은 그들 행위의 정당성 확보를 위한 외교적 수사에 불과한 것이 아닐까 하는 의구심에서 기인하기 때문이다.

다만 우리의 입장에서는 의미와 내용이 계속해서 변화하는 '일대일로'와 중국의 행보를 면밀히 관찰할 필요가 있다. 그리고 동아시아에서 유일하게 시민의 힘으로 자유민주주의 체제를 안착시킨 경험을 활용해 중국의 시도가 기존의 국제 시스템과 가치・책임・기여를 수용하는 전제 하에서 국제질서에 기여하는 역할 참여가 가능하도록 중재할 필요도 있을 것이다.

| 참고문헌 |

김은희. 2017. "中'일대일로' 2.0시대 ③ AIIB 프로젝트 현황". Kotra(중국 베이징무역관).

"덩샤오핑의 3단계 발전론, 시진핑이 실현시키나." 『아주경제』 2015년 3월 30일.

왕이저우. 2013. 『중국 외교의 창조적 개입』 서울: 차이나하우스.

"유럽 - 중국 잇는 21세기 판 실크로드 보며 '통 큰 큰손들' 건설 · 유틸리티 종목 집중 매수." 『이코노미조선』2015년 7월 1일 .

이효진.김영선.이장규. 2014. 『중국의 '신(新)실크로드 경제권' 추진 동향과 전망』. 세종: 대외경제정책연구원.

이호철. 2017. "중국의 부상과 지정학의 귀환." 『한국과 국제정치』 33권 1호.

"中, 美 견제 · 우군 확보 위한 광폭 외교…아시아 · 유럽 포섭 나섰다." 『아시아경제』2019년 5월 15일

[英] 彼得 · 弗蘭科潘 (邵旭東 · 孫芳譯). 2016. 『絲綢之路 : 一部全新的世界史』 浙江; 浙江大學出版社.

""'一帶一路", 著眼未來."『人民日報』 2016년 10월 27일.

"必須不斷推動構建人類命運共同體." 『解放軍報』 2021년 7월 9일.

陳傑. 2020. ""'一帶一路"背景下的我國對外援助."『新經濟』(8).

陳積敏. "正確認識"一帶一路". 『學習時報』 2018년 2월 26일.

"鄧小平四大曆史貢獻." 『中國共產黨新聞』2014년 8월 25일.

費孝通. 1948. 『鄉土中國』 北京: 人民出版社 (2008年版).

"構建社會主義和諧社會的目標任務." 『中國共產黨新聞』2008년 9월 25일.

國務院發展研究中心國際合作局"一帶一路"戰略研究課題組. "國際社會對"一帶一路"倡議的評價." 『國務院新聞辦公室網站』 2014년 8월 11일.

國家發展改革委. 外交部.商務部. 2015. "推動共建絲綢之路經濟帶和21世紀海上絲綢之路的願景與行動."

"國家主席習近平發表二○一六年新年賀詞." 『新華社』 2015년 12월 31일.

"胡錦濤在中國加入WTO10周年高層論壇上的講話." 『新華社』 2011년 12월 11일.

屈從文. 2007. "論天朝觀念的生成和演進機制," 『國際政治研究』 第一期.

汪暉. 2012. "跨體系社會與區域作爲方法——民族問題研究的區域視野." 第三屆東亞人文學論壇. 北京. 3月.

汪暉. 2015. "重複資本主義道路, "一帶一路"不可能成功." 『華夏網』(4월 3일).
王翔. 2016. "關於調整南海戰略, 推動一帶一路順利發展". (미공개)
"習近平代表黨和人民莊嚴宣告." 『新華社』 2021년 7월 1일.
"習近平 : 帶動更多國家積極叄與"絲綢之路經濟帶"建設." 『新華網』 2013년 10월 15일.
"習近平 : 反對以多邊主義之名行單邊主義之實的各種行爲." 『新華網』 2021년 7월 6일.
"習近平 : 古絲綢之路創造了地區大發展大繁榮." 『新華網』 2017년 5월 24일.
"習近平向世界發出邀約 開啟"一帶一路"新航程." 『人民網』 2017년 4월 14일.
"習近平演講全文 : 攜手推進"一帶一路"建設." 『央廣網』 2017년 5월 14일.
"習近平在哈薩克斯坦納紮爾巴耶夫大學發表重要演講."『人民日報』 2013년 9월 8일.
"習近平在紀念孔子誕辰2565周年國際學術研討會講話." 『新華社』 2014년 9월 24일.
"習近平在中國共產黨第十九次全國代表大會上的報告."『人民日報』 2017년 10월 28일.
"習近平:中國願同東盟國家共建21世紀"海上絲綢之路"."『新華網』 2013년 10월 3일.
"習近平 : 中國永遠不稱霸' 不擴張' 不謀求勢力範圍." 『新華社』 2021년 4월 20일.
"習近平主持召開中央財經領導小組第八次會議." 『中國廣播網』2014년 11월 7일.
"外媒聚焦習近平聯大講話 : 中國承擔多邊秩序捍衛者角色."『海外網』2020년 9월 24일.外交部. 2021. "一帶一路造福世界." (6월 29일).
魏裕亮. 2021. ""一帶一路"倡議下以對外援助促進對外經貿合作的政策研究." 『營銷界』(21).
衛興華. 2015. "掀開西方"普世價値"的面紗."『人民日報』(11월 30일)
"張燕生 : 一帶一路開啟中國新35年改革開放." 『騰訊財經』2015년 3월 26일.
趙汀陽 2011. 『天下體系』 北京: 中國人民大學出版社.
"中共中央總書記習近平講話." 『新華社』 2012년 11월 15일.
中國中共黨史學會編 2019. "十八屆中央政治局進行第十三次集體學習 (2014年2月24日)." 『中國共產黨曆史系列辭典』 北京: 中共黨史出版社' 黨建讀物出版社.
中共中央文獻編輯委員會. 1993. 『鄧小平文選: 第3卷』 北京: 人民出版社.
鍾國興. 2016. "全人類共同價値與普世價値之辨." 『黨建文彙』 第三期.
中國一帶一路網. 2018."問答丨官方"一帶一路"地圖在哪裏能找到?"
中國一帶一路網. 2021. "已同中國簽訂共建"一帶一路"合作文件的國家一覽."
中華人民共和國國務院新聞辦公室. 1991. "中國的人權狀況"(11月).
中華人民共和國國務院新聞辦公室. 2011. "中國的對外援助白皮書"(4月).
『荀子』
『禮記』

Ikenberry, G. John. 2014. "The Illusion of Geopolitics: The Ending Power of the Liberal Order," Foreign Affairs 93, No.3.

Jerome Chen. 1979. China and the West: Society and Culture, 1815-1937. Bloomington: Indiana University Press.

Michael Crowley 2021. "As Biden Plans Global Democracy Summit, Skeptics Say: Heal Thyself First." The New York Times (January 31).

Steve Holland. Michael Holden. 2021. "G7 rivals China with grand infrastructure plan." Reuters (July 13).

The White House. 2017. National Security Strategy of the United States of America.

5장
중국의 전략문화와 미-중 군사 관계

기세찬

Ⅰ. 서론

지난 30년 동안 중화인민공화국(이하 중국)은 국가발전과 경제 성장을 크게 달성했고, 지금 세계 무대에서 가장 중요한 국가 중 하나로서 있다. 중국의 경제적 성장과 더불어 급성장한 중국인민해방군의 군사력은 미국뿐만 아니라 동아시아 나아가 세계 여러 나라의 우려를 자아내고 있다. 미국 전문가들은 2035년에서 2050년 사이에 중국의 국방비가 미국의 국방비에 수렴할 것이라고 추정한다(Cordesman & Kendall 2017, 142)[1] 그렇다면 향후 미—중 군사 관계는 어떻게 전개

1) IISS의 추정에 따르면 중국과 미국의 국방비 지출 수렴은 다양한 시나리오에 따라 2022년에서 늦게는 2050년까지 보고 있다. 그들은 중국 국방비 증가율이 7.8퍼센트일 때 중국과 미국의 국방비 수렴은 2038년이며, 5퍼센트일 때 2042년이 될 것으로 예상한다.

될 것인가? 중국은 세계패권국인 미국에 군사적으로 도전할 것인가 아니면 그들이 자주 언급한 대로 새로운 길의 모색을 통해 평화를 유지할 것인가? 중국의 정치 · 경제 · 군사 명령들을 움직이게 하는 중국의 사고와 행위를 형성하는 문맥상의 이해는 매우 중요하다. 이에 여기서는 중국의 전략문화라는 관점에서 향후 미-중 군사 관계를 무력 충돌 가능성 면에서 전망해 보고자 한다.

전략문화라는 용어는 1970년대 전략 및 국제안보 연구로부터 출현했다. 냉전기에 소련과 미국 사이의 핵억제 전략이 왜 달랐는지에 대한 이유를 밝히고자 했던 스나이더(Snyder 1977)는 소련과 미국 양측이 만들었던 정책에 영향을 주는 요인으로 두 나라 사이에 구별되는 '국가 신념(national belief)'이 있었다고 주장했다. 이에 따라 냉전 시기 전략문화 연구가 미 · 소 양국의 정치가들에게 도움이 된다는 주장이 제기되었고(Klein 1988), 전략문화의 개념은 사람들 사이에 심리적 환경을 형성하는 제도에 의해 적용된 가치와 행동의 영향을 강조하는 조직적 문화에 초점이 맞추어져 왔다. 따라서 전략문화에 관한 연구는 문화가 행동에 영향을 미친다는 '문화주의'를 채택한다고 볼 수 있다. 구성주의자인 웬트(Wendt 1999)는 문화가 사회적 상호작용에 영향을 주는 중요한 역할을 하며, 인간관계의 구조는 물질적 힘보다는 공유된 사고에 의해 우선 결정된다고 주장했다.

이러한 가정에 따라 중국의 전략문화를 심도 있게 연구했던 존스턴(Johnston 1995)은 전략문화를 논증 구조, 언어, 유추, 은유와 같은 상징 체계의 통합으로 정의하고, 그것이 보편적이고 오래 지속되는 군사력 사용에 대한 전략적 선호를 만든다고 주장했다. 그는 전략문화와 관련된 행동의 선택에 있어서 두 단계를 거친다고 언급했다. 첫째는 전략 환경의 인식이다. 그것은 특별히 전쟁의 개념, 적, 그리고 군사력 사용에 관한 것이다. 둘째는 이러한 인식에 기초해 외교정책을 어떻게 수행하는가에 대한 예측이다. 이것은 위협에 대응하거나 군사력을 사용하는 데 있어서 적절하고 효과적인 전략 선택을 포함한다. 존스턴이 주장하는 전략문화는 외교정책이 국제적 환경에 관한 가정에 기초해 형성된다는 대전략과 강한 유사성이 있다. 이러한 시각에 따르면, 중국의 외교정책과 중국의 전략문화 사이에는 밀접한 관계가 있다. 자크(Jacques 2009)는 "만약 우리가 중국이 나머지 세계에 대해 어떠한 행동을 할 것인지 이해하려 한다면, 먼저 중국을 오늘날의 중국으로 만들었던 것이 무엇인지, 어떻게 진화했는지, 중국인이 어디서 왔는지, 그리고 그들 스스로 어떻게 보는지 이해하는 것이 필요하다"라고 주장한다.

중국의 전략문화에 관해서는 다양한 의견이 존재한다. 먼저, 중국이 방어적이고, 평화적이며, 비팽창주의적 전략문화를 갖고 있다는 견해다. 이를 주장하는 학자들에는 피터 위(Peter Yu)와 후이윈 펑(Huiyun Feng) 등이 있다. 위(Yu 2015)는 "유교 문화의 영향으로 중국은 역사적으로 다른 국가에 공격적인 행동을 하지 않았고, 오늘날 세계 무대에 부상한 이후로도 평화적 세력을 견지할 것이라고 주장한다." 펑(Feng 2007)은 1945년 이후 중국의 세 전쟁(6.25전쟁, 중인전쟁, 중월전쟁)에서 중국 지도자들의 의사결정 과정을 조사했다. 그는 중국 지도자들이 “전략적 결정과 행위에서 유교적 신념과 규범을 따랐고, 그래서 공격적인 전략문화를 거스르는 방어적 전략문화를 보여주었다”고 결론지었다. 이러한 주장은 대체로 중국인이나 중국과 연관 있는 연구자들로 현실 속에 나타나는 중국의 적극적인 무력 사용의 원인을 설명하는 데는 한계가 있다.

다음으로 중국의 전략문화는 공격적이라는 것이다. 로시딘(Rosyidin 2013)은 중국의 전략문화는 중화사상을 기반으로 매우 공격적이며, 심지어 유교와 손자병법에도 공격적인 내용을 갖고 있다고 주장한다. 그는 중국은 유교적 문화 영향 아래 중화 중심의 질서를 구축하기 위해 혼란스러운 세상에 천자가 나서서 평화를 달성해야 한다는 공격적인 전략문화를 갖고 있으며, 손자 또한 적의 연대를 파괴하는 것을 최우선 방책으로 내세웠는데, 그것은 매우 공격적인 전략이라는 것이다. 유교와 손자로 대표적인 중국의 전통적인 전략문화를 공격적으로 인식하고, 중국의 공격적인 행동들이 여기에서 연유한다는 그의 주장은 다소 무리가 따른다.

마지막으로 중국은 이중적인 전략문화를 갖고 있다는 주장이다. 스코벨(Scobell 2003)은 중국의 전략적 기질은 평화주의자나 호전주의자 중 하나로 정확하게 특정할 수 없으며, 방어적 사고의 공자-맹자주의와 공격에 기원을 둔 군사적 해결방안을 선호하는 현실정치를 갖고 있다고 주장한다. 그리고 이 두 가지는 “변증법적인 형태로 서로 영향을 주고 혼합되어 ‘중국의 방어 숭배’의 형태로 변환된다”고 언급한다. 존스턴(Johnston 1995) 역시 이와 유사한 주장을 했다. 그는 중국의 전략문화는 공자-맹자주의적 전통을 갖고 있지만 그 전략문화와 현실은 구분해야 한다는 것이다. 이들의 연구가 중국의 전략문화를 이해하는 데 많은 기여를 했다는 것은 분명하다. 하지만 전통적으로 평화주의적이고 방어적인 중국의 전략문화가 현실정치 속에서 변용되어 공격적인 형태로 나타난다면, 중국의 전통적 전략문화는 그 자체로서 어떤 의미가 있는가라는 의문이 생긴다. 즉, 한 국가의 전략문화가 현실 속에서 원래의 성격대로 기능하지 못하다면 그것을 과연 그 국가의 전략문화라 부를 수 있을 것인가라는 의문이다.

사실, 최근 중국의 적극적인 대외 행보는 국제정치이론에서 중국위협론을 주장하는 현실주의자들의 손을 들어주는 것 같다. 하지만 현실주의자들은 국가의 외교정책을 결정하는 것을 주로 군사적 · 경제적 능력이라는 물질적 요인에만 초점을 맞추는 경향이 있다(Rosyidin 2013). 중국의 외교정책을 적극적으로 보든지 아니면 소극적으로 보든지 간에 세계 무대에서 현재 중국이 보이는 국제적 행동을 설명하기 위해서는, 중국의 역사적 전통과 그들의 실제적 경험에서 생성된 그들의 사고와 문화를 등한시해서는 안 된다. 한 나라의 외교정책이나 군사행동은 그 뒤에 숨겨진 사고의 고려 없이 이해될 수 없기 때문이다. 로시딘(2013)은 "중국의 외교정책은 과거 그들의 사고와 경험과 분리될 수 없다. 군사비와 경제 호황 같은 물질적 요소가 중국의 외교정책에 중대한 영향을 미치지만, 이러한 정책을 형성한 사고가 가장 중요하다"라고 주장한다.

이 글은 이러한 문제의식을 바탕으로 미—중 군사 관계를 검토하기 위해 중국의 전략문화 분석을 통해 중국의 무력 사용에 대한 사고방식을 파악하고자 한다. 하지만 이 연구는 중국의 외교정책에 관한 논의까지는 나아가지 않는다. 존스턴이 주장했던 전략문화의 첫 번째 단계에 초점을 맞추어, 중국의 전략문화의 특성을 기반으로 중국이 자신들의 전략문화를 어떻게 인식해왔고, 현재 미국의 전략문화를 어떻게 인식하고 있으며, 미국과의 군사적 갈등 속에서 중국이 군사력 사용을 어떻게 결정할 것인가에 관한 논의에 한정하고자 한다.

이를 위해 먼저 중국 전략문화의 형성기라고 볼 수 있는 고대중국의 전통적 전략문화와 근대중국의 역사적 경험이 현대중국의 전략문화에 어떠한 영향을 주었는지 살펴봄으로써 중국 전략문화의 특성을 살펴본다. 이어서 중국인 스스로 자신들의 전략문화를 어떻게 인식하고 있으며, 나아가 최대 경쟁국으로 생각하는 미국의 전략문화를 어떻게 인식하고 있는지 검토한다. 마지막으로 타이완과 남중국해 등에서 발생하고 있는 미—중 군사 갈등의 배경을 알아보고, 향후 중국의 대미 군사행동 가능성을 조심스럽게 전망해 보고자 한다.

Ⅱ. 중국의 전략문화 특성

1. 전통적 전략문화의 이원성

대부분의 연구자들은 중국의 전통적 전략문화를 유교에 영향을 받은 평화주의적이고 방어적인 전략문화로 이해한다. 하지만 유교를 국교로 삼은 한(漢)제국과 유교적 정치이념이 강하게 지배했던 송

(宋), 명(明)도 군사(軍事)와 결코 무관하지 않았다. 오히려 군비증강, 이민족과의 전쟁이라는 생생한 무력 사용의 현실을 보여주었다. 중국의 전통적 전략문화를 유교적 관점에서만 연구하는 것은 실상을 놓칠 수 있다는 위험을 안고 있다(기세찬 2017a, 156). 아래에서 유교적 전략문화의 재검토와 함께 최근 발견된 일부 출토 문헌을 중심으로 전통적 중국전략문화의 이원성을 재론하고자 한다.

사실 중국의 문화는 세계에서 가장 오래되고 가장 복합적인 문화 중 하나이며, 중국인의 철학적 사고는 중국인의 전략적 행동에 영향을 미치는 깊은 문화적 역사적 뿌리를 가진다. 비록 불교와 도교의 영향력이 없지는 않지만, 유교가 가장 영향력 있는 사상이라는 것은 의심의 여지가 없는 사실이다. 유교는 공자의 가르침에 기초해 인간관계, 사회구조, 덕행, 그리고 직업윤리에 관련된 행동과 도덕 교리로써, 현재까지도 중국인의 대인관계 행동 규범의 기초를 제공한다. 유교는 또한 중국인의 군사적 사고와 중국의 국제관계 행위에 대해서도 많은 본질적 요소들을 제공한다.

유교는 한무제 때부터 국학이 되었고, 통치자의 권력과 권위를 합법화했으며, 상하 간의 분명한 경계가 있는 위계질서를 결부시켰다. 덕과 법 사이의 인식에 관해서, 법가가 '법(法)'을 우선시한다면 유가는 '덕(德)'을 중시한다. 공자에 의하면, 이상적인 통치자는 덕을 우선시하는 사람이다, 공자는 "정치를 덕으로 하는 것은 비유하면 북극성이 제자리에 머물러 있으며 뭇별들이 그에게로 향하는 것과 같다"(『論語』「爲政」)[2]라고 언급했다. 이는 덕이 정치의 중심에 있다는 것을 북극성에 비유하여 명확히 표현한 것이다. 또한, 공자는 "조화는 귀하다(和爲貴)"(『論語』「學而」)[3]라고 함으로써 사회가 대결보다는 평화를 지향할 것을 주장하고 있다.

유가를 계승한 맹자 또한 인의(仁義)에 의한 왕도정치를 주장했다. 맹자는 "힘으로 인의 행위를 빌린 자는 패자이니, 패자는 반드시 대국을 소유하여야 하고, 덕으로 인을 행한 자는 왕자(王者)이니 왕자는 대국을 필요로 하지 않는다"(『孟子』「公孫丑 上」)[4]라고 언급했다. 또한, 그는 나라를 어떻게 이롭게 할 수 있느냐고 질문하는 양혜왕(梁惠王)에게 "왕은 하필 이(利)를 말씀하십니까? 또한 인의(仁義)가 있을 뿐입니다,"(『孟子』「梁惠王 上」)[5] "왕께서 만일 인정(仁政)을 백성에게 베풀어 형벌을 줄이고 세금을 적게 거둔다면…이들에게 몽둥이를 만들어 진나라와 초나라의 견고한 갑옷과 예리한 병기를 지닌 병사들을 물리칠 수 있게 할 수 있을 것입니다"(『孟子』, 「梁惠王 上」)라고 답변했다. 맹자는 이상적인 왕도를 실현하는 왕자가 스스로의 인덕을 확장함으로써 무력행사 없이도 이웃 강대국을 복속시킬 수 있다고 주장한 것이다.

만약 이러한 사고가 여전히 현대 중국인의 일상에 남아있다면, 유교적 전략문화는 미―중 갈등에서 중국의 행위를 설명하는 데 도움이 될 것이다. 동시대 중국인 연구자들은 평화와 조화에 대한 이러한 선호의 실체를 중국의 역사 속에서 찾아, 중국은 폭력적 해결책보다

---

2) "子曰 爲政以德 譬如北辰 居其所 而衆星 共之".
3) "有子曰 禮之用 和爲貴 先王之道 斯爲美 小大由之".
4) "孟子曰 以力假仁者霸 霸必有大國 以德行仁者王 王不待大".
5) "孟子對曰 王何必曰利 亦有仁義而已矣".

는 평화적 해결책을 추구한다고 강조한다(Feng 2007, 121-122). 바꾸어 말하면, 중국인들은 자신들의 전통문화인 유교적 가치를 존중하며 그 유교적 가치는 분쟁보다는 조화를, 공격보다는 방어를 선호한다고 주장하고 있는 것이다.

그러나 중국 고대 군사사상에 있어서 덕과 인의에 기초한 왕도적 전쟁관만이 중국인들의 지배적 사상이었는지에 대해서는 재고해 볼 여지가 있다. 왕도정치를 주장했던 맹자는 춘추시대의 상황을 파악하여 "춘추에 의로운 전쟁은 없다"(『孟子』「盡心 下」)[6]라고 확언했다. 실제『춘추좌씨전(春秋左氏傳)』에 남겨진 수많은 전쟁 기록은 천자가 제후를 치는 정의로운 전쟁인 '정(征)'이 아니라, 제후가 서로를 공격하는 침략전쟁의 양상을 전하는 내용으로 이루어져 있다.

최근 들어서 발견된 중국의 출토 문헌에는 유가적 교리와는 차별되는 전쟁관이 존재한다. 예를 들면, 1972년에 발견된『은작산한간(銀雀山漢簡)』[7]의「왕병(王兵)」편에 '왕병'의 의미에 관한 내용이 서술되어 있다. '왕병(王兵)'이란 글자 그대로 왕(王)의 병(兵), 즉 왕의 전쟁관에 관한 것이다. 왕자의 전쟁론이라 하면 무엇보다 위에서 언급한 맹자의 왕도의 주장이 떠오른다. 하지만「왕병」편은 이러한 왕자의

6) "孟子曰 春秋 無義戰 彼善於此 則有之矣".

7) 1972년 산동성(山東省) 임기(臨沂) 은작산한묘(銀雀山漢墓)에서 출토된 은작산한간(銀雀山漢簡) 가운데는 오랫동안 그 존재 자체가 확실치 않았던『손빈병법(孫臏兵法)』과 현행본 13편『손자』로 추정되는 두 종류의『손자』외에도 현행본『울료자』,『육도』와 유사한 문헌이 발견되었다. 지금까지 그 존재조차 알려지지 않았던「수법」,「왕병」이라는 이름을 지닌 고일(古逸)병서 등 대량의 군사관계 문서도 포함하고 있다. 여기서 발굴된 자료들은 중국 고대 군사사상의 연구에서 자료의 제약이라는 한계를 극복하게 해주었다.

왕도를 주장하는 것이 아니라 군사력 행사를 전제로 한 전쟁론을 전개한다. 「왕병」편 제1절에서는 다음과 같이 '병(兵)'의 의의를 높이 평가한다.

> 군주의 존비귀천과 나라의 존망안위의 근원으로 병(兵)보다 중한 것이 없다. 그러므로 폭란을 주벌하고 도리에 어긋난 행동을 벌함은 반드시 병으로써 하고, 간사함을 □□하고 기괴한 일이 퍼지는 것을 막음에는 반드시 형벌로써 한다. 그런즉 병이란 본래 밖으로는 난을 주벌하고 안으로는 간사함을 금하기 위한 것이다. 이런 연유로 병은 군주를 중하게 여기고 나라를 안정시키는 가장 중요한 것이다(銀雀山漢墓竹簡整理小組編 1985, 135).[8)]

맹자가 주장한 '병(兵)'은 가치 면에서 왕자의 '덕(德)'보다 하위에 위치하는 데 비해, 여기에서는 '병(兵)'을 "군주의 존비귀천과 나라의 존망안위의 근원"이고 "나라를 안정시키는 가장 중요한 요소"로 그 의의를 매우 높이 평가하고 있다(기세찬 2017b, 58). 물론 「왕병」편이 단순히 군사지상주의를 주장한 것만은 아니었겠지만, 「왕병」편에는 분명히 유가의 왕도정치와는 구별되는 전쟁관이 존재한다.

이러한 사고는 단지 『은작산한간』의 출토 문헌에만 국한되는 것이 아니다. 『마왕퇴한묘백서(馬王堆漢墓帛書)』[9)]의 「명군(明君)」에는 다

8) "主所以卑尊貴賤，國所以存亡安危者，莫鑿於兵．故誅暴亂，伐不道，必以兵，□□姦邪，閉塞奇施，必以刑．然則兵者，古所以外誅亂，內禁邪．故兵者，尊王安國之主".

9) 1973년에 호남성(湖南省) 장사(長沙) 마왕퇴한묘(馬王堆漢墓)에서 출토된 한대 초기 백서(마왕퇴백서[馬王堆帛書])에는 전국시대부터 진한에 이르는 정치와 군사의 실태와 그와 관련된 여러 가지 사상이 풍부하게 수록되어 있다. 마왕퇴한묘에서 출토된 문헌 중 「明君」의 내용은 國家文物局古文獻研究室編. 『馬王堆漢墓帛書(壹)』(北京: 文物出版社, 1980)를 저본으로 한다.

음과 같은 왕과 신하의 문답이 나온다. "임금은 어떻게 존경을 받을 수 있는가"라고 물었다. "(싸워) 이기면 존경받게 됩니다. 공격하여 땅을 취하고… 그 소임은 공격하여 싸우는 것에 있습니다. 이에 현사명군(賢士明君)은 공격하여 싸우는 것을 압니다… 그래서 전국에서 군대를 모읍니다"(國家文物局古文獻研究室編 1980). 여기에서 왕이 저절로 존경받게 상황은 구체적으로 "싸워 이기는 것", "땅을 취하는 것"에서 초래된다고 설명한다. 그러므로 그 소임이 "공격하여 싸우는 것에 있다"는 것을 숙지하고 있는 현사명군은 군사력의 강화에 노력할 것이라고 한다. 여기서 현명한 왕, 즉 '명군'이 군사력의 강화와 군사적 승리를 전제로 한다는 점은 송대에 7가지 병서를 채택하여 명명한 '무경칠서'에는 보이지 않는 독특한 사고방식이다(기세찬 2017b, 58-59).

물론 이러한 현사명군이 당시 군주의 기준상인지에 대해서는 더 깊이 있는 연구가 뒤따라야 하겠지만, 유가에서 주장하는 왕도를 추구하는 군주가 당시의 유일한 이상적인 군주상만은 아니었던 것은 분명하다. 바꾸어 말하면, 유교의 기본적 교리는 중국의 평화적 전략문화를 형성하는 데 분명히 기여했겠지만, 중국 고대에는 평화만을 주장하는 철학적 사고만 존재했던 것은 아니다. 패권주의적 사고가 현재 중국의 전략문화에 영향을 주지 않았다는 증거가 없으며, 오히려 그러한 이원적인 철학 사상을 인정해야지 중국 역사에서 나타나는 공세적이고 팽창주의적인 행태가 쉽게 이해된다.

2. 근대중국의 역사적 경험과 그 영향

동시대 중국의 전략적 행동에 영향을 주는 또 다른 중요한 요인은 19세기와 20세기 사이에 중국인들이 겪었던 수모의 역사이다. 지금의 국제무대에서 중국의 행동을 이해하기 위해서는 중국 문명의 역사, 특히 근대 중국의 역사를 살펴보는 것도 중요하다. 왜냐하면, 중국의 근대 역사는 국수적 중국 민족주의 발전에 중요한 역할을 해왔기 때문이다. 이러한 발전의 촉매는 중국이 영국과의 제1차 아편전쟁(1840~1842)에서 패배하여 발생한 국가적 위기였다. 이 상황은 이후 청일전쟁을 거치면서 2000년 동안 내려온 중화제국의 해체와 국토의 상실을 이끌었다. 당시 서구 열강은 중국에 불평등조약의 체결을 강요했고, 치외법권지역을 획득해 중국 본토를 조각냈다.

뒤이어 발생한 청일전쟁(1894~1895)은 중국에 상상할 수 없을 정도로 큰 재앙이었다. 중국은 일본에 막대한 배상금뿐만 아니라 타이완 및 펑후섬을 할양해야 했다. 중국은 오랫동안 '동생'이었던 일본과의 전쟁에서 패배했고, 중국이 놀라울 정도로 허약했다는 것을 처음으로 만천하에 보여주는 계기가 됐다. 일본에 패한 중국은 분노와 더불어 어떠한 문화적 대가를 치르더라도 일본식 서구화가 절대적으로 필요하다는 것을 느꼈다(윌리엄 T 로 2014, 402).

외세 제국주의가 중국을 조각내고 내정에 간섭하자 중국인들 사이에서 폭력적 배외주의가 절정에 달했다. 1900년 중국 산둥성에서 발생한 의화단 운동은 직례로 옮겨갔고, 의화단은 독일 대사를 살해하고 외국 공사관들을 포위했다.[10] 1만 8000명으로 구성된 연합원정군

(영국, 독일, 러시아, 프랑스, 미국, 오스트레일리아, 이탈리아, 일본)은 쉽게 베이징을 점령했고, 중국의 수도를 약탈했다. 이들은 자금성을 샅샅이 뒤져 제국의 축적된 부를 유럽으로 가져갔다. 강간 · 강도 · 대혼란이 얼마 동안 계속되었다. 걷잡을 수 없는 살인과 폭력의 광기가 여러 땅에서 온 점령군을 사로잡은 것 같았다(Johnson 2009, 4-5). 수천 명의 민간인이 그 전쟁 동안 죽었고, 연합원정군이 자행한 약탈, 살인과 강간의 범죄행위 같은 폭력은 중국인들에게 오랫동안 기억되었다.

그 후, 1919년 1월에 제1차 세계대전 사후 처리를 위한 베르사유 강화회의가 열렸다. 중국인들은 윌슨의 14개조 원칙에 큰 기대를 걸었다. 하지만 독일이 소유했던 중국 산둥을 중국으로 반환하지 않고 일본으로 전환한다는 결정 소식이 전해지자 중국인들은 서구에 대한 배신감을 느꼈다. 중국의 분노는 산둥성을 넘어 학생들의 시위를 이끌었고, 반제국주의 · 문화정치적 운동인 1919년 5.4운동을 일으켰다. 5.4운동은 중국 대부분의 성과 대도시를 뒤덮었고, 1911년의 공화혁명보다 매우 폭넓은 민중의 기반을 갖고 있었다(이매뉴얼 2013, 626). 그것은 중국에서 마르크스주의의 확산을 촉진시켰고, 중국공산당의 설립을 위한 사상적 기반을 만들어 주었다. 서구식 자유민주주의는 이전에 중국의 지식인들 사이에 상당한 견인력을 갖고 있었지만, 서구가 중국을 배신한 것처럼 보여진 베르사유 조약 이후 그 매력을 상실했다.

10) 의화단과 그 청군 지지자들은 6월 10일레 서산(西山)에 있던 영국 공사관의 여름 별장을 불태웠고, 다음날에는 일본 공사관의 서기관을 살해했으며, 6월 20일에는 독일 대사를 살해했다.

1931년 일본의 만주 침공으로 시작된 1937~1945년의 제2차 중일 전쟁은 그 고통의 절정이었다. 1938년의 '난징 대학살'로 일본 제국군의 손에 의해 약 20만 명에서 30만 명의 중국 민간인이 학살당했다.[11] 지금까지도 그 숫자는 명확하지 않지만 8년의 전쟁 동안 약 1,500~2,000만 명의 중국인이 목숨을 잃은 것으로 추정된다(윌리엄 T 로 2014, 460). 일본의 침공은 중국 민족의 생존을 위협했지만, 아이러니하게도 민족주의 대중 동원 운동을 일으키는 데 도움을 주었고, 결국 국공내전에서 중국공산당이 승리하도록 견인 역할을 했다.

이러한 근대 중국의 수모의 역사적 사건들이 중국의 전략문화를 형성하는 데 큰 영향을 주었다는 것은 의심할 여지가 없다. 중국 국방대학교 군사과학원 부원장을 역임했던 리지쥔(李際均) 장군은 1997년 미 육군대학에서 다음과 같이 발언했다.

> 1949년 이전, 중화인민공화국이 창설되었을 때, 1,000개보다 많은 조약과 협정들, 대부분이 불평등조약들은 서구열강이 중국에 강요한 것이었다. 1,800만평방미터의 땅이 중국 영토에서 떨어져 나갔다. 이것은 중국이 결코 잊을 수 없는 굴욕의 시기이다. 이것은 중국 인민이 중국의 국가 독립, 영토와 주권의 통일과 통합에 관련된 사건들에 있어서 왜 그렇게 강한 감정을 보여주는지에

---

11) 이 숫자에 대한 논쟁이 있다. 다음 연구들을 참조. Bob Tadashi Wakabayashi, *The Nanking Atrocity, 1937-1938: Complicating the Picture* (Oxford, 2007); Joshua Fogel, ed., *The Nanjing Massacre in History and Historiography* (Berkeley, CA, 2000); Takashi Yoshida, *The Making of the "Rape of Nanking": History and Memory in Japan, China, and the United States* (New York, 2006); Daqing Yang, "Convergence or Divergence? Recent Historical Writings on the Rape of Nanjing," *American Historical Review*, vol.104:3, 1999.

대한 이유이다. 이것은 또한 중국이 어떠한 환경과 비용이 들더라도 그것들을 보호해야 한다고 결정하는 이유이다(Kane 2004, 102).

외국의 의도에 대한 중국의 의심은 역사적 맥락에서 쉽게 이해된다. 아편전쟁 이후 100여 년 동안 중국인이 겪었던 고통과 수모의 역사는 현대 중국인의 전략문화에 깊은 영향을 미치고 있다. 중국의 6.25전쟁(한국전쟁) 개입은 이러한 외국 세력의 개입에 대한 역사적 불신과 그 자신들의 안보 우려로 인해 촉발된 것으로 보인다. 전쟁 초기, 중국은 유엔군이 개입했음에도 불구하고, 곧바로 직접적인 군사 개입을 선언하지는 않았다. 그러나 일단 유엔군이 38도선을 넘어 북한군을 압록강과 중국 국경으로 밀어붙이자, 중국 지도자들은 과감하게 한반도에 병력을 파병하기로 결정했다.[12] 중국 지도부는 중국이 저항하지 않는다면, 영원히 미국의 통제하에 놓일 것으로 우려했다(Goulden 1982, 35). 당시 중국의 정치·군사 지도자들은 한반도에서의 군사 개입을 '자위(自衛)' 차원의 전쟁으로 인식했던 것 같다.

이러한 역사적 사례가 중국이 패권국이나 팽창주의적 국가라는 실효성 있는 논쟁을 만들지는 못하지만, 이것은 중국의 지도자들이 자신들이 결정한 무력 사용이 자위 차원의 방어적 성격이라고 인식했을 때는, 무력을 선택할 수 있다는 것을 보여주는 좋은 사례이다. 근대중국이 당했던 굴욕의 역사는 중국인들의 영토 주권의 수호에 대한 강렬함과 서구에 대한 불신감을 불러일으켰고, 나아가 중화인민공화국 초기 중국 지도부가 적극적 무력 개입을 선호하게 만들었던 원인을

12) 이 전쟁 개입으로 중국군은 3년 동안 한반도에서 싸웠고, 390,000명의 사상자가 발생했다.

제공한다. 공격적인 중국의 행동에는 근대 역사 속의 굴욕에 대한 집단기억이 내재되어 있는 것이다.

Ⅲ. 중국의 '미국전략문화' 인식

전략문화는 중국의 정치·군사 지도자들이 어떻게 생각하고 행동하는지에 영향을 줄 뿐만 아니라, 이들이 경쟁자로 간주하는 주요 강대국의 전략문화에 대해서도 동일한 방식으로 인식하게 만든다. 그러므로 현재 중국의 정치·군사 지도자들이 가장 적대국으로 인식하고 있는 미국에 대한 전략문화는 매우 중요한 의미를 갖는다. 더 정확히 표현하자면, 미국의 전략문화가 무엇이냐는 진실보다는 미국의 전략문화를 중국이 어떻게 인식하고 있는가가 더욱 중요하다. 중국의 자체—전략문화 인식과 미국전략문화 인식의 비교를 위해, 먼저 중국 스스로 자신들의 전략문화를 어떻게 인식하고 있는지 살펴보고, 이어서 중국인들의 '미국전략문화' 인식을 검토하려고 한다.

역사적 실체 속에 중국의 공격적인 행동이 나타남에도 불구하고, 앞서 언급한 것처럼 대부분의 중국 전략사상가들은 현대중국의 전략문화가 평화주의적이고, 방어적 성격을 갖고 있다고 이해하는 경향이 있다.[13] 스코벨(2003, 34-35)은 중국의 엘리트 그룹이 중국이 평화주의적 전략문화를 소유하고 있다고 믿고 있으며, 대외안보원칙으로 '정의의 전쟁(義戰)'과 '적극방어' 개념을 내세운다고 주장한다. 실제

---

13) 다음을 참조. 李際均, "軍事戰略思維縱橫談(上)", 『祕書工作』 2011年 第4期(2011. 4); 郭樹勇 主編, 『戰略演講錄』(北京: 北京出版社, 2006); 劉小華·王巍, "中美戰略文化差異性深究", 『世界經濟與政治』 (2014. 7).

마오쩌둥 사후 그의 후계자들은 국제사회에서 평화와 발전의 관계를 강조했다. 덩샤오핑의 평화발전론, 장쩌민의 신안보관, 후진타오의 화평굴기, 시진핑의 신시대론이 대표적이다.

중국은 자신들이 평화적인 외교정책을 추구하고 있으며, 세계와의 조화를 추구한다고 공개적으로 주장한다. 2019년의 중국 국방백서(中華人民共和國國務院新聞辦公室 2019)에는, "중화인민공화국 성립 이래 중국은 국제주의와 인도주의 정신을 견지했으며... 지금 세계 각국은 상호 연계와 상호 의존이 나날이 긴밀해져 가고 있어서, 인류는 점점 너 속에 내가 있고 내 속에 네가 있는 운명공동체이다"라고 언급되어 있다. 즉, 중국인들이 깊이 간직하고 있는 신념은 "중국은 평화주의적 전략문화를 소유하고 있다"라는 것이다.[14] 이에 따라 중국의 정치 · 군사 지도자들은 중국은 패권을 추구하지 않으며, 패권국이 될 생각도 없다고 공개적으로 천명하고 있다. 이에 대한 공식적인 표현은 2010년 국방백서에 보인다.

> 중국은 확고부동하게 평화적인 발전의 길을 가고 있으며, 대내적으로 사회주의 조화사회를 적극 건설하고, 대외적으로 영구평화와 공동번영의 조화세계 건설을 추진하고 있다... 현재는 물론 미래에 있어서도, 어디까지 발전하더라도 중국은 영원히 패권을 추구하지 않을 것이며, 군사적 확장을 추구하지 않을 것이다(中華人民共和國國務院新聞辦公室 2010).

---

14) 이에 대한 구체적인 내용은 다음을 참조. 李際均, "論戰略文化", 郭樹勇 主編, 『戰略演講錄』(北京: 北京出版社, 2006); 米雪 · 王學玉, "亞太地區主要國家的戰略文化研究", 『當代世界社會主義問題』 第131期(2017. 1). 倪万, "善邻怀远与力征天下一中西军事思想的文化差异及其对国家战略的影响", 『时代文学』 2006年 第6期(2016. 12).

이것의 의미는 중국은 결코 공격적이거나 팽창주의적 국가가 아니라는 것이다. 중국의 많은 지도자와 연구자에 따르면, 중국은 장기간의 역사 동안 결코 공격적인 전쟁을 추구하지 않았다. 나아가 중국은 다른 나라들을 위협하지도 않았다. 중국 연구자들은 자신들의 주장을 뒷받침하기 위해 "우리는 한치의 외국 땅도 원하지 않는다"는 마오쩌둥의 성명을 자주 인용한다. 심지어 한 연구자는 1949년 이후 중화인민공화국이 외국과 수행한 8차례의 전쟁이 모두 자위반격차원의 전쟁이었다고 주장한다(李際均 2011, 10).

한편, 중국 지도부는 이러한 자신들의 방어적 차원의 성격을 강조하기 위해 선제공격을 하지 않는다는 원칙을 공개적으로 내세운다. 방어적 태세를 강조하는 데 있어서 가장 흔히 선전하는 증거는 "누군가 우리를 공격하지 않는다면, 우리도 누구를 공격하지 않을 것이다."(人不犯我我不犯人, 人犯我我必犯人)라는 마오쩌둥의 훈시일 것이다(마오쩌둥 2002b, 297). 마오쩌둥의 이러한 사고는 '적극방어'라는 개념으로 발전한다. 마오쩌둥은 중국공산당의 세력이 약하기 때문에 홍군의 힘을 발전시키는 동안에는 전략적 방어를 견지하지만, 방어할 때 단순한 진지전 중심의 방어가 아니라 기동전 위주의 적극적인 방어를 강조했다(마오쩌둥 2002a, 246-247).

하지만 적극방어는 순수한 방어만을 지향하지 않는다는 점을 유념할 필요가 있다. 중국의 전략 연구자들은 적극방어의 개념을 선제공격을 포함해 폭넓게 정의한다. 중국 군사과학원 전략연구소장을 역임했던 펑광첸(彭光謙 2006, 88-89) 장군은 혁명시기의 적극방어는

"아군이 약하고 적군이 강했을 때의 전략방침으로... 건국 이후 중국의 적극방어 전략방침은 변화를 거쳤다... (중국은) 전쟁 전에는 정치·군사·외교 등의 수단으로 적극적으로 억제하고, 전쟁 발발 후에는 전역과 전투에서 적극적 행동으로 적을 파괴하는 공격을 수행해야 한다"고 주장한다. 왕나이밍 장군(Senior Colonel Wang Naiming 1997, 17) 또한 "우리 군사전략의 본질은 방어적이지만, 또한 필요에 따라 적극성을 강조한다. 공격과 방어의 유기적 결합을 요구하며, 적극적인 공격으로 방어의 전략적 목적을 달성한다. 조건들이 무르익으면 전략적 방어는 반격과 공격을 이끌어야 한다"라고 주장하다. 이러한 주장들에 근거하면, 중국에서 진정한 의미의 공격과 방어의 경계선은 흐릿하다.

이상에서 살펴본 바와 같이, 대부분의 중국 연구자들은 중국 문명의 유산은 본질적으로 평화주의적이었으며, 위기에 직면했을 때에만 군사력을 전개하는 성향은 지금도 변함이 없다고 믿고 있는 것 같다. 그렇다면 그들은 미국의 전략문화를 어떻게 인식하고 있을까? 스코벨(2002, 16)에 따르면, 미국에 대해 중국이 가지고 있는 이미지는 '이중적'이다. 한편으로 미국은 중국의 모델로 보여지고, 다른 한편으로 미국은 위협의 대상이다. 삼보(Shambaugh 1991, 297-298) 또한 20세기 전반에 걸쳐 중국의 미국 관찰자들의 지배적인 주제는 '양면성'이라고 주장한다. 미국의 기술적 발전과 부유함은 분명 중국의 부러움의 대상이지만, 근대 역사적 경험과 현재 국제관계에서 미국의 대중정책은 중국이 극복해야 하는 위협이다.

중국의 대미 위협 인식은 중국의 타이완 통일 정책과 깊은 관련을 갖고 있어 왔다. 미국은 제2차 세계대전 동안 장제스가 이끄는 국민당 정권을 강력하게 지원했다. 중국 본토에서 국민당 정권이 붕괴하고 타이완으로 이전하자 트루먼 행정부는 장제스와의 연대를 끊을 준비를 했지만, 6.25전쟁의 발발은 워싱턴이 타이페이에 있는 국민당 정권을 방어하도록 유도했다. 미국은 타이완해협의 연속적인 위기에서 국민당 정권의 곁을 지켰다. 중국의 시각에서, 그것은 타이완의 국민당 지도자들이 독립을 추구하게 하는 적극적인 외세 개입이었다. 오늘날 많은 중국의 전략사상가는 미국을 중국의 최우선적인 적으로 간주한다. 왜냐하면, 미국이 타이완과의 통일 방해를 통해서 중국을 억제하고 중국을 훼손시키려 한다고 믿기 때문이다. 확실히 공식적인 미국의 외교정책 성명들은 미국이 중국의 위협이라는 그 믿음을 보강한다. 그리고 이것은 중국의 미국전략문화 인식에 의해 뒷받침된다.

미국의 전략문화는 널리 짐작되는 "서구의 전쟁방식"이라는 더 넓은 범주 안에 포함되는 경향이 있다. 이러한 서구의 전략문화는 중국 자신의 평화주의적이고 원칙적인 전통과는 정반대인 팽창주의적이고 현실주의적인 것으로 묘사된다. 한 연구자에 의하면, 중국은 방어적 군사 전통을 갖고 있는 반면, 서구에서 군사는 지정학적 팽창이라는 정치적 목적을 성취하는 것을 중요시한다. 게다가 크게 보면 서구 국가의 전략문화 전통은 '윤리적 사고'보다는 '물질적 이익'을 획득하는 것을 강조한다(米雪 · 王學玉 2014, 107-109). 또 다른 중국 연구자는, 중국은 도덕적 수양을 강조하는 전략문화를 갖고 있는 반면, 대부분의 서구 국가들은 모험, 확장, 그리고 기술을 강조하는 전략문화를 갖고 있다고 주장한다(倪万 2006, 139-141).

그러므로 중국인들의 눈에 보이는 미국 전략문화의 핵심 특징은 팽창주의와 패권주의이다. 한 중국 군사 전문가에 의하면, 미국은 "전형적 강권정치와 강권정치 실현의 전략문화"를 갖고 있다. 미국은 개척정신과 자유주의 정신을 갖고 있지만, 다른 한편으로 그것은 인디언을 몰살시키고 노예로 삼는 악행의 근원이었다. 현재의 미국은 정치적 · 경제적 수단을 통해 다른 나라에 미국의 의지를 받아들일 것을 강요하려 한다. 미국은 몇 번의 전쟁을 통해서 그 영토를 크게 확장했으며, 특히, 두 차례의 세계대전과 냉전을 통해서 미국의 이익과 영향력을 확대했다(李际均 2006, 192-194). 현재 중국의 정치 · 군사 지도자들은 미국의 대중국 목표를 '서구화'와 '분열화'로 보고 있다. 미국은 '민주'와 '인권' 문제를 내세워 신장과 티베트 등의 중국 내정에 간섭하고, 타이완의 통일을 방해하고, 나아가 남중국해 등 중국의 해양주권을 위협한다는 것이다(劉静波 2006, 70-73).

중국의 시각에서 미국의 전략문화는 공격적이며, 미국은 세계의 패권자처럼 행동하고 있다. 2019년 중국 국방백서에서 중국은 "미국은 국가안보와 국방전략을 조정하고 일방적인 정책을 채택했다. 이는 주요 국가 간의 경쟁을 자극 및 격화시켰고, 국방비를 대폭 늘리고 핵 · 우주 · 사이버 · 미사일 방어에 있어 추가적인 능력을 요구하며, 세계적 안정성을 저해했다"고 언급하고 있다(中華人民共和國國務院新聞辦公室, 2019). 중국은 미국이 "패권주의, 권력주의, 일방주의, 끊임없는 지역갈등과 전쟁으로 인해 국제안보체제와 질서를 훼손"시키고 있는 나라라고 공공연히 비난하고 있는 것이다.

한편, 중국의 연구자들은 미국의 엘리트들이 기술을 숭배한다고 믿는다. 미국의 정치·군사 지도자들은 모든 도전을 기술적인 진보를 통해서 극복하려 한다. 이것은 로널드 레이건 대통령의 신념이 대표적이다. 그는 미국의 창의력은 우주 시대나 "우주 전쟁" 기술을 개발해 미국이 스스로 소련의 미사일 공격으로부터 방어할 수 있을 것이라 믿었다(李際均 2006, 193). 더 최근에, 중국의 연구자들은 분명히 미사일 방어 제안의 매력과 '원격' 기술의 사용이 미국의 군사력에게 원거리에서 전쟁을 수행하는 능력을 부여하는 기술적인 숭배를 목격한다. 후자는 미국 군사력이 근접 전투를 피하고 잠재적 사상자를 크게 감소시키는 것을 가능하게 한다. 중국의 시각에서, 발전된 미국의 미사일 방어체계와 원거리 정밀유도무기는 해외에서 미국이 군사력을 더욱 적극적으로 사용하도록 유도한다.

이상에서 살펴본 바와 같이 중국 엘리트들은 공공연히 적극방어전략이 때로는 공격적인 행동을 수반해야 한다고 주장했음에도 불구하고, 그들의 자체—전략문화 인식은 중국은 평화주의적이고, 패권을 추구하지 않는, 순수한 방어적 전략문화를 갖고 있다는 것이다. 그에 반해, 중국 엘리트들은 미국의 전략문화를 윤리보다는 물질적 이익을 중시하는 서구의 전략문화와 동일시하면서, 팽창주의적이고 패권주의적인 기술숭배의 공격적 전략문화를 갖고 있다고 생각한다.

Ⅳ. 미—중 군사 관계 전망

미—중 갈등은 냉전 이후 어느 때보다 높아진 상황이다. 중국과 미국의 갈등은 2000년대 이후 급격하게 성장한 중국의 경제력과 군사력, 그리고 그것에 위협을 느낀 미국의 인식에 기반한다. 최근 미국은 대중정책에 있어서 과거와 확연히 구별되는 전략인식과 대외전략을 구사하고 있다. 오바마 행정부는 2012년 '전략적 재보장'에서 '전략적 재균형'으로 대중정책을 전환했고, 트럼프 행정부는 중국을 '현상 도전 국가'고 규정하여, 무역전쟁, 기술전쟁, 남중국해, 타이완 문제 등에서 전방위적으로 중국을 압박했다. 바이든 행정부는 중국과의 전략경쟁을 본격화하고 있으며, 동맹 및 우방국과의 반중 연대 결성을 통한 군사적 압력을 강화하려 하고 있다. 미국의 이러한 행보는 중국을 도전세력으로 인식하고 강대국 사이의 세력 전이로 정의할 수 있는 '투키디데스 함정'에 대응하는 방법을 모색하고 있는 것이 분명하다.

중국 또한 급성장한 경제력과 군사력을 기반으로 미국과 새로운 관계를 모색하고 있으며, 국제사회에서 자신의 입지를 강화하기 위해 노력하고 있다. 특히, 2017년 10월 제19차 중국공산당 전국대표대회를 계기로 중국은 대국에서 벗어나 강국으로의 전환을 시도하고 있다. 당 대회에서 중국은 기존의 '신형대국관계'라는 용어 대신에 '신형국제관계'를 제시하고 '인류운명공동체' 건설을 주장하는 등 급속히 강화된 위상과 역할을 강조했다. 이는 지난 40년간 중국식 개혁개방 정책의 성공과 비약적인 경제발전을 토대로 국제사회에서 미국과 대등한 위치에 올라섰다는 자신감과 함께 새로운 국제질서를 구축하겠다는 의지라고 볼 수 있다. 이러한 중국의 자신감은 동아시아 현안을 둘러싸고 주변국과의 갈등을 발생시키고 있다. 타이완문제에 대해서는 2050년까지 타이완통일을 이루겠다는 의지를 과시하고 타이완 주변에서의 무력을 시위하며 양안 간의 긴장을 고조시키고 있다. 남중국해에서는 분쟁 중인 7개의 산호초 및 바위섬을 인공섬으로 만들고 여기에 무기를 배치하여 군사적 통제력을 강화하고 있다. 2016년 7월 헤이그 상설중재재판소(PCA)에서 내린 판결을 무시하며 남중국해 영유권을 기정사실화 하고 있다.

이처럼 미국은 중국을 계속 '적대국'으로 몰아가고, 중국은 소위 '중국몽(中國夢)'을 달성하기 위해 계속 반격을 하는 상황이다. 중국과 미국의 대결 양상은 이제 양국 간에 군사 충돌, 즉 전쟁이 발생할 것인가에 관한 관심으로 이어지고 있다. 물론, 현재 미—중 관계가 20세기 냉전 시대와 다르다는 것은 많은 국제안보 전문가가 동의하는 부분이다. 과거 미국과 소련은 군사 및 과학기술, 체육 등의 분야에서 주로 경쟁을 했다. 현재 미국과 중국은 이런 분야 외에도 경제, 무역, 언론 등을 포함한 전방위적인 측면에서 대립하고 있지만, 양측이 교역 등에서 상호 밀접한 관계를 맺고 있어 설사 미 · 중의 극단적 대립이 발생한다고 해도 한쪽의 일방적 승리나 붕괴로 끝나지는 않을 것이란 전망이 나온다. 중국이 미국 국채를 대량 보유하고 있고, 미국 또한 희토류 등 전략물자 수입의 상당 부분을 중국에 의존하는 만큼 상대방을 파멸로 몰아넣는 일이 부메랑으로 돌아올 수 있기 때문이다. 이를 근거로 일부 학자들은 중국과 미국이 군사 충돌로 나아가지는 않을 것으로 전망한다(Johnson 2009; 賈文山 · 盧芳珠 2021).

그러나 중국의 남해전략태세감지계획(南海戰略態勢感知計畫)의 후보(胡波) 소장은 중국 관영 글로벌타임스 인터뷰에서 미—중 간의 무력 충돌의 위험성을 지적하다. 그는 "현재의 전반적인 양국 관계를 놓고 보면 해상이나 공중에서 사고가 난다면 마찰이 효과적으로 관리되지 않고 더 격화할 수 있다. 특히 남중국해에서 중국군과 미군의 상호불확실성이 크며 위험이 점점 커지고 있다"라고 주장한다.[15] '투키디데스의 함정'이란 개념을 통해 미 · 중 갈등의 위험을 경고해온 그레이엄 앨리슨(Graham Allison) 하버드대 교수는 "미 · 중 간 군사적인 충돌 가능성이 생각보다 높고 그 시발점은 한반도나 대만 등 제 3지역이 될 수 있다"라고 주장한다. 그는 "미 · 중 관계는 악화할 수밖에 없는 운명"이라며 "새로 부상하는 강대국이 기존 강대국의 자리를 위협하면 반드시 엄청난 경고음이 울린다. 인류 역사에서 계속 되풀이됐던 일"이라고 지적한다.[16]

중국은 근대 역사적 경험에서 영토와 주권의 침해를 가장 굴욕적인 것으로 판단하고 있으며, 이것은 중국 지도부뿐만 아니라 일반 중국인들의 의식 속에도 깊게 각인되어 있다. 비록 중국이 평화적, 무력

---

15) "중국 싱크탱크 '미중 남중국해 군사 충돌' 경고", https://www.weeklytrade.co.kr/m/content/view.html?no=66831 (검색일: 2020. 08. 21).
16) "미—중 군사적 충돌 위험한 상황… 대만—한반도서 시작될 수도", https://www.donga.com/news/article/all/20200818/102524413/1 (검색일: 2020. 08. 21).

선제 불사용 원칙들을 천명하고 있지만, 중요한 점은 중국이 영토와 주권을 침해하는 핵심이익에 대해서까지 무력불사용 원칙을 적용하는 것은 아니라는 점이다. 근 100년 동안 역사적 수모를 당했던 중국으로서는 영토와 주권의 문제 등 중국의 핵심이익과 관련된 부분에서는 결코 다른 국가에 양보하지 않을 것이다. 따라서 향후 중국의 대외 군사행동은 중국이 무력 사용의 정당성으로 간주하는 중국의 핵심이익을 미국이 침해하는가에 대한 중국 지도부의 판단과 밀접한 관련이 있을 것이다.

물론, 티베트와 신장의 인권문제는 재정지원이나 국제적 차원의 압박이 주를 이루기 때문에 미—중 간에 직접적인 군사 충돌은 발생하지 않을 것이지만, 타이완과 남중국해는 상황이 다르다. 타이완은 중국의 국가통일과 관련된 문제이며, 국가통일은 중국 국가안보에서 타협불가능한 핵심가치이다. 중국은 자신들 스스로가 중국인으로 생각하지 않거나 혹은 피정복자들로부터 중국인으로 인정되지 않았던 민족들에 의해 주기적으로 지배당했던 오랜 역사적 경험을 가지고 있다. 분열과 외부세력에 의한 끊임없는 착취와 압제의 중국 역사 때문에, 그것은 특히 불변의 원칙이다. 중국은 역사적으로 오랜 분열을 겪은 후 통일을 추구했고, 이러한 현상들이 반복되었다. 그것을 '왕조 흥망의 주기'라 부른다(윌리엄 T 로 2014, 506). 중화제국에서 오랫동안 지속되었던 왕조 흥망의 주기라는 맥락을 통해 중화인민공화국을 본다면, 중국의 지도자들은 국가통일을 핵심 원리라고 생각하고, 그 안에서 중국인민해방군은 스스로 타이완을 본토에 귀속해야 할 최우선 책임이라는 신성한 추진력을 가지고 있다고 여길 것이다. 남중국해 또한 중국은 자신들 스스로 고유 영역이라고 설정한, 9단선 내에 위치해 있다고 하면서 중국의 핵심이익으로 간주하고 있다. 중국 지도부가 주변국의 인식과 달리 남중국해를 자신의 영토라고 계속 주장하고 현재와 같이 군사기지를 계속 건설한다면, 사실 남중국해에서 미국과 중국의 군사 충돌이 발생하지 않으리라는 보장이 없다.

향후 동아시아에서 미—중 간의 군사 충돌이 발생한다 하더라도 언제 어떻게 발생할 것인지는 정확히 예측할 수는 없다. 다만, 중국이 무력 사용 여부를 결정할 때에는 중국 지도부의 인식과 판단이 주요하게 작용할 것이다. 남중국해에서 그러한 결정의 순간이 온다면, 중국의 정치·군사 지도자들은 미—중 간의 군사력 격차, 특히 미군의 해·공군력의 우월성과, 남중국해 문제에 있어서 주변국의 비우호적 태도를 신중하게 고려할 것이다. 손자는 이미 전쟁에서 이기는 최선의 방책은 무력 사용이 아니라 외교적 수단으로 해결하는 것이라고 주장했다. 이를 잘 알고 있는 중국 정치·군사 지도자들은 무력을 사용하기에 앞서 미국에 강력한 경고나 항의를 보내거나 협상을 벌일 것임은 분명하다. 하지만 타이완이나 남중국해에서 미국이 지금보다 더 적극적인 군사행동을 펼치고, 중국이 미국의 그러한 행동을 중국의 핵심이익을 침해하는 것으로 판단한다면, 자위 차원에서 중국의 지도자들이 무력을 사용할 가능성도 완전히 배제할 수는 없다. 그러므로 동아시아에서 미국과 중국의 군사적 충돌을 방지하기 위해서는 무엇보다도 중국의 외교정책을 결정하는데 배경이 되는 그들의 전략문화를 이해하고, 실질적으로 양국이 상호 정보의 교환과 의사소통을 통해 오판을 방지할 수 있어야 할 것이다.

V. 결론

국제 분쟁을 해결하는 데 있어서 이상적인 해결방안은 없다. 대부분은 외교가 최선의 방책이라고 이야기하지만, 현실은 항상 그렇지만은 않다. 이 연구는 미—중 간의 갈등을 해결하는 안을 제공하는 데 있지 않다. 그보다는 전략문화라는 관점을 통해서 중국인의 군사적 사고와 행위를 형성하는 배경을 검토하려 했다.

중국의 유교적 전략문화는 현재 중국인의 사고와 행동에도 영향을 준다. 하지만 앞서 언급한 바와 같이, 중국 역사 속에는 유교의 왕도적 정치사상뿐만 아니라 패도적 정치사상도 존재했었다. 유교가 중국인에게 다른 사상보다 더 많은 영향을 주었다는 것은 분명하지만, 국제 분쟁을 해결하는 데 있어서 항상 유교적 이상이 절대적인 해결 방식은 아니었다. 현실 속에서 자주 나타나는 중국의 군사적 해결 방식은 이미 고대부터 중국인들의 관념에 내재해 있었다. 맹자가 춘추시대에 의로운 전쟁이 없다고 주장한 것은 제후들 간의 전쟁을 부정한 것이지, 평화를 존속하기 위한 천자의 징벌 전쟁까지 부정한 것은 아니었다.

중국의 자체—전략문화 인식은 중국인 자신들의 사고와 행동에 영향을 주지만, 경쟁국에 대한 전략문화 인식도 동일한 방식으로 작용한다. 앞서 언급했듯이 대부분의 중국 연구자들은 미국의 전략문화를 서구의 전쟁방식과 동일하게 간주하고 있으며, 자신들의 평화주의적인 이상과는 반대로 팽창주의적이고 현실주의적인 것으로 묘사한다. 특히, 미국의 대중국 목표를 '서구화'와 '분열화'로 보고 있다. 그러한 시각에서 타이완과 남중국해에서의 미국의 행동들은 중국의 정치·군사 지도자들에게 중국의 통일과 역내 평화를 위협하는 세력으로 보일 수 있다. 중국의 전통적 관점에 따르면, 미국의 이러한 행동들은 평화로운 대동 사회를 건설해 나가려는 중국의 노력을 방해하는 야만족의 행위와 유사하다. 한나라 시기의 대흉노정책은 중국이 강대한 이민족을 어떻게 상대하느냐에 대한 좋은 선례이다. 한 초기에는 대화와 타협으로 흉노와의 갈등을 해결하려 했지만, 그것이 영구적인 해결방안이 아니라고 생각하자, 한의 황제들은 무력을 동원해 흉노와의 전쟁을 벌였다.

현재 미국의 군사력이 중국의 군사력보다 우세한 상황에서 무력사용이 최선의 방책이 아니라는 것은 중국 지도부 스스로 잘 알고 있을 것이다. 그렇게 본다면, 중국 지도부가 가까운 미래에 남중국해에서 중국과 미국의 군사 충돌을 바라지는 않을 것으로 생각된다. 당분간 중국 지도부는 한편으로 자신의 군사력을 증강하면서, 또 다른 한편으로 대화를 통해 문제 해결을 시도할 것이다. 그 과정에서 중국은 자신들의 핵심이익을 침해한다고 생각되는 미국의 군사적 행동에 대해 격렬한 비난을 쏟아부을 수 있다. 그렇지만 이것을 단순히 중국의 선전 선동이라고 일축해서는 안 된다. 중국의 공개적인 말들은 실제 중국이 느끼는 두려움의 표현일 수 있다. 미국과 외교를 통한 해결이 불가능하고 타이완이나 남중국해에서 군사적 대결이 본토의 전초전이라고 생각한다면, 중국의 정치 · 군사 지도자들은 무력 사용을 결정할 수도 있다. 6.25전쟁 때 유엔군이 38도선을 넘어 북한군을 압록강과 중국 국경으로 밀어붙였을 때, 이제 갓 탄생한 신생 중국의 지도자들이 과감하게 한반도에 병력을 파병하기로 결정한 것을 간과해서는 안 된다. 중국의 대외 무력 사용 결정 요인을 단순히 물리적 차원의 비교군사력으로만 판단해서는 안 된다는 교훈이 여기에 있다. 그러므로 정치의 목적이 전쟁 그 자체가 아니라면, 미국과 중국은 오해와 오판으로 인한 무력 충돌을 방지하기 위해 상호 이해에 관한 노력을 지속해야 한다.

| 참고문헌 |

기세찬. 2017a. "춘추시대의 전쟁수행방식과 전쟁관". 『史叢』 91.

기세찬. 2017b. "전국시대의 전쟁양상과 그 군사사상". 『국방연구』 제60권 제3호.

마오쩌둥. 김승일 옮김. 2002a. 『모택동 선집』 1. 서울: 범우사.

마오쩌둥. 모택동. 김승일 옮김. 2002b. 『모택동 선집』 2. 서울: 범우사.

윌리엄 T 로. 기세찬 옮김. 2014. 『하버드 중국사 청: 중국 체후의 제국』. 서울: 너머북스.

이매뉴얼 C. Y. 쉬. 조윤수 · 서정희 옮김. 2013. 『근현대 중국사: 인민의 탄생과 굴기』 하권. 서울: 까치.

郭樹勇 主編. 2006. 『戰略演講錄』. 北京: 北京出版社.

賈文山 · 盧芳珠. 2021. "再造支撑中美關係的戰略文化". 『中國傳媒報告』 第20卷 第1期.

國家文物局古文獻研究室編. 1980. 『馬王堆漢墓帛書(壹)』. 北京: 文物出版社.

『論語』.

劉小華 · 王巍. 2014. "中美戰略文化差異性深究". 『世界經濟與政治』.

劉靜波. 2006. 『21世紀初中國國家安全戰略』. 北京: 時事出版社.

『孟子』.

米雪 · 王學玉. 2017. "亞太地區主要國家的戰略文化研究". 『當代世界社會主義問題』 第131期.

銀雀山漢墓竹簡整理小組編. 1985. 『銀雀山漢墓竹簡(壹)』. 北京: 文物出版社.

倪万. 2016. "善邻怀远与力征天下—中西军事思想的文化差异及其对国家战略的影响". 『时代文学』 2006年 第6期.

李際均. "論戰略文化". 2006. 郭樹勇 主編. 『戰略演講錄』. 北京: 北京出版社.

李際均. 2011. "軍事戰略思維縱橫談(上)". 『祕書工作』 2011年 第4期.

中華人民共和國國務院新聞辦公室. 2010. 『2010年中國的國防』. 北京: 人民出版社.

中華人民共和國國務院新聞辦公室. 2019. 『新時代的中國國防』. 北京: 人民出版社.

彭光謙. 2006. 『中國軍事戰略問題研究』. 北京: 海防軍出版社.

Feng, Huiyun. 2007. *Chinese Strategic Culture and Foreign Policy Decision-making: Confucianism, Leadership and War*. New York: Routledge.

Fogel, Joshua. ed.. 2000. *The Nanjing Massacre in History and Historiography*. Berkeley, CA.

Goulden, Joseph C. 1982. *Korea: The Untold Story of the War*. New York, NY: Times Books.

Jacques, Martin. 2009. *When China rules the world: the rise of the middle kingdom and the end of the Western world*. London: Penguin.

Johnson, Kenneth D. 2009. *China's Strategy Culture: A Perspective for the United States*. Defense Technical Information Center.

Johnston, Alastair Ian. 1995. *Cultural Realism: Culture and Grand Strategy in Chinese History*. Princeton: Princeton University Press.

Kane, Thomas. 2004. "China's Foundations: Guiding Principles of Chinese Foreign Policy." Liu, Guoli. ed.. *Chinese Foreign Policy in Transition*. New York: Aldine De Gruyter.

Klein, Bradley. 1988. Hegemony and strategic culture: American power projection and alliance defence politics. *Review of International Studies*, 14-2.

Rosyidin, Mohamad. 2013. "China's Strategy Culture and the Challenge of Security Management in the South China Sea Dispute". *East Asia*, vol 30, no 2, Springer.

Scobell, Andrew. 2002. *China and Strategic Culture*. Carlisle. PA: Strategic Studies Institute. U.S. Army War College, May 2002.

Scobell, Andrew. 2003. *China's Use of Military Force: Beyond the Great Wall and the Long March*. Cambridge: Cambridge University Press.

Senior Colonel Wang, Naiming. 1997. "Adhere to Active Defense and Modern People's War." in Pillsbury, Michael. ed.. *Chinese Views of Future Warfare*. Washington. DC: National Defense University Press.

Shambaugh, David. 1991. *Beautiful Imperialist* (Princeton: Princeton University Press.

Cordesman, Anthony H. & Kendall, Joseph. 2017. *Chinese Strategy and Military Modernization in 2017: A Comparative Analysis*. CSIS.

Snyder, Jack. 1977. *The Soviet strategic culture: implications for limited nuclear operations*. Rand Corp. Report R-2154-AF.

Wakabayashi, Bob Tadashi. 2007. *The Nanking Atrocity, 1937-1938: Complicating the Picture*. Oxford.

Wendt, Alexander. 1999. *Social theory of international politics*. Cambridge:

Cambridge University Press.

Yang, Daqing. 1999. "Convergence or Divergence? Recent Historical Writings on the Rape of Nanjing." *American Historical Review*, vol.104:3.

Yoshida, Takashi. 2006. *The Making of the "Rape of Nanking": History and Memory in Japan, China, and the United States*. New York.

Yu, Peter. 2015. *Ocean governance, regimes, and the South China Sea issues*. London: Springer.

6장
중국의 2050년 글로벌 강군 건설 구상과 안보적 함의

이상국

Ⅰ. 서론

시진핑(习近平) 집권 이후 중국은 자국의 국력 성장을 배경으로 글로벌 강국화를 겨냥한 국가전략을 지속적으로 발전시켜왔다. 2012년 중국공산당(중공당) 제18차 전국대표대회(당대회)에서 중국은 '2개 백년 목표'(两个一百年), '중국의 꿈'(中国梦)을 새로운 국가전략목표로 제시했다. 이 중 2개 백년 목표는 중공당 창당 100주년이 되는 2021년경까지 '전면적인 소강사회 실현'(全面建成小康社会), 중화인민공화국 건국 100주년이 되는 2049년경까지 '부강 · 민주 · 문명 · 조화의 사회주의 현대화국가 건설'(建设富强民主文明和谐的社会主义现代化国家)을 가리킨다. 이후 중국은 2017년 중공당 제19차 당대회에서 기존의 내용을 보완하면서 2035년까지 사회주의 현대화 국가를 기본적으로 실현하고 21세기 중엽까지 사회주의 현대화 강국을 전면적으로 실현하는 것(全面建成社会主义现代化强国)을 국가전략목표로 새롭게 제시했다. 이와 같은 중공당의 국가전략목표 조정은 2018년 중화인민공화국의 헌법 개정으로 이어지면서 중국의 국가전략으로 공식화했다. 구체적으로 2018년 개정 헌법 서문의 국가건설목표에 '부강·민주·문명·조화·미려의 사회주의 현대화강국 실현'(建成富强民主文明和谐美丽的社会主义现代化强国), '중화민족의 위대한 부흥'(中华民族伟大复兴) 실현이 새롭게 추가되었다(钱中兵编辑 2018).

한편 중국은 자국의 국력 성장과 미국의 상대적 쇠퇴를 배경으로 국제 권력 구조가 변화하는 가운데 평화와 협력 추세가 여전히 대세이지만 국제 안보의 불안정성이 증대되고 있는 것으로 진단하고 있다. 2019년 '신시대 중국의 국방'(新时代的中国国防) 국방백서에서 중국은 세계가 100년만의 대변화 국면에 있고 세계 경제와 전략의 중심이 아태지역으로 이동하고 있다고 분석하고 있다. 중국은 이러한 상황에서 미국이 역내 군사동맹을 강화해 가고 있고 이에 호응해 일본, 호주 등의 군사정책이 조정되면서 아태지역의 불안정성이 더욱 증대되고 있는 것으로 평가하고 있다.

이러한 조건에서 중국은 미중 전략경쟁과 그에 따른 안보위협에 대응하는 한편 장기적으로 글로벌 강국의 실현이라는 국가전략목표를 달성하기 위해서 군사력 현대화와 강군(强軍) 건설을 지속적으로 강조하고 있다. 구체적으로 2012년 중공당 당대회 이후 중국은 자국의 국제 지위에 걸맞고 국가안보와 발전이익에 상응하는 강한 군대 건설을 중국 현대화 건설의 전략 임무 가운데 하나로 규정하였다. 이와 함께, 시진핑 총서기는 중화민족의 부흥을 위한 강군 건설, 강군몽(强军梦)의 실현을 국가전략과 중국군의 중요한 과제로 제시하였다. 나아가 중공당은 2017년 제19차 당대회에서 중국군의 현대화를 착실하게 진행하여 미래 글로벌 강국의 지위에 부합하는 '세계 일류 군대'를 건설하겠다는 입장을 공식화하였다.

이러한 배경에서 본 연구는 21세기 중엽 글로벌 강국 건설을 염두에 둔 중국군의 강군 구상에 대한 탐색적 분석 작업을 진행하고 이것이 한반도 안보에 갖는 함의에 대해 논의한다. 본 연구는 주로 중국군의 미래 발전 구상을 주로 전략적 수준, 군사이론 수준에서 검토한다. 이러한 접근법은 현시점에서 중국군의 장기적인 전략구상이 다른 국가의 군대와 마찬가지로 추상적 수준에 그치고 있고 중국군이 미국을 뒤쫓는 후발주자로서 관련 자료를 대외적으로 잘 공개하지 않고 있는 것과 관련된다. 본 연구는 주로 중장기 관점에서 중국군의 군사력 건설과 운용에 대한 논의와 구상, 군사이론을 분석한다. 특히 중국군의 중장기 군사전략목표, 미래전 대응을 위한 작전개념 발전 상황과 군사력 건설 방향, 군사력의 글로벌 투사를 위한 다양한 노력 등을 살펴본다. 그리고 이러한 논의를 바탕으로 마지막 절에서는 중국의 글로벌 강군 구상의 실현 가능성을 평가하고 이러한 구상이 한반도 안보에 미치는 직간접인 영향에 대해 논의한다.

Ⅱ. 글로벌 강군 전략

1. 군사전략목표

1) 신시대 중국군의 역사사명

2019년 중국은 앞서 언급한 '신시대 중국의 국방' 국방백서를 통해 '신시대' 중국의 군사력 건설과 운용 목표를 분명히 하고 있다. 여기서 신시대는 시간적으로 2012년 제18차 당대회이래 21세기 중반까지 약 40여 년의 기간으로, '전면적 소강사회의 실현', 나아가 '사회주의 현대화 강국의 전면적 건설'의 시대를 가리킨다. 다시 말해 중국의 신시대는 '중화민족의 위대한 부흥', 중국몽(中国梦)의 실현을 위해 노력하고 실현하는 시대를 뜻한다(余言 2017). 이러한 의미에서 2019년 중국 국방백서는 현시기 안보와 국방 상황에 대한 평가에 기초한 중국의 강군 건설과 운용 구상으로 2050년 글로벌 강군 구상의 초기 버전의 성격을 지니고 있다. 이 국방백서는 미래 중국군의 국가전략상의 지위와 역할과 관련하여 중국군의 '신시대 역사사명'으로 국가전략이익에 대한 4개의 '전략적 뒷받침 제공'(提供战略支撑)을 제시하고 있다. 구체적으로 4개 전략적 뒷받침 제공은 '중공당의 영도와 중국 사회주의제도 공고화를 위한 전략적 뒷받침 제공', '국가 주권·통일·영토완정 수호를 위한 전략적 뒷받침 제공', '중국 해외이익 확장을 위한 전략적 뒷받침 제공', '세계평화발전 촉진을 위한 전략적 뒷받침 제공'을 가리킨다(中共中央宣传部组织编 2018, 271).

그리고 이러한 전략적 뒷받침 제공을 위해 중국의 국방백서는 국가의 정치안보·'인민안보'·사회안정의 실현, 대만독립 반대와 억지, 티베트와 신장 분리주의세력 제압, 국가주권·통일·영토완정/안전 실현을 강조하는 가운데 남중국해, 조어도(钓鱼岛), 대만 문제를 특별히 강조하고 있다. 나아가 2019년 중국의 국방백서는 인류 운명 공동체 건설 기여는 신시대 중국 국방정책이 지닌 세계적 차원의 의의로서, 강대한 중국 군대는 세계 평화와 안정 수호와 세계 인류운명 공동체 건설 기여 측면에서 견고한 역량이 되어야 한다는 입장을 분명히 하고 있다. 중국군의 이러한 입장은 중국의 강군 구상이 중국의 주변지역은 물론 글로벌 전지역을 대상으로 한 군사력 투사를 염두에 두고 진행되고 있음을 시사하고 있다.

2) 신시대 중국군의 전략임무

중국군의 역사사명은 전략임무라는 개념으로 더욱 구체화되고 있다. 2015년 중국 국방백서 '중국의 군사전략'(中国的军事战略)은 시진핑 시기 중국군의 전략임무로 각종 돌발사건과 군사적 위협에 대한 대응, 국가 영토·영공·영해 주권과 안전의 효과적 수호, 조국통일 수호, 신형 영역(新型领域: 우주, 심해 등)의 안전과 이익 수호, 해외이익 안전 수호, 전략억지와 핵억지력 확보·유지, 지역 및 국제 안보협력 참가를 통한 지역과 세계 평화 수호, 대침투·대분열·대테러투쟁(反滲透、反分裂、反恐怖斗争) 강화를 통한 국가 정치안보와 사회안정 수호, 재난구제·권익수호·보안경계·국가경제사회건설 임무 수행 등을 제시하였다. 2019년 국방백서 '신시대 중국의 국방'은

2015년 내용을 계승하면서도 더욱 적극적으로 전략임무를 제시하고 있다. 2019년 중국 국방백서에서 중국군의 사명임무 수행을 위한 기본 상황으로 제시하고 있는 전략임무는 아래와 같다. (a) '국가 영토주권과 해양이익 수호.' 중국은 자국의 국경은 2만 2천여 킬로미터, 해안선 길이는 1만 8천여 킬로미터로 세계에서 인접국이 가장 많은 국가로서 육상과 해상의 안보에 어려움이 있고 특히 해상 안보환경은 매우 복잡하다는 입장이다. 그리고 이와 관련해 중국군은 영토주권, 해양권익, 국가통일의 임무를 지니고 있고 특히 중국군은 조국통일 수호를 염두에 두고 해상방향을 중점으로 한 군사투쟁 준비를 강화하고 있다. (b) '상시・불휴(不休)의 전시 대비태세 유지.' 중국군은 상시적 전시 대비태세 유지는 안보위협에 효과적으로 대응하고 중국군의 사명임무를 효과적으로 수행하게 하는 중요한 보증이라는 입장이다. (c) '실전화 군사훈련.' 중국군은 군사훈련을 평화 시기 군의 기본실천활동으로 인식하고 있다. 이러한 시각에서 군사훈련을 중요 위치로 자리매김하고, 전투력-작전능력 제고를 위해 실전화 군사훈련을 강화해 가고 있다. (d) '중대 안보 영역의 이익 수호.' 우선 중국군은 핵능력이 국가주권과 국가안보의 전략적 기초라는 인식에서 핵무기 및 관련 시설의 안전관리를 엄격히 하고, 적절한 대비상태를 유지하고, 전략적 억지능력 제고를 유지해 국가전략안보를 확보하고 국제전략 안정을 유지하겠다는 입장이다. 다음으로 중국군은 우주는 국제전략경쟁의 감제고지(瞰制高地)로서 우주 안보 실현은 국가건설과 사회발전의 전략적 보증이라는 인식이다. 이에 따라서 우주의 평화적 이용을 염두에 두고 국제우주협력에 적극적으로 참여하겠다는 입장이다. 그리고 우주 기술과 역량의 발전을 가속화하고 우주기지 정보자원의 통합 관리를 실현하고 우주 상황을 추적 파악하고, 우주 자산의 안전을 실현하겠다는 것이다. 이와 함께, 중국군은 사이버공간을 국가안보와 경제사회 발전의 핵심영역으로서 사이버 안보는 글로벌 도전이자 중국이 직면한 엄준한 안보위협이라는 입장이다. 중국군은 사이버공간 역량 건설을 가속화하고 사이버 안보 방어 수단을 크게 발전시켜 중국의 국제적 지위와 사이버 강국에 상응하는 사이버 공간 방호역량을 건설하겠다는 입장이다. 그리고 국가 사이버 국경방어를 철저히 함으로써 적시에 네트워크 침입을 발견하고 방어해 정보 사이버 안전을 보장하고 국가 사이버 주권을 수호하고 정보안보와 사회안정을 수호하겠다는 것이다. (e) '대테러 사회 안정의 실현.' 중국은 모든 테러리즘과 극단주의를 반대한다는 입장으로, 중국의 무장역량은 사회질서유지와 폭력·테러 활동을 예방하고 진압해 국가정치안전과 사회 안정을 수호하겠다는 입장이다. (f) '해외이익 수호.' 중국군은 해외이익은 국가이익의 주요 구성요소로서 해외 중국인·해외파견조직의 안전과 정당한 이익 수호는 중국군의 임무라는 인식이다. (g) '재난 구제 참가.' 중국군은 국가건설 사업 참여와 '인민'의 평화로운 노동의 보장은 중국의 헌법이 중국의 무장역량에 부여한 사명임무라는 인식에서 해상구조, 핵·생화학 구조, 전염병 통제, 의료구호, 재난구제 활동을 강고하고 있다.

이러한 중국군의 군사전략목표를 고려해 볼 때 중국군은 주변 지역

안전 보장을 위한 군사적 대비태세를 강화해 가면서도 자국의 해외이익 수호와 세계 인류 공동체 기여를 명분으로 글로벌 차원에서 군사적 존재감을 강화하기 위한 노력을 지속적해 갈 것이다. 만일 중국이 경제 등 다른 영역에서 글로벌 존재감을 유지하고 군사력 건설을 순조롭게 진행한다면 2050년 중국군은 글로벌 차원에서 신속한 군사작전 수행을 도모하게 될 것이다.

2. 군사력 발전전략

2019년 '신시대 중국의 국방정책'은 중국의 국방건설 발전 경로로서 '중국 특색의 강군의 길 견지'를 강조하고 있다(中华人民共和国国务院新闻办公室 2019). 중국의 신시대 국방과 군대 건설은 '시진핑 강군사상'(习近平强军思想)과 '시진핑 군사전략사상'(习近平军事战略思想) 관철을 요구하고 있다(王达 2019; 习近平强军思想研究中心 2019). 그리고 이러한 요구는 '정치건군'(政治建军), '개혁강군'(改革强军), '과학기술흥군'(科技兴军), '의법치군'(依法治军) 견지로 이어지고 있다. 이와 함께, 전쟁수행능력 강화, 기계화와 정보화 융합 발전, 군사 (인공)지능화 발전 가속화, 중국 특색의 군사역량체계 구축을 요구하고 있다. 나아가 중국 특색의 사회주의 군사제도의 개선과 발전, 신시대 사명임무 능력의 지속적인 제고를 강조하고 있다(中华人民共和国国务院新闻办公室 2019).

2019년 신시대 중국의 국방은 21세기 중엽까지 중국군의 발전목표를 3단계로 구분해 제시하고 있다. 구체적으로 1단계 전략 목표는

2020년까지 기계화, 정보화 건설에서 중대한 진전을 이루고, 전략능력을 크게 제고하는 것이다. 2단계는 2035년까지로 국가의 현대화 진척 상황에 맞추어 군사이론의 현대화, 군대조직 형태의 현대화, 군사인력의 현대화, 무기장비의 현대화를 전면적으로 추진해 국방과 군대의 현대화를 기본적으로 실현하는 것이다. 그리고 마지막 3단계는 21세기 중엽까지로 세계 일류 군대를 건설하는 것이다. 그리고 2020년 중공당 중앙위원회의 '14・5기간 경제사회발전 규획과 2035년 비전목표에 대한 건의'(制定国民经济和社会发展第十四个五年规划和二〇三五年远景目标的建议, 이하 2020년 중공당 건의)에서 중국은 기존 국방정책의 성과에 대한 평가에 기초해 새로운 3단계 발전전략을 제시하고 있다. 곧 2020년 중공당 건의는 국방 현대화의 가속화를 통한 부국과 강군의 통일 실현 차원에서 2027년 건군 100주년 목표를 새롭게 추가하였다. 이에 따라 중국군은 '2027년 건군 100주년 목표 실현', '2035년 군 현대화 기본 실현', '21세기 중엽 세계 일류 군대 건설'과 같은 단기, 중기, 장기 발전 목표가 새롭게 설정됐다.

중국군은 이러한 군사발전목표의 조정으로 2027년까지 군의 현대화가 초보적 수준에서 완성될 것으로 기대하고 있다. 2020년 중공당 건의는 건군 100년 목표 실현의 구체적인 실행 과제로 신시대 군사전략방침 관철, 정치건군(政治建军)/개혁강군(改革强军)/과학기술강군(科技强军)/인재강군(人才强军)/의법치군(依法治军) 견지, 기계화・정보화・지능화 융합 발전, 훈련 및 실전 태세의 전면적 강화, 국가주권・안보・발전이익 수호를 위한 전략능력 제고를 제시하고 있다.

2027년 이후 중국군은 군사이론의 현대화, 군대조직 형태의 현대화, 군사인력의 현대화, 무기장비의 현대화와 같이 군사 현대화를 지속적으로 추진할 전망으로 2050년경 현대화를 완성한다는 것이다. 중국군의 현대화 개념은 미국 등 다른 군사강국에 대한 상대적인 개념으로 기술적 측면에서 중국의 현대화는 무기장비의 혁신을 기반으로 군사이론, 군대조직, 군사인력의 혁신을 도모하는 것이다. 따라서 21세기 중엽 미래 중국군의 현대화의 완성, 세계 일류 군대 건설은 본질적으로 다른 군사강국에 뒤지지 않은 인공지능(AI)기술을 핵심으로 하는 제반 4차 산업혁명기술에 기반을 둔 지능화군대의 실현으로 정의할 수 있다.

중국 군사전문가들에 따르면, 2050년 중국군의 세계 일류 군대 건설은 세계 일류의 '전쟁 가능형'(能战型)·'혁신형'(创新型)·'본색형' 군대의 건설을 의미한다. 세계 일류의 전쟁 가능형 군대는 강력한 실전 능력을 보유해 다른 세계 군사강국에 맞설 수 있는 군대를 가리킨다. 세계 일류의 혁신형 군대는 21세기 신(新)군사혁명의 추세를 좇아 전쟁 승리의 최신 메커니즘을 파악하고, 기회를 포착해 군사개혁과 군사전환(transformation)을 추진하고, 시대의 맨 앞에서 전쟁에 대응해 전쟁을 승리하는 군대를 가리킨다. 그리고 본색형 군대는 '인민군대'로서 인민을 위해 싸우는 군대라는 의미이다. 이 가운데 전쟁 가능형 군대는 우선 작전 측면에서 선진적인 군사사상과 전략전술, 효율적이고 기민한 지휘결심, 통합된 합동화력타격 능력, 실전능력, 지역간/대륙간(跨地区跨洲) 군사력 투사능력, 고효율의 종합작전지원 능력을 갖추는 것을 의미한다. 군 건설 측면에서는 세계 일류의 현대화 장비 구비, 특히 기계화・정보화・지능화 장비의 복합 발전, 현대적인 군사 법규・조령・조례 체계의 완비, 현대화된 군사인력자원 보유, 민군 통합의 국가전략체계와 국가전략능력의 구축을 이루는 것을 뜻한다(任天佑 2018).

3. 무기장비의 현대화 전략

시진핑 집권 이후 중국은 다른 선진 군사강국의 군사발전 추세에 대응하기 위해 세계적 수준의 국방 과학기술혁신을 주요 과제로 제시한 이후 '원시혁신'(原始创新 Original Innovation, 과학적 발견과 기술 발명), '집성혁신'(集成创新 Integrated Innovation, R&D와 디자인, 제조, 마케팅의 통합), '재혁신'(再创新 Re-innovation, 선진적 모방)의 기술혁신 전략을 추진해 왔다(Cheung 2016). 그리고 2020년 제19차 5중전회에서 중국은 과학기술 강군 전략 차원에서 무기장비 현대화의 가속화, 무기장비의 업그레이드와 지능화, 무기장비 발전 가속화와 함께, 국방과학기술의 자주혁신과 원시혁신 노력 집중, '전략성'/'최첨단성'/'와해성'(disruptive) 기술의 발전 가속화를 강조하고 있다.

중국은 14・5기간(2021년~2025년)이 새로운 과학기술혁명, 군사혁명의 질적 변화기가 될 것으로 전망하고 있다. 인공지능, 정보네트워크, 생물교차기술, 인체 기능의 개선 등 전략적 최첨단기술의 진화 속도와 영향력 범위가 기존의 지식체계로 인지할 수 있는 범위를 벗어날 것으로 내다보고 있다. 동시에 기술혁신이 다양한 곳에서 동시에 발생하고 집단적 혁신 상황이 출현할 것으로 예상하고 있다(张翚 2020).

중국은 전통적인 무기개발 방식이 물리적 한계에 봉착하면서 신(新) 메커니즘, 신기술, 신재료, 신공정에 기반을 둔 신개념무기와 새로운 전쟁수단이 폭발적으로 출현하게 될 것으로 예상하고 있다. 무인작전시스템, 초고속 미사일, 우주기지 동력 살상무기, 레이저무기, 나노무기 등이 전장의 중심에 서게 되고, 생물무기와 게놈무기의 위협이 심화할 것으로 전망하고 있다. 이와 같은 상황에서 중국은 무기장비의 현대화를 가속화하기 위해서 '자주'(自主), '선취'(抢先), '지능'(智能) 접근법을 취하고 있다. 이중 자주는 국방과학기술의 자주 혁신, 원시 혁신에 주력하고 각 방면의 유리한 역량과 자원을 집중해 핵심기술 영역에서 돌파구를 마련함으로써 국방영역의 자율 통제 가능 수준을 전면적으로 제고한다는 구상이다. 둘째 선취는 전략성·첨단성·와해성 기술의 발전을 가속화해 적을 제압하고 승리할 수 있는 강대국의 면모를 형성함으로써 선진 강대국을 따라잡겠다는 구상이다. 마지막으로 지능은 무기장비의 업그레이드와 지능화 무기장비의 발전으로 기존 무기장비의 '+지능' 개량과 신형 무기장비의 '지능+' 건설을 통해 무기장비 영역 전반에서 비약을 이끌어내는 것을 의미한다. 이를 위해 지능화 무기장비의 발전 추세, 지능화 전쟁체계의 작전 수요, 지능화 무기장비체계 건설의 요구에 대응해 지능화 무기장비체계의 발전 노선도 · 실행도 · 시간표를 마련해야 한다는 입장이다.

Ⅲ. 지능화군대 건설 구상

1. 지능화전쟁 개념과 지능화전쟁 발전단계

1) 지능화전쟁의 출현

중국군은 인공지능(AI)기술 등 와해성 기술의 발전으로 전쟁 양상이 정보화전쟁에서 지능화전쟁으로 전환해 가고 있는 것으로 진단하고 있다. 2019년 7월 중국의 국방백서 『신시대 중국의 국방(新时代的中国国防)』은 현재 전쟁의 주요 양상인 정보화전쟁이 성숙기에 접어든 가운데 인공지능・양자정보・빅데이터・클라우드컴퓨팅・사물인터넷의 발전을 배경으로 지능화전쟁이 윤곽을 드러내고 있다고 지적하고 있다(中华人民共和国国务院新闻办公室 2019). 중국군 동부전구 육군 부참모장 왕펑(王鹏)도 인공지능・양자정보・사물인터넷・블록체인이 미래 지능화전쟁에서 중요한 역할을 할 것으로 전망하고 있다(王鹏 2019, 1). 예를 들면, 중국군은 AI기술이 지휘통제뿐만 아니라 무기체계, 작전지원, 군사훈련, 군수지원 등에서 적용되면서 광범위하고 심각한 영향을 줄 것으로 전망하고 있다. 그리고 중국군은 빅데이터와 클라우드 기술이 발달하면서 전장에서 수집한 다량의 작전정보(인력, 컴퓨터, 사이버공간, 무기장비, 전장·전황 관련 빅데이터)가 하나의 작전 클라우드 플랫폼에 모이고, 이 플랫폼을 통해 각 작전부대에 명령이 하달되는 작전이 등장하고 있다고 분석하고 있다(이상국 2020). 결국 인공지능 등 4차산업혁명기술이 급속히 발전하고 상호 융합해 기존의 정보화전쟁을 한 단계에 끌어올리면서 지능화

전쟁이 출현하게 된다는 것이다(魏凡等 2019, 106).

중국군 국방대학 국가안전학원(国家安全学院) 리밍하이(李明海) 교수에 따르면, 지능화전쟁(智能化战争)은 인공지능기술 수단에 의해 뒷받침되는 전쟁으로, 사물인터넷 정보 시스템에 기초하고 지능화 무기장비와 이에 상응하는 작전방법을 이용해 육/해/공/우주/전자기/네트워크/인지 영역에서 진행하는 '일체화전쟁'(一体化战争)—곧 전(全) 작전영역 상호교차 방식으로 제반(諸) 합동작전역량이 융합되어 진행하는 전쟁을 가리킨다(李明海 2018).

2) 지능화전쟁의 발전단계

중국 국방연구소인 북경전자공업총체연구소(北京电子工程总体研究所) 전문가들에 따르면, 현재 세계 군사기술과 그 응용 수준, 무기장비와 기술 발전 수준을 고려할 때 향후 지능화전쟁은 아래와 같은 3단계 과정에 따라 발전할 것으로 예상된다(蔡明春·吕寿坤, 2017).
(a) 초급단계(2020년 이전). 이 단계는 무기장비의 지능화, 지휘 자동화, 작전의 복합 시스템화(作战体系化)가 주요 특징으로, 인공지능기술은 무기장비 영역에서 주로 응용될 것이다. 곧 기존 무기 장비는 업그레이드 개조 방식을 통해서 그리고 일부 신형 장비(특히 작전 의사결정 보조 시스템 등)는 인공지능기술을 대량으로 채용할 것이다. 전통 무기는 정밀 유도 능력이 제고에 더해 다양한 임무를 수행하는 지능화무기로 발전하는 한편 인간에 대한 의존을 크게 약화시키거나 아예 의존하지 않고 종합 타격 효과와 대항의 비용 대비 효용 비를

제고시킬 것으로 예상된다.

(b) 중급단계(2021년~2030년 이전). 이 단계에서는 무기장비의 자율화, 전장의 무인화, 작전역량의 융합화(融合化), 인간과 기계의 협동화가 주요 특징으로, 다양한 종류의 무인시스템과 무인장비 간 고도의 자기조직(self-organization) 협동작전, 유인시스템과 무인시스템 간 상호 신뢰 협동작전이 실현될 것으로 예상된다. 인공지능은 작전시스템의 다양한 링크에 전면적으로 통합되고 전쟁 형태는 점차 지능화 방향으로 발전해 갈 것이다.

(c) 고급단계(2031년~2045년 이전). 이 단계에서는 모든 정부 자원 요소에 대한 지능화된 다층적 관리와 제어를 실현되면서, 육・해・공・우주・사이버-전자기 공간 등의 다양한 작전역량과 작전요소(作战要素) 간의 신속 상호연동을 통한 조직화 및 높은 수준의 협동이 실현될 것이다.

한편 2035년까지 '군사 지휘통제 과정 중 인간 존재(Human-in-the-loop)' 전쟁 의사결정 방식이 유지될 것이나 2050년경에는 루프 위 인간 존재'(Human-on-the-loop), '루프 밖 인간 존재'(Human-out-of-the-loop) 방식이 될 전망이다.[1] 여기서 '루프 위 인간 존재'는 무기장비가 인간의 지시(지령)에 따라 작전행동을 자율적으로 결정하고 실시하는 방식으로 인간이 필요할 경우 수시로 개입해 결정권을 인계한다. '루프 밖 인간 존재'는 무기장비는 사전에 작전행동의 범위와 목표가 지정되면 자율적으로 의사결정과 작전행동이 진

1) 군사지휘통제 과정은 군사작전의 관찰(Observe)-방향설정(Orient)-결정(Decide)-실행(Act) 루프(loop)를 가리킨다.

행된다. 이에 따라 2050년경 전쟁은 인간의 위임에 따른 기계자율작전이나 완전한 형태의 기계자율작전에 의해 진행될 전망이다(胡晓峰等 2018, 197; 郭强 2020).

2. 지능화군대

중국전신(中国电信)의 양전(杨震) 연구원에 따르면, 지능화전쟁 시대 군은 조직체계, 규모와 구조, 역량편성 측면에서 인공지능의 특징과 지능화전쟁의 요구를 반영해 기존과는 다른 모습을 보일 전망이다(杨震·蒋艳 2019).

1) 군규모의 정예화와 간소화

AI 기술에 기초한 무인화 무기장비의 발전으로 무인장갑부대·무인함대·무인기부대 등이 향후 미래 전장을 주도할 것이다. 이 과정에서 무인부대는 한 명의 조작수가 수개, 수십 개, 심지어 수백 개의 무인 작전부대를 제어하고 기존의 1개 부대, 기계화 집단이나 함대가 담당하던 임무를 처리하게 될 것이다. 일선의 작전요원 규모는 크게 축소되고 후방의 인공지능 장비의 발전·운용·보장 인원은 점차 크게 증가할 것이다. 인공지능기술의 진화로 무기장비는 주동학습(active learning)과 심층학습(deep learning)을 통해 자율규율·자동갱신·자율행동·자기수리·자기복구가 가능하게 되고, 작전지휘·건설관리·종합보장을 위한 각종 인력 수요가 크게 감소할 것이다. 군대는 지력 밀집형(智力密集型), 인간-기계 융합형으로 전환하고, 무기체계는 기존의 '화력+정보' 배합 구조에서 '화력+AI' 배합으로 전환될 것이다.

2) 역량구조의 통합

지능화전쟁 시대의 도래로 전쟁 승리의 핵심은 기존 정보화전쟁 시대의 '정보 제어를 통한 군사역량의 정밀한 배출(释放)'에서 '인공지능 통제를 통한 인지전(认知战), 의지전(意志战), 무리전(蜂群战)'으로 진화해 가고 있다. 인간과 육・해・공 장비의 조합은 인간과 인공지능 기계의 조합으로 대체되고, 군 구조는 육・해・공 영역 편성에서 작전 주체에 따라 구분되는 '무인+유인' 통합의 전력 구조로 발전해 가고 있다. 작전양식의 근본적인 변화와 무기장비의 전역작전 능력은 전통 작전역량 편성 구조에 대해 와해적 영향을 주면서 군종 존재의 기저가 와해되고 군종이 점차 통합되어 갈 것이다.[2)]

3) 지휘체제의 민활화

지능화전쟁은 인간과 기계의 융합을 통한 신속한 행동으로 상대방을 제압하는 것을 기본 특징으로 한다. 지능화된 전장 상황은 기존에 비해 더욱 복잡해지면서 전차원 전영역에서 하드웨어적 살상(硬杀伤), 소프트웨어적 대항(软对抗)이 상호교차 진행되고 다양한 종류의

---

2) '전영역작전'과 '전영역작전능력'에 대해서는 다음 절 '글로벌 전영역 군사력 투사'에서 자세히 다룬다.

전장 정보가 다양한 채널을 통해 대량의 데이터를 발생시키면서 지휘체제의 구조와 운용에 상당한 도전 요소가 되고 있다. 지휘체제는 점차 전략지휘기구–직능지휘기구–지능작전역량 3급 체제로 발전할 것이다. 지휘기구의 인력구조는 더욱 간소화하고 참모는 클라우드 브레인(云端大脑), 디지털 참모(数字参谋)로 대체될 것이다. 지휘인력은 주로 지능화 지휘시스템을 통한 정보분석 · 통신제어 · 각종 정보처리 업무를 수행할 것이다. 그리고 이미지 처리 기술, 의사결정 최적화 알고리즘, 심층신경망 등 지능 의사결정 기술을 이용해 지휘결정의 품질을 제고하면서 의사결정–반응 주기가 최소화될 것이다. 지휘체제의 운용 측면에서는 인간과 기계 간 상호작용 방식이 더욱 중시되고 기계의 독립적이고 자율적인 지휘 의사결정의 응용과 개발이 확대될 것이다. 다만 중요사항에 대한 최종 결정권은 여전히 인간이 가지고 있을 것이다.

4) 작전편성의 자율화

지능화전쟁 시대 작전임무 · 작전대상 · 작전공간 · 작전양식은 통합과 다변화가 특징으로, 작전효과는 인간과 기계의 융합 정도에 따라 결정될 것이다. 그리고 작전효과 달성을 위해서 작전부대에는 민활성, 탄력성, 자기적응능력 구비를 요구하게 될 것이다. 지능화 무인부대의 탄생은 작전부대의 자기적응(self–adaptation)을 실현하기 위한 전제조건이다. 미래의 무인부대는 수백에서 수천의 무인작전부대로 구성되고 이들 작전부대들은 각각 정찰 · 통제 · 타격 · 평가 등의 기능뿐만 아니라 육・해・공・우주・사이버・전자 등 다차원 작전능력을 보유하게 될 것이다. 그리고 이들 작전부대는 순수 기계 작전부대, 인간기계 혼합 작전부대 등을 구성하면서 서로 다른 임무를 수생하게 될 것이다. 동시에 이들 작전부대는 사전(事前)에 정한 규칙에 따라 임무의 변화에 대응해 자율적, 자기적응적, 탄력적 방식으로 작전팀을 구성함으로써 전통 부대가 구비하지 못한 다양한 작전능력을 확보하게 될 것이다.

5) 군수부대 클라우드컴퓨팅 네트워크화

중국군 육군근무학원(陆军勤务学院) 중페이(钟飞) 등에 따르면, 지능화전쟁 시대 지능화작전 요구에 대응해 군수부대의 지능화가 실현될 전망이다. 그리고 이러한 과정에서 군수조직은 유비쿼터스적인 클라우드컴퓨팅 네트워크에 의존할 것이다. 유비쿼터스적인 클라우드컴퓨팅 네트워크는 지능화 군수지원 체계의 기초, 융합 지원의 연결고리, 지원 종합 관리의 플랫폼, 지원 링크 구축의 교량의 성격을 지니고 있다. 다시 말해, 소속관계, 군종과 민군의 구분, 전통적인 피라미드식 계층적 성격의 조직구조에서 벗어나 '클라우드컴퓨팅-네트워크-단말'(云—网—端)의 아키텍처에 따라 군수 클라우드컴퓨팅 플랫폼을 구성할 것이다. 이를 통해 전장의 서로 다른 위치에 있는 각종 지원 요소와 지원 단위의 데이터를 지휘통제 정보 플랫폼에서 실시간으로 공유하고 조정해 전장 지원 능력을 구현하게 될 것이다(钟飞・陈沅 2018).

3. 군사 지능화

1) 군사 지능화의 의미

2016년 7월 1일 중국공산당 창당 75주년 기념식 연설인 '칠일연설'('七一'讲话)에서 시진핑 총서기는 군사 영역에서 인공지능기술의 발전을 강조하였다. 구체적으로 시 총서기는 인공지능기술이 발전상 중대한 진전을 이루고 군사 영역에 이용되면서, 정보화전쟁 형태에 심각한 충격, 심지어는 와해성 영향을 주고 있다고 지적했다. 이에 따라 중국군은 인공지능기술의 발전 추세를 따라잡기 위해 노력하고 과학기술 발전으로 전쟁 형태의 진화에 대응할 수 있도록 해야 한다고 강조했다(倪鑫 2016). 이후 2017년 3월 전국인민대표대회와 전국정치협상회의 기간 중앙군사위원회 과학기술위원회(中央军委科学技术委员会) 주임 류궈즈(刘国治)는 인공지능은 군사변혁을 가속화시키면서 부대편성, 작전양식, 장비체계, 전투력 생성 방식(战斗力生成模式)에 근본적인 변화, 심각한 군사혁명을 가져올 것이라고 지적했다. 나아가 2017년 10월 제19차 중공당 대회에서 중공당은 중국군이 추구해야할 방향으로 군사 지능화의 가속화를 공식화했다. 그리고 2017년 11월 중앙군사위원회 부주석 쉬치량은 인민일보에 기고한 글에서 시진핑의 강군사상 확립을 강조하는 가운데 미래전 승리를 위해 군사 지능화가 중요한 발전 방향이라고 지적하면서 자주 혁신의 강화와 와해성 기술 개발 노력의 중요성을 다시 한 번 강조했다(许其亮 2017).

이러한 상황에서 중국군은 군사 지능화 개념의 의미, 군사능력 측면에서 갖는 함의를 제시하고 있다. 우선 류진위(刘晋豫) 국방대학(国防大学) 군사관리학원(军事管理学院) 교수 등에 따르면, 군사 지능화는 인공지능 등의 기술이 군사 영역에 지속적으로 침투, 응용되면서 전쟁형태, 작전방식, 전쟁규칙, 무기장비 등 각 방면에서 발생하는 '와해성 변화'의 과정이나 활동의 총칭이다. 이러한 과정은 인공지능 등 신기술의 군사영역 응용을 전제・기초로 하고 무기 플랫폼・지휘통제 시스템・작전 단말의 지능화 전환을 경로로 하며 전쟁형태・작전양식・전쟁규칙의 와해성 변화를 구체적 표현 형태로 하게 된다(刘晋豫・刘硕扬 2018). 한편 국방과학기술대학 부교수 스하이밍(石海明)은 군사 지능화는 단순히 작전체계에 지능 무기가 대량으로 투입・사용되는 인공지능과 군사의 단순한 결합을 뛰어넘는 그 이상의 함의를 지니고 있다고 분석하고 있다. 스 부교수에 따르면, 군사 지능화는 인간, 무기장비, 작전방식으로 구성되는 작전역량체계의 전체적인 운용을 뜻한다. 곧 군사 지능화는 무기 플랫폼, 지휘통제 체계, 작전 단말 등 전방위, 전영역의 업그레이드・교체・구조조정을 통해 인간-기계 통합・지능 주도・클라우드브레인작전(云脑作战)을 형성하는 새로운 군사체계를 가리킨다(张强 2017).

2) 군사 지능화 노력(刘嵩・王学智 2018)

중국군은 지능화전쟁 대비 차원에서 국방 제반 영역에서 인공지능 기술의 군사적 응용, 군사 지능화를 적극적으로 추진하고 있다. 현재 중국군의 군사 지능화 노력은 제도와 조직 등 환경 정비, 무기체계 영역에서 구체화되고 있다.

(1) 환경 정비

우선 중국군은 앞서 언급한 군사 지능화 개념에 기초해 군사 지능화를 촉진하기 위해 법제 정비 및 조직 개편과 같은 환경정비 작업을 진행하고 있다. 2015년 말 중국공정원 전문가들이 차세대 AI 이론 개발과 스마트 제조/국방/의료 발전을 위한 국가전략 수립을 중공당 리더십에 건의하였다. 이후 2017년 7월 국무원은 '차세대 인공지능 발전규획'(新一代人工智能发展规划)을 제정하였다. 이 규획은 중국의 인공지능 발전전략이자 제반 영역 관련 정책의 법적 근거가 되고 있다. 이 규획은 2030년까지 중국이 인공지능 이론·기술·응용 측면에서 전반적 수준 세계 최고 수준에 이르고 세계 주요 인공지능혁신센터가 되는 것을 주요 목표로 하고 있다. 특히 이 규획은 AI 영역 내 민군 협력을 전방위적으로 실시해 인공지능기술이 지휘 의사결정, 군사 시뮬레이션, 국방 장비 등 국방영역에 적극적이고 신속하게 활용되도록 함으로써 국방력을 제고해야 한다는 입장을 제시하고 있다(中华人民共和国国务院 2017). 이후 중국에서는 AI기술의 발전과 국방 영역의 응용을 위한 조직 정비가 단행됐다.

앞서 언급한 것처럼 2017년 제19차 중공당 대회에서 군사 지능화를 중국군의 임무로 공식화함으로써 군사 지능화는 중국군의 임무이자 중공당의 임무가 되었다. 동시에 제19차 중공당 대회는 민군 협력 발전을 국가전략의 하나로 규정하고, 이에 기초한 군사력 발전과 세계 최고의 군대 건설을 강조하고 있다. 이를 통해 민군 협력은 중국의 국가전략이자 중공당의 전략목표로 자리 잡게 됐다(习近平 2017; 刘玮琦 2018).

다음으로 중국군은 '중앙군민융합발전위원회'(中央军民融合发展委员会) 설치 등 조직 정비에도 적극적이다. 중앙군민융합발전위원회는 2017년 '군민 융합 발전'의 중대 문제에 대한 의사결정과 협조기구로 군민융합발전을 통일적으로 영도하기 위해 기존에 분산된 각종 민군 의사협력 조직과 제도를 정비해 설립됐다. 이 조직은 군사 및 민용 기술의 발전을 책임지고 국방과 경제에 중요한 의의가 있는 핵심 과학기술 프로젝트를 감독하는 기능을 지니고 있다. 2018년 중앙군민융합발전위원회의 주임은 시진핑(习近平) 중공당 총서기, 부주임은 리커창(李克强) 국무원 총리, 왕후닝(王沪宁) 중공당 중앙서기처 서기, 한정(韩正) 국무원 부총리이다. 2017년 중앙군민융합발전위원회 1차 회의에서는 해양, 우주, 사이버 공간, 생물, 신에너지, 인공지능 등에 관한 국가전략 및 각 부처와 위원회의 규획이 논의됐다. 2018년 3월 새롭게 구성된 중앙군민융합발전위원회 1차 회의에서는 군민융합발전 전략임무의 파악이 강조된 가운데 인프라 통합 건설과 자원 공유, 국방과학기술공업과 무기장비 발전, 군민 과학기술 협동혁신, 군/민 인재 상호 양성/사용, 사회 서비스와 군수의 통합 발전, 국방동원의 현대화 건설, 신흥 영역 내 군민융합발전이 거론됐다(军民融合形势分析课题组 2017).

(2) 무기장비 개발

중국 육군은 인공지능 시대에 대비해 주로 군사용 로봇과 지상 시스템에 집중해 왔다. 중국 육군 장비부는 2014년 이후 지상 무인시스템 개발을 위해 '과월험조'(Crossing Obstacles, 跨越险阻) 대회를 격년제로 개최하고 있다. 이 대회에는 학계, 산업계, 군사 연구조직들이 참여하고, 2018년에는 136개 팀이 참여하였다. 그리고 육군 장비부는 '지상 무인시스템 전문가 자문그룹'(地面无人系统专家咨询组)을 운영하고 있다(Kania 2019, 12). 이와 함께 육군 장비부는 네트워크 정보화체계작전 능력에 기초한 무기장비 개발, 무인작전, 전자공격, 인공지능 등 신기술 적용 등과 관련하여 '13·5'기간(2016년~2020년) 장비발전계획에 대한 중기 평가를 실시하였다. 한편 2017년 제19차 중공당 대회에서 '군사 지능화 발전의 가속화, 네트워크 정보체계에 기초한 합동작전 능력·전역작전능력(全域作战能力) 제고' 등의 전략목표가 새롭게 정해진 이후 중국 육군은 기존의 '13·5' 기간 장비발전계획을 수정·보완하였다. 주요 방향은 장비의 현대화와 지능화, 디지털 주전장비 건설, 새로운 품질의 작전역량 건설 등이다(李大勇·吴科儒 2018). 이와 관련, 중국은 2021년 7월 정찰, 공격, 지원 업무를 모두 수행할 수 있는 지능형 무인전차 시스템 '첨병'(尖兵)을 공개하였다(马浩亮 2021).

중국 해군은 다양한 지능형 자율수상함과 수중이동체(underwater vehicles)를 배치·실험하고 있다. 특히 중국과학원 선양자동화연구소가 개발한 하이이(海翼)는 잠수함 탐지를 지원할 수 있는 해저 정찰

능력을 보유하고 있어 중국군의 대잡전 능력에 크게 기여할 것으로 예상된다. 해당 글라이더는 현재 남중국해뿐만 아니라 인도양과 극지 탐험에도 활용되고 있는 것으로 관측되고 있다. 중국 해군은 무인자율이동체 배치를 위해서도 노력하고 있다. 중국 주하이(珠海)에 위치한 세계에서 가장 큰 선박실험시설은 중국 해군의 해상감지 및 상황감지 기능을 지원하고 있는 것으로 판단되고 있다. 중국 해군은 '912프로젝트'(912项目)과 같은 비밀 프로그램을 통해 인공지능 기반 잠수함을 개발해 수중전 능력 제고를 도모하고 있다(Kania 2019, 13).

중국 공군은 인간-기계 결합의 군집(群集)편대 구성을 위한 기술 개발과 함께 자율성 수준이 다양한 무인기 개발과 운용을 위해 노력하고 있다. 2018년 중국 공군 장비부는 협력 정찰・탐색・공격이 가능한 자율성이 매우 높은 군집(작전시스템) 개발을 위한 대회를 개최했다. 이 대회에는 50개 팀 448명이 참석했다. 한편 중국 공군은 군수지원을 목적으로 소형 드론 개발을 위해 적극적으로 노력하고 있다(Kania 2019, 13). 한편 중국 공군 장비부 부장에 따르면, 중국 공군은 중국군의 3단계 발전전략과 항공・우주 일체, 공방 겸비의 군종전략의 요구에 따라 '14・5' 기간(2021년~2026년) 무인작전시스템 구축을 주요 과제로 제기하였다(费士廷・陈国全・李建文 2019).

로켓군은 작전목표를 지원하기 위한 원거리 감지와 정찰을 위해 신경망을 포함한 기계학습을 적용하기 위해 노력하고 있다. 전략지원부대도 우주전, 사이버전, 전자전, 심리전 지원을 위해 AI기술을 적극적으로 활용하고 있다(Kania 2019, 14).

Ⅳ. 글로벌 전영역 군사력 투사

1. '전역작전능력' 제고(马德宝 2017; 张谦一 2018)

2017년 중공당 제19차 당대회 업무보고는 전역작전능력(全域作战能力) 제고를 강조함으로써 전역작전능력 건설 문제는 중국군의 세계 일류 군대 건설의 중요한 과제가 되고 있다. 다시 말해, 전역작전능력 제고는 중국군에게는 신시대 강군 건설을 위한 중요한 전략임무이다.

1) 전역작전능력의 의미

중국군의 전역작전(all domain operations)은 국가가 직면한 위협을 지리적, 물리적, 성질(강도)를 고려해 제기한 작전 개념이다. 이 전역작전은 아래와 같이 전강역작전(全疆域作战) 또는 전영토작전, 전영역작전(全领域作战), 전범위작전(全谱域作战) 세 가지로 구성된다.

전강역작전(全疆域作战) 또는 전영토작전. 중국군에 따르면 세계군사강국에 전강역작전은 큰 문제가 되지 않으나 중국처럼 광활하고 현대화가 아직 실현되지 않은 대국에게는 '절박한' 중요 임무이다. 이 때문에 지전략 환경, 안보 위협과 군의 사명임무에 근거해 전략상황 전반에 대한 통합적 고려(全局统筹)・분구책임(分区负责)・상호호응(相互策应)・통합(互为一体)의 전략 설계와 군사 배치를 실행하고 전구(战区)의 제 군종과 병종의 교차지역작전능력(跨地域作战能力)을 제고함으로써, 전구 내 각 전략방향과 각 전략구역을 통합 연동하는 것은 중국군에 중요한 과제이다. 이러한 차원에서 교차전구(跨战区)와 전체 영토 범위 내의 전략감지, 전략투사(strategic projection), 기동작전 능력 확보로 제 군종과 병종이 상이한 방향, 상이한 지역, 상이한 온도, 상이한 습도, 상이한 사회 상황의 조건에서도 작전을 수행하는 주요 과제로 제기하고 있다.

전영역작전(全领域作战). 중국군의 설명에 따르면 현대 전쟁 공간의 큰 특징은 물리공간의 지속적인 확장과 사이버로 대표되는 가상공간의 급속한 형성이다. 전쟁의 입체화와 다차원 통합 추세는 작전능력을 입체 다차원적으로 발전시켜 지상전·해상전·공중전 수행 능력뿐만 아니라 사이버, 전자기 영역상의 공격과 방어 능력을 요구하고 있다. 중국군의 신시대 진입은 기존의 제한된 또는 개별 영역의 우세를 통해 강력한 적의 입체적, 다차원 영역의 총체적 우세에 대항하는 방식에서 벗어나 물리공간상의 멀고, 높고, 깊은 곳에서의 작전능력을 적극적으로 강화하고 사이버, 전자기 공간 등에서 군사적 공방능력을 신속히 제고하는 것을 요구하고 있다. 그리고 '입체 대 입체', '전 차원 대 전 차원'의 새로운 비대칭 대항작전 방식을 형성하고 기본 대칭 나아가 전반적 우세의 형성을 위한 튼튼한 기초를 다져야 한다는 것이다.

전범위작전(全谱域作战). 중국은 세계정세와 국가전략환경의 새로운 변화로 안보 위협의 다원성, 군사행동 양식의 다양성, 군사 대항 강도의 다변성 상황이 출현하고 있는 것으로 인식하고 있다. 이러한 이유로 군사행동 범위가 대규모의 핵전쟁과 같은 고강도 방향으로 발전하고 있을 뿐만 아니라 소규모 폭력 대항이나 비폭력 투쟁 방향으로도 확장되면서 전 범위 군사행동(full spectrum operations)의 특징이 선명해지고 있다는 것이다. 이러한 새로운 상황에 직면해 중국군은 강적에 대항한 대규모 전쟁뿐만 아니라 중소규모 전쟁, 무장충돌에서도 승리해야 하는 임무를 부여받고 있다는 분석이다.

2) 전역작전능력의 군사적 함의

작전능력이 지니는 함의는 기술의 진보, 전쟁형태의 발전, 작전방식의 진화에 따라 변화하게 된다. 중국군에 따르면, 중국의 신시대 진입 이후 정보화 국부전쟁 승리, '총체국가안전'(总体国家安全) 수호, 중화 민족 부흥의 뒷받침, 인류에 대한 더욱 큰 공헌 등은 중국군의 전역작전능력 제고의 가속화를 요구하고 있다.

전역작전능력 제고는 현대전 승리를 위한 요구. 중국군에 따르면 현대의 전쟁은 정보화 국부전쟁으로 전쟁은 육, 해, 공, 천(天), 전자, 네트워크(사이버)정보, 심리 대항 등 다차원 통합의 특징을 지니고 있다. 전쟁 공간은 더욱 확대돼 우주, 원양, 심해 등 더욱 높고 멀고 깊은 물리역(物理域)으로 확장되고 있다. 동시에 사이버, 정보, 심리 등 가상/소프트 영역으로도 확장되고 있다. 이와 같은 상황에서 정보화 전쟁에서 승리하기 위해서는 반드시 전쟁의 정보화와 일체화 합동작전의 추세에 상응해 대척도(大尺度)와 다차원의 전역작전능력 제고가 요구된다.

전역작전능력의 제고는 국가이익 수호의 요구. 중국군에 따르면 국가이익의 확장과 안보 위협의 증대로 국가안보의 내포와 외연·시공간 영역·내외 요인 측면에서 역사적 변화가 발생하면서 중국군이 총체국가안전 수호를 자기의 중요 직책이 되도록 요구하고 있다. 이에 더해 고유의 작전능력 제고와 함께 평화 수호와 태세 형성에 더욱 힘을 쏟고 전략 균형 능력을 제고하고 억지와 전쟁의 통합 능력(慑战一体能力) 강화, 군사력을 통한 평화 발전 경로 확대 등을 요구받고 있다. 그리고 대테러 등 비전통안보 위협에 대한 대응을 더욱 강화해 테러의 예방과 진압, 사회 안정 수호, 재난 구제, 돌발적 유행성 질병 대응 등 전쟁 이외 군사작전능력 제고를 위해 노력해야 한다. 해외이익의 안전 보장 위협에 대한 대응을 더욱 강화해 중국의 해외 합법적 권익의 수호 능력을 제고해야 한다. 그리고 신형 안전 영역의 위협에 대한 대응 능력의 발전에도 더욱 관심을 기울여야 한다.

전역작전능력 제고는 강대국 역할 수행의 요구. 중국군의 분석에 따르면 네트워크화와 글로벌화로 지구촌이 출현했고, 인류는 서로 밀접히 연관된(你中有我、我中有你) 운명 공동체를 형성해 가고 있다. 이와 같은 상황에서 어떤 국가도 독립적으로 인류가 직면한 각종 도전에 충분히 대처할 수 없다. 중국은 책임 있는 대국으로서 글로벌 거버넌스에서 '공동 상의, 공동 향유'(商共建共享)하면서 적극적으로 그 책임을 다하고, 글로벌 안보 실현을 위해 중국의 지혜를 제공하고 중국의 역량을 활용하기 위해 노력해야 한다. 이는 중국군이 국제안전 수호를 위해 국가전략을 대폭 제고하고 적시에 새로운 작전역량을 발전시킴으로써 새로운 영역의 질서를 형성하기 위한 역량의 지렛대를 제공해야 한다. 그리고 국제 평화 유지활동과 해외 인도주의 구조 활동 능력을 적극적으로 제고함으로써 국제 평화 유지를 더욱 잘 실현해야 한다.

3) 전역작전능력 제고 방법

중국군에 따르면 전역작전능력 제고는 중국 특색의 현대 작전체계를 구축하기 위한 것으로 중공당의 신시대 강군 목표를 실현하기 위한 요구이다. 중국군은 전역작전능력 제고를 위해 군사전략방침 견지, 네트워크 기초 견지, 지능 행동 견지를 강조하고 있다.

적극방어의 지침 견지. 중국의 군사전문가들에 따르면, 전역작전 역량 발전은 침략과 확장, 패권을 위한 것이 아니고 적극적 방어를 실현하고 인류 진보에 더욱 기여하기 위한 것이다. 이 때문에 공방역량의 대비 측면에서 '신시대'에 필요한 전역공격작전능력을 발전시킬 뿐만 아니라 방어에 부합하는 전역방위작전능력(全域防卫作战能力)의 제고에 더욱 힘을 쏟아 전역작전방어능력이 적극적 방어를 중심에 두어야 한다.

네트워크체계 기초 견지. 정보화 시대의 정보화전쟁은 전역작전이 네트워크 정보체계에 기초하고 네트워크 체계에 결합되는 것으로 네트워크 정보 영역에 기초해 각 공간과 각 차원에 대한 작전역량의 유기적 융합과 전 과정의 틈새 없는 연결이다. 전역작전역량 발전의 전제는 전역(全域)을 커버할 수 있는 네트워크 정보체계를 발전시키고 네트워크 정보체계를 작전 지역 · 대해 원양 · 폭넓은 전자스펙트럼을 커버하고, 각 군종과 병종의 지휘통제·통신·컴퓨터·감시·정찰(C4ISR) 시스템의 전 차원 전 과정 전 요소의 융합 능력을 제고하는 것이다.

(인공)지능 행동 핵심 견지. 지능화는 디지털화와 정보화의 고급 형태이다. 2017년 제19차 중공당 당대회 보고는 군사 지능화 발전의 가속화를 요구함으로써 전역작전능력 방향을 명확히 하고 있다. 전역작전, 감지·통신·지휘·통제·플랫폼·무기·인원 등은 네트워크에 의탁하고 노드의 형식으로 광범위한 다차원 영역에 분포하고 있어 만일 지능화가 실현되지 않으면 적시 정보 처리, 정확한 상황 판단, 신속한 행동, 효율적 지휘, 효과적인 지원이 어렵다. 지능화, 곧 장비의 지능화 심지어 무인화, 인간의 사고와 행동의 기계화와 지능 보조 실현, 인공지능의 도움을 통해 인간과 기계의 통합과 순조로운 상호작용 실현은 인공지능에 의한 연구와 판단, 목표 배분, 분석과 행동, 자원 배분, 지휘 통제, 작전 보장, 작전 평가를 가능하게 해 고효율의 전역작전을 가능하게 할 것이다.

2. 글로벌 투사능력 확보

1) 글로벌 투사를 위한 물리적 기초

중국은 군사력의 글로벌 투사능력 제고와 글로벌 군사작전 수행능력 구비를 위한 노력을 강화해 가고 있다. 글로벌 투사능력 제고 차원에서는 2020년 상반기 글로벌 위치정보 시스템인 베이도우(北斗) 시스템의 구축을 완료함으로써 전 세계 작전지원 능력을 제공할 수 있는 기초를 공고히 하였다. 베이도우 시스템은 텍스트 문자 발송, 3차원 위치 결정, 수 센티미터의 측정오차(상업용 기준)로 미국의 GPS 시스템에 한단계 앞선 것으로 평가되고 있다. 이와 함께, 중국군은 2035년까지 글로벌 커버 공중·우주·지상·해상 통합의 정보네트워크를 구축하겠다는 구상이다(沈学民等 2020; 黄韬 2021). 특히 이 시기 정보네트워크는 6세대 통신이 중심이 될 것으로 전망돼(李甄晴 2021), 물리-사이버-인간 통합과 상호작용의 실시간화 움직임을 추동할 것이다. 만일 이러한 작업이 성공적으로 마무리될 경우 중국군은 2035년 이후 글로벌 차원에서 육·해·공·우주 영역 통합 작전, 사이버-물리(-인간) 통합 작전을 수행할 수 있는 능력을 형성하게 될 전망이다.

한편 중국군은 전 세계 차원의 대규모 병력 투사를 위해서는 랴오닝함, 산둥함 등 항공모함을 투입 및 운용하는 한편, 최근에는 4만 톤급 075형 강습 상륙함을 진수시키는 등 항모전단의 종합작전능력 제고를 위해서 노력하고 있다. 그리고 중국군은 075형 강습상륙함 4척을 2025년까지 차례로 실전 배치할 계획이다. 이와 함께, 중국군은 랴오닝함의 남중국해와 서태평양 상의 기동훈련을 상시화하고 있고, 남해함대 원해합동훈련편대는 남중국해, 인도양, 서태평양 훈련을 정례화한 가운데 2020년에는 동태평양으로 전개해 실사격 훈련을 실시하였다. 그리고 2021년 상반기에 남해함대 원해합동훈련편대는 서태평양 적도 이남 해역에서 다양한 합동군사훈련을 실시하였다. 이러한 추세를 놓고 볼 때 향후 중국군은 인도양, 태평양 중부, 동태평양,

대서양 등으로 활동 범위를 넓혀가면서 글로벌 존재감을 강화해갈 것으로 전망된다.

이밖에 중국은 핵전략 차원에서 기존의 지상 대륙간 탄도미사일, 잠수함 발사미사일(SLBM) 성능 개선 작업을 꾸준히 전개하고 있는 것은 물론 장거리 스텔스 전략폭격기 'H-20', 극초음속 미사일, 해상 극초음속 비행체, 심해 자율무인 드론 등의 개발에도 적극적으로 나서고 있다.

2) 해외군사기지·해외거점의 확장

2019년 중국 국방백서와 같이 중국은 아프리카 동부 아덴만과 홍해 사이에 있는 전략 요충지인 지부티 기지를 특별히 언급하고 해외안전과 해외이익 차원에서 해외거점, 곧 해외기지 건설은 불가피하다는 입장이다. 중국군은 최근 지부티 기지에 병영 외에 헬기 계류장, 군용부두 등 여러 군사시설을 건립했고 고정익 군용기가 이착륙할 수 있는 활주로 건설 논의가 공개되기도 했다. 중국군이 지부티 기지에 항모를 수용할 수 있는 부두 시설까지 갖추게 되면 해당 영역에서 중국군의 작전능력이 한층 제고될 것으로 예상된다(안승섭 2019).

중국군은 향후 세 가지 방식으로 기존 영토 이외의 군사기지, 해외거점을 확대함으로써 지역과 글로벌 작전능력 제고를 도모할 것으로 예상된다(青萃 2019). 우선 중국은 남중국해 산호초를 확장하는 방식으로 자국 내 거점 지역에 대한 군사기지 또는 군사시설 건설을 지속적으로 추구할 것이다.

둘째, 중국은 지부티 보장기지와 같이 다른 국가와 협력을 통해 해외군사기지를 건설해 나갈 것이다. 2019년 중국의 국방백서에 따르면, 중국군 지부티 보장기지는 2017년 공식 운용되기 시작해 수차례에 걸쳐 중국 해군 호위항해 편대의 보장 및 수리, 의료서비스 지원, 외국군과의 연합 의료 구제훈련 등을 실시하였다. 이에 더해 2018년 중국군의 아프가니스탄 지역 내 대테러 훈련소 설립 움직임이 관측되었다. 중국은 아프간 정부의 반테러 활동을 지원하기 위해 대테러 훈련소를 전액 중국의 자금으로 설립하고, 수백 명의 중국군을 파견한다는 계획이다. 이는 아프리카 지부티에 사상 최초로 해외 군사기지를 설립한 데 이어 중국군의 둘째 해외 군사기지이다. 중국군은 대테러 훈련소가 설치되면 1개 대대를 파견할 계획으로 1개 대대는 보통 500명으로 구성돼 있다(박형기 2018).

셋째, 중국은 다른 국가와 경제협력 형식으로 스리랑카의 콜롬보항(Colombo)이나 오만의 사라라항(Salalah)과 같이 해외보급기지를 건설할 것이다. 이 세 가지 유형 중 향후 중국은 셋째 방식 위주로 해외기지 건설을 확대해갈 가능성이 크다.

실제 중국은 2002년 파키스탄 과다르항(Gwadar Sea Port)을 착공한 이후 해외 항구 건설에 박차를 가하고 있다. 〈표 1〉에서 확인할 수 있는 것처럼, 2000년대 중반 이후부터 2019년까지 중국의 민간부문(정부 비군사 조직 포함)이 해외에 건설 또는 매입한 항구(일부 추진 중인 항구 포함)는 북미를 제외한 전 대륙에 걸쳐 50여 개에 이르고 있다. 중국의 해외 항구는 동남아시아, 서남아시아, 오세아니아, 아프리카지역을 벗어나 최근에는 유럽과 남미 지역으로 더욱 확대되어가는 추세이다. 중국의 해외 항구는 이스라엘의 하이파(Haifa), 그리스의 리마니 피레우스(Limani Peiraia), 러시아 블라디보스토크 부근 부동항의 자루비노(Zarubino), 스페인의 발렌시아(Valencia)와 빌바오(Bilbao), 남미 브라질의 파라과이(Paranaguá) 등이 포함된다.

〈표 1〉 2007~2019년 중국의 해외 항구건설 동향

대륙	국가	항구명	중국기업 투자규모 (억 달러)	운용(임대) 개시연도
오세아니아	호주	Newcastle	12.4	2015
		Darwin	3.7	2015
		Melbourne	73	2016
	파푸아뉴기니	Moresby	1.79	2015
동남아	인도네시아	Tanjung Priok	5.9	2017
	브루나이	Muara	–	2017
	필리핀	Davao	7.4	2016
	말레이시아	Kuantan	1.77	2014
		Melaka Gateway	18.1	2016
	싱가포르	Pasir Panjang	–	2016
	미얀마	Kyaukpyu	73	2017
	캄보디아	Sihanoukville	–	2007
남아시아	방글라데시	Chittagong	5.504	2016
		Mongla	0.0053	2016
	스리랑카	Colombo	5.5	2011
		Hambantota	9.8	2017
	파키스탄	Gwadar	16.2	2013
		Qasim	1.3	2014
	이란	Qishm	5.5	2016
서아시아	사우디아라비아	Ras Al-Khair	2	2014

	카타르	Doha	8.8	2011
	아랍에미리트	HALIFAX	10.83	2016
	예멘	Aden	–	2014
	이스라엘	Haifa	–	2018
아프리카	지부티	Djibouti	–	2016
		Doraleh	6.07	2016
	케냐	Lamu	4.79	2014
		Mombossa	–	2010
	탄자니아	Zanzibar	2	2014
		Dar es Salaam	1.54	2017
	마다가스카라	Tamatave	10.17	2015
	소말리아	Tulagi	–	2019
	토고	미상	–	–
	나이지리아	미상	–	–
유럽	이탈리아	Vado Gateway	0.08	2016
		Venice	0.0319	2017
	터키	Kumport	9	2015
	그리스	Limani Peiraia	4.2	2008
	러시아	Zarubino	–	–
	스페인	Valencia	–	–
		Bilbao	–	–
	프랑스	미상	–	–
	네덜란드	미상	–	–
	벨기에	미상	–	–
남미	브라질	Paranagu	1.173	2018
	파나마	미상	–	–
	페루	미상	–	–

출처: 田秋宝等 2019, 4; 渡边伸 2020; 青苹 2019; 歐錫富・龔祥生 2019, 34.

특히 2010~2019년 사이 중국은 해외 항구 구입과 항구 건설 투자를 적극적으로 추진하면서, 최소 18개국 25개 프로젝트에 1조 2척

억 엔을 투자했다. 이들 프로젝트는 주로 중국 국유기업이 주도하고 있다. 구체적으로 중국의 항구운영 대기업그룹인 조상국집단(招商局集团)과 중국원양해운집단(中国远洋海运集团, COSCO)이 각각 11개 프로젝트(다른 기업과의 중복 내용 포함)와 9개를 책임지고 있다(渡边伸 2020).

결국 중국은 이와 같은 해외 항구를 중국 기업의 국제무역의 물류거점, 중국 해군의 해상호위 및 평화유지활동의 거점, 중국군의 세계평화유지행동을 위한 보급기지, 일대일로(一带一路)의 거점으로 활용할 예정이다(蒋伊晋 2014).

3. 우주공간 기반 실시간 군사력 투사능력 보유

실시간 글로벌 군사력 투사 측면에서 우주공간이 갖는 중요성이 증대되고 있는 가운데 중국군도 이에 대한 관심과 대비에 적극적이다. 현재 중국군의 공식적인 입장은 우주공간의 군사화를 반대하고 있기 때문에 우주공간 내 무기배치나 군사력 건설에 대한 공식적인 논의를 확인하기는 어렵다. 그럼에도 중국군은 최근 미군의 우주공간 군사화를 명분으로 우주전 대비 전략을 구체화해 가고 있다. 이러한 사실은 2015년 중국군 국방대학 출판『전략학』(战略学)을 통해서 확인할 수 있다. 이 출판물에서 중국군은 우주 군사투쟁의 주요 내용과 이에 대비하기 위한 군사력 건설 방향을 자세히 다루고 있다.

1) 우주공간의 군사적 중요성

중국군 국방대학 전문가들은 우주역량이 미래 전쟁에서 핵심적 역할을 수행하게 될 것으로 예측하고 있다. 중국군은 미래 전쟁의 전쟁시스템 간 대항 중에서 우주정보지원 능력을 상실할 경우 자신의 전장이 붕괴되고 중국의 전쟁시스템이 마비될 것으로 분석하고 있다. 이와 함께, 우주공간의 군사적 우세 여부는 제육권, 제해권, 제공권에 영향을 줄뿐만 아니라 사이버공간의 공방, 핵 억지력에도 영향을 줄 것으로 예측하고 있다(肖天亮 2015, 136-142).

2) 우주역량 건설 구상(肖天亮 2015, 371-381).

이러한 이유에서 중국군은 향후 우주공간의 군사능력 제고를 위해 노력한다는 입장이다. 중국군은 현재 우주 군사능력을 공간지원능력, 공간제어능력, 공간공방능력, 공간군사활동지원능력 등으로 구분하고 발전방향을 제시하고 있다. 이 중 공간지원능력은 군사 우주비행장비를 이용해 지상, 해상, 공중 등의 정보를 수집해 합동작전 수행을 지원하는 능력을 가리킨다. 공간지원능력에는 전천후·24시간·근실시간 공간정찰감시·공간매핑·기상지원능력, 광대역·대용량·역재밍·기밀의 위성통신능력, 자율·기밀·실시간의 위성항법능력이 포함된다.

중국군에 따르면, 공간제어능력은 공간상황감지능력, 공간목표 '소프트' 살상능력, 공간목표 '하드' 파괴능력, 공간방어능력 등을 포함한다. 공간상황감지능력은 모든 공간목표, 특히 소형 공간목표에 대해 장기간의 추적·감시·색인화·예보를 진행해 우주비행체의 발사·관측·제어를 위한 환경 정보를 제공하고 지휘통제를 위한 정보를 지원할 수 있어야 한다. 공간목표의 소프트 살상능력은 공간목표와 이와 연결된 지상 기지와 일부 공군 기지에 대한 전자파 재밍과 기만 능력, 저(低)에너지 지향성무기 살상 능력을 포함한다. 공간목표 하드 파괴능력은 운동에너지 파괴능력을 포함한 각종 공간목표의 파괴 능력을 일컫는다. 공간방어능력은 군사우주시스템에 대한 효과적인 피동 방호 조치와 주도적 방어 수단을 요구하고 있다. 여기에는 스텔스, 기만, 기동, 암호화 등이 포함된다.

공간공방능력은 주로 전략 조기 경보 및 감시 능력, 탄도미사일 장거리 정밀타격능력, 우주공간에서 지상 목표물에 대한 '천대지'(天對地) 화력타격능력, 우주공간 자산에 대한 '대천'(對天) 방어작전능력 등이 포함된다. 전략 조기경보 및 감시능력은 우주기지와 지상기지의 조기경보 수단을 통해서 적의 우주비행 발사를 감지하고, 탄도미사일의 발사와 탄착 지점, 비행 궤도와 시간을 분석/평가하고 미사일 타격효과를 평가할 수 있는 능력을 가리킨다. 천대지(天對地) 화력타격 수단에는 공간작전 비행체, 궤도무기(Orbital Weapons) 등이 포함된다. 대천 방어작전능력에는 적의 탄도미사일 방어 및 요격 능력, 요격 효과 평가능력이 포함된다.

공간군사활동지원능력은 주로 우주비행 운송능력, 우주비행 응급발사능력, 우주비행 감시제어능력 등이 포함된다. 이러한 능력은 주로 우주비행체의 발사, 감시, 제어, 작전에 필요한 기초시설, 기술, 각종 지원, 규획 능력, 설계 방안 등을 제공하기 위한 것이다.

V. 평가와 함의

앞서 살펴본 것처럼 중국은 글로벌 강군 건설을 위해 전략적, 이론적, 물리적 준비를 강화해 가고 있다. 그러나 중국의 글로벌 강국화와 강군 건설 구상이 현실화하기 위해서는 해결해야 할 과제가 여전히 많다. 무엇보다도 중국 스스로가 인정하고 있는 것과 같이 군사이론, 군사조직, 군사인재, 무기장비 영역에서 일대 혁신이 필요하다. 구체적으로 중국군은 중국군의 현대화 수준과 국가안보 수요 간의 격차, 중국군과 세계 선진 군사 수준 간의 격차라는 '양개 격차'(兩個差距) 문제와 현대화 전쟁능력 부족과 각급 지휘관의 현대화전쟁 지휘능력 부족이라는 '양개 부족'(兩個不夠) 문제가 있다고 자체 분석하고 있다(梁蓬飛 2016).[3] 다시 말해, 중국군은 정보화전쟁에 대비한 군사편제 측면에서 기존 초강대국에 미치지 못하고 있고, 합동작전 수행 인력은 충분하지 않으며, 무기장비와 군사이론도 뒤쳐져 있다. 특히 중국은 현대적 경험이 사실상 전무해 중국군의 실전 능력에 대한 의구심이 크다. 이러한 이유로 실제 최근 실시된 중국-태국 연합공군 대

3) 중국군의 현대화전쟁 지휘능력 부족 문제와 관련해서는 정세판단 불능(不會判斷形勢), 상급 의도 이해 불능(不會理解上級意圖), 작전결심 불능(不會定下作戰決心), 병력배치 불능(不會擺兵布陣), 신속대응 불능(不會處置突發情況)과 같이 '5개 불능(五個不會)이 거론되고 있다.

항훈련에서 중장거리 교전 시 중국군이 태국 공군에 완패한 사례도 관측되고 있다. 마지막으로 미래 전쟁 대비에 중요한 국방과학기술 영역에서는 기존 초강대국에 비해 인공지능, 빅데이터, 반도체 소자 등 핵심 영역에서 뒤처져 있거나 확실한 우세를 보이고 있지 못한 상황이다. 이와 관련, 최근 미국이 중국에 대한 첨단과학기술 봉쇄 움직임을 보이고 있어 중국은 자국의 국방과학기술을 안정적으로 발전시켜야 하는 과제를 지니고 있다.

이와 함께, 중국의 강국화 구상은 국제정치 영역에서 강대국 관계의 안정적, 효율적 관리를 전제로 하고 있다. 그런데 세력전이론에 따르면 기존 초강대국과 이에 도전하는 신흥 강대국 사이에는 국력의 격차가 축소되는 상황에서 신흥 강대국 또는 초강대국의 선제적 예방 조치로 양측 간 전쟁 발발 가능성이 있다(Kugler 1989, 173~175; Tammen et al. 2000; Organski 1980; 이삼성 2007). 만일 이러한 현실주의자의 주장이 실현될 경우 중국의 강국화 도전은 실패로 귀결될 가능성이 크다. 아울러 중국은 최근 남중국해와 동중국해의 해상 영유권 등 '핵심이익' 문제로 주변국과 갈등하고 있고, 이 때문에 중국 위협론이 여전히 존재하고 있다. 중국이 강국화를 실현하기 위해서는 이러한 우려를 합리적으로 해결해야 할 것이다.

한편 중국의 미래 구상은 다양한 영역에서 한국에 부담으로 작용할 가능성이 있다. 우선 중국의 전략 문서들이 명시하고 있는 것처럼 중국의 글로벌 강국, 글로벌 강군 건설 노력은 장기간에 걸쳐 진행될 전망으로, 이는 미중 전략경쟁이 장기간에 걸쳐 지속될 것이라는 점을 시사하고 있다. 이러한 미중 전략경쟁의 장기화는 결국 미중의 국제정치 내 우군 확보 노력의 장기화로 이어지면서 다수 국가들의 안보 피로감은 지속될 가능성이 크다. 이에 더해 미래 국제정치의 불확실성과 중국의 글로벌 강국 실현 가능성을 완전히 배제할 수 없는 상황에서 특정 국가를 선택하는 일은 자칫 다른 국가의 전략적 보복으로 이어질 수 있고 이 경우 안보 제반 영역에서 심각한 위협 국면을 초래할 가능성을 배제할 수 없을 것이다. 이런 점에서 중국과의 전략관계 설정 시 중국의 글로벌 강국 부상 가능성에 대한 인식은 적어도 복잡시스템 문제의 인식방법인 '검은 백조'(black swine)의 시각에서 접근할 필요가 있다.[4)]

다음으로 중국군의 '세계 일류 군대' 건설전략, 글로벌 존재감 강화 노력 등은 한반도 안보에 부담으로 작용하고 있다. 이러한 부담에 적절히 대응하기 위해서는 한중 간의 지리적 근접성과 국력격차 요인을 고려해 비대칭적인 대비태세 강화는 물론 양국 간 전략관계의 안정적 관리를 통해 위협요인 자체의 축소를 도모할 필요가 있다.

마지막으로 미래 지능화 시대에 대한 대비는 안보적 측면에서 중국(군)만이 아닌 모든 국가들의 보편적 문제의 성격을 지니고 있다는 점을 주목할 필요가 있다. 이는 인공지능기술을 포함한 지능화 시대를 추동하는 4차산업혁명기술은 국방은 국가 제반 영역에 급속히 침투하면서 군사안보는 물론 사회, 경제, 정치 영역에서 새로운 안보 문제를 발생시키고 있는 것과 관련된다.

---

4) 검은 백조 현상은 발생 가능성은 높지 않지만 발생 가능성을 배제할 수 없고 한번 발생하면 미치는 영향이 매우 크고 심각한 것을 가리킨다.

| 참고문헌 |

박형기. 2018. “중국 지부티에 이어 아프간에 해외 군사기지 설립,” 『뉴스1』 2018.8.29.

안승섭. 2019. “中, 첫 해외기지 지부티에 항모 정박 가능 대형 군항 건설,” 『연합뉴스』 2019.12.12.

이삼성. 2007. “21세기 동아시아의 지정학: 미국의 동아태지역 해양패권과 중미관계,” 『국가전략』 제13권 1호.

이상국. 2020. “중국군은 4차산업혁명 기술을 어떻게 보고 있나,” 『국방논단』, 제1792호.

Cheung, Tai Ming. 2016. “How Innovative is China’s Defense Science and Technology Development?,” *East Asia Foundation Conference*, 2016.6.29.

Kania, Elsa B. . 2019. “Chinese Military Innovation in Artificial Intelligence,” *Testimony before the U.S.-China Economic and Security Review Commission Hearing on Trade, Technology, and Military-Civil Fusion* 2019.6.7.

Kugler, Jacek and A.F.K. Organski. 1989. “The Power Transition: A Retrospective and Prospective Evaluation,” Manus I. Midlarsky ed., *Handbooks of War Studies*. Boston: Unwin Hyman

Organski, A.F.K. and Jacek Kugler. 1980. *The War Ledger*. Chicago: University of Chicago Press.

Tammen, Ronald L. et al. 2000. *Power Transition: Strategies for the 21st Century*. New York & London: Chatham House Publisher.

郭强. 2020. “军事智能化的‘能’与‘不能’,” 『光明日报』.

歐錫富 · 龔祥生. 2019. 『2019 中共政軍發展評估報告』. 臺北: 國防安全研究院.

军民融合形势分析课题组. 2017. “2018年中国军民融合发展形势展望,” 『赛迪智库』.

渡边伸. 2020. “中国10年投资18国港口,” 『日本经济新闻』 2020.1.6.

梁蓬飞. 2016. “军报今天两个专栏聚焦一问: 我们离打仗还有多远,” 『解放军报』 2016.6.16.

刘嵩 · 王学智. 2018. “新时代军事智能化发展的几点思考,” 『国防科技』 第39卷第3期.

刘玮琦. 2018. “星融网:打赢未来智能化战争的网络架构,” 『网信军民融合』 2018.4.

刘晋豫 · 刘硕扬. 2018. “加快军事智能化军民融合发展的战略考量,” 『军民两用技术与产品』 第1期.

马德宝, “在新时代强军征程中提高全域作战能力,”『解放军报』2017.11.23.
马浩亮. 2021. “雷神无人战车 AI攻防大脑,”『大公报』2021.7.19.
费士廷·陈国全·李建文. 2019. “全力以赴打好我军建设发展‘十三五’规划落实攻坚战,”『解放军报』2019.3.12.
习近平. 2017. “在中国共产党第十九次全国代表大会上的报告,“『新华网』2017.10.18.
习近平强军思想研究中心. 2019. “马克思主义军事理论中国化时代化的新飞跃: 全面深入学习领会习近平强军思想,”『红旗文稿』. 2019.8.22.
沈学民等. 2020. “空天地一体化网络技术：探索与展望,”『物联网学报』第4卷第2期.
杨震·蒋艳. 2019. “智能化时代 军队组织形态什么样,”『解放军报』2019.4.18.
余言. 2017. “党的十九大报告的亮点和历史性贡献,”『中国纪检监察报』2017.11.15.
倪鑫. 2016. “战争形态演变的技术维度分析,”『学习时报』2016.11.14.
魏凡等. 2019. “面向智能化战争的电子信息装备需求和方向分析,”『中国电子科学研究院学报』第10期.
王鹏. 2019. “把握智能化战争特点规律推动智能化训练创新发展,”『国防科技』第40卷第1期
王达. 2019. “新版国防白皮书提出习近平军事战略思想,”『中国青年报』2019.7.24.
李甄情. 2021. “6G不再遥远！我国已率先开始前瞻性布局,”『网信军民融合』4.
李大勇·吴科儒. 2018. “陆军对‘十三五’装备建设规划进行完善,”『解放军报』2018.1.9.
李明海. 2018. “是什么在推动战争向智能化演变,”『解放军报』2018.11.6.
任天佑. 2018. “向着世界一流军队目标奋进,”『人民日报』2018.2.4.
张强. 2017., “斗勇更需斗‘智’军事智能化 全新战略制高点,”『科技日报』2017.12.6.
张谦一. “探索全域作战能力生成路径,”『解放军报』2018.9.25.
张翚. 2020. “加快武器装备现代化,”『光明日报』2020.12.22.
蒋伊晋. 2014. “‘一带一路’战略背后 中国参与了10多个海外港口项目,”『南方都市报』2014.11.11.
钱中兵编辑. 2018. “中华人民共和国宪法修正案2018年3月11日第十三届全国人民代表大会第一次会议通过）,”『新华网』2018.3.11.
田秋宝等. 2019. “一带一路中国海外港口项目战略分析报告,”『国观智库』.
中共中央宣传部组织编. 2018.『习近平新时代中国特色社会主义思想三十讲』. 北京: 学习出版社.
钟飞·陈沅. 2018. “迈向智能时代的军队后勤组织形态,”『中国社会科学报』2018.12.20.
中华人民共和国国务院. 2017. “国务院关于印发新一代人工智能发展规划的通知,” 国发〔2017〕35号.

中华人民共和国国务院新闻办公室. 2019.『新时代的中国国防』. 北京: 2019.7.

蔡明春 · 吕寿坤. 2017. “智能化战争形态及其支撑技术体系,”『国防科技』第1期.

青苹. 2019. “中国首提‘海外补给点’如何冲击美国海军霸权,”『多维新闻网』2019.7.2.

肖天亮. 2015.『战略学』. 北京: 国防大学出版社.

许其亮. 2017. “牢固确立习近平强军思想在国防和军队建设中的指导地位,”『人民日报』2017.11.14.

胡晓峰等. 2018., “智能化作战研究值得关注的几个问题,”『指挥与控制学报』第4卷第3期.

黄韬. 2021. “未来网络技术与发展趋势综述,”『通信学报』第42卷第1期.

제3부

중국은 글로벌 거버넌스체제를 어떻게 장악하고자 하는가?

7장

지역다자안보제도에서 중국의 제도적 균형 전략: SCO와 CICA를 중심으로*

강수정

Ⅰ. 서론

탈냉전 이후, 국제다자제도에 대한 중국의 접근방식은 전통적인 방어적 입장에서 적극적인 참여로 점진적으로 전환되었다. 중국은 1971년 UN에 가입하고 UN 안보리 상임이사국의 지위를 획득하면서 국제사회로 복귀했지만, 1990년대 초가 되어서야 중국은 글로벌 및 지역적 차원에서 다자기구와 제도에 보다 적극적으로 참여하기 시작했다(Abbott & Snidal 1998). 중국이 참여하는 국제다자기구에는 UN 안전보장이사회와 국제원자력기구, 군축회의, 세계은행, 국제통화기

* 이 글은 『아세아연구』 64권 3호(2021)에 게재된 저자의 논문을 수정・보완한 것이다.

금, 세계보건기구와 같은 UN 산하 기구들뿐만 아니라, 아시아태평양 경제협력체, 아세안지역포럼, 아세안+3와 아세안+1, 동아시아정상회의, 상하이협력기구, 아시아 교류 및 신뢰구축 회의 등의 지역다자기구들이 있다. 중국은 대부분의 국제조약과 협약에 가입했을 뿐만 아니라 기존 국제질서의 규범과 관행을 수용하면서 점차 사회화되었고, 자신의 역량과 특정 이익을 고려하여 비록 선택적이긴 했지만, 글로벌 및 지역 거버넌스에 보다 적극적으로 참여하게 되었다(Chan et al. 2011; Economy & Oksenberg 1998; Johnston 2007; Kent 2007; Wuthnow 2012).

아태지역의 지역다자기구들은 일반적으로 조직 구조의 법제화 및 공식화 수준이 비교적 낮은 형태의 아시아식 다자기구들이며, 지역문제에 점진적이고 합의에 근거한 접근법을 채택하고 있다. 중국 정부는 이러한 지역다자기구들이 미국이 주도하는 동맹체제에 대한 대안을 제공할 수 있다고 보고, 이러한 지역다자기구들에 대한 참여를 점진적으로 확대해왔다(Acharya 2001; Leifer 1996; Wu & Lansdowne 2007; 김태운, 오태곤 2007). 중국을 끌어들이려는 지역국가들의 노력도 있었지만, 중국 정부는 '중국위협론'에 대한 우려, 특히 중국과 영토·해양 분쟁을 벌이고 있는 주변국들의 우려를 불식시키기 위한 방편으로 지역다자기구에 참여고자 했다. 또한, 지역다자기구에 참여하면서, 중국 지도부는 이러한 지역기구를 플랫폼으로 활용하여 공동의 포괄적인 협력 안보에 부합하는 자신의 '안보관'을 주창하는 것이 유용하다는 것을 발견했다(Acharya 1998; Emmers

2003).

시진핑 집권 이후 국제다자제도에 대한 중국의 입장과 태도는 단순한 참여에서 보다 적극적으로 국제체제 개혁을 이끄는 방향으로 한층 더 심화된 전략적 변화를 보여주었다(習近平 2012; 習近平 2013; 習近平 2014; 習近平 2015; 習近平 2016; 習近平 2017; 人民日報 2017/1/17; 人民日報 2017/11/19). 이러한 접근은 국제체제의 개혁을 추구하는 중국의 리더십 정당성을 주장하면서 동시에 중국의 이익과 가치에 부합하도록 기존의 국제체제를 변화시키는 것을 목표로 한다. 즉, 중국은 글로벌 및 지역 거버넌스에 적극적으로 참여하여 기존 국제체제에서 영향력과 발언권을 확대하고, 신흥국 및 개도국들과 협력하여 자신들의 공동 이익에 더 잘 부합하도록 국제체제 개혁을 추동함으로써, 중국의 지속적인 발전과 강대국화의 꿈을 실현하는 데 유리한 외부 여건을 마련하고자 하는 것이라고 볼 수 있다(張家棟 2009; 陳玉剛 2009; Liu 2020).

시진핑 지도부 하의 중국은 기존의 도광양회(韜光養晦)식 소극적인 저자세 외교정책 노선에서 벗어나, 보다 적극적이고 때때로 공세적인 '분발유위(奮發有爲)'의 외교정책 노선으로 전환하고 자신의 이익과 선호를 적극적으로 밝히고 추구하려는 주동적이고 공세적인 외교행태를 보여왔다(김재철 2012; 조영남 2013). 이러한 중국 외교정책 노선의 변화는 국제무대에서 중국의 목소리를 내어 중국 특색의 외교 원칙과 구상을 제기하고 글로벌 및 지역 거버넌스에 중국적 방안을 적극적으로 제시함으로써, 국제적 영향력과 발언권을 확보하고 국제질서에서 기존의 국제 규범과 규칙을 추종하는 것을 넘어 주도적으로 자신의 선호와 이익을 반영하려는 시도들로 이어져왔다(Wang 2013; Wang 2015; 張展 2017; 人民日報 2018/10/15).

중국의 외교정책에서 나타나는 이러한 새로운 현상은 국제문제를 다루는 데 있어서 중국의 리더십에 대한 자신감의 증대를 보여주며, 동시에 중국의 국력 신장과 국제적 지위 향상에 따라 보다 주도적으로 국제질서 형성에 영향력을 행사하려는 오랜 열망과 의지를 반영하는 것이라고 볼 수 있다(Xinhua 2017/11/03). 이에 따라, 최근 중국은 국제다자기구에서 자국의 지위과 영향력을 강화하기 위해 노력하면서, 동시에 대안적인 국제기구와 제도를 창설하는 데에도 적극적으로 나서고 있다. 시진핑 지도부 하에서의 이러한 변화는 UN에서의 중국의 강화된 입장과 글로벌 정책 결정에 대한 중국의 적극적인 관여, 상하이협력기구(SCO), 아시아인프라투자은행(AIIB), 아시아 교류 및 신뢰구축 회의(CICA) 등의 지역다자기구들에 대한 후원에서 가장 뚜렷하게 나타나고 있다(中華人民共和國國務院新聞辦公室 2019).

현재 중국은 탈세계화의 분위기 속에서 적극적인 다자외교를 펼치며 전 세계의 이목을 집중시키고 있다. 이러한 관심은 중국의 이러한 적극적인 다자외교가 국제문제 해결에 건설적인 역할을 할 것인지, 아니면 공세적 외교정책을 통해 갈등을 유발할 것인지에 대한 기대와 우려가 담겨있다. 국제다자제도에서의 중국의 부상은 국제질서의 새로운 변화에 대한 기대와 두려움을 모두 불러일으킨다. 중국의 경제력과 군사력의 신장, 외교적 영향력의 증대와 함께 중국 정부는 국제 평화유지활동과 해적 소탕 작전 참여, 해외원조, 경제협력 등을 통해 글로벌 및 지역 거버넌스에 기여해왔다. 반면에, 영토·해양 분쟁 등 중국의 핵심이익과 관련된 이슈에서 중국의 공세적 외교정책과 자신이 선호하는 경제 및 안보 레짐을 옹호하고 촉진하려는 외교적 행동들은 기존의 국제질서에 대한 중국의 태도와 접근법에 근본적인 의문을 제기하게 한다.

중국은 국력의 신장과 함께 국제적 영향력을 확대하기 위해 이러한 적극적인 다자외교를 통해 제도적 균형 전략을 포함하는 다양한 전략들을 구사해왔다(Lake 2017). 국제다자제도에서 중국의 이러한 전략들은 국제정치에서 변화하는 중국의 역할 인식에 따라 신흥 강대국으로 부상하면서 직면하게 되는 다양한 요구와 도전 과제들을 해결하기 위해 채택된 것이었다(Jones 2013). 2008년 글로벌 금융위기 이후, 특히 시진핑 지도부가 집권한 이후, 중국은 다자외교에서 자신의 이익과 선호를 보다 더 잘 투영하기 위해 제도적 균형 전략을 보다 적극적으로 활용하기 시작했다. 중국의 국력과 자신감의 신장은 중국의 정체성뿐만 아니라 역할 인식에도 영향을 미쳤고, 이는 중국의 제도적 균형 행위의 우선순위와 방향, 정도에 영향을 미쳤다. 한편에서 중국은 동아시아정상회의(EAS) 및 아시아태평양경제협력체(APEC) 등 미국을 포함하는 기존 지역다자기구들에 적극적으로 참여함으로써 미국에 대한 포괄적인 제도적 균형을 채택했고, 다른 한편에서는 상하이협력기구(SCO)와 아시아 교류 및 신뢰구축 회의(CICA) 등 미국을 포함하지 않는 지역다자기구들을 통해 미국을 겨냥한 배타적 제도 균형을 선택하기도 했다. 또한, 중국은 글로벌 및 지역적 차원에서 국제체제의 개혁뿐만 아니라 아시아인프라투자은행(AIIB)와 같은 대안적 제도와 기구를 창설하는 데에도 적극적으로 나서고 있다. 이러한 움직임은 중국의 입장에서는 기존의 국제질서를 전복할 의도를 가지고 있지 않다고 하더라도, 미국과 기존 강대국들의 입장에서는 기존 질서의 변화를 추구한다는 점에서 기존의 질서에 대한 도전으로 인식될 수 있다.

국제다자제도에서 중국의 부상은 기존 국제질서의 미래에 대한 중요한 질문을 제기하지만, 중국이 기존 질서에 미치는 영향의 본질이나 범위, 세력전이 시기 기존 질서의 탄력성에 대해서는 아직 의견이 분분하다(De Graaff & Apeldoorn 2018; Ikenberry 2018; Layne 2018). 특히, "중국이 자국의 이익을 수호하고 발전시키기 위해 어떻게 기존의 국제질서를 변화시키려 하는가"의 문제는 중요하지만, 그동안 많은 연구가 이루어지지 않았다. 국제다자제도에서 세력 분배의 변화, 상이한 이해관계, 의제 설정에서의 의견 차이 등 다양한 관점에서 신흥 강대국이 기존 국제질서에 도전하려 하는 이유를 분석하는 연구들은 많았지만, 어떻게 신흥 강대국들이 기존 질서에 도전하는가에 관한 연구는 상대적으로 부족했다(Newman & Zala. 2018; Patrick 2016; Stephen 2017). 이러한 연구 질문은 중국이 기존 국제질서와 체제의 변화를 추구하면서 어떠한 논리와 전략을 활용하는지를 이해하는 데 도움이 된다. 중국은 기존 국제질서에서 확립된 규범과 규칙을 계속 준수하면서 현상 유지 세력처럼 행동할 수 있지만,

다른 한편에서 기존의 국제체제를 개혁하려 하거나 새로운 국제기구와 제도를 설립하여 기존의 질서에 도전할 수도 있다(Johnston 2003; He 2015). 어떤 식으로든 부상하는 중국은 기존 국제질서의 변화를 통해 신흥 강대국으로서의 적절한 지위와 영향력, 대표성을 추구할 것이고, 확대된 발언권을 가지고 다양한 국제문제와 지역 현안에 중국식 해결책을 제공하고자 할 것이다(Newman & Zala. 2018).

이러한 맥락에서, 중국이 자국의 이익과 선호에 부합하도록 어떠한 방식으로 국제질서를 변화시키려 하는지를 이해하기 위해서는 중국의 다자외교에서 활용되고 있는 제도적 균형 전략들(Institutional balancing strategies)을 살펴볼 필요가 있다. 이러한 문제의식 속에서, 본 연구는 먼저 '경쟁적 다자주의(contested multilateralism)'와 제도균형이론에 관한 이론적 논의를 살펴보고, 그러한 이론적 틀에 기반하여 상하이협력기구(SCO)과 아시아 교류 및 신뢰구축 회의(CICA)에 대한 사례분석을 통해, 지역다자안보제도에서 중국의 제도적 균형 전략의 실행과 그 논리 및 효용, 한계를 분석한다. 즉, 상하이협력기구(SCO)와 아시아 교류 및 신뢰구축 회의(CICA)와 같이 중국이 적극적으로 설립과 발전에 참여해온 지역다자안보제도를 통해, 중국이 지역안보질서를 자국의 이익과 선호에 더 잘 부합하도록 변화시키기 위해 어떻게 제도적 균형 전략을 활용하는지를 분석하고, 그러한 중국의 전략이 가지는 함의와 한계를 살펴본다.

Ⅱ. 이론적 논의: 경쟁적 다자주의와 제도적 균형

2008년 미국에서 시작된 금융위기는 빠르게 전 세계로 퍼져나갔다. 그 위기가 세계 경제에 미친 광범위한 영향은 국제정치에서 나타난 두 가지 경향을 보여주었다. 하나는 제2차 세계대전 이후 미국 주도의 자유주의 질서의 급속한 쇠퇴, 다른 하나는 국가 간 경제적 상호의존의 심화이다. 아이켄베리(G. John Ikenberry)는 "2008년 금융위기와 그에 따른 (대공황 이후 가장 심각한) 세계 경제 침체는 특히 미국 주도의 자유주의 국제체제에 대한 압박을 극명하게 보여주었다"고 지적한다(Ikenberry 2012). 미국의 상대적 쇠퇴와 대비되는 신흥 강대국들의 부상은 국제정치의 새로운 특징이 되었다(Zakaria 2008). 아태지역에서 글로벌 금융위기의 여파 속에서도 중국의 지속적인 경제성장과 국력 신장은 미·중 사이의 세력 전이뿐만 아니라 기존 미국 주도의 질서에서 불확실성이 증대되는 방향으로 지역 질서의 전환을 촉진했다. 또한, 글로벌 금융위기로 인한 광범위한 피해는 경제적 상호의존의 심화라는 세계화의 중요한 경향을 반영했다. 경제적 상호의존은 탈냉전 이후 국제정치에서 가장 주목할만한 특징 중 하나이고, 1990년대 이후 아태지역에서는 역내 무역과 투자의 증가로 경제적 상호의존이 더욱 심화되었다. 따라서 2008년 글로벌 금융위기는 기존의 미국 주도 패권 체제와 자유주의 질서에서 변동하는 다극체제의 보다 불확실한 질서로 아태지역에서의 질서 전환(order transition)이 시작되었음을 보여주었다. 이 지역에서의 이러한 전략적 불확실성의 증대는, 경제적 상호의존의 심화와 함께, 역내 국가들이 지역다자제도들을 더 큰 권력과 영향력을 확보하기 위한 경쟁의 장으로 인식하게 했다. 따라서 글로벌 금융위기 이후 잠재적인 질서 전환은 제도를 통한 국가 간 균형 활동을 강화했다. 역내 주요 강대국들과 지역 국가들은 세력 전이 과정에 수반되는 위험과 기회를 모두 인식하고 있었으며, 경쟁적 다자주의의 출현은 이들 간 제도적 균형의 불가피한 결과였다.[1)]

경쟁적 다자주의(contested multilateralism)는 기존 제도적 구조와 세력 분배의 변화 사이에 격차가 발생하면서 나타나는 현상으로, 국가 행위자들이나 비국가 행위자들이 제도 내 변화를 추구하거나 특정 이슈에서 대안적 제도를 창설하여 기존의 다자제도에 도전하는 전략들을 추구한 결과이다(Morse & Keohane 2014). 즉, 이는 국가 행위자들 사이에 다자적 수단을 통한 제도 내 경쟁(intra-institutional competition)과 제도 간 경쟁(inter-institutional competition)을 모두 포함한다(He 2019). 특정 그룹의 국가들이 경쟁적 다자주의에 동참하는 중요한 이유 중 하나는 그들과 연관된 중요한 이슈들을 다루는 데 있어서 기존의 제도적 틀이 제대로 작동하지 않거나 제대로 기능을 하지 못한다는 불만 때문이다. 예를 들어, 비핵보유국들 대다

1) 중국의 다자주의 개념은 주로 셋 이상의 회원국들이 가입된 국제기구와 제도들에 참여하는 외교적 행위, 즉 '다자외교'를 의미하며, 이러한 개념은 국제정치학에서 정의되는 일반화된 행동규칙, 확장된 호혜성 등의 조직 원칙을 갖춘 이상적인 형태의 다자주의와는 차이가 있음을 이해할 필요가 있다(Caporaso 1992).

수는 최근 몇 년 동안 핵확산금지조약(NPT)[2)]와 같은 기존의 제도적 틀 내에서 핵군축의 속도에 점점 더 환멸을 느끼며 불만이 커져 왔다(M ller 2017; Thakur 2017). 특히, 신흥 강대국들이 경쟁적 다자주의에 참여하는 또 다른 이유는 규칙 제정과 의제 설정이 결과에 중요한 영향을 미치며 지정치학적 게임에서 승자와 패자를 결정할 수 있기 때문이다(Dai 2015). 또한, 포괄적인 제도적 균형(inclusive institutional balancing)이 적용되는 환경에서도 제도에 대한 통제력 혹은 영향력은 중요하기 때문에 제도 내 경쟁의 형태로 경쟁적 다자주의가 나타날 수 있다.

경쟁적 다자주의가 권력의 분화와 그에 따른 경쟁 레짐과 레짐 복합체(regime complexes)의 형성을 설명하지만, 제도균형이론은 경쟁적 다자주의하에서 국가 행위자들이 다자제도를 활용하여 그들의 경쟁자들의 세력과 영향력을 제한하고 약화시키기 위해 활용할 수 있는 제도적 균형 전략들에 대한 개념적 틀을 제공한다. 제도균형이론은 높은 경제적 상호의존이 국가들로 하여금 권력과 영향력과 같은 상대적 이익을 실현하기 위해 제도를 활용하도록 장려한다고 주장한다. 군사적 수단이나 전통적 세력균형은 국제 무정부상태에서 국가들이 채택할 수 있는 주요한 균형 전략으로 남아있지만, 경제적 상호의존의 긍정적 영향 중 하나는 그것이 국가 행위자들로 하여금 상호 간 경쟁에서 비폭적인 수단을 고려하도록 한다는 데 있다. 경제적 상호

---

2) 핵확산금지조약(Nuclear Non-Proliferation Treaty: NPT)은 핵 비보유국이 핵무기를 보유하거나 핵 보유국이 비보유국에 핵무기를 양여하는 것을 금지하는 국제조약이다. 1968년 7월에 조인되고 1970년 3월 발효되었다.

의존의 심화는 국가들이 국제 무정부상태에서 안보를 추구하는 경쟁에 있어서 전통적 군사 수단에 의존하는 비용을 증가시켰다. 국제 무정부상태에서 국가들은 권력과 안보를 위해 경쟁하는데, 세계화와 경제적 상호의존 속에서 군사적 동맹 구축과 군비경쟁과 같은 전통적 균형 전략들의 경제적 비용이 증가하면서, 국가들은 비교적 낮은 비용의 경쟁 수단을 추구하게 된다. 제도적 균형은 국가들이 국제체제에서 그들의 현실주의적 목표를 실현하기 위해 사용할 수 있는 새로운 균형 전략 중 하나이다.

제도적 균형은 경쟁자의 세력과 영향력을 제약하고 약화하기 위해 다자제도를 활용하는 것을 의미한다(He 2009). 균형의 핵심은 특정 국가와 그 경쟁국 간 상대적 힘을 변화시키는 것이다. 전통적인 균형은 군비경쟁과 같은 내적 균형과 동맹과 같은 외적 균형을 통해 한 국가가 어떻게 자신의 힘을 증대시키는지를 강조한다. 제도적 균형은 일종의 소프트 밸런싱(soft balancing) 혹은 네거티브 밸런싱(negative balancing)으로, 한 국가가 어떻게 다자제도를 활용하여 경쟁국의 힘을 약화시키거나 제한하여 세력균형을 자국에 유리하게 변화시키는가에 초점을 맞춘다(He 2012). 경제적 상호의존의 심화는 국가들이 국제 무정부상태에서 이익을 추구하기 위해 비교적 낮은 비용의 제도적 균형 전략을 채택할 가능성이 커지는 전략적 환경을 조성한다. 따라서 이러한 전략적 환경하에서 국가들은 경쟁국의 세력과 영향력을 제한하거나 약화시키기 위해 다자제도를 활용하는 다양한 전략들을 학습해왔다.

탈냉전 이후 아태지역에서 국가들은 권력과 안보를 위한 경쟁에서 서로 다른 형태의 제도적 균형 전략을 활용해왔다. 제도균형이론에 따르면, 제도적 균형 전략에는 포괄적 제도 균형(inclusive institutional balancing), 배타적 제도 균형(exclusive institutional balancing), 제도 간 균형 전략(intra-institutional balancing)이 있다(He 2015; Feng & He 2018). 첫째, 포괄적 제도 균형은 특정 다자제도 내에 대상 국가(target state)를 포함하며 다자제도의 규칙과 규범을 활용하여 그 국가의 행동을 제한하는 전략이다. 국가 행위자는 규칙 제정과 아젠다 설정 능력을 통해 대상 국가의 행동을 제한하고 그 국가의 권력과 영향력을 약화시킬 수 있다. 예를 들어, 아태지역에서 아세안(ASEAN) 국가들은 아세안지역포럼(ARF), 아세안+3(APT), 동아시아정상회의(EAS)와 같은 다자제도들을 활용하여 중국의 행동을 제한하기 위해 포괄적 제도 균형 전략을 활용해왔다. 1994년 아세안지역포럼의 창설은 1990년대 지역 강대국으로 부상한 중국의 행동을 제약하기 위한 아세안 국가들의 포괄적 제도 균형으로 볼 수 있다. 아세안지역포럼은 지역 강대국들을 모두 포함하는 역내 유일의 안보 대화 포럼으로서 탈냉전 시기에 역내 국가들 간 신뢰 구축과 불확실성 완화에 중요한 역할을 하고 있지만, 아세안 국가들이 역내 잠재적 위협이 되는 중국을 제도 내에 포함한 주요한 이유 중 하나는 그 제도적 규칙과 규범 - 예를 들어, 아세아지역포럼의 협력 안보 규칙과 규범 - 을 활용해 중국의 행동, 특히 남중국해에서의 중국의 공세적 행동을 제한하기 위함이었다(Foot 1998; Katsumata 2009). 그뿐만 아니라,

최근의 아시아인프라투자은행(AIIB)과 일대일로 이니셔티브는 아태 지역에서 금융과 경제 거버넌스를 위한 새로운 규칙과 규범을 제정함으로써 역내 세력과 영향력을 확대하려는 중국의 포괄적 제도 균형 전략을 잘 보여주는 예이다.

둘째, 배타적 제도 균형은 대상 국가를 특정 제도에서 배제하며 그 제도 내 자원들을 동원하여 그 배제된 대상 국가로부터의 인식된 혹은 실제의 위협에 대항하는 것이다. 즉, 국가들은 대상 국가를 특정 제도에서 소외시키고 그 제도 내 단결력과 응집력을 활용해서 그 대상 국가에 압력을 행사할 수 있다. 어떤 국가도 다른 국가들로부터 소외되는 것을 원치 않기 때문에 이러한 다자제도의 배타적 설계는 외부 대상 국가로부터의 위협과 도전에 대응하는 중요한 외교적 무기가 된다. 예를 들어, 아세안+3는 1997년 아시아 금융위기 이후 아세안 국가들과 한중일 3국 간 지역 경제협력을 촉진하기 위해 만들어졌고, 이후 점진적으로 아시아 지역주의를 대표하는 지역다자기구 중 하나가 되었다. 미국을 포함하고 있지 않기 때문에, 아세안+3는 중국과 일부 아세안 국가들에게는 역내 미국의 영향력을 약화하기 위한 배타적 제도 균형의 플랫폼이 되었다. 특히, 아세안+3는 중국이 아시아 지역주의를 주도하는 데 좀 더 적극적이고 중요한 역할을 할 수 있는 제도적 환경을 마련해주었다. 2001년 아세안+3 정상회의에서 주룽지(朱鎔基) 당시 중국 국무원 총리는 "정치와 안보 영역에서 대화와 협력을 점진적으로 촉진하기 위한 노력이 필요하다"고 제안했다. 당시 중국 정부는 아세안+3를 통해 국제문제에서의 일치된 목소리, 지역 의회 위원회 구축, 국방장관회담 및 동아시아안보협력협의회 개최, 초국경적 문제에 대한 공동 대응을 추진하려는 야심 찬 목표를 가지고 있었다(Cheng 2001). 이는 중국이 아세안+3를 미국과 기타 서방 국가들을 배제한 아시아의 포괄적 다자기구로 발전시키려는 명확한 의도를 가지고 있었음을 보여준다.

셋째, 제도 간 균형 전략은 국가들이 하나의 제도를 활용하여 다른 제도의 중요성과 역할에 도전할 수 있음을 의미한다. 즉, 한 국가는 만약 제도(B)가 자국의 안보와 경제적 이익에 부합하지 않으면, 제도(B)의 영향력을 약화하기 위한 수단으로 제도(A)를 지지할 수 있다. 아태지역에서 다자기구의 확산은 안보 및 경제 분야 모두에서 중복되고 혼합된 제도적 구조를 만들었다(Lee 2012). 예를 들어, 동아시아정상회의(EAS)는 아세안+3 회원국들이 창립 구성원이 되어 2005년 출범하였고, 2011년에 미국과 러시아가 신규 회원국으로 가입했다. 중국과 일부 아세안 국가들은 아세안+3가 지역문제에 대한 영향력과 발언권을 그들에게 제공해줄 수 있다고 보고 아세안+3를 선호하는데 반해, 미국, 호주, 인도 등 역외 국가들은 확장된 제도적 환경에서 그들이 좀 더 중요한 역할을 할 수 있는 동아시아정상회의를 선호한다. 아세안+3와 동아시아정상회의 사이의 제도 간 균형은 아시아 지역주의의 중요한 특징 중 하나이다.

2008년 글로벌 금융위기 이후, 아태지역의 주요 강대국들은 어떻게 새로운 지역 질서를 형성할 것인가에 관심을 기울였다. 글로벌 금융위기는 그저 '인식된 질서 전환'의 직접적 촉발요인으로, 경쟁적 다자주의의 새로운 물결의 출현 시점은 설명해주지만 그 근본적인 원인을 설명하지는 못한다. 즉, 질서 전환의 근본적인 원인은 중국의 급속한 부상과 미국의 상대적 쇠퇴에 있었다. 2008년 글로벌 금융위기는 아태지역의 잠재적인 질서 전환뿐만 아니라 미·중 간의 이러한 세력 전이 추세를 드러내어 보여준 사건이었을 뿐이다. 아세안지역포럼(ARF), 아세안+3(APT), 동아시아정상회의(EAS)와 같은 아세안에 기반을 둔 기존의 지역다자기구들은 잠재적 질서 전환기의 전략적 불확실성을 다루기에는 불충분한 것으로 여겨졌다. 따라서 권력과 영향력을 극대화하기 위해 다자제도를 활용하는 제도적 균형 전략이 국가들에게는 질서 전환 과정에서 보다 유리한 위치를 차지하는 데 유용한 외교적 수단으로 부상했다. 그로 인해, 아태지역에서는 새로운 경쟁적 다자주의의 흐름이 나타났고, 그 속에서 주요 강대국들은 새로운 제도를 도입하거나 기존의 제도를 재활성화하여 제도적 리더십을 놓고 경쟁하기 시작했다.

질서 전환 시기에 국가들은 서로 다른 제도적 균형 전략들을 채택한다(He 2020). 국가들의 현실주의적 목표는 자국의 안보를 극대화하고 가능한 한 더 큰 권력과 영향력을 추구하는 데 있다. 질서 전환기에 국가들은 미래의 제도적 질서에서 유리한 위치를 확보하기 위해 다양한 제도적 균형 전략을 통해 제도 경쟁에 적극적으로 동참한다. 국가들이 어떻게 제도적 균형을 추구하는가, 즉 어떠한 제도적 균형 전략을 채택하는가는 질서 전환 과정에서 그들의 역할 인식에 주로 영향을 받는다. 이러한 시기에 국가들은 질서 전환에 따른 전략적 불확실성 속에서 각자의 역할 인식을 재확인한다. 질서 전환 과정에는 크게 세 가지 유형의 역할 인식이 있다. 첫 번째 유형은 질서 수호자(order defender)로서의 역할 인식으로, 이러한 국가는 자신을 기존 질서의 일원으로 인식하고 그 질서를 온전히 유지하는 것을 목표로 한다. 즉, 질서 수호자는 기존 질서에 어떤 변화가 발생하는 것도 원치 않는다. 따라서 이러한 국가는 신흥 강대국들의 제도적 도전에 배타적 제도 균형 전략을 채택할 가능성이 크다. 그 국가는 신흥 강대국의 영향력을 약화시키기 위해 신흥 강대국을 자신이 참여하는 제도에서 배제할 수 있다. 또한 반대로, 그 국가는 자신을 제도에서 배제하는 방식으로, 신흥 강대국이 설립한 새로운 제도를 지지하거나 가입하는 것을 거부할 수도 있다. 이러한 자기 배제 전략의 목적은 신흥 강대국의 제도적 도전과 새로운 제도의 정당성(legitimacy)을 부정하는 것이다.

두 번째 유형은 질서 도전자(order challenger)로서의 역할 인식으로, 기존 질서의 전환을 추구하는 국가를 의미한다. 질서 도전자의 주요한 목표는 다른 국가들로부터 정당성을 인정받는 것이다. 따라서 이러한 국가는 새로운 제도 구축과 도입을 통해 권력과 영향력을 증대시킬 수 있는 한, 포괄적 균형 전략과 배타적 균형 전략을 모두 채택할 가능성이 크다. 신흥 강대국들은 패권국 혹은 기존 강대국들에 의해 형성된 현행 제도의 규칙과 규범이 자신의 이익과 선호에 잘 부합하지 않는다고 인식하기 때문에 새로운 제도를 창출할 가능성이 크다. 새로운 제도의 도입을 통해 신흥 강대국은 국제질서의 제도적 배치를 변경할 수 있다. 하지만 이러한 새로운 제도는 다수의 국가들에게 기존 제도들의 합법적 대안으로서 받아들여지고 그 정당성을 인정받아야 한다. 따라서 신흥 강대국은 질서 전환기에 새로운 제도가 가능한 한 광범위한 정당성을 획득할 수 있도록 기존 패권국을 포함한 모든 국가들에게 가입 기회를 열어두는 포괄적 제도 균형 전략 채택할 수 있다. 하지만 신흥 강대국이 이러한 새로운 제도가 이미 충분한 지지자를 확보해서 기존 패권국으로부터의 지지가 필요하지 않는다고 여긴다면, 배타적 제도 균형 전략을 채택할 수도 있다.

세 번째 유형은 킹메이커(kingmaker)로서의 역할 인식으로, 질서 전환기에 중견국들이 담당할 수 있는 적극적인 역할을 의미한다. 제한된 권력과 능력으로 인해, 이들은 미래의 국제질서에서 리더십을 놓고 강대국들과 경쟁할 수는 없겠지만, 기존 패권국이 현재의 질서를 수호하는 데 혹은 신흥 강대국이 그 질서를 변화시키는 데 중요한 촉진자로서의 역할을 할 수 있다. 킹메이커가 되기 위해, 이러한 국가들은 질서 전환기 제도 구축 과정에서 적극적인 그리고 독립적인 역할을 할 필요가 있다. 따라서 이들은 기존 패권국과 신흥 강대국을 모두 포함하면서 기존의 제도와는 다른 새로운 제도를 설립하거나 그러한 제도를 지지하기 위해 제도 간 균형 전략을 채택할 가능성이 크다.

2008년 글로벌 금융위기 이후, 국제질서에서 중국의 역할 인식은 자기 부정적인(self-denied) 도전자에서 자기 확신적인(self-confirmed) 도전자로 변화하기 시작했다. 이러한 역할 인식의 변화는 중국이 질서 전환기에 자국의 권력과 영향력을 극대화하기 위해 포괄적 제도 균형 전략과 배타적 제도 균형 전략을 모두 활용할 가능성이 높다는 것을 의미한다. 질서 도전자의 주요 목표는 새로운 국제질서에서 유리한 위치를 점하기 위해 기존 강대국과 경쟁하면서 동시에 자신의 리더십에 대한 정당성을 확보하고 지지 기반을 구축하는 것이다. 따라서 질서 도전자로서의 중국은 기존 질서에서 미국의 리더십에 도전하기 위해 포괄적 제도 균형과 배타적 제도 균형을 모두 채택할 수 있다. 중국이 여전히 미국에 상당히 뒤처져 있는 안보 분야의 경우, 중국은 자신이 주도하는 제도에서 미국을 배제하는 방식으로 배타적 제도 균형 전략을 채택했다. 예를 들어, 중국은 미국을 포함하지 않고 러시아와 및 중앙아시아 국가들과 안보 협력을 강화하기 위해 상하이협력기구(SCO)를 설립했다. 또한, 중국은 2011년 시작된 미국의 아시아 재균형 노력으로 인한 안보적 압박을 상쇄하기 위한 배타적 제도 균형 전략으로, 2014년에 과거 중앙아시아의 약소국들이 도입했던 지역다자안보기구인 '아시아 교류 및 신뢰구축 회의(CICA)'를 다시 활성화했다(Anderlini 2014).

하지만 경제 영역에서 중국은 기존 자유주의 경제질서의 수혜자 중 하나이기 때문에, 기존 질서에 대한 도전자로서 중국의 이익은 기존 질서의 체제 전체를 전복시키는 것이 아니라 자신의 이익과 선호에 더 잘 부합하도록 그 체제를 변화시키는 데 있다. 따라서 경제 분야에서 중국은 미국의 행동을 제약하기 위해 기존 제도를 활용하는 포괄적 제도 균형을 채택해왔다. 예를 들어, 중국은 미국이 포함된 아시아태평양경제협력체(APEC)에 기반을 둔 아시아·태평양자유무역지대(Free Trade Area of the Asia-Pacific, FTAAP)의 설립을 적극적으로 추진했다. 아시아・태평양자유무역지대는 중국의 포괄적 제도 균형 전략을 보여주며, 중국은 이 기구를 통해 미국의 행동을 제약하는 새로운 무역 규칙을 제정하는 데에 주도적인 역할을 하려고 했다. 물론 그러한 시도는 미국의 환영을 받지는 못했고, 미국은 중국이 만든 무역 규칙하에서 살고 싶지 않다는 점을 분명히 했다. 하지만 최근 중국은 경제 분야에서도 배타적 제도 균형 전략을 활용하고 있다. 예를 들어, 중국이 한・중・일 FTA나 역내포괄적경제동반자협정(RCEP)을 적극적으로 추진하고 있는 것은 미국을 포함하지 않는 제도의 구축을 통해 미국을 견제하고 자국 주도의 통상질서를 확립하고자 하는 배타적 제도 균형 전략의 예라고 볼 수 있다.

이처럼 제도균형이론은 신흥 강대국이 기존 국제질서에 대한 도전자로서 감당할 수 있는 비용으로 자신의 이익을 수호하고 발전시키기 위해 채택할 수 있는 다양한 전략들을 설명한다. 이러한 이론은 신흥 강대국이 기존 질서로부터 혜택을 누려왔고 그 질서가 여전히 가치 있다고 여길 뿐만 아니라 기존 질서를 전복하는 데 드는 상당한 비용과 성공의 불확실성 때문에, 기존의 국제질서를 전복시키는 것이 불필요하거나 불가능할 수 있다는 전제에 기초한다(Brooks & Wohlforth 2008; Kastner et al. 2016). 하지만 신흥 강대국들은 세력 분배의 변화에도 불구하고 여전히 기존 강대국들에게 유리하게 짜여있는 기존 다자제도의 이익분배와 권력구조, 규칙 및 절차에 만족하지 않는다(Brooks & Wohlforth 2008; Kastner et al. 2016). 즉, 신흥 강대국들은 기존 제도 내에서 개혁이 이루어지지 않는다면 그 제도는 자신들의 이익에 부합하지 못할 것이고 최악의 경우에는 자신들의 이익을 훼손할 수도 있다고 인식한다. 따라서 신흥 강대국들은 제도 개혁을 요구하지만 기존 제도의 구조와 규칙, 절차가 여전히 기존 강대국들에게 유리하게 작동하는 제도적 관성에 직면하게 되면서, 결국 신흥 강대국들은 경쟁적 다자주의에 동참할 수밖에 없게 된다(Stephen 2017).

신흥 강대국들은 그들의 확대된 이익과 대외정책 목표를 추구하기 위해 제도 균형 전략을 활용하여 기존의 다자제도에 도전할 수 있다. 이때 신흥 강대국은 포괄적 제도 균형 전략이나 배타적 제도 균형 전략을 활용할 수 있으며 이러한 두 가지 전략을 동시에 활용하기도 한다. 특정 국가가 포괄적 또는 배타적 제도 균형 전략 중 어떠한 전략을 선택하는지는 이슈 영역과 손익계산, 실제 영향력의 정도에 따라 달라진다. 특정 국가가 폭넓은 정당성을 확보하는 것을 중시하고 자신의 리더십에 대한 더 광범위한 지지와 인정을 추구하는 경우, 그리고 그 국가가 가장 관심을 두는 이슈 영역에서 충분한 권력과 영향력을 가지지 못한 경우, 그 국가는 포괄적 제도 균형 전략을 선호할 가능성이 크다. 반면에, 특정 국가가 기존의 제도와 세력균형이 자국에 유리하지 않은 상황에서 인지된 혹은 실제의 위협에 직면한 경우, 그리고 제한된 권력과 영향력을 행사하는 경우, 그 국가는 그러한 위협에 대항하거나 적어도 그러한 위협을 최소화하기 위해 배타적 제도 균형 전략을 취할 가능성이 크다.

여기서 지적해두어야 할 것은 제도적 균형에 대한 기존 연구들은 주로 그러한 전략을 채택하는 국가의 관점에서 출발하며 제도적 균형 전략의 정당성과 효용성은 다른 강대국들의 정책과 행동에 영향을 받는다는 사실을 대부분 무시한다. 따라서 제도적 균형은 일방적 관점이 아니라 관계적 관점에서 보아야 한다. 제도적 균형 개념에 대한 또 다른 비판은 그것이 무언가에 대한 균형을 위한 전략적 의미를 담고 있지만 제도 자체는 종종 특정 기능을 수행하도록 만들어지므로 그 기능적 측면도 고려해야 한다는 것이다(Haas 1965). 이런 점에서, '제도적 국가 책략(institutional statecraft)'이 국제제도에서 국가 정책과 행동의 복잡성을 설명하는 데 활용되기도 한다(Ikenberry & Lim 2017; Kastner et al. 2016).

Ⅲ. 지역다자안보제도를 통한 중국의 제도적 균형 전략

중국의 국제질서에 대한 제도적 도전은 2000년대 이후 두드러지게 나타나기 시작했다. 1990년대에 중국은 다자제도에서 주로 소극적인 참여자였지만, 2000년대 이후에는 한층 더 자신감을 가지고 적극적인 모습을 보였다(Wu & Lansdowne 2007; Nathan 2016). 2008년 글로벌 금융위기 이후, 특히 시진핑 지도부가 집권한 이후, 중국은 이전보다 더 적극적인 외교정책을 펴면서, 다자외교에서 자신의 이익과 선호를 보다 더 잘 투영하기 위해 제도적 균형 전략을 보다 적극적으로 활용하기 시작했다. 중국의 국력과 자신감의 신장은 중국의 정체성뿐만 아니라 역할 인식에도 영향을 미쳤고, 이는 중국의 제도적 균형 행위의 우선순위와 방향, 정도에 영향을 미쳤다. 한편에서 중국은 아세안+3, 동아시아정상회의(EAS) 및 아시아태평양경제협력체(APEC) 등 미국을 포함하는 기존 지역다자제도들에 적극적으로 참여함으로써 미국에 대한 포괄적인 제도적 균형을 채택했고, 다른 한편에서는 상하이협력기구(이하 SCO)와 아시아 교류 및 신뢰구축 회의(이하 CICA) 등 미국을 포함하지 않는 지역다자제도들을 통해 미국을 겨냥한 배타적 제도 균형을 선택하기도 했다. 또한, 글로벌 금융위기 이후에 중국은 아시아인프라투자은행(AIIB)과 같은 새로운 다자제도를 제안하는 데에도 보다 더 적극적이 되었다.

국제다자제도에서 중국의 부상은 기존 국제질서의 미래에 대한 중요한 질문을 제기하지만, 국제다자제도에서 신흥 강대국들이 어떠한 방식으로 기존 질서에 도전하는가에 관한 연구는 상대적으로 부족했다(Newman & Zala, 2018; Patrick 2016; Stephen 2017). 이러한 문제의식 속에서, 본 장은 중국이 적극적으로 그 설립과 발전에 참여해 온 지역다자안보기구인 SCO와 CICA에 대한 사례분석을 통해, 이러한 지역다자안보제도에서 중국이 어떠한 제도적 균형 전략을 활용하여 기존 지역안보질서에 도전하는지를 분석하고, 그러한 중국의 전략이 가지는 함의와 한계를 살펴본다.

SCO와 CICA는 중국이 미국 주도의 지역안보질서에 도전할 수 있는 제도적 플랫폼을 제공한다. 이들은 모두 미국을 포함하지 않으며 중국이 주도적인 역할을 하고 있는 지역다자안보기구이다. SCO는 중국과 러시아가 주도적인 역할을 하고 있고, CICA는 중국 주도로 재활성화되었다. 따라서 SCO와 CICA는 중국이 미국에 대항한 배타적 제도 균형 전략을 펼칠 수 있는 중요한 외교적 공간이면서 동시에, 중국이 지전략적으로 관심을 가지고 있는 지역의 국가들을 중국이 주도하는 제도적 틀 내로 끌어들여 중국의 리더십에 대한 역내 합법적 지지 기반을 확대하기 위한 포괄적 제도 균형 전략이 발휘되는 공간이기도 하다. 따라서, 여기에서는 SCO와 CICA에 대한 사례분석을 통해, 중국이 적극적으로 관여해온 두 개의 서로 다른 지역다자안보기구에서 중국이 기존의 지역안보질서를 자국의 이익과 선호에 부합하도록 변화시키기 위해 어떻게 제도적 균형 전략을 활용해왔는지를 구체적으로 살펴본다.

1. 상하이협력기구(SCO)

지역다자안보기구인 상하이협력기구(이하 SCO)는 중국과 구소련 간의 국경문제에 대한 협상에서 시작되었는데, 그 과정에서 소련이 해체되면서 1991년 말부터 러시아, 카자흐스탄, 키르기스스탄, 타지키스탄이 협상에 함께 참여하면서 십여 년에 걸친 다자 협상이 진행되었다. 이러한 협상 과정에 참여한 국가들은 소통과 협력, 조정, 신뢰 구축을 통해 문제의 해결책을 찾겠다는 약속을 담은 이른바 '상하이 정신'을 발전시켰다. 국경 협상의 성공적인 타결 이후, 중국을 포함한 그 협상참여국들은 여전히 안보적으로 매우 취약한 상황에 놓여 있는 중앙아시아 국가들과 중국 북서부의 신장 지역을 위협하는 비전통인 안보 문제를 다루기 위한 지역기구의 필요성에 공감대를 이루었다.

이에 1996년 4월 상하이에서 기존에 국경 협상에 참여했던 5개국이 모여 '상하이 5국(Shanghai Five)'을 구성했고, 2001년 6월에 우즈베키스탄이 합류하면서 SCO가 정식 출범했다. SCO의 주요 목표는 소위 '3대 악(惡)'이라고 불리는 인종 분리주의, 종교적 극단주의, 테러리즘에 맞서 싸우는 것이었다(Yuan 2010).

중국이 당시 SCO의 설립에 참여한 주된 이유는 중국 북서구의 신장 지역에서의 안보적 위협에 대한 우려가 커졌고 그러한 안보적 문제를 다루는 지역기구가 부재했기 때문이었다. 그뿐만 아니라, 1991년 말 소련이 해체되면서 새롭게 독립한 중앙아시아 국가들은 모두 각자 심각한 도전 과제들을 안고 있었다. 이른바 '3대 악'은 초국가, 초국경적 성격을 띠고 있어서, 중국 혼자서는 그 문제들을 제대로 해결할 수 없었다. 수년간의 국경 협상 과정에서 중국과 중앙아시아 국가들, 그리고 러시아 간의 군사적 신뢰 구축과 상호신뢰의 점진적 발전은 SCO 설립의 기반이 되었고, 중국 정부는 이를 기회로 삼아 주도권을 잡고 새로운 지역다자안보기구의 설립을 현실화했다. 이 경우, 기존의 국제다자제도에 대한 불만 때문이 아니라, 새로운 안보적 위협에 적절히 대응할 수 있는 지역기구의 부재가 SCO의 창설로 이어졌다고 볼 수 있다.

중국 정부는 이 지역에서 다른 주변 약소국들과 비교하여 중국이 차지하는 경제적, 정치적 비중을 감안할 때 중국이 SCO의 설립과 발전을 주도하는 리더십을 발휘해야 한다고 인식했다. 하지만 러시아의 입장에서는 자신의 뒷마당이자 영향권이라고 여기는 지역에서 중국이 주도권을 잡는 것이 껄끄러울 수 있기 때문에, 중국 정부는 SCO에서 자국의 역할과 지위에 대한 러시아의 입장에도 주위를 기울였다. 실제로, SCO에 대한 중국과 러시아의 섬세한 공동관리의 노력은 이 지역의 안정을 유지하고 SCO가 유지 및 발전하는 데 기여했다(Lo 2017; Rumer 2006). 지난 10여 년간 SCO는 연례 정상회담에서부터 국방, 외교 안보, 경제, 금융 등 모든 분야에 걸친 장관급 회의에 이르기까지 여러 층위로 잘 구조화된 대화 메카니즘을 통해 점진적으로 제도화되었다(Chung 2006). SCO 사무국은 2004년에 설립되었고, 이것은 2005년 지역 반테러 조직의 창설로 이어졌다. 또한, SCO는 수년에 걸쳐 회원국들 간 긴밀한 경제 및 에너지 협력을 발전시키고 장려하기 위해 노력해왔다. SCO 개발은행은 지역 무역 및 투자를 촉진하기 위해 제안되었다. 2005년 이후 회원국들은 구성원들 간의 유대 강화를 위해 격년으로 대테러 연합군사훈련인 '평화 사명(Peace Mission)'을 실시하고 있다. 중국과 러시아는 SCO 내에서 핵심적인 역할을 담당해 왔으며, 이 기구는 국제문제에 대한 이들 국가의 주요 발언이 이루어지는 플랫폼이 되고 있기도 하다(Song 2016).

2017년 6월, SCO는 공식적으로 인도와 파키스탄을 정회원으로 받아들였다. 몽골과 이란, 아프가니스탄 등도 SCO 가입에 관심을 보이며 준회원국으로 활동하고 있다. 이러한 확장은 외교적, 안보적, 경제적으로 중요한 의미를 가진다. 현재 SCO는 전략적으로 중요한 유라시아-남아시아 대륙에서 세계인구의 40%와 세계 국내총생산(GDP)의 21%를 관장하고 있다. 이러한 SCO의 확장은 지정학적으로 중요한 두 지역에서 영향력을 확장하려는 중국 정부의 지정학적 야망과 일치한다. 그뿐만 아니라, 중국은 SCO가 국제정치에서 더 중요한 역할을 하고 인도의 가입이 중국에 대항한 미국-인도 연합이 형성되는 것을 막을 수 있기를 희망한다. 이런 맥락에서 볼 때, 인도를 포함하는 SCO의 확장은 인도가 회원국으로서 이 기구의 규칙과 규범을 따르도록 하는 포괄적 제도 균형 전략이라고 볼 수 있다. 파키스탄의 가입으로, 중국은 SCO를 통해 자국의 주요한 안보적 위협인 테러리즘과 인종 분리주의를 퇴치하기 위한 지원을 확대하고 보다 효과적인 정책 조정에 이루어질 것을 기대하고 있다(Michel 2017). 이러한 SCO의 확장과 CICA의 부활을 통해, 중국은 미국 주도의 양자동맹 네트워크에 기반을 둔 지역안보체제에 맞서 공동의 포괄적인 안보 협력과 지속가능한 발전을 강조하는 신아시아 안보관을 주창하면서 그 지지 기반을 확대하기 위해 애쓰고 있다.

2001년 SCO 출범 이후 중국의 SCO 정책은 이 지역에 대한 이해관계의 변화와 함께, 배타적 제도 균형에 대한 선호를 반영한다. 이는 중국이 선호하는 규범적 가치(국가 중심성과 주권에 대한 존중, 불간섭 원칙)와 지정학적 이익을 모두 포함하는 중국의 국익에 위협이 될 수 있는 주요 역외 세력(특히, 미국)의 영향력을 배제하거나 제한하려는 시도와 함께 대안적 지역다자안보기구를 설립 및 발전시켜왔다는 점에서 확인할 수 있다. 사실상 이 지역에서 미국을 중심으로 한 서구 자유민주주의 국가들이 지원하는 색깔 혁명과 민주주의 확산은 중국과 러시아, 그리고 대다수 회원국들의 권위주의 정부에게는 심각한 도전이었다(Aris 2012; Sharshenova & Crawford. 2017; Wilson 2010). 중국은 SCO를 역내 미국의 압력에 대응하기 위한 배타적 제도 균형 수단으로 활용해왔다. SCO는 제3자를 타겟으로 하지 않는다고 주장하지만, 미국을 포함하지 않는 지역다자안보기구의 존재 자체가 미국에 대한 도전으로 인식되었다. 특히, 미국의 아프가니스탄 침공 이후 러시아와 중국은 일부 SCO 국가들에게 미군기지 폐쇄를 촉구하면서 이러한 의구심은 현실화되었다. 한 인도 외교관은 “SCO가 곧 미국의 세계 전략을 좌절시키고 NATO에게 악몽이될 것”이라고 지적하기도 했다(Bhadrakumar 2006). SCO 회원국들의 합동군사훈련과 같은 긴밀한 군사적 협력은 단기간에 미국의 안보와 이익에 직접적인 도전이 되지는 않지만, 장기적으로 볼 때 SCO는 중국이 필요한 경우 미국에 대항하여 동원할 수 있는 제도적 자산이 될 수 있다.

또한 중국은 SCO에서 자신이 추구하는 목표와 아젠다에 대한 러시아의 지지를 구하는 데 포괄적 제도 균형 전략을 활용해왔다. 중국은 상당한 경제력을 보유하고 있으며 중앙아시아에서의 영향력도 점차 증대되어왔지만, 러시아가 여전히 이 지역에서 지배 세력으로 남아있기 때문에, 중국이 제도적 균형 전략을 위해 SCO를 활용하기 위해서는 러시아의 지지가 필요하다. 중국과 러시아는 역내 미국의 영향력에 대항하는 데 공동의 이익을 공유하고 있다. 하지만 무역, 금융, 에너지 영역으로까지 SCO의 범위를 확장하려는 중국의 움직임은 러시아의 반대에 부딪혀왔다(Gabuev 2017; Weitz 2014; Lo 2017). 따라서 중국은 러시아 등 주요 회원국들에 대한 포괄적 제도 균형 전략을 통해 SCO 내에서 자신이 선호하는 전략적 목표와 아젠다 설정을 위한 정당성과 지지를 획득하기 위해 노력해왔다.

요약하자면, 중국은 탈냉전 이후 이른바 '3대 악'이라고 하는 초국경적 비전통 안보 문제에 공동 대응하기 위한 지역기구의 필요성이 제기되면서 SCO를 설립하는 데 주도적인 역할을 했다. 시간이 지남에 따라 SCO는 중앙아시아에서 증대되는 중국의 이익에 중요한 지역기구로 발전했고, 중국 정부는 제도적 균형 전략을 통해 이 기구의 발전 방향에 영향을 미치려고 애써왔다. 이러한 전략은 에너지 안보에서 더 확장된 경제 통합에 이르기까지 이 지역에서 중국이 선호하는 아젠다에 대한 러시아의 지지를 요청하는 포괄적 제도 균형 전략을 포함한다. 최근에 이러한 전략은 중국에 대항한 미-인 연합 가능성을 최소화하기 위해 인도의 SCO 가입을 지지하는 포괄적 제도 균형 전략으로 나타나기도 했다. 중국의 SCO 정책에서 가장 중요한 변화는, 미국이 중앙아시아에 접근하여 영향력을 획득하는 것을 막고 경제적(무역과 에너지), 지정학적(안보와 지역안정) 관점에서 중국 이익을 수호하기 위해, 중국 정부가 미국에 대항하는 배타적 제도 균형 전략에서 SCO를 유용하게 활용해왔다는 점이다.

하지만 아직 SCO를 통한 중국의 배타적 제도 균형 전략의 효과를 평가하기는 어렵다. 제도 내 세력 경쟁과 내부 정치가 그 결과에 영향을 미칠 수 있기 때문이다. SCO 내에서 중국과 러시아 간 제도적 경쟁과 세력 경쟁은 중국의 배타적 균형 전략을 제약할 수 있는 내부

정치적 요인이 되고 있다. 한 러시아 전문가가 지적하듯이, 러시아와 중국의 관계는 양국이 서로에 대해 깊은 안보적 불신을 품고 있는 '편의의 축(axis of convenience)'에 불과하다(Lo 2008). 러시아의 관점에서 SCO는 중앙아시아에서 러시아의 영향권에 침투하기 위한 중국의 외교적 수단이 될 수 있으며, 중국의 시각에서 SCO에 대한 러시아의 지배는 중국이 가장 원치 않는 것이다. 따라서 SCO의 미래 방향성을 두고 양국 간에는 잠재된 긴장이 있다. 예를 들어, 러시아는 중국의 관심을 중앙아시아에서 멀어지게 하기 위해 SCO의 추가 확장을 지지해온 데 반해, 중국은 SCO에서 경제 및 군사 협력 의제를 촉진할 수 있도록 그 기구의 제한적이고 배타적인 회원국 설정을 선호했다(Chung 2004). 이처럼, 러시아와 중국 간 제도 내 경쟁은 SCO의 미래 결속과 발전에 영향을 미칠 수 있다.

2. 아시아 교류 및 신뢰구축 회의(CICA)

아시아 교류 및 신뢰구축 회의(이하 CICA)의 부활은 중국의 입장에서 중국의 이익과 선호를 더 잘 반영하는 새로운 지역 안보 담론의 도입을 위해 배타적 제도 균형 전략을 활용한 하나의 예를 보여준다.[3)] 2014년 상하이에서 열린 CICA 정상회의에서 시진핑 국가주석은 전후 아시아 안보 아키텍처인 미국 중심의 동맹체제에 맞서는 새로운 아시아 안보관(亚洲安全观)으로 "아시아의 문제는 아시아인 스스로 해결

3) 미국과 일본은 CICA의 정식 회원국이 아니다. 두 국가들은 옵저버의 지위를 가지고 있다.

해야 한다"는 관념을 제시했다(Wuthnow 2014). 시주석은 "아시아인 스스로 아시아의 문제를 해결하고 아시아의 안보를 지켜야 한다"며, "아시아인들은 강화된 협력을 통해 지역 평화와 안정을 지킬 수 있는 능력과 지혜를 가지고 있다"는 점을 강조했다(Xi 2014). 시주석은 이러한 새로운 아시아 안보관의 내용을 '공동의 협력적이고 포괄적이며 지속가능한 지역 안보 협력'으로 구체화했다. 이러한 시주석의 연설을 통해, 중국은 미국 주도의 지역안보질서에 대항하여, 국방협의메커니즘과 지역비상사태에 대한 안보대응센터 등을 포함하는 새로운 지역안보협력 아키텍처를 제안했다.

CICA를 플랫폼으로 한 새로운 아시아 안보관의 도입은 기존 미국 주도의 아시아 안보 아키텍처와 당시 미국 추진했던 아시아 재균형 전략에 대항한 중국의 명백한 배타적 제도 균형 전략이었다고 볼 수 있다. 미·중 간의 군사력 격차로 인해서 안보 영역에서 중국은 상대적으로 불리한 위치에 있었고, 이는 중국 지도부로 하여금 위험을 감수하는 배타적 제도 균형 전략을 채택하도록 했다. 시주석은 "제3자를 겨냥한 군사적 동맹을 강화한다면 지역의 공동안보에 불이익이 될 것"이라고 주장하면서 사실상 미국의 동맹체제에 대한 불만을 토로했다(Voice of America News 2014/05/21). 시주석의 연설에 담긴 행간의 메시지는 동맹체제에 기반을 둔 미국 주도의 전후 지역안보질서를 전환할 때가 되었다는 것이었다. 비록 이 연설에서 직접적으로 미국을 언급하지는 않았지만 아태지역에서 미국의 동맹체제에 대한 직접적인 도전을 의미하는 것이 명백했다. 중국은 기존 아시아의 안보 아키텍처를 ‘냉전 시대의 유물’이라고 비판하면서 이에 대한 하나의 대안으로써 CICA를 부활시키고 새로운 아시아 안보관을 주창하는 데 자신감을 드러냈다(Liff 2018). 당시 중국 신화사 평론을 살펴보면, 시주석이 제시한 아시아 안보관을 미국의 동맹체제와 대조시키며, 후자는 냉전적 안보 구조로서 미국과 그 동맹국들은 다른 국가들의 공동 이익을 배제한 채 제로섬게임으로 자신들의 안보를 추구하고 역내 군사동맹을 지속적으로 강화한다고 지적하면서, 미국과 그 동맹국들은 다른 국가들의 불안에 기초해서 안보를 추구하고 있으며 미국의 동맹체제는 아시아의 평화에 주요한 걸림돌이 되고 있다고 비판했다(Xinhua 2014/05/20). 분명한 것은 중국은 새로운 대안적 지역다자안보질서 구축에의 기여자로서 자신의 역할과 정체성을 규정하고 자신이 제시하는 신아시아 안보관을 정당화하고 있다는 점이다.

양자동맹 강화를 통해 아시아로의 회귀를 적극적으로 추진했던 미국에 대응하여, 중국은 다른 CICA 회원국들의 지지를 받아 신아시아 안보관과 협력적 안보 개념에 기초한 새로운 지역 안보 아키텍처의 구축을 강력하게 추진하고자 했다. 중국 정부는 시주석이 제시한 신아시아 안보관에 기초하여 중국이 추구하는 아시아 안보 아키텍처를 제시했다. 이 지역의 안보 구조와 지역다자기구의 다양성을 고려하면서,[4] 중국 정부는 미래의 아시아 안보 아키텍처는 “모든 관련 당사자가 참여해야 하고, 합의에 근거하며, 모두를 위한 안보를 제공해야

4) 아시아 지역에는 동아시아정상회의(EAS), 아세안지역안보포럼(ARF), 아세안국방장관회의 등 아세안이 주도하는 이니셔티브들과 미국이 주도하는 동맹체제와 다자안보대화(샹그릴라 대화, 샹산포럼 등)가 있다.

한다"고 주장했다. 중국은 다자주의를 지지하면서, 안보 아키텍처의 발전에 도움이 되는 경제협력과 경제통합의 중요성도 강조했다. 또한, 중국은 전통 및 비전통적인 안보 문제를 해결하기 위해, 군사적 동맹이 아닌 동반자관계를 추구하며 지역 국가들과 포괄적이고 협력적인 상생의 새로운 아시아 안보 아키텍처를 구축해야 한다고 주장했다(China State Council Information Office 2017). 중국이 추구하는 아시아 안보 아키텍처의 다섯 가지 특징을 요약해 보면 다음과 같다(Ford 2020). 첫째, 중국은 미국과 다른 역외 국가들의 역할이 제한되는 지역 안보 아키텍처를 추구한다. 둘째, 중국은 합법적인 조직 구조로서 동맹 조약을 명백히 거부한다. 셋째, 중국은 아시아 경제질서와 좀 더 밀접하게 통합된 안보 아키텍처를 추구한다. 넷째, 중국은 자국의 국내적 안보 문제를 더 잘 해결하기 위한 활동들에 초점을 맞추어 안보 아키텍처의 방향을 재설정하고자 한다. 끝으로, 중국은 중국공산당의 이념과 원칙에 더 잘 부합하는 안보 아키텍처를 추구한다.

CICA의 부활은 과거 유라시아와 아시아의 중소규모 국가들이 도입했던 잘 알려지지 않았던 휴면 상태의 느슨하게 조직화된 안보 성향의 다자제도를 부활시켜 새로운 대안적 안보관을 소개하는 공인된 플랫폼으로 탈바꿈하려는 중국 정부의 노력을 보여준다. 시진핑 지도부하의 중국은 군사동맹과 집단안보를 중심으로 구축된 전통적인 안보 아키텍처와는 다른 방향을 제시할 수 있는 대안적 안보 담론을 주창하는 데 앞장서고 있다. 중국은 잠재적 적에 대항한 군사동맹을 냉전시대의 유물로 규정하고 이와 대조적으로 신아시아 안보관은 내용(안보뿐만 아니라 경제발전 포함) 면에서나 형식(잠재적 적을 상정하지 않고 모두를 위한 공동의 협력 안보 추구) 면에서 보다 포괄적임을 강조한다. 안보를 포함한 아시아의 문제는 아시아인들이 스스로 해결해야 한다는 시진핑의 주장은 명백히 미국 주도의 동맹체제와 미국이 이 지역에서 지배적 위치와 군사적 우위를 차지하는 것에 정당성을 부여해온 허브 앤 스포크(hub-and-spoke)의 전후 샌프란시스코 안보 체제를 겨냥한 것이다. 일부 전문가들은 CICA가 중국의 신안보관을 공유된 지침이자 원칙으로 하여 잘 제도화된 지역다자안보기구로 발전한다면, CICA 회원국들이 미치는 지리적 범위를 고려할 때, 현재 미국 주도의 지역 안보 아키텍처에 실제로 주요한 도전이자 하나의 대안이 될 수 있다고 지적한다(Qiang 2015).

CICA는 SCO와 함께 중앙아시아를 포괄하지만, 유라시아, 남아시아, 동아시아 일부까지도 포함하고 있어 지리적 범위와 회원국들이 훨씬 더 광범위하다. 이런 점에서 CICA는 중국 정부에게 자신이 주창하는 신아시아 안보관과 자신이 선호하는 지역 안보 아키텍처의 미래 비전을 홍보할 수 있는 확장된 플렛폼을 제공한다. CICA 회원국들의 단결과 응집성은 중국이 미국의 압박을 물리칠 수 있는 제도적 자산이 될 수 있다. 그뿐만 아니라, CICA 회원국의 절반 이상은 권위주의 체제여서, CICA는 중국이 자국과 유사한 이념과 정치체제를 가진 국가들로부터 정당성과 지지를 획득할 수 있는 유용한 외교적 수단을 제공한다.

하지만 중국이 CICA를 아시아 안보 아키텍처의 효과적인 대안으로 발전시키는 데에는 중요한 도전 과제들이 있다. 일단 중국은 자신이 제기한 신아시아 안보관이 아시아에서 광범위한 인정과 지지를 획득했다고 주장하지만, 실제로 이러한 증거를 찾기는 힘들다. 특히 역내 미국의 동맹국들과 우방국들은 중국의 이러한 움직임에 의구심을 가지고 있다. 또한, CICA에 가입하지 않는 아시아의 다른 주요 강대국들은 중국의 이러한 움직임을 지난 70여 년간 이 지역에서 유지되어 온 미국 우위의 질서에 맞서 중국 중심의 패권 질서를 확립하려는 시도로 보는 경향이 있어, 이들의 협력을 이끌어내기도 쉽지 않아 보인다(Pollack 2017). 그뿐만 아니라, 중국이 주장하는 아시아 안보관은 말로 하기에는 쉽지만, 그 회원국들의 다양한 국가이익을 고려할 때 이들의 이익이 충돌하는 문제에 대해서는 합의점을 찾기 어렵기 때문에 실제로 그러한 안보관을 이행하는 데에는 많은 어려움이 따를 것이다.

실제로, 중국이 제시하는 아시아 안보관은 주변국들이 실제로 가지고 있는 안보적 불안을 구체적으로 다루고 있지 않으며, 역내에서 중국이 반대하는 동맹체제의 강화를 촉진하고 있는 전통적인 안보적 우려와 불확실성 및 불신의 문제는 제대로 다루지 않은 채 비전통 안보 문제에만 초점을 맞추고 있어, 동맹 중심의 기존 지역안보질서를 중국이 선호하는 대안적 질서로 전환하는 과정에 대해서는 구체적으로 설명하고 있지 않다는 한계를 지적받는다. 일부에서는 중국의 급속한 군사력 증강과 군사비에 대한 투명성 부족, 영토·해양 문제에 대한 공세적 외교정책 등이 역내에서 동맹체제를 공고화하는 주요한 요인이 되는 현실을 지적하기도 한다. 또 다른 한계는 중국이 최근 몇 년 동안 참여했거나 발전에 기여해온 다른 지역기구들과 비교할 때, CICA는 하나의 완전한 제도적 형태를 갖추었다기 보다는 느슨하게 짜여진 포럼 형태로 남아있다는 데 있다. CICA의 제도적 틀은 여전히 발전이 안 되어 불명확하며 순환 의장국에 상당히 의존적이어서, 그 국가가 제시하는 아젠다나 그 국가의 선호에 크게 좌지우지되는 상태로 남아있다. 그뿐만 아니라, 중국은 여러 아시아 국가들과의 영토・해양 분쟁이 아직 해결되지 않은 채 남아있고, 미・중 간 전략적 경쟁이 심화되면서, 역내 중국 주도의 새로운 지역 안보 아키텍처 창출에 대한 광범위한 정당성과 지지를 확보하는 데 더욱 큰 어려움이 있을 것으로 예상된다. 이러한 요소들을 고려할 때, CICA가 중국이 선호하는 새로운 지역 안보 아키텍처를 구축하기 위한 제도적 균형 전략을 이행하는 데 성공적인 플랫폼이 될 수 있을지는 미지수다.

Ⅳ. 결론

본 연구는 2008년 글로벌 금융위기 이후 중국이 지역다자안보기구에서 어떠한 제도적 균형 전략을 활용하여 기존의 지역안보질서에 도전하는지를 분석하고, 그러한 중국의 전략이 가지는 함의와 한계를 살펴보았다. 특히, 중국이 적극적으로 그 설립과 발전에 참여하고 있는 지역다자안보기구인 SCO와 CICA에 대한 사례분석을 통해, 중국이 지역안보질서를 자국의 이익과 선호에 더 잘 부합하도록 변화시키기 위해 어떻게 제도적 균형 전략을 활용해왔는지를 구체적으로 살펴보았다.

이러한 분석을 통해 다음과 같은 사실들을 확인할 수 있었다. 첫째, 중국은 1990년대 중반 이래로 적극적으로 국제다자제도에 참여해왔다. 중국의 다자제도에의 참여는 중국 정부로 하여금 기존의 규범과 규칙에 이의를 제기하기보다는 인정하고 준수하도록 장려해왔지만, 동시에 다자외교는 기능적 효율성의 이점 외에도 정당성을 확보하고 영향력을 확대하는데 도움이 되었다(Abbott & Snidal 1998). 둘째, 국력의 신장과 함께 이익과 선호가 변화하게 되고 그것들을 주장하고 보호할 필요성도 커지지만, 중국은 경제, 군사, 외교력의 신장에도 불구하고 기존 다자기구 내에서 그에 부합하는 영향력과 지위를 획득하지 못했다는 불만을 가져왔다. 또한 중국이 매우 중시하는 지역 문제들을 해결하기 위한 제도적 장치가 약하거나 부재했기 때문에 중국 정부는 대안적인 제도를 발전시키는데 상당한 유인을 발견했다. 셋째, 이러한 관점에서, 제도적 균형 이론은 중국 다자외교의 목적과 접근법을 설명하는 데 유용하다. SCO와 CICA는 처음부터 중국이 제도적 균형을 추구해서 만들어진 결과물은 아니지만, 이 기구들의 현재 형태는 중국의 제도적 균형 전략을 보여주는 하나의 예로 볼 수 있다. 넷째, 중국이 포괄적 혹은 배타적 제도 균형 전략 중 어떠한 전략을 선택하는지는 이슈 영역과 손익계산, 실제 동원할 수 있는 자원과 영향력의 정도, 등에 따라 달라진다. 중국은 국제다자제도에서 자국이 추구하는 목표를 이루기 위해 더 광범위한 정당성과 지지를 얻고자 할 때 포괄적 제도 균형 전략을 활용할 가능성이 크다. 반면에,

기존의 제도와 세력균형이 자국에 유리하지 않은 상황에서 인지된 혹은 실제의 위협에 직면한 경우, 중국은 그러한 위협에 대항하거나 적어도 그러한 위협을 최소화하기 위해 배타적 제도 균형 전략을 채택하는 경향이 있다.

중국은 탈냉전 이후 이른바 '3대 악'이라고 하는 초국경적 비전통 안보 문제에 공동 대응하기 위한 지역기구의 필요성이 제기되면서 SCO를 설립하는 데 주도적인 역할을 했다. 시간이 지남에 따라 SCO는 중앙아시아에서 증대되는 중국의 이익에 중요한 지역기구로 발전했고, 중국 정부는 제도적 균형 전략을 통해 이 기구의 발전 방향에 영향을 미치려고 애써왔다. 이러한 전략은 에너지 안보에서 더 확장된 경제 통합에 이르기까지 이 지역에서 중국이 선호하는 아젠다에 대한 러시아의 지지를 요청하는 포괄적 제도 균형 전략을 포함한다. 최근에 이러한 전략은 중국에 대항한 미-인 연합 가능성을 최소화하기 위해 인도의 SCO 가입을 지지하는 포괄적 제도 균형 전략으로 나타나기도 했다. 이와 함께, 중국은 미국이 중앙아시아에 접근하여 영향력을 확장하는 것을 막고 이 지역에서 자국의 경제적·지정학적 이익을 수호하기 위해, SCO를 활용하여 미국에 대항하는 배타적 제도 균형 전략을 취해왔다.

CICA의 부활은 과거 유라시아와 아시아의 중소규모 국가들이 도입했던 잘 알려지지 않았던 휴면 상태의 느슨하게 조직화된 안보 성향의 다자제도를 부활시켜 새로운 대안적 안보관을 소개하는 공인된 플랫폼으로 탈바꿈하려는 중국 정부의 노력을 보여준다. 시진핑 지도부하의 중국은 군사동맹과 집단안보를 중심으로 구축된 전통적인 안보 아키텍처와는 다른 방향을 제시할 수 있는 대안적 안보 담론을 주창하는 데 앞장서고 있다. 중국은 잠재적 적에 대항한 군사동맹을 냉전 시대의 유물로 규정하고 이와 대조적으로 신아시아 안보관은 내용(안보뿐만 아니라 경제발전 포함) 면에서나 형식(잠재적 적을 상정하지 않고 모두를 위한 공동의 협력 안보 추구) 면에서 보다 포괄적임을 강조한다. 안보를 포함한 아시아의 문제는 아시아인들이 스스로 해결할 수 있다는 중국의 아시아 안보관은 명백히 미국 주도의 동맹체제와 미국이 이 지역에서 지배적 위치와 군사적 우위를 차지하는 것에 정당성을 부여해온 허브 앤 스포크(hub-and-spoke)의 전후 샌프란시스코 안보 체제를 겨냥한 중국의 배타적 균형 전략을 보여준다. 일부 전문가들은 CICA가 중국의 신아시아 안보관을 공유된 지침이자 원칙으로 하여 잘 제도화된 지역다자안보기구로 발전한다면, CICA 회원국들이 미치는 지리적 범위를 고려할 때, 기존의 미국 주도 지역 안보 아키텍처에 실제로 주요한 도전이자 하나의 대안이 될 수 있다고 지적한다(Qiang 2015).

하지만 중국이 SCO와 CICA를 기존 아시아 안보 아키텍처의 효과적인 대안으로 발전시키는 데에는 중요한 도전 과제들이 있다. 중국이 이러한 다자기구 및 제도의 창설과 발전에 적극적으로 참여한 이유는 중국의 이익이 해외로 확장되고 기존의 국제질서와 체제에 대한 불만이 커지면서 자신의 이익과 선호에 더 잘 부합하는 새로운 다자기구 및 제도의 필요성이 증대된 것과 관련이 있다. 그뿐만 아니라,

중국의 부상과 신흥 강대국으로서의 역할 인식은 중국으로 하여금 주요한 정치·경제·안보적 이해관계가 걸려 있는 지역의 다자기구와 제도에서 자국의 영향력을 확대하고 자국의 이익을 적극적으로 추구하는 데 더욱 자신감을 갖게 했다. 하지만 이러한 지역기구 회원국들의 다양한 국가이익과 이해관계를 고려할 때, 실제로 중국이 원하는 방향으로 이러한 기구들을 이끄는 데에는 많은 어려움이 따를 것이다. 그뿐만 아니라, SCO나 CICA에 가입하지 않는 아시아의 다른 주요 강대국들은 이러한 기구들의 설립과 발전에 적극적으로 관여해온 중국의 움직임을 지난 70여년 간 이 지역에서 유지되어온 미국 우위의 질서에 맞서 중국 중심의 패권 질서를 확립하려는 시도로 보는 경향이 있어, 이들의 협력을 이끌어내기도 쉽지 않아 보인다. 특히 중요한 문제는 이러한 지역다자기구를 통해 중국이 자국의 영향력과 선호하는 가치를 미국과 그 동맹국 및 우방국들이 불편함을 느끼는 방식으로 확장하려고 하면서 그들의 비판과 견제가 심화되고 있다는 데 있다. 미국과 그 동맹국 및 우방국들은 공공연하게 SCO와 같은 중국이 주도하는 지역기구에 의혹을 제기해왔으며, 중국이 CICA를 재활성화하거나 일대일로 이니셔티브를 진전시키려는 노력들에도 공개적으로 의구심을 드러내 왔다(Bisley 2019). 그뿐만 아니라, 중국은 여러 아시아 국가들과의 영토·해양 분쟁이 아직 해결되지 않은 채 남아있고, 미·중 간 전략적 경쟁이 심화되면서 미국 및 그 동맹국과 우방국들의 중국에 대한 견제가 확대되고 있다. 이러한 상황에서 역내 중국 주도의 새로운 지역 안보 아키텍처 창출에 대한 광범위한 정당성과 지지를 확보하는 데에는 향후 더욱 큰 어려움이 있을 것으로 예상된다.

이러한 점들을 고려할 때, SCO나 CICA와 같이 중국이 그 설립과 발전 과정에 적극적으로 관여해온 지역다자안보기구들이 기존의 미국 주도 지역안보질서에 대항하여 중국이 선호하는 새로운 지역 안보 아키텍처를 구축하기 위한 중국의 제도적 균형 전략을 이행하는 데 성공적인 플랫폼이 될 수 있을지는 아직 미지수다. 따라서 지역다자안보제도에서 중국의 제도적 균형 전략의 효과와 그러한 전략이 지역안보질서에 미치는 영향에 대한 어떤 확실한 결론을 도출하기에는 아직 너무 이르다. 이 연구는 중국이 적극적으로 후원하는 지역다자안보기구들에서 중국 정부가 왜 그리고 어떻게 제도적 균형 전략을 활용하는지를 살펴보는 데 초점을 맞추었다. 이와 관련하여, 중국이 어떤 경우에 새로운 다자제도를 제안하고 설립하는지, 어떤 조건에서 중국은 포괄적 혹은 배타적 제도 균형 전략을 채택하는지, 다자기구의 설립·유지·발전에 있어서 중국의 역할을 어떻게 평가할 것인지, 그리고 이러한 중국의 제도적 균형 전략이 국제질서에 실제로 어떠한 영향을 미칠 것인지는 훨씬 더 복잡한 문제이며 향후 더 많은 연구가 필요한 부분이다.

| 참고문헌 |

김재철. 2013. “중국의 공세적 외교정책,” 『한국과 국제정치』 제28권 제4호 (2012), pp.29-59.

김태운 · 오태곤. 2007. “미 · 중의 상호정책과 동북아 다자안보 협력체제에 대한 입장,” 『국제지역연구』 제11권 제1호, pp.868-886.

조영남. 2013. “중국은 왜 강경한가? : 2008년 세계 금융위기 이후의 중국 외교 평가,” 『국제지역연구』 제22권 제2호, pp.29-57.

Abbott, Kenneth W., and Duncan Snidal. 1998. “Why States Act through Formal International Organizations.” *Journal of Conflict Resolution* 42 (1): 3-32.

Acharya, Amitav. 1998. “Culture, Security, Multilateralism: The ‘ASEAN Way’ and Regional Order.” *Contemporary Security Policy* 19 (1): 55-84.

Acharya, Amitav. 2001. *Constructing a Security Community in Southeast Asia: ASEAN and the Problem of Regional Order*. London: Routledge

Anderlini, Jamil. 2014. “China Reinvigorates Regional Clubs to Counter US Power.” *Financial Times*, May 20, 2014.

Aris, Stephen. 2012. “The Response of the Shanghai Cooperation Organisation to the Crisis in Kyrgyzstan.” *Civil Wars* 14 (3): 451-476.

Bhadrakumar, M. K. 2006. “China, Russia welcome Iran into the fold.” *Asian Times*, April 18, 2006.

Bisley, Nick. 2019. “Contested Asia’s ‘New’ Multilateralism and Regional Order,” *The Pacific Review* 32 (2): 221-231.

Brooks, Stephen G., and William C. Wohlforth. 2008. *World Out of Balance: International Relations and the Challenge of American Primacy*. Princeton, NJ: Princeton University Press.

Caffarena, Anna. 2017. “Diversity Management in World Politics: Reformist China and the Future of the (Liberal) Order.” *International Spectator* 52 (3): 1-17.

Caporaso, James A. 1992. “International Relations Theory and Multilateralism: The Search for Foundations.” *International Organization* 46 (3): 599-632.

Chan, Gerald, Pak K. Lee, and Lai-Ha Chan. 2011. *China Engages Global Governance: A New World Order in the Making?* London: Routledge.

Cheng, Joseph Y. S. 2001. "Sino-ASEAN Relations in the Early Twenty-First Century." *Contemporary Southeast Asia* 23 (3): 420-45.

China State Council Information Office. 2017. *White Paper: China's Policy on Asia-Pacific Security Cooperation*. Beijing: State Council Information Office.

Chung, Chien-peng. 2004. "The Shanghai Cooperation Organization: China's Changing Influence in Central Asia." *The China Quarterly* 180 (1): 989-1009.

Chung, Chien-peng. 2006. "China and the Institutionalization of the Shanghai Cooperation Organization." *Problems of Post-Communism* 53 (5): 3-14.

Dai, Xinyuan. 2015. "Who Defines the Rules of the Game in East Asia? The Trans-Pacific Partnership and the Strategic Use of International Institutions." *International Relations of the Asia-Pacific* 15 (1): 1-25.

De Graaff, Naná, and Bastiaan van Apeldoorn. 2018. "US-China Relations and the Liberal World Order: Contending Elites, Colliding Visions?" *International Affairs* 94 (1): 113-131.

Emmers, Ralf. 2003. *Cooperative Security and the Balance of Power in ASEAN and the ARF*. London: Routledge.

Economy, Elizabeth C., and Michel C. Oksenberg, eds. 1998. *China Joins the World*. New York: Council on Foreign Relations.

Feng, Huiyun, and Kai He. 2018. "China's Institutional Challenges to the International Order." *Strategic Studies Quarterly* 11 (4): 23-49.

Foot, Rosemary. 1998. "China in the ASEAN Regional Forum: Organizational processes and domestic modes of thought." *Asian Survey* 38 (5): 425-440.

Ford, Lindsey W. 2020. "Network Power: China's Effort to Reshape Asia's Regional Security Architecture." *Global China: Assessing China's Growing Role in the World.* Brookings Institution.

Haas, Michael. 1965. "A Functional Approach to International Organization." *Journal of Politics* 27(3): 498-517.

He, Kai. 2009. *Institutional Balancing in the Asia-Pacific: Economic Interdependence and China's Rise*. London; New York: Routledge.

He, Kai. 2012. "Undermining Adversaries: Unipolarity, Threat Perception, and Negative Balancing Strategies After the Cold War." *Security Studies* 21 (2): 154-191.

He, Kai. 2015. "Contested Regional Orders and Institutional Balancing in the Asia Pacific." *International Politics* 52 (2): 208-222.

He, Kai. 2019. "Contested Multilateralism 2.0 and Regional Order Transition: Causes and Implications," *The Pacific Review* 32 (2): 210-220.

He, Kai. 2020. "Contested Multilateralism 2.0 and Regional Order Transition," in Kai He ed. *Contested Multilateralism 2.0 and Asian Security Dynamics*. Abingdon, ON; New York, NY, Routledge: 1-15.

Gabuev, Alexander. 2017. "Bigger, Not Better: Russia Makes the SCO a Useless Club." Carnegie Moscow Center, June 23.

Ikenberry, G. John. 2012. *Liberal Leviathan: The Origins, Crisis, and Transformation of the American World Order*. Princeton, NJ: Princeton University Press.

Ikenberry, G. John, and Darren Lim. 2017. *China's Emerging Institutional Statecraft: The Asian Infrastructure Investment Bank and the Prospects for Counter-Hegemony*. Washington, DC: Brookings Institution.

Ikenberry, G. John. 2018. "The End of Liberal International Order?" *International Affairs* 94 (1): 7-23.

Katsumata, Hiro. 2009. *ASEAN's Cooperative Security Enterprise: Norms and Interests in the ASEAN Regional Forum*. New York, NY: Palgrave Macmillan.

Jones, Catherine. 2013. "Understanding Multiple and Competing Roles: China's Roles in the International Order." *Pacific Focus* 28 (2): 190-217.

Johnston, Alastair Iain. 2003. "Is China a Status Quo Power?" *International Security* 27 (4): 5–56.

Johnston, Alastair Iain. 2007. *Social States: China in International Institutions, 1980–2000*. Princeton, NJ: Princeton University Press.

Lake, David A. 2017. "Domination, Authority, and the Forms of Chinese Power." *Chinese Journal of International Politics* 10 (4): 357-382.

Layne, Christopher. 2018. "The US–Chinese Power Shift and the End of the Pax Americana." *International Affairs* 94 (1): 89-111.

Leifer, Michael. 1996. "The ASEAN Regional Forum: Extending ASEAN's Model of Regional Security." *Adelphi Paper* 302. London: International Institute for Strategic Studies and Oxford University Press.

Liu, Hongsong. 2020. Chinese Perception of China's Engagement in Multilateralism and Global Governance, *The Pacific Review* 33 (3-4): 469-496.

Kastner, Scott L., Margaret M. Pearson, and Chad Rector. 2016. "Invest, Hold Up, or Accept? China in Multilateral Governance." *Security Studies* 25 (1): 142-179.

Kent, Ann. 2007. *Beyond Compliance: China, International Organizations, and Global Security*. Stanford: Stanford University Press.

Liff, Adam P. 2018. "China and the US Alliance System." *China Quarterly* 233, 137-165.

Lo, Bobo. 2008. *Axis of Convenience: Moscow, Beijing, and the New Geopolitics*. Washington DC: Brookings Institution Press.

Lee, Seungjoo. 2012. "The Evolutionary Dynamics of Institutional Balancing in East Asia," *EAI Asia Security Initiative Working Paper* No.21. Seoul, South Korea.

Lo, Bobo. 2017. *A Wary Embrace: What the China-Russia Relationship Means for the World*. Sydney: Penguin Australia.

Michel, Casey. 2017. "It's Official: India and Pakistan Join Shanghai Cooperation Organization." *Diplomat*, June 9.

Morse, Julia C., and Robert O. Keohane. 2014. "Contested Multilateralism." *Review of International Organizations* 9 (4): 385-412.

Müller, Harald. 2017. "The Nuclear Non-Proliferation Treaty in Jeopardy? Internal Divisions and the Impact of World Politics." *International Spectator* 52 (1): 12-27.

Nathan, Andrew J. 2016. "China's Rise and International Regimes: Does China Seek to Overthrow Global Norms?" In Robert S. Ross and Jo Inge Bekkevold, eds. *China in the Era of Xi Jinping: Domestic and Foreign Policy Challenges*. Washington, DC: Georgetown University Press: 65–195.

Newman, Edward, and Benjamin Zala. 2018. "Rising Powers and Order Contestation: Disaggregating the Normative From the Representational." *Third World Quarterly* 39 (5): 871-888.

Patrick, Stewart. 2016. "World Order: What, Exactly, Are the Rules?" *Washington Quarterly* 39 (1): 7-27.

Parmar, Inderjeet. 2018. "The US-led Liberal Order: Imperialism by Another Name?" *International Affairs* 94 (1): 151-172.

Pollack, Jonathan D. 2017. "Competing Visions: China, America, and the

Asia-Pacific Security Order." In Jacques deLisle and Avery Goldstein, eds. *China's Global Engagement: Cooperation, Competition, and Influence in the 21st Century*. Washington, DC: Brookings Institution Press: 155-182.

Qiang, Xiaoyun. 2015. "The Evolution of Security Concept and Security Cooperation within the CICA Framework." *Global Review* 4: 38-54.

Ruggie, John Gerard. 1992. "Multilateralism: The Anatomy of an Institution." *International Organization* 46 (3): 561-598.

Rumer, Eugene B. 2006. "China, Russia and the Balance of Power in Central Asia." *Strategic Forum* No. 223, Washington, DC: Institute for National Strategic Studies, National Defense University.

Sharshenova, Aijan, and Gordon Crawford. 2017. "Undermining Western Democracy Promotion in Central Asia: China's Countervailing Influences, Powers and Impact." *Central Asian Survey* 36 (4): 453-472.

Song, Weiqing. 2016. *China's Approach to Central Asia: The Shanghai Cooperation Organization*. London: Routledge.

Stephen, Matthew D. 2017. "Emerging Powers and Emerging Trends in Global Governance." *Global Governance* 23 (3): 483-502.

Thakur, Ramesh. 2017. "The Nuclear Ban Treaty: Recasting a Normative Framework for Disarmament." *Washington Quarterly* 40 (4): 71-95.

Wang, Yi. 2013. "China at a New Starting Point," Statement by Wang Yi at the General Debate of the 68th Session of the United Nations General Assembly, New York, 2013.09.27.:
https://www.fmprc.gov.cn/mfa_eng/wjb_663304/wjbz_663308/2461_663310/t1082330.shtml

Wang, Yi. 2015. "China's Role in the Global and Regional Order: Participant, Facilitator and Contributor." Speech at the luncheon on the Fourth World Peace Forum, 2015.06.27.

Weitz, Richard. 2014. "The Shanghai Cooperation Organization: A Fading Star?" *Asan Forum*, August 11.

Wilson, Jeanne L. 2010. "Coloured Revolutions: The Views from Moscow and Beijing." *Journal of Post-Communist Studies and Transition Politics* 25 (2-3): 369-395.

Wu, Guoguang, and Helen Lansdowne, eds. 2007. *China Turns to Multilateralism: Foreign Policy and Regional Security*. London: Routledge.

Wuthnow, Joel. 2012. *Chinese Diplomacy and the UN Security Council: Beyond the Veto*. London: Routledge.

Wuthnow, Joel. 2014. "What to Make of Xi Jinping's Vision for Asian Security?" *Asan Forum*, 11 August.

Xi, Jinping. 2014. "New Asian Security Concept for New Progress in Security Cooperation" Remarks at the Fourth Summit of the Conference on Interaction and Confidence Building Measures in Asia, Shanghai, 2014.05.21.

Yuan, Jingdong. 2010. "China's Role in Establishing and Building the Shanghai Cooperation Organization (SCO)." *Journal of Contemporary China* 19 (67): 855-869

Zakaria, Fareed. 2008. "The Future of American Power: How America Can Survive the Rise of the Rest." *Foreign Affairs* 87(3): 18-43.

"China's Xi warns Asian countries on military alliances," *Voice of America News*, 2014.05.21.

"China voice: eliminate Asia's Achilles heel," *Xinhua*, 2014.05.20.

"Full text of Xi Jinping's report at 19th CPC National Congress," *Xinhua*, 2017.11.03. http://www.xinhuanet.com/english/special/2017-11/03/c_136725942.htm

習近平. 2012. "繼續朝著中華民族偉大複興目標奮勇前進,"『中央政府門戶網站』2012. 11.29.: http://www.gov.cn/ldhd/2012-11/29/content_2278733.htm

習近平. 2013. "堅定不移走和平發展道路 堅定不移促進世界和平與發展,"『人民日報』2013.03.20.: http://cpc.people.com.cn/n/2013/0320/c64094-20845746.html

習近平. 2014. "新起點 新願景 新動力—在金磚國家領導人第六次會晤上的講話,"『人民日報』2014.07.15.

習近平. 2015. "推動全球治理體制更加公正更加合理 爲我國發展和世界和平創造有利條件,"『人民日報』2015.10.14.

習近平. 2016. "加強合作推動全球治理體系變革 共同促進人類和平與發展崇高事業,"『新華社』, 2016.09.28.

習近平. 2017. "深化金磚夥伴關系 開辟更加光明未來: 在金磚國家領導人廈門會晤大範圍

會議上的講話,"『人民日報』 2017.09.05.
楊潔篪. 2017. "推動構建人類命運共同體,"『人民日報』 2017.11.19.
張家棟. 2009. "力量對比變化, 中美關係面臨新局面,"『解放日報』 2009.03.03.
張展. 2017. "新時期 '人類命運共同體' 的內涵及意義探析,"『決策探索』 2017.12.
鍾聲. 2017. "奏響中國多邊外交的新樂章,"『人民日報』 2017.1.17.
中華人民共和國國務院新聞辦公室. 2019.『新時代的中國國防』 2019.7.24.
陳玉剛. "金融危機, 2009. "美國衰落與國際關係格局扁平化,"『世界經濟與政治』 第5期.
"習近平同志≪論堅持推動構建人類命運共同體≫主要篇目介紹,"『人民日報』 2018.10.15.

8장
세계 경제 거버넌스에서 중국의 부상: 규칙수용자 대 규칙제정자

이왕휘

Ⅰ. 머리말

1978년 개혁개방 정책 이후 연평균 9% 이상 경제성장을 이룩한 중국은 2014년 구매력 기준 국내총생산(GDP) 기준 세계 1위 경제대국으로 등극하였다. 코로나19 위기를 선제적으로 극복한 중국 경제는 2030년 전후에 명목 GDP 기준에서도 세계 1위가 될 것이다. 이렇게 안정적인 성장을 유지한다면, 중화인민공화국 창립 100주년인 2049년 중국은 명실상부한 초강대국 지위를 확보할 것으로 예상된다.

중국의 경제적 부상은 2008년 글로벌 금융위기 이후 세계 경제 거버넌스에 본격적으로 영향을 미치기 시작하였다. 중국의 대외경제 전략의 기조가 해외투자를 유치하는 인진라이(引進來)에서 해외로 진출하는 저우추취(走出去)로 전환되었다. 중국의 꿈(中国梦)을 국정목표로 제시한 시진핑 주석은 신형대국관계(新型大国关系), 주변외교(周边外交), 일대일로 구상(一带一路 倡议), 인류운명공동체(人类命运共同体) 이념 등 중국의 영향력을 확대하기 위한 정책을 공세적으로 추진해왔다.

중국은 미국을 배제하는 다자개발은행(Multinational Development Bank: MDB)인 아시아인프라투자은행(AIIB)과 신개발은행(NDB)을 설립하여 대외원조를 강화하였다. 이와 동시에 중국은 국제경제기구의 고위직에 자국민의 진출을 적극적으로 지원하고 친중 인사의 당선을 위해 노력하고 있다(U.S.-China Economic and Security Review Commission 2021). 대부분의 국제경제기구의 지배구조(지분 및 의결권)가 경제력— 특히 GDP —에 따라 결정되기 때문에, 중국의 영향력은 강화되는 추세에 있다(Broz et al 2020; 이왕휘 2021a).

이런 성과에도 불구하고 세계 경제 거버넌스에서 중국의 영향력은 경제적 비중에 비해 여전히 낮은 수준에 머물러 있다. 가장 근본적인 문제는 세계 최대의 개발도상국이라는 중국의 정체성에 반영되어 있다. 즉 양적 측면에서는 미국을 능가하는데 성공했지만 질적 측면에서는 미국과 격차를 좁히지 못하고 있다. 이 때문에 미국에 대한 중국의 도전은 제한적이다. 중국이 미국을 대체하는 지도력을 보여주기 위해서는 제2차 세계대전 이후 미국이 건설했던 브레튼우즈 체제에 대한 대안을 제시해야 한다. 그러나 중국이 설립한 AIIB와 NDB 모두 세계은행과 아시아개발은행(ADB)와 같은 다자개발은행과 유사한 지배구조와 운영방식을 채택하였다. 또한 중국의 해외직접투자와 해외원조도 브레튼우즈 체제와 국제연합(UN)의 규범과 관행에서 크게 벗어나지 않고 있다. 이런 점에서 중국은 UN 중심의 다자주의를 대체하기보다는 보완하는 데 집중하고 있다(Johnston 2019; Krasner et al. 2019).

중국 건국 100주년이 되는 2049년까지 중국이 세계경제 거버넌스에서 어떤 역할을 할 수 있을까? 미국식 모델과 다른 새로운 모델을 개발한다면, 중국이 규칙제정자가 될 수 있다. 중국에 유리한 미국식 거버넌스 모델을 선별적으로 수용한다면, 중국은 규칙수용자에 머물 것이다. 미국식 모델을 무시하고 중국식 모델을 독자적으로 발전시킨다면, 중국은 행동하는 방관자가 될 수도 있다. 또는 중국이 강대국에게는 미국식 모델을 존중하는 척하면서 약소국에게는 중국식 모델을 강요하는 위선자가 될 가능성도 배제할 수 없다.

[표 1] 국제레짐에 대한 이념형 접근

	잘 준수함	잘 준수하지 않음
규칙 제정에 적극적 참가	규칙 제정자	위선자
규칙 제정에 소극적 참가	규칙 수용자	방관자

출처: Wang (2018; 1)

전략적으로는 규칙제정자를 지향하고 있지만, 현재 능력의 한계 때문에 중국은 규칙수용자를 탈피하지 못하고 있다. 따라서 향후 30년간 중국의 목표는 의지와 능력의 격차를 줄이는 데 맞춰질 것이다. 이 전략의 성패는 중국의 경제성장과 정치적 안정이라는 대내적 요소와 미국의 견제 극복과 주변국의 협력이라는 대외적 요소에 달려 있다. 중국이 이러한 이중적 도전을 극복한다면, 두 번째 백 년에 중국은 규칙 제정자가 될 수 있을 것이다. 그렇지 못하면, 중국은 규칙 수용자, 위선자, 방관자 중 하나로 전락할 것이다.

이하 논문의 구성은 다음과 같다. 다음 절에서는 중국의 경제적 부상이 세계 경제 거버넌스에 미친 영향을 무역, 금융, 투자로 나누어 검토한다. 3절에서는 중국이 가지는 한계를 대내적 측면과 대외적 측면으로 구분하여 분석한다. 마지막으로 향후 30년 후 세계 경제 거버넌스에서 중국의 비중의 역할이 우리에게 미치는 함의를 도출한다.

Ⅱ. 중국의 경제적 부상과 국제적 비중 증대

중국의 경제적 부상은 세계사에 유례가 없을 정도로 빨랐다. 1952~2018년 사이 GDP는 174배, 상품교역액은 2,380배나 증가하였다.

[표 2] 중국의 경제성장: 1952~ 2018년

	1952년	2018년	변화
국내총생산(GDP)	679억 위안	90조 위안	174배
재정수입	62억 위안(1950년)	18.33조 위안	연평균 12.5%
산업 부가가치 생산	120조 위안	30.5조 위안	970배
1인당 GDP	119 위안	64,644 위안	70배
비재무 FDI	9.20억 달러(1983년)	1,350억 달러	146배
상품교역액	190억 달러	4.6조 달러	2,380배

출처: State Council Information Office of the People's Republic of China (2019)

경제성장은 중국이 세계 경제에서 차지하는 비중을 급속하게 상승시켰다. 아편전쟁 전인 1820년 세계 경제에서 중국의 비중은 32.9%였으나, 중화인민공화국이 수립된 1950년에는 4.6%까지 추락하였다. 개혁개방을 통해 성장률이 급등하면서, 그 비중은 세계무역기구(WTO)에 가입한 직후인 2003년 15.1%에 도달하였다. 성장률이 5~6%를 유지하면, 2030년 23.8%까지 커질 것으로 전망되었다(Maddison 2009, 44).

중국은 구매력 기준 GDP에서 2014년 미국을 추월하였다. 경제성장률에서 중국이 미국의 2~3배 이상을 유지하고 있기 때문에, 중국과 미국의 격차는 더 벌어질 것이다. 경제개발협력기구(OECD)는 2049년 중국 경제가 미국 경제의 약 1.5배 이상이 될 것으로 예상하였다.

[그림 1] 구매력 GDP (2010년 미국 달러화 기준) 장기 전망: 중국・미국・일본・한국

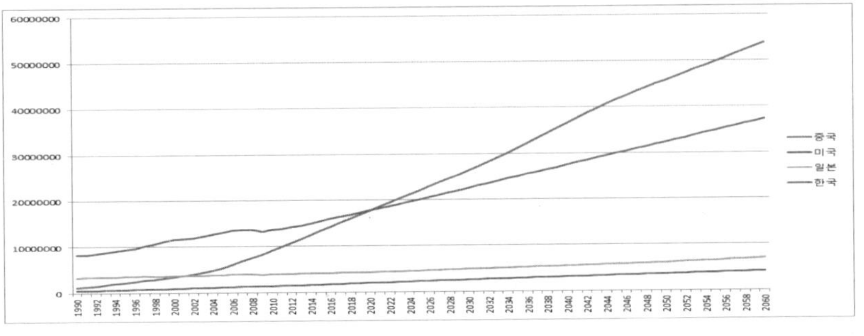

출처: OECD (https://data.oecd.org/gdp/gdp-long-term-forecast.htm)

코로나 19 위기를 중국이 미국보다 더 빨리 그리고 더 잘 극복함으로써, 중국은 명목 GDP에서도 미국을 조만간 능가할 것이다(Lin

2021; 이왕휘 2021b). 위기 전에는 중국이 미국을 추월하는 시점이 2033년으로 예상하였으나, 위기 후에는 2028년으로 앞당겨질 것으로 추정되었다(Centre for Economics and Business Research 2020, 71).

[그림 2] 미국과 중국의 명목 GDP: 2020~34년

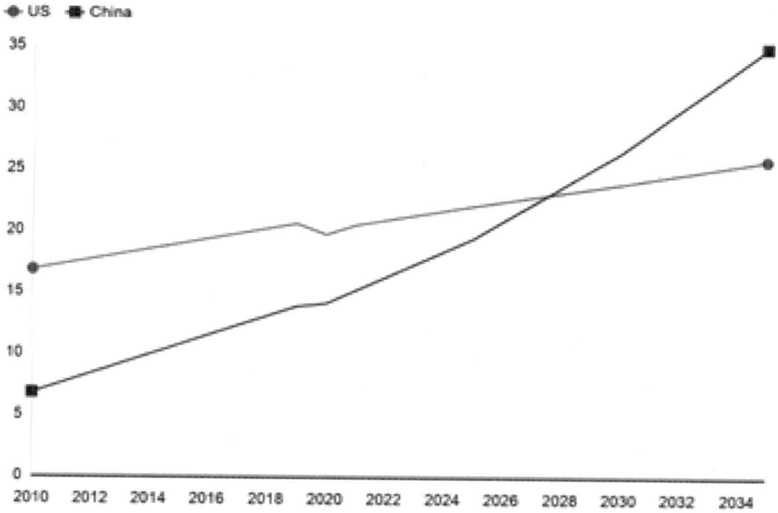

출처: BBC (2020)

중국은 경제력을 세계 경제 거버넌스에 반영하기 위한 전략을 2008년 글로벌 금융위기 이후부터 본격적으로 추진하였다. 이 위기가 미국에서 발원했음에도 불구하고, 국제통화기금(IMF)와 세계은행은 위기를 수습하는데 미국보다 중국에게 더 많은 책임을 지우려고 했다. 이러한 조치가 부당하다고 판단한 중국은 브레튼우즈 체제의 개혁을 시도하였다.

2001년 세계무역기구(WTO)에 가입한 이후 중국은 글로벌 공급망에 본격적으로 참여하여 세계의 공장으로 발돋움하였다. 그 결과 2010년 전후로 중국은 미국을 제치고 세계 최대 상품무역국이 되었다. 중국은 미국에 대해서는 많은 무역흑자를 기록해 보복을 받았지만, 대부분의 교역국에 대해서는 무역적자를 유지하고 있다. 중국과 교역에서 무역흑자를 얻는 국가들은 중국의 통상압력에 노출되어 있다.

[그림 3] 미국과 중국의 상품무역: 1999~2020년 (단위: 미국 달러)

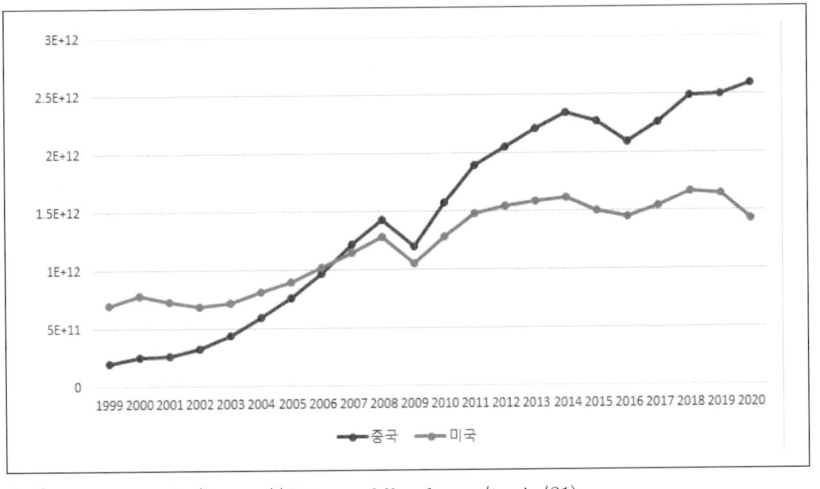

출처: World Bank (https://data.worldbank.org/topic/21)

세계 최대 상품 교역국으로 위상을 활용하여 중국은 메가 자유무역협정(FTA)에도 적극적으로 참여하고 있다. 미국이 중국을 배제하기 위해 추진한 환태평양경제동반자협정(TPP)이 2015년 타결되었다. 그러나 트럼프 행정부는 2017년 일방적으로 TPP에서 탈퇴 선언을 하였으며 범대서양무역투자동반자협정(TTIP) 협상도 진행하지 않았다. 반면 중국은 동아시아 국가들과 2020년 11월 역내포괄적경제동반협정(RCEP)을 체결하였으며 유럽연합(EU)과는 포괄적투자협정에 합의하였다. 시진핑 주석은 2020년 11월 미국이 탈퇴한 이후 일본이 주도적으로 결성한 포괄적·점진적 환태평양경제동반자협정(CPTPP)에 가입하여 아시아·태평양자유무역지대(FTAAP)를 완성하겠다는 의지를 표명하였다(Xi 2020).

[표 3] 메가 FTA 경쟁

	TPP	RCEP	FTAAP	TTIP
제안	2004년 싱가포르	2010년ASEAN	2006년 미국	2011년 미국
협상 개시 (타결)	2008년 (2015년)	2012년 (2020년)	–	2013년
참가국	12개국 (미국 탈퇴 후 11개국)	15개국 (ASEAN+6)	21개국 예상 (APEC)	미국 및 EU 29개국
세계 GDP	37%	30%	54%	47%
세계 무역	25%	30%	44%	30%
세계 인구	11%	48%	40%	10%

출처: IMF, World Bank, WTO 데이터 종합.

중국은 세계 경제 거버넌스에서 영향력을 확대하기 위해 IMF와 세계은행에서 지분과 투표권의 증대를 요구하였다. 2010년 12월 제14차 지분 재조정에 따라 중국의 지분은 4.00(6위)에서 6.39(3위)로 증가하였다. 그러나 미국 의회는 이 조정안을 2015년 11월까지 승인하지 않았다. 또한 IMF는 5년마다 해야 하는 지분 재조정을 하지 않고 있다. 따라서 중국의 경제력 상승분이 IMF와 세계은행의 지배구조에 제대로 반영되고 있지 않아, 중국의 지분은 경제 규모 1/3 이하인 일본보다 더 적다.

[표 4] 제 14차 IMF 지분 재조정

	개정 전 20대 지분국		개정 후 20대 지분국		20대 경제대국 (GDP: 2014년)		
	국가	지분	국가	지분	국가	비중	
						명목	구매력
1	미국	17.69	미국	17.40	미국	22.53	16.27
2	일본	6.56	일본	6.46	중국	13.43	16.47
3	독일	6.12	중국	6.39	일본	5.97	4.47
4	프랑스	4.51	독일	5.58	독일	4.99	3.38
5	영국	4.51	프랑스	4.23	프랑스	3.68	2.41
6	중국	4.00	영국	4.23	브라질	3.04	2.87

출처: Virmani(2011); IMF(2015)

이와 동시에 중국은 위안화를 기축통화로 만들기 위한 위안화 국제화를 추진하였다. 2009월 3월 G-20 런던 정상회담이 개최되기 전날 저우 샤오촨(周小川) 중국인민은행 총재는 미국 달러화 대신 IMF의 특별인출권(Special Drawing Right: SDR)을 기반으로 한 '초주권 준비통화'(super-sovereign reserve currency; 超主权储备货币)를 기축통화로 해야 한다고 주장하였다(Zhou 2009). 주요 경제대국이 호응하지 않았기 때문에, 이 제안은 국제적인 반향을 일으키지 못했다.

위안화 국제화를 위해 중국은 2008년부터 통화스왑을 적극적으로 추진하였다(People's Bank of China 2020). 중국인민은행은 39개 국가 및 지역과 총 3.47조 위안 규모의 통화스왑을 체결하였다. 여기에는 아시아, 라틴아메리카, 아프리카 국가뿐만 아니라 유럽 국가가까지 포괄하였다(Chu 2020). 미국 연방준비제도의 통화 스왑은 2008년 글로벌 금융위기와 2020년 코로나 19위기 직후 14개국에 달러 부족 현상을 해결하는데 실질적인 도움을 주었지만, 중국인민은행의 통화스왑은 아직 사용된 적이 없다. 이런 한계에도 불구하고 세계금융시장에서 중국의 역할을 무시하기 어려워졌다. 유동성 공급량 변화에서 중국은 2013~14년 사이 미국과 유로존을 추월하였다.

[그림 4] 유동성 공급량: 미국, 중국, 유로존

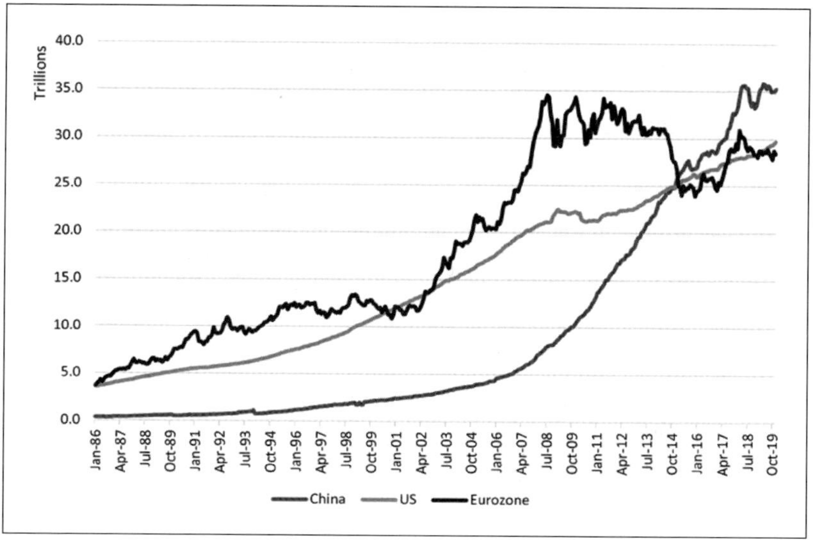

출처: Howell (2020, 23)

위안화는 2016년 10월 IMF의 SDR 통화바스켓에 편입되었다. 기존 통화바스켓은 달러화(41.9%), 유로화(37.4%), 파운드화(11.3%), 엔화(9.4%)로 구성되어 있었다. 새로운 통화바스켓은 달러화(41.73%), 유로화(30.93%), 위안화(10.92%), 엔화(8.33%), 파운드화(8.09%)

로 재편되었다. 파운드화와 엔화보다 더 큰 비중을 가짐으로써 위안화는 기축통화로서 인정받았다.

시진핑 주석이 취임한 이후 중국은 브릭스 국가와 함께 브레튼우즈 체제와 유사한 국제금융기구를 설립하였다. 2012년 브릭스 정상회담에서 합의했던 신개발은행(New Development Bank: NDB)과 위기대응기금 (Contingency Reserve Arrangement: CRA)을 2015년 설립하였다. NDB는 세계은행과 같이 브릭스 회원국들을 포함하는 신흥경제국들에게 사회간접자본 투자자금을 지원하며, CRA는 IMF와 같이 회원국들의 중앙은행 사이에 통화스왑계약을 체결하여 외환·금융위기가 발생했을 때 구제금융을 제공한다. 또한 2016년 중국은 56개국 창립회원국과 함께 일대일로 구상을 지원하기 위해 아시아인프라투자은행(Asian Infrastructure Investment Bank: AIIB)을 설립하였다. 2020년 말 기준 103개국을 회원국을 보유한 다자개발은행으로 급성장한 AIIB는 ADB와 유사하게 인프라건설에 필요한 자금을 융자한다(이왕휘 2017).

[표 5] 세계통화금융체제의 대립: 중국 대 미국 (지분 %)

	NDB	세계은행	CRA	IMF	AIIB	ADB
주요국 지분	중국(20) 러시아(20) 인도(20) 브라질(20) 남아프리카(20)	미국(16.05) 일본(8.94) 중국(5.76)	중국(39.95) 러시아(18.1) 인도(18.1) 브라질(18.1) 남아프리카(5.75)	미국(17.69) 일본(6.56) 중국(4.00)	중국(30.34) 인도(8.52) 러시아(6.66) 독일(4.57) 한국(3.81)	미국(15.6) 일본(15.7) 중국(6.47)
총재	순환 (현재 브라질)	미국	순환	유럽	순환 (중국)	일본
회원국	5	188	5	188	103	67

자본금	500억 $	2232억 $	1,000억 $	3620억 $	1000억 $	1628억 $
설립 목적	사회간접자본지 속가능한 성장 수요 충족	전쟁 복구 개발 지원	외환 위기 대비	외환 위기 대비	사회간접자 본 투자	빈곤퇴치

출처: 각 기관 홈페이지 및 언론 보도 종합

일대일로 구상의 일환으로 중국의 대외원조도 비약적으로 증대하였다(홍성창 외 2021). 2013~2018년 중국은 20개 지역 및 국제 기구와 122개 — 아프리카 53개, 아시아, 30개, 라틴아메리카 및 카리브해 22개, 오세아니아 9개 및 유럽 8개 —국가에 2,702억 위안을 제공하였다. 그 중 1,311억 위안(48.52%)는 양허성 차관, 1,278억 위안(47.3%)은 무상원조, 113억 위안(4.18%)는 무이자 차관이었다(State Council Information Office of the People's Republic of China 2021, 12~14).

해외직접투자(FDI)에서도 중국은 미국과 근접한 수준에 도달하였다. 2020년 중국은 1,490억 달러, 미국은 1,560억 달러를 각각 유치하였다. 2019년 미국(2,610억 달러)이 중국(1,410억 달러)보다 1,200억 달러 이상 더 많이 유치했다는 사실을 고려해 볼 때, 이 결과는 중국의 투자 유치 전략의 성공이라기보다는 미국의 코로나 19위기 방역 실패에서 기인한 것이라고 보는 것이 타당하다. 그렇지만 중국과 금융통합을 가속화하는 홍콩(1,190억 달러)을 포함할 경우, 중국과 미국의 격차는 사실상 거의 없다(United Nations Conference on Trade and Development 2021, 5).

핀테크의 기술과 제도에서는 중국은 미국보다 훨씬 앞서있다. 중국 IT 기업은 세계 최대 온라인 시장을 활용하여 다양한 방식의 디지털 금융 상품을 개발하였다(이왕휘 2020). 중국인민은행은 중앙은행디지털통화(CBDC)— 이하 디지털 위안 —를 세계 최초로 개발하여 실험을 하고 있다. 디지털 위안은 금융의 포용성과 효율성을 증가시켜 금융시장의 발전에 기여할 것으로 예상된다. 디지털 위안은 위안화 국제화에 도움을 줄 것으로 예상된다. 2021년 2월 중국인민은행 디지털통화연구소가 홍콩, 태국 및 아랍에미레이트연합(UAE) 중앙은행과 다자중앙은행화폐가교(多边央行数字货币桥: Multiple Central Bank Digital Currency (m-CBDC) Bridge) 프로젝트를 체결하였다. 초국적 금융거래를 원활하게 만들기 위해 위안화 국제결제시스템(Cross-border Interbank Payment System: CIP)과 중국결제청산협회(中国支付清算协会)의국제은행간통신협회(Society for Worldwide Interbank Financial Telecommunication: SWIFT)와 조인트벤처도 위안화 국제화를 추진하는데 기여할 것이다(Chui 2021).

Ⅲ. 창당 백 년에서 건국 백년으로: 세계 최대 개발도상국에서 세계 최대 선진국으로

개혁개방 이후 중국은 급속한 경제성장을 통해 세계 경제 거버넌스에서 미국에 필적할 정도의 위상과 역할을 확보하는데 성공하였다. 그러나 중국이 미국을 대체/대신할 수 있을 수 있는 명분과 능력을 확보한 것은 아니다. 중국이 미국을 능가하기 위해서는 중진국 함정(middle income trap; 中等收入陷阱)과 투키디데스 함정을 넘어서야 한다.

1. 중진국 함정

중국이 개혁개방 이후 40년 동안 연평균 9% 이상의 경제성장을 이룩하였다. 그 결과 중국은 GDP에서 미국을 제치고 세계 최대 경제대국이 되었다. 그러나 일인당 GDP에서 중국은 미국의 1/5 이하이다. 중국이 미국과 경쟁을 하기 위해서는 세계 최대의 개발도상국에서 세계 최대의 선진국으로 도약해야 한다.

2010년 이후 중국의 성장률은 고속에서 중속으로 떨어졌다. 잠재성장률에 중요한 역할을 했던 노동과 자본을 늘이는 데 한계에 봉착했기 때문에, 중국은 기술 개발을 통한 생산성 향상에 집중해야 했다. 시진핑 정부가 추진한 신창타이(新常態), 공급측개혁(供給側改革), 중국제조(中国制造) 2025, 인터넷+ 등은 경제구조를 기술집약적 산업으로 재편하기 위한 정책이었다. 이 정책은 수출보다 내수, 제조업보다 서비스업, 국가보다 민간의 비중 증대를 목표로 했다는 점에서 구조개혁이라고 할 수 있다.

19차 당대회에서 시진핑 정부는 중국의 성장이 정체되어 선진국으로 도약하지 못하게 되는 중진국 함정의 극복에 경제정책의 초점을 두었다. 이를 위해2020년 '전면적 샤오캉((小康) 사회', 2035년 '사회주의 현대화' , 2050년 '사회주의현대화강국' 라는 목표를 제시하였다. 이중 첫 번째 목표는 계획대로 달성하였다. 그러나 두 번째, 세 번째 목표는 성취하기 쉽지 않다.

역사적으로 중진국 함정을 극복한 사례가 많지 않다. 동아시아보다 먼저 중진국이 되었던 남미 국가는 선진국으로 도약에 실패했다. 동아시아에도 일부 국가만이 함정에 빠지지 않았다. 중국이 남미 국가와 같이 함정에 빠질 경우 중국의 GDP는 2030년대 중반을 기점으로 하락하기 시작할 것으로 추정되었다. 반면 중국이 동아시아 국가처럼 함정에서 벗어난다면, 2049년까지 계속 성장할 수 있을 것으로 예측되었다. 전자의 경우 중국의 일인당 GDP는 미국의 1/3 수준을 넘어서지 못하는 반면, 후자의 경우에는 3/4 수준까지 접근할 수 있을 것으로 예상되었다.

[그림 5] 중국과 미국의 GDP 및 1인당 GDP 전망 (2016-2050년): 동아시아 경로 대 남미 경로

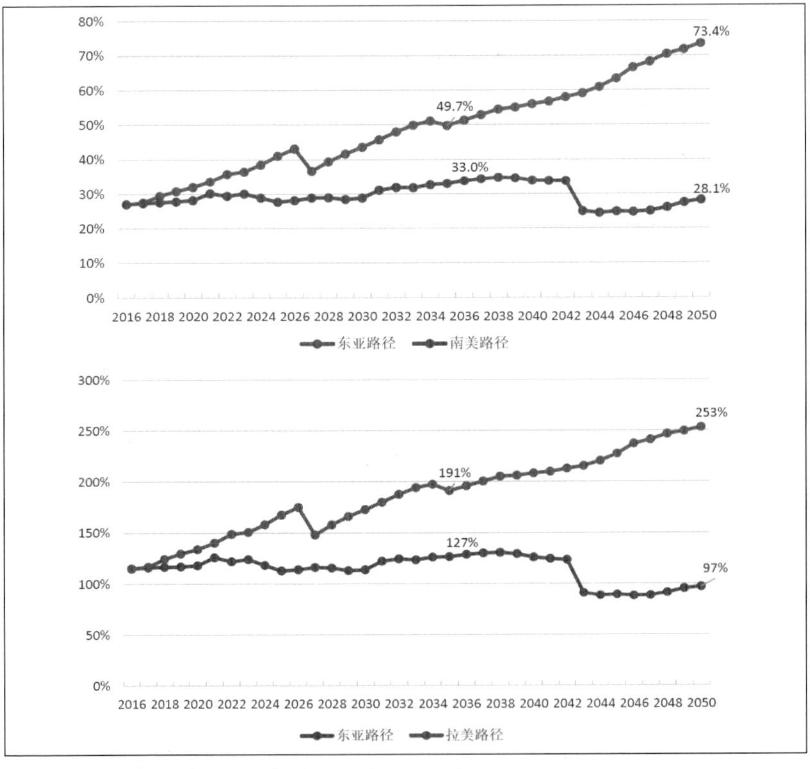

출처: 清华大学中国与世界经济研究中心(2017, 12)

중국이 선진국이 되기 위해서는 고령화, 도농격차 해소, 금융자유화 및 무역투자 증대를 해야 한다(Dollar et al. 2021). 대부분의 선진국에서와 달리, 중국에서 고령화는 산업화가 완전하게 달성되기 이전에 심각해지고 있다는 특징을 가지고 있다. 생산가능인구가 줄어들면서 고령인구가 많아지면 의료와 복지에 대한 부담이 늘어날 수 있다. 정년을 연장하고 산아 제한을 철폐하는 정책을 통해 이 문제를 완화할 수 있다.

경제성장이 공정하고 균형있게 분배되지 않은 결과로 발생한 빈부격차 문제도 중국이 당면한 중요한 과제다. 시진핑 주석이 공동부유(共同富裕)를 제기할 정도로 소득과 자산의 불평등이 심화되었다.

[그림 6] 소득 및 자산 상위 10%, 하위 50% 비중

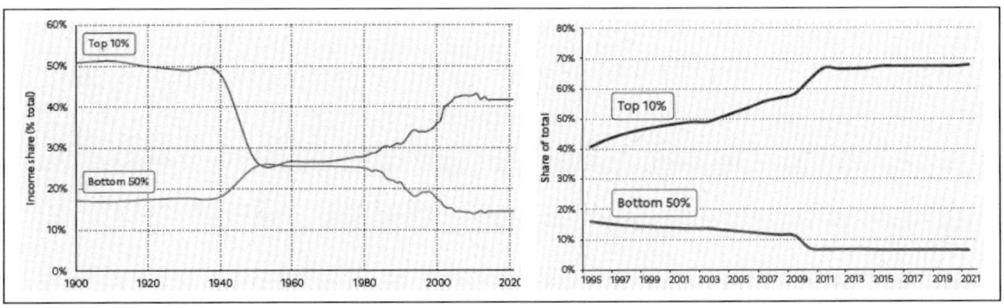

출처: Chancel (2021, 191 & 192)

2. 투키디데스 함정

미국우선주의를 내세운 트럼프 행정부는 대중 무역적자 해소를 명분으로 2018년 3월 무역전쟁을 개시하였다. 중국산 수입품에 보복관세를 부과하는 것은 전략적으로 중요한 첨단상품의 수출을 통제하였다. 중국은 미국의 압박에 굴복하지 않고 미국산 수입품에 보복관세

를 부과하는 등 맞대응하였다. 13차에 걸친 고위급 회담을 통해 2020년 1월 1단계 합의에 도달하였으나, 무역전쟁은 종식되지 않았다. 중국을 고립시키기 위한 인도태평양 전략의 차원에서, 트럼프 행정부는 상호의존의 무기화를 밀어붙였다(Department of Defence 2020; Department of State 2020). 중국 기업의 미국 투자를 제한하고 미국 기업의 중국 탈출을 유도하는 탈동조화를 추구하였다. 이로써 미국과 중국 사이에 신냉전의 위험이 등장하였다(Schmidt 2020; US Chamber of Commerce 2021; European Union Chamber of Commerce in China, 2021).

트럼프 행정부의 미국우선주의를 비판했지만, 바이든 행정부는 인도태평양 전략을 폐기하지 않았다(White House 2021b). 2021년 2월 발표된 미국 공급망 행정명령에 따라, 관련 부처는 반도체, 전기차용 대용량 배터리, 희토류, 의약품에 대한 공급망에서 대중 의존도를 낮추기 위한 방안을 검토하였다(White House 2021a). 백악관 국가안보실과 국가경제위원회는 6월 상무부, 에너지부, 국방부, 보건복지부와 함께 네 개 상품의 공급망 재편 전략을 발표하였다(White House 2021c).

공급망 재편 전략의 핵심에는 반도체가 있다. 4월 백악관에서 열린 반도체 회의를 바이든 대통령이 직접 주재하였다. 미국은 중국이 반도체 기술을 습득하지 못하도록 자국 기업은 물론 설계한 반도체를 위탁 생산하는 기업에게도 수출 통제 정책의 엄격한 준수를 요구하고 있다. 더 나아가 바이든 행정부는 한국의 삼성전자와 대만의 TSMC에게 미국 내 생산시설의 확대를 요구하고 있다. 군사동맹과 리쇼어링을 결합한 바이든 행정부의 전략은 동맹 입지(ally-shoring)로 불리고 있다(Dezenski and Austin 2021)

미국의 공급망 재편은 중국이 대응하기 쉽지 않을 것으로 예상된다. 부가가치 기준으로 보면, 전자, 운송장비, 자동차 제조, 기계장비, 석유화학 등 중요 기간 산업에서 해외 비중이 높다. 국가별로 보면, 중국은 미국 이외에도 일본, 한국, 독일, 대만 등에 대한 의존도가 높다. 문제는 이 국가들 모두 안보를 미국에 의존하는 국가들이라는 데 있다. 즉 미중간 갈등이 악화될 경우 미국은 중국을 압박하기 위해 이 국가들에게 중국과 협력 중단을 요구하는 상호의존의 무기화를 활용할 수 있는 것이다(Farrell and Newman 2019)

[표 6] 중국 최종 수요에서 국내 부가가치와 해외 부가가치의 비중

최종수요 중 중국 비중(%)	국내 부가가치 생산 비중	해외부가가치 기여 비중					
		1위		2위		3위	
전자	55.2	한국	9.2	대만	8.3	일본	5.1
운송장비	67.6	미국	12.9	프랑스	3.6	독일	2.5
제지	72.1	미국	5.2	캐나다	1.8	일본	1.7
자동차 제작	75.4	독일	4.1	일본	3.5	미국	3.5
기계장비	76.5	일본	3.5	미국	2.6	독일	2.4
화학 및 의약	78.4	미국	3.0	일본	1.7	독일	1.3
T운송	80.2	미국	3.2	일본	1.4	홍콩	1.0
가사용품	80.8	미국	2.3	일본	1.7	인도	1.3
금속	80.8	미국	2.1	호주	2.0	일본	1.5
에너지	81.1	사우디	2.0	러시아	1.5	미국	1.1

소프트웨어 및 IT 서비스	83.9	미국	2.4	인도	2.2	한국	1.3
소매	84.5	미국	3.3	일본	1.7	독일	1.0
섬유	85.9	미국	1.3	한국	1.0	일본	0.9
자원	87.5	미국	1.3	호주	0.9	사우디	0.8

출처: Huang (2020, 9)

기술 수준을 반영하는 특허출원에서도 중국의 비중은 미국은 물론 일본, 독일에 뒤처져 있다. 4차 산업혁명에 직간접으로 연관된 전자, 자동차 제조, 소프트웨어 및 IT 서비스에서 미국은 중국에 월등히 앞서 있다. 여기에서는 미국, 일본, 독일, 프랑스, 한국에 대한 의존도가 높다. 마찬가지로 이 국가들 모두 미국의 군사동맹국이라는 사실을 중국이 간과할 수 없다.

[표 7] 특허출원 (전 세계 비중)

전 세계 (비중)	1위		2위		3위		4위		5위	
전자	미국	26.7	일본	19.7	중국	19.6	한국	7.0	독일	5.7
운송장비	미국	18.0	중국	11.9	일본	11.2	독일	11.2	프랑스	7.9
제지	미국	21.1	일본	18.4	독일	14.6	프랑스	5.2	핀란드	5.0
자동차 제조	일본	31.0	독일	23.2	미국	13.4	프랑스	7.1	중국	4.6
기계 장비	일본	23.1	미국	19.5	독일	12.9	중국	10.8	한국	5.6
화학 및 의약	미국	29.1	일본	19.4	독일	9.8	중국	6.8	한국	5.1

가사 용품	미국	33.5	일본	15.8	독일	7.2	중국	6.3	한국	5.3
금속	일본	23.0	미국	17.5	독일	13.9	중국	7.3	한국	5.9
에너지	미국	39.7	일본	7.2	독일	6.3	중국	4.9	프랑스	4.9
소프트웨어 및 IT 서비스	미국	40.2	일본	12.1	중국	11.2	한국	10.2	영국	2.9
섬유	미국	31.6	일본	16.0	한국	8.1	중국	7.3	독일	6.1
농식품	미국	22.0	일본	15.6	중국	10.8	한국	5.5	스위스	5.4
건설	미국	32.7	일본	13.6	독일	7.4	중국	6.3	한국	5.8

출처: Huang (2020, 9)

다른 한편, 미국의 탈동조화 전략은 공급망에만 국한되지 않는다. 미국은 중국 기업의 대미 투자를 제한하는 동시에 미국 기업의 대중 투자도 규제를 검토하고 있다. 달러화가 기축통화이기 때문에 중국은 이러한 미국의 금융제재에 대응하기가 매우 어렵다. 이런 문제를 극복하기 위해 중국은 글로벌 금융위기 이후 위안화 국제화를 추진해왔다. 그러나 현재까지 성과는 매우 미흡하다. 인민대 국제통화연구소의 위안화 국제화 지수와 스탠다드 차타드의 인민폐 세계화 지수 모두 2015년 이후 정체되어 있다.

[그림 7] 위안화 국제화지수 및 인민폐 세계화 지수

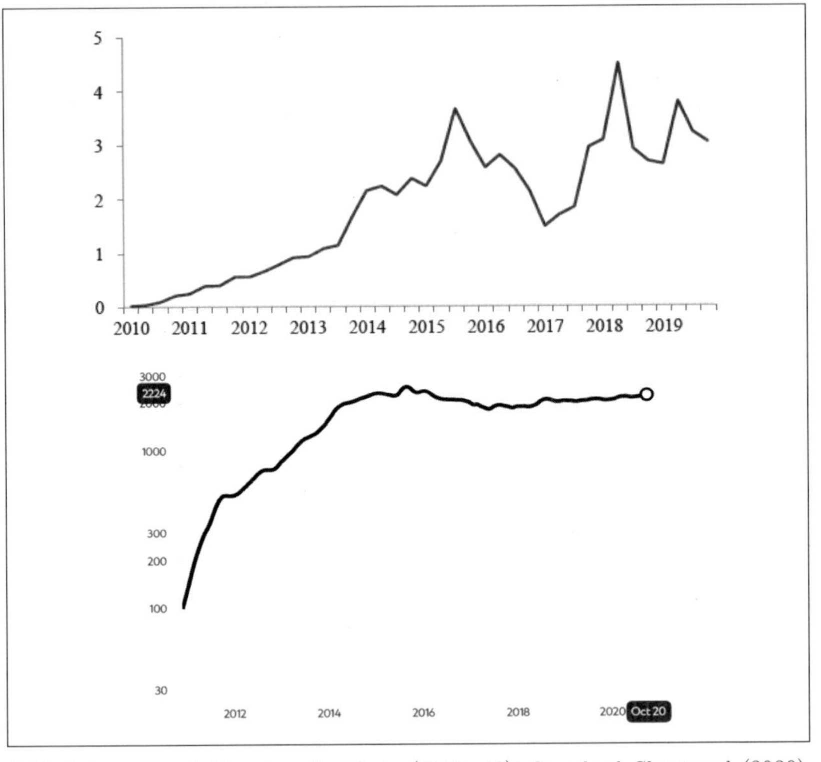

출처: International Monetary Institute (2020, 13); Standard Chartered (2020)

위안화가 기축통화가 아니라는 한계 때문에 중국이 주도적으로 설립한 NDB, CRA, AIIB가 세계은행, IMF, ADB를 대신/대체할 가능성은 사실상 불가능하다. 규모의 측면에서 양자의 차이는 없다. 자본금이나 회원국 수에서AIIB가 ABD에 비해 앞서고 있다. 그럼에도 불구하고 이 국제금융기구는 브레튼우즈 체제와 다른 지배구조와 운영방식을 제시하지 못하고 있다. 오히려 부채외교라는 비판을 받은 후

브레튼우즈 기준을 준수하려고 노력하고 있다(Chin 2019; Zhu 2019).

그 결과 중국의 대외진출이 미중 무역전쟁 이후 급속히 감소되는 추세가 나타나고 있다. 유엔무역개발회의(UNCTAD), 경제협력개발기구(OECD), 미국기업연구소(AEI), 중국 상무부, 중국 상무부 및 국가외환관리국(SAFE)의 통계 모두에서 감소세는 공통적이다.

[그림 8] 중국의 해외직접투자 추이: 1999~2019년

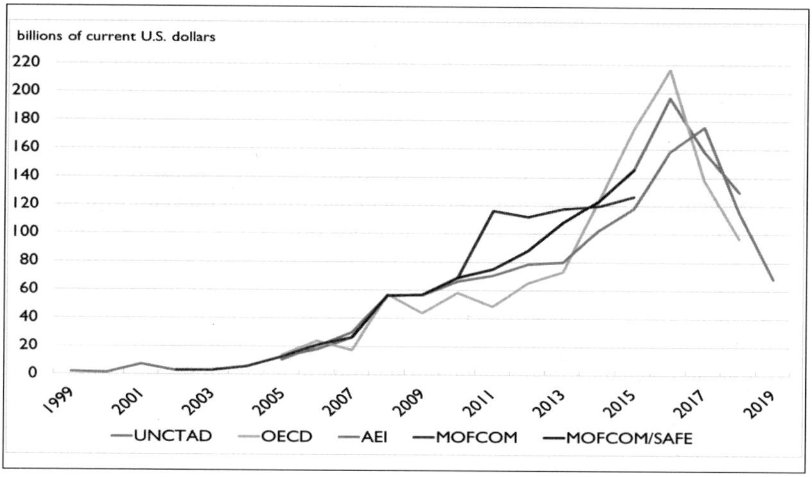

출처: Schwarzenberg (2020, 1)

이런 한계 때문에, 중국 금융기관은 중국적 특색보다는 국제규범과 국제관행을 존중하는 모습을 보이기 있다. 24개국과 체결한 100건의 계약을 분석한 결과 중국 국유 금융기관은 대체로 MDB와 유사한 대출 기준을 따르고 있다. 비밀조항 삽입, 파리클럽 우회, 계약 변경 특권 등 정도가 중국적 특색이라고 할 수 있다(Gelpern et al. 2021).

대출 내용과 금리에서 중국 금융기관은 세계은행 기준을 존중하는 것으로 보인다. 2000~2014년 157개국 사례비교를 보면 계약 조건에서 큰 차이는 없다. 차이가 있다면, 중국이 세계은행보다 더 좋은 조건을 제공한 것이라고 할 수 있다(Morris et al. 2020).

이런 점에서 중국의 대외투자가 전략적이라는 비판도 사실과 부합하지 않는다. 일대일로 구상에 반영된 전략적 함의에 대한 강조에도 불구하고, 중국 금융기관은 외교적 목적에 따라 투자와 원조 대상을 선정하지 않는다. 대부분의 원조와 투자는 중국의 제안보다는 수원국의 요청에 의해 시작되었다(Lee and Hameiri. 2020). 아프리카 지역에 대한 원조는 이러한 유형이 대부분이다. 2000~ 2019년 중국은 채무 불이행에 빠진 아프리카 국가들에게 파리 클럽과 같은 국제적 분쟁조정 기구를 활용하지 않고 150억 달러(이 중 24억 원은 탕감)의 규모의 채무를 조정하였다. 중국은 자산 압류, 이자 부담 추가, 법률 소송 등을 전혀 사용하지 않았다(Acker 2020).

중국의 대외 원조와 투자에서 전략적 목적이 제대로 반영되지 않은 이유는 기업의 특성과 목적의 차이에 있다. 국유기업과 달리 민영기업은 전략적 목적보다는 상업적 수익을 중시한다. 시노펙, 코스코, 화웨이와 같은 인프라 건설에 특화된 기업은 국가안보나 전략적 고려를 피할 수 없다. 그러나 소비재나 서비스를 판매하는 대부분의 기업은 시장 다변화를 위해 해외에 진출한다. 이 경우 투자기준은 수익성과 효율성에 맞춰져 있다. 부정한 방법을 축적한 재산을 해외로 빼돌리기 위한 투자도 있다. 반부패 운동으로 재산 몰수의 가능성이 높아

지자 안방보험과 하이항그룹(海航集团, HNA)과 같은 기업은 해외투자를 가장한 자본도피를 시도하였다. 이런 점에서 중국의 원조와 투자가 중국 정부의 전략적 목표에 따라 일사불란하게 진행되고 있다는 주장은 타당하지 않다.

[표 9] 현대 중국의 기업 유형

유형	전략적	경쟁적	정실적
대외투자 논리	경영자의 정치적 위신; 중국 정부의 정치적 권력	자본 축적; 시장 접근 및 더 큰 효율성을 통한 수익과 이익의 추구	국가로부터 도피; 자산 도피를 통한 개인적 축재 및 안전
기업 유형	국유 기업; 국가 대표 기업; 국가안보 또는 전략적 가치와 연계된 기업	중요한 투자에 대해서 국가에 의존하지 않는 기업	투자에 대해 정치적 연줄에 의존하는 기업; 정치적 연줄과 특별한 접근에 의존하는 전략을 가진 기업
사례	시노펙, 코스코, 화웨이	알리바바, 화웨이, 대부분의 중소기업	안방보험, HNA
국가의 정책조치	배치 및 규율	허가	억제

출처: Rithmire(2019, 13)

Ⅳ. 맺음말

경제의 규모가 급성장하면서 중국이 세계 경제 거버넌스에서 미국과 대등한 수준의 역할을 할 것이라는 기대가 있다. 시진핑 정부가 등장한 이후 중국의 꿈을 실현하기 위해 국유기업은 물론 민영기업이 해외에 활발히 진출하였다. 그러나 중국이 세계 경제 거버넌스에 미치는 영향은 사실상 매우 미미한 편이다. 중국이 브레튼우즈 체제를 개혁하는 것은 고사하고 독자적으로 설립한 국제경제기구에 중국적 특색을 투영하지도 못하고 있다. 이런 점에서 중국은 현재 규칙 제정자라기보다는 규칙 수용자라고 할 수 있다.

중국의 노력이 가시적 성과를 내지 못하는 이유는 크게 세 가지로 구분될 수 있다. 첫째, 중국은 독자적인 경제 거버넌스를 제시하지 못하고 있다. 규칙 제정자가 되기 위해서는 미국과 차별화된 지배구조와 운영방식을 창안해서 다른 국가들이 동의하도록 설득해야 한다. 그런데 현재 중국은 브레튼우즈 체제에서 만들어진 규칙과 관행을 준수하는 수준에 머물러 있다.

둘째, 위안화 국제화가 진행되지 않고 있다. 미국은 기축통화인 달러화를 금융은 물론 투자와 무역에서 다른 국가들을 지원하고 제재하는 데 능수능란하게 활용하고 있다. 반면 위안화는 아주 초보적 형태의 기축통화이기 때문에 국제거래에 많이 사용되지 않다. 따라서 중국이 위안화를 전략적으로 사용할 수 있는 여지가 별로 없다.

셋째, 민영기업의 비중 확대이다. 민영기업은 국가의 전략적 목표보다 기업의 수익을 우선한다. 즉명분이 아무리 좋아도 수익이 나지 않는 경우 정부와 협조를 하지 않는다. 오히려 정부의 규제와 간섭을 피해서 해외에 투자하는 경우도 있다. 국유 부분이 줄어들고 민간 부분이 늘어나는 추세가 계속되면, 이 문제는 점점 더 커질 것이다.

향후 세계 경제 거버넌스에서 중국의 역할과 비중은 중국의 경제성장과 미국의 압박에 달려 있다. 중국에서 성장률이 감소하게 되면, 그 영향력도 축소될 것이다. 미국의 압박도 중국의 운신의 폭을 좁히는 방향으로 작용하고 있다. 바이든 행정부는 트럼프 행정부의 무역 및 금융 제재에 공급망 재편을 추가하였다. 반도체 산업을 포함한 첨단산업 경쟁에서 중국과 미국의 격차가 크기 때문에, 중국이 쉽게 이기는 어려울 것이다. 또한 이 과정에서 중국은 기존 국제규범은 물론 자국이 대안으로 제시한 규칙을 잘 준수해야 한다. 그렇지 않을 경우 방관자나 위선자라는 비판을 피할 수 없을 것이다. 이런 문제를 다 해결해야 중국은 2021년 세계 최대 개발도상국에서 2049년 세계 최대 선진국으로 도약할 수 있을 것이다.

| 참고문헌 |

이왕휘. 2021a.『바이든 시기 중국의 다자외교 전망』. 서울: 국립외교원.

이왕휘. 2021b. 코로나 19 위기와 세계금융거버넌스. 서울대학교 국제문제연구소. 워킹페이퍼 199호.

이왕휘. 2020.『미중 디지털 통화 경쟁: 디지털 위안 대 디지털 달러』. EAI 스페셜리포트.

이왕휘. 2017. 세계금융위기 이후 미중 통화금융 패권 경쟁과 통화전쟁: 통화금융 책략의 관점. 하영선(편).『미중의 아태질서 건축 경쟁』. 서울: 동아시아연구원.

홍성창 · 전인재 · 이태연 · 김현민 · 이숙영 · 김성재. 2021.『중국의 국제개발협력 전략과 사례』. 한국개발연구원.

清华大学中国与世界经济研究中心. 2017. 2017年第四季度 中国宏观经济分析与预测：十九大后的中国经济 2018′ 2035′ 2050.

Acker, Kevin, Deborah Brautigam, and Yufan Huang. 2020. *Debt Relief with Chinese Characteristics*. China Africa Research Initiative Policy Brief No. 46.

BBC. 2020. Chinese Economy to Overtake US 'by 2028' Due to Covid. December 26.

Broz, J. Lawrence, Zhiwen Zhang, and Gaoyang Wang. 2020. Explaining Foreign Support for China's Global Economic Leadership. *International Organization*. 74(3).

Centre for Economics and Business Research. 2020. *World Economic League Table* 2021.

Chancel, L., Piketty, T., Saez, E., Zucman, G. et al. 2021.*World Inequality Report* 2022, World Inequality Lab.

Chin, Gregory T. 2019. The Asian Infrastructure Investment Bank-New Multilateralism: Early Development, Innovation, and Future Agendas. *Global Policy*. 10(4)

Chu, Daye. 2020. Chinese Yuan Needs More Currency Swap Programs to Achieve Internationalization, NDB. *Global Times*. June 26.

Chui, Michael. 2021. *Money, Technology and Banking: What Lessons can China Teach the Rest of the World?*. BIS Working Papers No.947.

Department of Defense. 2019. *Indo-Pacific Strategy: Preparedness, Partnerships, and Promoting a Networked Region.*

Department of State. 2019. *A Free and Open Indo-Pacific: Advancing a Shared Vision.*

Dezenski, Elaine and John C. Austin. 2021. *Rebuilding America's Economy and Foreign Policy with 'Ally-shoring'*. Brookings Institute.

Dollar, David, Yiping Huang, and Yang Yao. 2021. Global Clout, Domestic Fragility. *Finance and Development*. June.

European Union Chamber of Commerce in China. 2021. *Decoupling: Severed Ties and Patchwork Globalisation.*

Farrell, Henry and Abraham L. Newman. 2019. Weaponized Interdependence: How Global Economic Networks Shape State Coercion. *International Security*. 44(1)

Gelpern, Anna, Sebastian Horn. Scott Morris, Brad Parks and Christoph Trebesch. 2021. *How China Lends: A Rare Look 100 Debt Contracts with Foreign Governments*. PIIE Working Paper No.21-7.

Howell, Michael J. 2020. *Capital Wars: The Rise of Global Liquidity*. London: Palgrave Macmillan.

Huang, Françoise. 2020. *Dual Circulation: China's Way of Reshoring?*. Allianz.

Huang, Yiping. 2020. *FinTech Development in the People's Republic of China and Its Macroeconomic Implications*. ADBI Working Paper No.1169.

IMF. 2015. World Economic Outlook Database. April.

International Monetary Institute. 2020. *RMB Internationalization Report 2020*. Renmin University.

Johnston, Alastair Iain. 2019. China in a World of Orders: Rethinking Compliance and Challenge in Beijing's International Relations. *International Security*. 44(2)

Kastner, Scott L., Margaret M. Pearson, and Chad Rector. 2019. *China's Strategic Multilateralism: Investing in Global Governance*. New York: Cambridge University Press.

Lee, Jone,s and Shahar Hameiri. 2020. *Debunking the Myth of 'Debt-trap Diplomacy'*. London: Chatham House.

Lin, Justin Yifu. 2021. China's Economic Outlook against the Backdrop of the COVID-19 Pandemic and US-China Tensions. *Journal of Chinese Economic and Business Studies*. 18(4)

Maddison, Angus. 2009. *Chinese Economic Performance in the Long Run: 960-2030 AD*. OECD Development Centre.

Morris, Scott Brad Parks, and Alysha Gardner. 2020. *Chinese and World Bank Lending Terms: A Systematic Comparison Across 157 Countries and 15 Years*. Washington DC: Center for Global Development.

OECD. *GDP Long-term Forecast* (https://data.oecd.org/gdp/gdp-long-term-forecast.htm)

People's Bank of China. 2020.Renminbi Internationalisation Report 2020.

Rithmire, Meg. 2019. *Going Out or Opting Out? Capital, Political Vulnerability, and the State in China's Outward Investment*. Harvard Business School Working Paper, No. 20-009.

Schmidt, Eric. 2020. Building a New Technological Relationship and Rivalry: US-China Relations in the Aftermath of COVID. Hal Brands, and Francis J. Gavin, eds.. *COVID-19 and World Order: The Future of Conflict, Competition, and Cooperation*. Johns Hopkins University Press, 2020.

Schwarzenberg, Andres B. 2020. *Tracking China's Global Economic Activities: Data Challenges and Issues for Congress*. Congressional Research Service.

Standard Chartered. 2020. *RGI: Mapping the Renminbi's Global Ascent*. November.

State Council Information Office of the People's Republic of China. 2019. *China and the World in the New Era*.

State Council Information Office of the People's Republic of China. 2021. *China's International Development Cooperation in the New Era*.

U.S.-China Economic and Security Review Commission. 2021. *PRC Representation in International Organizations*.

United Nations Conference on Trade and Development. 2021. *World Investment Report* 2021.

US Chamber of Commerce. 2021. *U.S.-China Decoupling: Macro Trends and Industry Impacts*.

Virmani, Arvind. 2011. *Global Economic Governance: IMF Quota Reform*. Working

Paper No. 11/208. IMF.

Wang, Hongying. 2018. *China and International Financial Standards: From "Rule Taker" to "Rule Maker"?*. CIGI Paper No.182.

White House. 2021a. *Executive Order on America's Supply Chains*. February 24.

White House. 2021b. *Interim National Security Strategy Guidance*.

White House. 2021c. *Building Resilient Supply Chains, Revitalizing American Manufacturing, and Fostering Broad-Based Growth: 100-Day Reviews under Executive Order 14017*.

World Bank. World Bank Open Data (https://data.worldbank.org/topic/21)

Xi, Jinping. 2020. *Working Together for an Asia-Pacific Community with A Shared Future*. Remarks At the 27th APEC Economic Leaders' Meeting. Beijing: November 20

Zhou, Xiaochuan. 2009. *On Savings Ratio*. Keynote Address at the High Level Conference hosted by the Central Bank of Malaysia, Kuala Lumpur, February 10.

Zhu, Jiejin. 2019. Is the AIIB a China-controlled Bank? China's Evolving Multilateralism in Three Dimensions (3D). *Global Policy*.10(4)

9장
중국의 부상과 미중 기술패권경쟁*

박지영

1. 서론

미국과 중국의 글로벌패권 경쟁은 경제, 기술, 안보를 중심으로 시작해서 가치와 체제의 영역까지 확전되고 있다. 미국은 중국의 부상을 견제하기 위해 불법적 기술이전을 금지하고 강력한 기술보호 정책을 펼치고 있다. 네트워크와 반도체를 중심으로 촉발된 기술패권 경쟁은 향후 국제질서를 재편할 수 있는 주요 요소로 식별되면서 그 범위를 넓혀가고 있다.

18세기부터 기계화, 대량생산, 자동화로 이어진 산업혁명은 전세계 생산구조와 시스템 뿐 아니라 사회와 국가 전반에 걸친 변화를 야기했다. 인류의 생활방식을 바꾸고 경제활동의 변혁을 가져왔던

* 이 글은 필자가 저술한 논문과 발표문을 재가공한 것으로 일부는 기존 내용대로, 발췌하여 사용하였다.

기술개발과 이를 통한 산업혁명들은 모두 서구의 기술개발로부터 시작되었다. 영국의 증기기관, 미국의 전기, 미국의 컴퓨터 등 여러 과학원리와 기술이 복합적으로 이루어졌지만 그 주체는 서구 세계였고 변혁을 주도한 것 또한 서구 중심이었다. 따라서 기술 기반 국제사회의 규칙과 틀은 기본적으로 미국과 영국 등 산업혁명을 주도하고 이를 활용한 국가들 중심이다.

사회 변혁 시기마다 변화를 주도한 서구 국가들은 새로운 질서를 만들어 나갔다. 신기술은 특허로 보호받고 국제 무역질서가 확립되었으며 기술표준 등을 통한 개발 이익 보장과 자유로운 시장경쟁을 위한 국제기구 설립 등으로 세계 자유경쟁 체제가 유지되었다. 현재 전세계에 통용되는 대부분의 규범과 표준은 이러한 과정을 통해 정착되었다. 개발도상국들은 지속적으로 기술을 전수받고 따라가기 위한 노력을 경주했고 이 과정에서 주요 생산지가 된 국가들이 일정 부분 경제성장을 이룰 수 있었다. 이런 산업의 제조기술은 개발의 주체가 서구 선진국이었던 만큼 생산의 주요 플랫폼이 선진국 위주였고 선진국이 만든 질서 안에서 기술이전과 그를 통한 경제개발이 허용되었다.

최근 들어 빨라진 기술개발 주기는 경쟁의 주체를 다양화하고 경쟁을 심화시키고 있다. 선진국의 첨단기술 관련 R&D 비용은 급증하고 있으나 빠른 기술이전과 짧아진 기술주기로 인해 그로부터 창출되는 이익의 영역이 축소되었다. 또한 첨단기술 보급과 사용으로 인한 안보문제도 각국에서 주요 이슈로 떠오르고 있다. 중국의 빠른 기술 응용력과 시장확장에 대한 영향력으로 인해 기술패권을 차지하려는 미중의 경쟁은 심화되고 있으며 기술이전, 지식재산권 분야에서 미국은 강력하게 중국을 압박하고 있다.

기술과 관련한 새로운 제도와 규범이 수립되고 미중 경쟁이 치열해져 가는 가운데 대상이 되는 기술의 범위가 점차 넓어지고 있으며, 기술의 응용방식과 표준 뿐 아니라 기술개발단계로 디커플링이 확산되고있다 기술개발 단계의 디커플링은 현 상황의 심화와 장기화를 의미한다. 급속하게 신기술이 개발되고 산업에 응용되며 이에 대한 새로운 국제규범이 빠르게 구축되고 있으며 질서 재편 과정에서 전세계는 각국의 처한 상황에 기반하여 정밀한 분석과 예측으로 전략 방향을 조율하고 수정하고 있다.

미국은 2001년 6월 8일 반도체와 인공지능 등 핵심산업에 대해 집중적으로 지원하고 중국을 견제하는 방안 등을 담은 혁신경쟁법[1)]을 상원에서 압도적인 찬성으로 통과시켰다. 동 법안에는 기초, 응용, 산업, 생산 등 핵심기술의 전 과정에 걸쳐 미국의 여러 지원 주체가 전방위적으로 미국 경쟁력 강화와 중국 배제를 위해 협력하고 노력할 것을 담고 있다. 중국은 2001년 6월 10일 중국 전국인민대표대회 상무위원회에서 반외국 제재법을 통과시켰는데중국 시장에서 활동하고 있는 외국 기업에게는 큰 부담으로 작용할 것이다. 중국은 반외국 제재법으로 서방 진영의 패권을 억제하는 효과를 기대하고 있다.

미국과 중국의 기술패권경쟁은 디지털 산업과 그 기반이 되는 시장과 인프라를 중심으로 치열하게 전개된다. 자유와 경쟁으로 혁신을 이끌어 온 미국과 국가주도 일방주의로 시장을 확장해 나가는 중국의 경쟁은 새로운 기술과 변화에 따른 국제질서가 재편될 때까지 지속될

---

1) United States Innovation and Competition Act

것이다.

Ⅱ. 미중 기술패권 경쟁의 심화 원인

기술경쟁이 심화되는 중요한 이유는 중국의 세계 강국으로의 부상이다. 중국은 개혁개방 이후 풍부하고 값싼 노동력을 앞세워 세계의 공장이라 불릴만큼 전세계로 공산품을 공급하며 경제성장을 지속해왔다. 제조업 분야에서 중국은 2010년 일본, 미국을 제치고 세계 최대의 제조대국이 되었다.[2)]이후 중국은 제조업의 양적인 성장뿐 아니라 질적인 성장도 추구하였는데 저임금 노동력에 의존하는 산업으로부터 자동차, 조선, 철강, 가전 등의 부가가치가 높은 산업군으로 이동해왔다. 더 나아가 중국은 IT 등 혁신산업 위주의 성장정책으로 변환을 추구하며 첨단산업 시장으로 진출하고 있다.

2000년 초반 미국의 12%에 불과하던 중국의 GDP는 2020년 미국의 70%를 상회하는 것으로 전망되고 있다. 전문가들은 2030년 이전에 중국이 미국의 GDP 규모를 추월할 것으로 예상하고 있으며[3)] 이는 7~8년 내로 중국이 세계 1위의 경제대국이 된다는 의미이다.

2016년 중국은 “중국제조 2025”를 발표하며 제조업 혁신을 통한 산업 고도화 전략을 채택했다. 이는 질적인 면에서의 제조 강대국이 되기 위한 전략으로 1단계인 2025년까지 기존 제조업과 IT의 융합을

---

2) 중국의 제조업 발전 현황과 한국의 대응방안 p.48, 대외경제정책연구원 2017.

3) 한국무역협회 무역뉴스 2021.1.18
https://www.kita.net/cmmrcInfo/cmmrcNews/cmmrcNews/cmmrcNewsDetail.do?nIndex=61726

통한 경쟁력 강화를 추구하고 3단계 종료시점인 2045년에는 세계 시장을 선도하겠다는 목표를 갖고 있다. 이를 위한 10대 전략산업으로는 차세대정보기술, 고정밀 수치제어 공작기계/로봇, 항공우주 장비, 해양장비/첨단선박, 선진궤도 교통설비, 에너지 절약/신에너지 자동차, 전력설비, 농업기계장비, 신소재, 바이오의약/고성능 의료기기를 제시한다.[4] 중국은 강대국으로 부상하겠다는 목표를 달성하기 위해서는 기술개발과 이를 통한 혁신산업 성장이 중요하다는 것을 정확하게 파악하고 있다. 기술개발과 산업 혁신을 위한 중국의 일관성있는 정책과 투자는 중국의 혁신역량을 크게 성장시켰다.

디지털 경제로의 변화는 기술개발을 통한 산업혁신을 꾀하는 중국에게 커다란 기회를 안겨줬다. 디지털 혁명이라 불리는 4차 산업혁명의 핵심은 IT 기술과 다른 기술분야와의 접목에 의한 디지털 기반 서비스와 제품이다. 중국의 주력산업이 제조업에서 IT와 유통 등 서비스 산업으로도 진화하면서 중국이 거대 인프라와 데이터를 무기로 단기간 내에 시장을 확대할 환경이 마련된 것이다. 세부 기술별로 비교한다면 중국의 대다수 기술 수준은 미국에 뒤처져 있지만 일부 주력 기술개발과 인프라 구축으로 전세계에 영향력을 행사할 가능성이 커졌다. IT 기술 발전으로 인해 신기술의 적용속도와 전파속도가 빨라졌고 핵심 원천기술을 보유하고 있지 않더라도 기술의 융합과 데이터 확보를 통해 시장확장이 가능하게 되었다.

네트워크 플랫폼이 시장 확보의 핵심으로 부상하면서 데이터 자유

---

4) 중국의 제조업 발전 현황과 한국의 대응방안 p.54, 대외경제정책연구원 2017.

무역에 대한 시장 질서를 요구하는 서구사회와 중국의 대립은 심화될 수 밖에 없다. IT 기술의 특성상 단기간 내에 기술추격이 가능하기 때문에 기술장벽으로 일정기간 추격국의 시장진입을 차단하던 기술 선진국의 전략은 더 이상 유효하지 않다. 반면 중국은 14억 인구를 앞세워 플랫폼을 확대시키는 물량공세로 미국을 비롯한 기술 선진국을 위협하고 있다.

중국의 주력산업이 제조업에서 IT와 유통 등 서비스 산업으로도 진화하면서 거대 인프라와 데이터를 무기로 단기간 내에 시장을 확대할 환경이 마련된 것이다. 방대한 데이터를 보유하고 있는 중국은 비대칭적 데이터정책과 국가주도의 시장정책을 펼치면서 전세계 시장에서 경쟁력과 영향력을 키워가고 있다.

〈그림 1〉에서 확인할 수 있는 바와 같이 디지털 페이나 스마트폰 분야의 중국 내 시장 점유율은 압도적이며, 디지털 페이는 중국의 인적 물량 공세로 인해 세계 시장 점유율을 확대해 나갈 수 있는 분야이다. 클라우드 서비스나 로보틱스도 중국내 점유율을 기반으로 세계 시장으로 확장을 꾀하고 있다. 중국이 네트워크와 인터넷 기반 산업의 자립과 고도화를 통해 막강한 물적 인적 자원과 데이터를 앞세운다면 중국의 경쟁력은 더욱 강화될 것이다. 그러나 상기 기술분야의 기반이 되는 반도체의 중국 내 시장 점유율은 매우 낮은 수준이다. 중국으로의 일방적인 기술이전과 유출, 시장의 폐쇄성으로 인한 불공정 경쟁문제가 서구 기술 선진국가로부터 제기되면서 반도체 기술이 가장 먼저 기술패권 경쟁의 전장으로 부각된 이유이다.

데이터의 자본화, 플랫폼 산업 경쟁에서 중국 국가주도 산업체제와 자유 시장경제체제의 불공정 경쟁의 측면이 부각되면서 미국은 중국에 대한 기술통제를 강력하게 추진하고 있다. 변화와 혁신의 토대가 되는 기술을 통제함으로써 불공정한 경쟁 요인을 제거하고 중국의 영향력 확장을 제어하고자 한다. 데이터가 자원이 되고 무기가 되는 디지털 시대에 데이터의 양과 흐름을 중국의 거대 인프라가 장악하지 못하도록 미국의 견제와 압박은 더욱 심해질 것이다.

〈그림 1〉 기술분야별 중국의 시장점유 현황

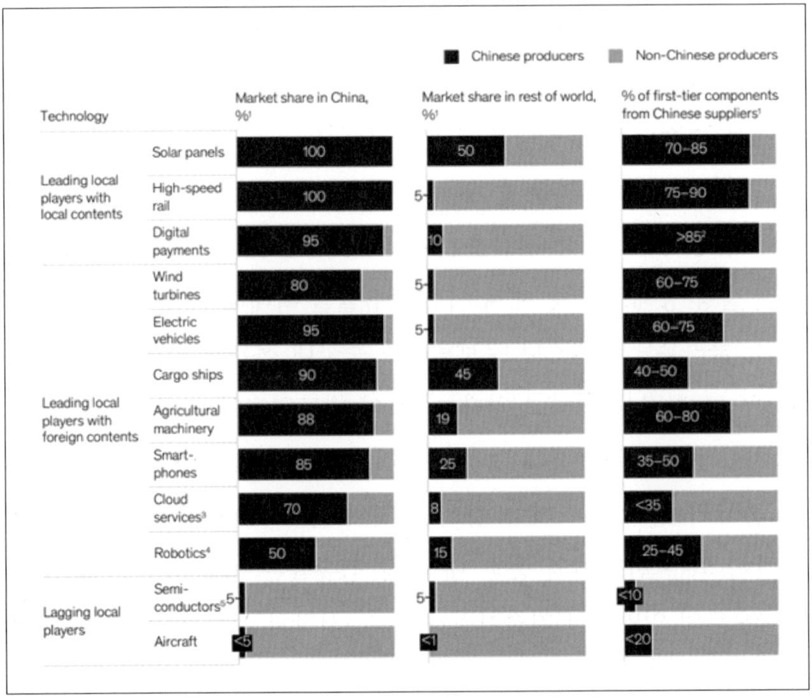

출처: China and the world: Inside the dynamics of a changing relationship, McKinsey Global Institute, July 2019, p.11

최근 중국 정부가 역점을 두고 추진하는 산업은 반도체 생산과 5G 등 네트워트 산업, AI 산업 등이다. 중국의 AI 기술은 텐센트, 알리바바와 같은 글로벌기업을 성장시키고 있다. 2021년 1월 중국은 'Industrial Internet Innovation Development Action Plan (2021-2023)[5]'을 발표했는데 기존 산업과 IT 산업의 응용을 강조한다. 주요 내용은 제조업에 있어서 5G 응용 고도화, 산업 인터넷 표준시스템 구축, 핵심산업의 생산성 20% 이상 향상, EU와 일대일로 국가에 산업 인터넷 교환과 협력체계를 구축한다는 것 등이다.[6] 이 계획은 혁신을 통해 경쟁력을 강화하겠다는 기존의 전략에서 진일보해 중국이 자체 표준시스템을 구축하고 주변국과의 연계를 통해 기술과 글로벌시장을 선도하겠다는 의지를 보여준다.

중국의 강대국 부상 목표 달성을 위해서는 기술개발이 핵심이라는 것을 중국정부는 직시하고 있다. 2020년 12월 베이징에서 개최된 중앙경제공작회의에서 중국은 2021년에 추구해야 할 핵심 목표 8가지를 발표했는데[7] 상위 두가지가 기술과 관련되어 있다. 첫번째는 국가전략 기술 역량을 강화하겠다는 것이며 두번째는 산업계 공급사슬에 대한 통제력을 강화하겠다는 것이다. 중국은 이미 R&D 지출규모에

---

5) http://www.gov.cn/zhengce/zhengceku/2021-01/13/content_5579519.htm.

6) https://merics.org/en/short-analysis/miit-accelerates-industrial-internet-applications-and-standard-setting-traditional.

7) 'China's Central Economic Work Conference Outlines 8 Key Missions for 2021', China Banking News, 2021. 12.21., https://www.chinabankingnews.com/2020/12/21/chinas-central-economic-work-conference-outlines-8-key-missions-for-2021/.

있어 세계 2위 국가이며 기술력을 키워 네트워크 산업의 자체 공급망을 확보하겠다는 목표 하에 기술개발을 전폭적으로 지원하고 있다.

〈그림 2〉 R&D 지출규모

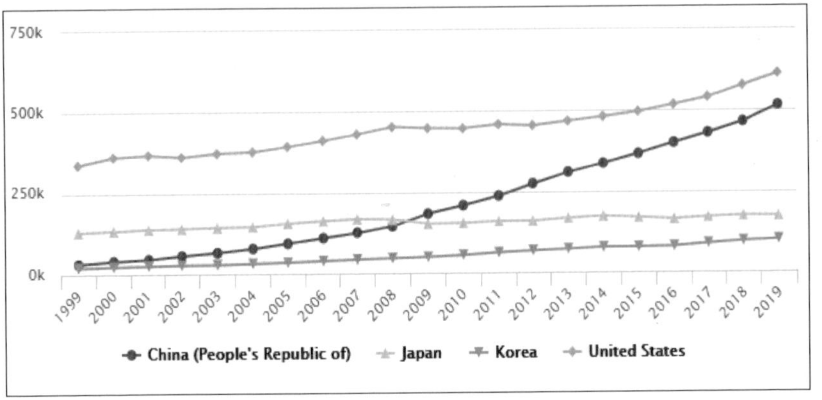

출처: OECD

Ⅲ. 경쟁구도 속의 기술

데이터와 플랫폼을 중심으로 산업이 재편되고 급격한 기술변화가 일어나면서 네트워크로 연결되는 세계는 급속하게 확장되고 연결정도도 점차 심화되고 있다. 디지털 기술이 발전되면서 데이터 전송과 처리속도가 중요한 기술요소로 주목받기도 한다. 이러한 기술들은 산업기술로서 뿐만이 아니라 국방과 안보에 응용될 수 있는 기술이므로 관련 기술의 확보와 보호는 차세대 안보환경에도 매우 중요하다. 실시간 모니터링 기술, 고정밀지도 제작 기술, 오작동 실시간 모니터링 및 이상징후 탐지 기술, 개인정보 흐름·탐지 기술, 정보 진위 판별 기술, 초실감 인터렉션 기술, AI 플랫폼 구축 기술, 설명가능

인공지능 기술 등 미래 핵심기술로 주목받고 있는 기술들은 모두 국방과 안보기술로 직결된다.

네트워크 플랫폼이 시장 확보의 핵심으로 부상하면서 자유경쟁 시장 질서를 요구하는 서구사회와 중국의 대립은 심화될 수 밖에 없다. IT 기술은 원천기술이 취약해도 기술응용을 통해 빠르게 시장을 선도할 수 있기 때문에 중국은 14억 인구를 앞세워 플랫폼을 확대시키며 주요 기술분야에서 영향력을 넓히고 있다. 중국은 네트워크 인프라를 제공하는 우주기술과 해저케이블 등 하드웨어 부분에 있어서도 공격적으로 투자를 이어가고 있으므로 산업과 안보 모두 중국 플랫폼의 영향 하에 놓이게 될 가능성도 배제할 수 없다. 플랫폼과 통신기술은 데이터 수집과 처리과정에서 심각한 안보위협을 초래할 수도 있다.

1. 반도체와 통신기술

통신기술은 네트워크와 플랫폼으로 얽혀 방대한 데이터의 이동을 보장해야 하는 산업구조에서 핵심적인 기술이며 산업경쟁력과 직결된다. 새로운 기술로 시장을 선점하고 국제기준을 주도하는 것은 사이버안보와도 직결되므로 경제 뿐만 아니라 안보 측면에서도 큰 영향을 미친다. 2018년 미국 국가안전보장회의(National Security Council, NSC) 보고서[8)]에서는 중국의 5G 기술력이 미국보다 우월한

8) "Secure 5G - Flipping the Script," Unpublished Memo, NSC, January 2018. (https://docs.house.gov/meetings/IF/IF16/20180130/106810/HHRG-115-IF16-20180130-SD1011-U1011.pdf)

것으로 평가했으며 중국산 5G 기술에 대한 의존도가 증가할수록 미국의 국가안보에 대한 위험요소가 높아진다고 경고했다. 최근 세계 각국은 5G 후속으로 6G 개발에도 박차를 가하고 있는데 6G는 사물인터넷(IoT)을 뛰어넘어 만물인터넷(IoE) 시대를 구축하는 미래 통신 인프라・서비스를 실현할 것으로 기대하고 있다.

방대한 데이터를 동시에 빠르게 처리할 수 있는 차세대 통신망은 무인자동차, 스마트 도로, 고속철도 등 하드웨어에 대한 통제를 가능하게 한다. 따라서 네트워크기술과 플랫폼 시장을 선도하는 것은 이와 연동된 안보기술 경쟁에서 우위를 점하게 되는 것을 의미한다. 미국과 중국은 반도체와 5G/6G 분야에서 첨예하게 대립하고 있는데 이 분야가 기술패권에 따른 국제질서 재편의 핵심 인프라이기 때문이다. 최근 인공지능 기술이 경쟁의 핵심으로 급부상하면서 반도체의 중요성은 더욱 부각되었다. 첨단 반도체를 기반으로 대용량의 데이터를 저장하고 연산할 수 있는 능력이인공지능의 기반이 되기 때문이다.

미국은 반도체 기술을 점유하고 지난 수십년간 IT 분야에서 독보적인 위치를 갖고 있었다. 일본, 한국 등이 기술을 개발하고 시장을 나눠 가졌지만 중국으로 수입되는 반도체의 상당량이 미국산이다. 중국의 반도체 산업은 주요 설비와 기술을 해외에 의존하고 있어 이를 극복하고자 투자를 집중하고 있으나 현 시점 기준 5G/6G 통신장비에 자체 수급할 수준에 이르지 못한다. 현재 중국의 반도체 기술은 요소별로 선진기술 대비 3~5년 정도 뒤처져 있는 것으로 진단되며 미국으로부터의 핵심기술 및 제품이 유입되지 않을 경우 격차는 더욱 벌어질 것으로 예측된다.

〈표 1〉 반도체 관련 주요국의 기술수준(%)

기술명	한국	중국	일본	EU	미국
초고집적 반도체 공정 및 장비·소재기술	90.0	80.0	95.0	95.0	100.0
초고속·초절전형 반도체 소자 및 SoC 설계·제작 기술	85.0	80.0	85.0	90.0	100.0

출처 : 2020 기술수준평가, KISTEP (2021.4)

5G/6G는 4차 산업혁명시대의 기본이 되는 기술이다. 방대한 데이터를 동시에 빠르게 처리할 수 있는 차세대 통신망이 현재의 플랫폼을 원활하게 운용되도록 하는 것은 물론 다가올 미래의 자율주행 기술들을 실현 가능하게 할 것이기 때문이다. 차세대 통신의 국제기준을 갖고 시장을 선도한다는 것은 이를 기반으로 만들어질 무인자동차, 스마트 도로, 고속철도 등 하드웨어의 통제도 가능해진다는 것을 의미하기도 한다. 현재 미국과 중국이 반도체와 5G/6G 분야에서 무역분쟁으로 첨예하게 대립하고 있는 근본적인 이유는 이 분야가 기술패권에 따른 국제질서 재편의 핵심 인프라이기 때문이다.

2. 우주기술과 GPS

우주기술은 안보와도 직결된 기술이며 미국과 중국의 우주에서의 경쟁은 치열하다. 중국은 2020년 달의 뒷면에 착륙선을 보내 우주기술 강국임을 입증했고 2021년 5월에는 화성 탐사선 텐원 1호의 로버가 화성에 착륙했다.2022년에는 유인 우주정거장 완공을 목표로 하고 있다.

중국은 주변 개발도상국에 네트워크를 지원하며 영향력을 넓히고 있으며 사물인터넷(IoT)용 통신위성을 발사하여 우주 기반 사물인터넷망을 위한 토대를 구축하고 있다. 인터넷용 통신위성들은 정지궤도 위성들과 달리 지구 저궤도를 돌면서 항공기, 철도, 선박 통신, 물동량 관측, 환경감시 및 관측 등의 자료를 제공한다. 저궤도 위성은 통신시간의 단축으로 사물인터넷 확산, 자율주행차 실용화 등 고속 인터넷 서비스에 효과적이다.

〈그림 3〉 중국의 철도 실크로드

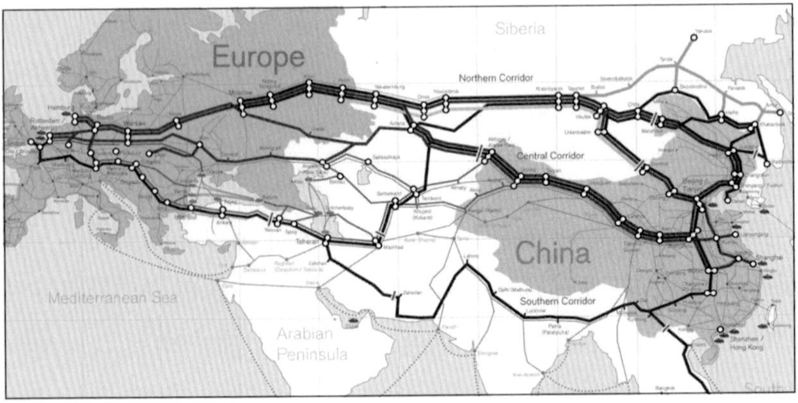

출처: Iron Silk Road World Map[9)]

저궤도 위성은 정지궤도와 달리 지구를 회전하므로 위성망이 촘촘하게 얽혀 있어야 전 지역을 커버할 수 있다. 미국의 아마존, 캐나다의 텔레셋, 미국의 보잉, 아스트로캐스트, 스카이앤스페이스글로벌 등

9) Mapping Cultural Space Across Eurasia,https://eurasia.omeka.fas.harvard.edu/items/show/964(검색 일: 2021, 12. 1)

많은 회사들이 위성인터넷 사업을 추진하고 있다. 미국의 스페이스X(SpaceX)는 스타링크(Starlink) 프로젝트로 1만 2천여개의 위성으로 전지구 초고속 인터넷 네트워크를 구축하려는 계획을 갖고 있다. 중국도 경쟁에 참여하여 중국위성네트워크그룹(CSNG)를 설립했으며 1만 3천여개의 위성을 올린다는 계획을 갖고 있다. 다수의 업체가 경쟁하고 있는 미국과 달리 국가 주도의 사업으로 진행되면서 기간산업 위주의 독점 개발을 통한 영향력 확대가 유리한 점으로 작용할 것이다. 중국은 철도 실크로드를 구축하고 있으며 이미 물동량이 움직이고 있다. 철도망과 접목된 사물인터넷 통신은 아시아에서 유럽까지 영향력을 확보할 수 있다.

〈그림 4〉 GPS와 Beidou

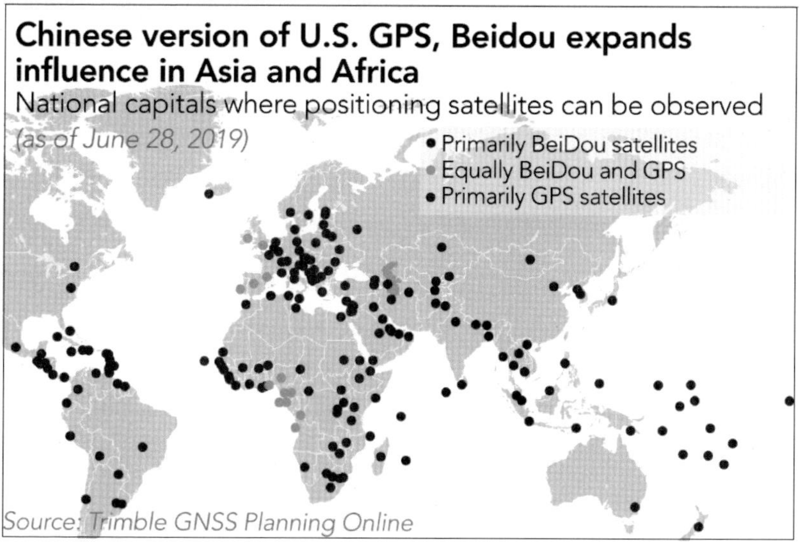

출처: Nikkei Asian Review[10)]

중국의 베이더우 시스템은 더욱 강력하게 미국의 기술 영향력에 도전하고 있다. 미국 소유의 GPS에 의존하지 않기 위해 중국이 집중적으로 추진한 베이더우는 전 세계로 영향력이 확대되었다. 베이더우는 미국의 GPS, 유럽연합(EU)의 갈릴레오, 러시아의 글로나스와 함께 세계 4대 위성위치확인시스템으로 평가받는다. 베이더우는 위치정보와 탐색 기능을 제공하면서 현재 사용 중인 자동화 및 스마트기기 분야에서 활용되고 있다. 중국을 비롯하여 베이더우의 영향력 아래 있는 시장의 규모가 커지면서 퀄컴, 삼성, 폭스바겐 등의 기업들은 자사 제품에 베이더우와 호환성을 포함시키고 있다. 중국의 계획대로 중국 내에서 베이더우를 활용해 위성항법 분야에서 미국을 비롯한 서구 지배력을 제거하고 있다. 뿐만 아니라 베이더우의 영향력은 중국의 구매력으로 인해 급속도로 전세계로 확대되고 있다.

위성위치확인시스템 GPS는 최초에는 미국 국방부에서 군사용으로 개발되었으며 유도미사일과 방어에 사용되는 기술이다. 민간부문에서는 지상과 위치데이터를 주고받는 자동차 네비게이션 등 위성항법장치에 활용되며 미국의 GPS를 전 세계에 개방했다. 이 기술은 안보와도 직결된 기술이다. 트럼프 대통령도 우주는 전 세계의 최신 영역이라고 규정할 만큼 미국과 중국의 우주에서의 경쟁은 치열하다.

---

10) https://asia.nikkei.com/Business/China-tech/China-s-version-of-GPS-now-has-more-satellites-than-US-original

3. AI (Artificial Intelligence)와 양자컴퓨팅

방대한 데이터를 실시간으로 처리해야 하며 사물인터넷으로 수많은 제품이 연동되면서 AI 기술과 처리속도는 핵심 경쟁력이 된다. AI 기술의 경쟁력은 알고리즘 기술확보와 데이터 연계, 데이터 확보와 활용, 표준활동과 관련 인프라 등 다양한 기술과 산업 측면에 영향을 주고 받으며 차세대 핵심산업으로 부각되었다. 산업 측면에서는 개인용 앱 및 플랫폼, 의료, 자율주행, 컴퓨팅, 스마트제조 등 첨단기술이 접목되어 사회 전반에 걸쳐 변화를 주도하는 영역이 되었다. 제도적으로는 데이터 확보와 활용, 개인정보 및 통제 등의 규범 정립의 필요성이 강하게 대두되고 있다. AI 기술의 핵심이 데이터 축적과 처리이므로 오랜 기간 데이터를 축적한 글로벌 기업의 시장확장성은 무시할 수 없다. 구글, 아마존, 페이스북 등 플랫폼 기반의 데이터 축적은 데이터 기반 산업에서 독점적 위치를 유지할 수 있는 기반이 된다.

중국은 서구 플랫폼의 자국 내 사용을 방어하고 타국으로의 플랫폼 확장을 꾀하는 비대칭적 전략으로 인해 서구 기술 선진국과 갈등을 빚고 있다. 데이터의 양이 방대할수록 AI 기술은 빠르게 개발되고 응용될 수 있다. 중국은 서구 기술선진국의 오픈 플랫폼 기술을 기반으로 방대한 데이터와 주변국으로의 영향력을 활용하여 빠른 시장확장을 꾀하고 있다. 디지털 전환으로 많은 영역에 새로운 표준과 규범이 필요한 상황에서 시장 영향력은 표준과 규범으로 연계되므로 이를 둘러싼 경쟁도 치열하다.

양자컴퓨터는 슈퍼컴퓨터 대비 수억 배 이상 빠른 처리속도를 갖는 신개념 컴퓨터이며 정보처리 속도를 획기적으로 향상시킨다. 상용화 된다면 방대한 양의 데이터를 처리해야 하는 신약개발, 물류 시스템 혁신, 자율주행, 등의 신산업 분야 모두에 획기적인 발전을 가져올 것이다. 전세계 글로벌 IT 기업들이 이 기술을 선점하기 위해 투자하고 있다. 양자컴퓨터의 개념은 1980년대 초 미국에서 발표되었으며 구글, IBM 등이 앞다투어 기술을 개발 중이다. 2019년 10월 구글은 양자우위[11]를 달성했다고 발표했는데 양자컴퓨터를 이용하여 슈퍼컴퓨터로 1만년이 걸리는 연산을 200초에 달성했다고 설명했다. 미국은 2018년 백악관 주도로 국가 양자이니셔티브 법안(NQI Act)[12]을 제정하여 양자컴퓨터 개발 연구를 지원하고 있다.

---

11) 양자컴퓨터가 슈퍼컴퓨터의 성능을 넘어서는 현상, Quantum Supremacy

12) National Quantum Initiative Act, 양자연구집중지원법으로 2018년 12월 21일 제정하여 국가차원에서 양자연구 집중 지원

〈표 2〉 양자 컴퓨터 활용 기대 분야

분야	응용 예	사례	분야	응용 예	사례
금융	• 포트폴리오 최적화 • 리스크 관리 • 옵션·가격 결정	• 2016년 5월, D-Wave Systems와 1Qbit이 "Quantum for Quants" 설립	물류	• 비행기, 선박, 트럭 등의 물류 최적화	• PLC와 Manchester Met. 대학의 물류 알고리즘 공동 개발
화학	• 분자 설계 최적화 • 화학 반응의 양자역학적 시뮬레이션 • 전지와 촉매의 최적화	• IonQ의 화학시뮬레이션 SW 개발 • MS의 기초 연구 • ETH, Harvard 대학 등의 연구	제약	• 단백질의 3차원 구조 최적화/분석 (알츠하이머병 등의 특효약 개발)	• Stanford 대학의 "Folding@home" 프로젝트 • Harvard 대학/D-Wave Systems의 단백질 분석 실험
의료	• 암 치료용 약물 발견/최적복용량 산출 • 개인 맞춤형 의료의 고속화	• Stanford 대학, Texas 대학에서 연구	자동차	• 도시 교통 서비스 최적화	• Volkswagen과 Google의 공동 개발 • Volkswagen의 주문형 이동 서비스를 위한 알고리즘 개발
IT	• 머신 러닝을 위한 고속 클러스터링 • 이미지 인식 고속 학습	• Google/D-Wave Systems의 이미지 인식 정확도 향상 • (중) USTC, NMR 기술 이용 4 큐비트 양자 프로세서 개발	항공우주	• 유체 역학적으로 최적화된 기체 설계 • 비행 제어 시스템의 버그 잡기 최적화	• NASA의 비행체 날개 설계 최적화 • Lockheed Martin과 Airbus의 제어 시스템 버그 탐색 SW 개발 (6개월→6주)

출처 : Masayuki Minato(2018)[13)]

중국도 2016년 세계 최초 양자통신위성을 발사하는 등 적극적으로 기술개발을 추진 중이다. 중국은 2012년 양자 제어 연구 국가 중대 과학기술 프로그램을 제정하였고 양자기술을 미국을 추월하기 위한 전략기술로 지정하였다. 2017년부터는 안후이성 허베이시 100억달

13) 빛의 속도로 계산하는 꿈의 컴퓨터, 양자컴퓨터(KISTEP Issue Paper 2019-07) 재인용

러 규모 국립 양자정보과학연구소 짓고 있으며 2030까지 인공지능분야의 최고 기술 보유국이 되고자 하는 목표를 갖고 있다.

우주 활용, 통신기술, 네트워크 기반의 교통과 물류 혁신, 기후 예측, 신약개발 등은 AI를 토대로 발전하고 있으며 양자컴퓨팅이 상용화 될 경우 획기적으로 AI 속도를 향상시킬 수 있으므로 전 영역에 걸쳐 주도권을 확보하게 되는 게임체인저가 될 가능성이 크다.

Ⅳ. 미중의 전략과 주변국 영향

트럼프 대통령은 클린네트워크를 통해 중국을 배제시킴으로 중국의 부상을 막는 방법을 택했는데 화웨이 계열사에 대해 기술과 장비의 이전을 금지하고, 슈퍼컴퓨터, AI, 안면인식 기업 등 첨단기술 및 안보와 직결되는 기술 관련 기업과 연구기관에 대한 제재, TSMC 등 파운드리의 화웨이 반도체 제작 불허 등으로 전방위적인 압박에 나섰다. 바이든 대통령 역시 강력한 대중 전략을 취하고 있는데 취임 직후 혁신산업 공급망 검토를 지시하여 대중 견제가 지속될 것임을 표명하였다. 반도체, 배터리, 희토류, 의료의약품의 공급망을 검토하여 대책을 수립할 것을 지시하는 한편 중국의 자유시장경제에 대한 불공정과 위협에 대해 동맹국이 연계하여 대응할 것을 주장하였다.

한발 더 나아가 최근세021년 5월, 미국 상원에서는 혁신경쟁법을 가결했는데 이는 중국을 견제하기 위한 법안을 총 망라한 것으로 기술개발, 반도체 공급망 구축 등에 5년간 2500억 달러를 지원하겠다는 내용을 담고 있다. 이를 위해 상무부, 국방부, 에너지부, NSF (National

Science Foundation), NASA (National Aeronautics and Space Administration) 등 다양한 부처와 기관들이 협력하여 세계 경제와 안보를 위협하는 주체로서의 중국을 네트워크 공급망에서 분리하고 혁신리더십을 유지하는 방안으로 연구안보를 위해 노력할 것임을 천명하고 있다. 연구개발 단계에서부터 지식자산 보호, 불법적 기술탈취 방어 등을 강조하며 동맹국의 협조와 연계를 추구하고 있으므로 네트워크 산업을 시작으로 점차 기초적인 분야로까지 장기간에 걸친 기술 디커플링이 발생할 가능성이 높아지고 있다.

미국은 국가안보 차원에서의 기술 보호를 강조하며 안전한 네트워크와 공급사슬을 구축하고자 한다. 또한 미국의 연구 및 지식자산을 보호하기 위한 방어조치를 마련하고, 미국의 혁신역량을 지속시키고 안보를 보장받기 위해 기술 우위를 점유하겠다고 선언하고 있다. 이 과정에서 미국은 동맹국의 협조를 구하기 위해 국가안보와 민주주의 가치를 강조하고 있다.

트럼프 대통령이 추구했던 다소 거친 정책이었던 미국우선주의를 벗어나 바이든 대통령은 가치에 기반한 동맹 전략을 구사함으로써 더욱 강력한 중국 견제를 실행하고 있다. 산업계와 시장에서 중국의 영향력을 감소시키기 위해 공급사슬을 차단하여 중국에 타격을 가하고 있으며 이를 통해 중국의 화웨이를 비롯한 통신장비 산업, 플랫폼 산업에 실질적 위축을 가져오고 있다.

미국은 경쟁의 근본이 되는 기술개발 단계에서부터 기술의 불법적 획득, 국가 주도의 불공정 경쟁, 비대칭성 등을 거론하며 중국이 공정한 경쟁상대가 아님을 부각하여 동맹국들의 중국견제 동참을 촉구하고 있다. 시장과 경제 문제 뿐 아니라 민주적 가치, 인권, 불법적 노동 등을 포함하여 권위주의 국가인 중국을 제재해야 함을 주장한다. 사이버보안 문제도 포함하여 중국 네트워크 기술 사용에 대한 국가안보상의 위험성도 지적하고 있다.

미국은 공급사슬에서 중국을 배제시키려 하고 있으며 중국은 독자생존 체제를 구축하기 위해 전력을 다하고 있다. 두 나라의 패권다툼은 체제, 정치, 경제, 무역 등 국가의 전반적인 틀에서도 일어나고 있지만 과학기술과 혁신을 중심으로 한 패권다툼과 디커플링은 현 상황을 더 심화시킬 것이다. 대표적으로 디지털 분야에서는 네트워크와 데이터 거버넌스에서 첨예한 대립을 보이며 디커플링 단계로 진입하고 있다. 미국 주도의 기술 선진국들은 새로운 경제질서를 구축하기 위해 디지털 분야의 통상규범을 수립하고자 한다. 중국이 체제의 폐쇄성으로 인해 자국 내 디지털시장 진입을 제한하는 현실이 중국 디지털 산업을 글로벌 규범에서 배제시키고 있다. 미국의 혁신경쟁법에서도 전략적 협력대상 국가들을 명시함으로써 이를 뚜렷하게 보여준다. EU는 중국과 지난해 포괄적투자보호협정[14]을 맺는 등 중국 시장을 확보하는데 힘을 쏟고 있으나 디지털 분야에 있어서는 중국의 폐쇄성으로 인한 우려로 미국이 주도하는 규범 확립에 적극 참여하고 있다. 디커플링의 위협이 가시화되면서 중국 시장으로의 지나친 의존도에 대한 경각심도 갖고 있으며 일본, 호주, 대만 등도 마찬가지이다.

---

14) Comprehensive Agreement on Investment (CAI), https://trade.ec.europa.eu/doclib/press/index.cfm?id=2237

중국은 산업인터넷 표준시스템을 구축하겠다는 전략을 표명하고 있는데 중국이 시장점유를 기반으로 자체 표준시스템을 통해 기술패권을 차지하겠다는 전략이다. 이는 기술발전과 혁신으로 출발하여 표준시스템을 구축하고 시장점유를 유지하는 기존의 표준구축 절차와 차이가 있으나 기술개발 속도와 응용을 통한 시장의 변화가 빠르고 데이터가 자본이 되는 현 시점에는 유효한 전략이라 할 수 있다. 표준은 형성되는 과정에 따라 공식표준과 사실표준으로 구분되는데 공식표준은 사회적으로 공인되는 표준화 기구에서 제정되는 것으로 3~6년의 기간이 소요된다. 따라서 현재 디지털 기술과 같이 기술진보가 빠른 분야에서는 표준화 제정이 시장의 흐름을 따라가지 못한다. 반면 사실표준은 복수의 관련 기업이 특정 기술분야의 표준화를 위하여 임의로 결성한 조직에서 제정하는 표준으로 신속하고 유연하게 시장수요를 반영하는 반면 다수에 의해 경쟁이 발생하고 있다. 중국은 기존의 국제 표준기구에 진출함은 물론이며 사실표준화기구인 이동통신 분야의 3GPP (3rd Generation Partnership Project), 네트워크 분야의 IETF (Internet Engineering Task Force) 등에서 활발히 활동하고 있다.

중국은 첨단 기술분야에서 주도권을 확보하려 노력하고 있지만 여전히 관련 핵심기술은 외부에 의존하고 있으며 미국으로부터의 기술 유입이 가장 두드러진다. 미국이 기술 수출과 이전을 제한할 경우 중국의 첨단산업 발전은 정체현상이 예측된다. 지적재산권 보호와 기술이전 금지를 통한 첨단기술의 중국 유입 차단에 대만, 일본 등은 이미 적극 참여하고 있다. 산업부품의 디커플링보다 혁신이나 과학기술의 디커플링은 효과가 더 크고 오래 지속될 것이다. 중국이 역량을 총동원하여 연구개발을 지속해도 미국으로부터의 연구자 유입, 원천기술 사용 제한, 기술물자 수출제한 등은 중국의 기술발전을 상당부분 저해할 것이다.

Ⅴ. 기술패권경쟁 속의 외교

IT 기술의 특성으로 인해 민간기술과 국방기술의 경계는 점차 모호해지고 있다. 전세계가 네트워크로 얽혀있는 현실에서 모든 기술은 안보기술로 전용될 수 있다. 네트워크와 플랫폼으로 연결되어 데이터는 자산인 동시에 무기가 될 수 있고 네트워크와 플랫폼 자체가 사이버 공격의 대상이 되기도 한다. 위성통신의 역할이 점차 중요해지면서 네트워크가 어떤 인프라에 연동되어 있는지에 따라 경제와 안보 모두에 심각한 의존성이 생길 위험도 있다.

미국이 동맹이라 지칭하는 국가들은 주로 기술선진국이다. 유럽 등 선진국가들의 중국 시장에 대한 의존성으로 인해 급격한 디커플링이 진행되지는 않겠지만 기술의 개발은 기술선진국 위주로 진행되며 지식과 기술에 대한 보호장치가 강력해질 전망이다. 디커플링은 세계를 기술과 산업이 선진화된 기술선진국과 중국과 같은 대규모 인적 물적 자원에 의존하는 신흥국으로 나누어지게 할 수도 있다. 이에 따라 기술 후발국의 기술추격에 대한 장벽은 높아질 것이며 중국의 기술 선진화는 일정부분 지연될 것이다. 자원으로부터 소재부품, 시장까지 복잡하게 얽혀 있는 세계가 과거 냉전시대처럼 분리되지는 못하겠지만 첨단기술 수혜국과 비수혜국으로 분리되어 기술격차가 벌어질 가능성은 존재한다. 불법적 기술이전 방지를 위해 기술선진국과 신흥국에 대해 별도 생산공정을 구축해야 하는 비효율성을 감수해야 할 수도 있다.

디커플링의 위험성과 비효율성은 전세계 국가가 동의한다. 실제 COVID-19으로 인한 경제상황으로 말미암아 중국 공산품의 미국 수입물량은 오히려 확대되었다. 그럼에도 불구하고 디커플링은 반도체를 위시한 네트워크와 디지털 분야로부터 가시화되고 있으며 이에 따른 피해나 이중투자로 인한 손실도 대비해야 한다. 유럽 국가들은 중국으로의 투자와 교류를 지속하고, 기술력을 앞세운 중국시장 진출을 포기하지 않지만 기술선진국으로써 자유시장체제의 규범 수립에는 적극 참여하고 있다.

기술 패권경쟁 속에서 전략적으로 중요한 기술수준을 확보하는 것은 강력한 자산이 된다. 기술혁신 역량을 강화하고 경쟁력을 유지하는 것이 최우선의 목표가 되야 한다. 또한 기술의 생존 가능성과 경쟁력을 높이기 위해서는 선진기술 및 산업환경과의 호환성이 중요하다. 상호연동성이 확대되고 글로벌 기술표준에 부합하는 높은 수준의 기술력은 심화되는 디커플링 위험 속에서 전략적 선택 범위를 넓혀줄 무기가 된다.

기술 선진국으로써의 위상을 유지하고 강화해 나가면서 디커플링으로 타격을 입는 입장이 유사한 국가들인 EU, 호주, 일본, 대만 등과 전략적 협력 관계를 유지하는 것도 중요하다. 미중 두 패권국가의 싸움에서 피해를 최소화하는 방향으로 여러 국가들이 연대하여 대응할 수도 있다. 기술, 외교, 국제정치 등 모든 분야에서 전략적 가치를 높일 때 디커플링의 다양한 시나리오에 대해 대응할 수 있는 방안이 도출될 것이다. 최우선 전략은 기술선진국과의 연계를 통한 기술 경쟁력 향상이다. 특히, 반도체, 네트워크, AI, 양자과학 등 중점적으로 언급되고 있는 분야에 대해서는 기술선진국의 기술개발 동향, 기술표준 단계 등에 대한 적극적 현황파악과 연계가 필요하다. 안전하고 선진화된 기술개발 역량을 갖추고 경쟁력을 유지할 수 있어야 기술개발과 급속한 변화에 따른 안보적 위협에 대응할 수 있을 것이다.

| 참고문헌 |

이현태(2017), 중국의 제조업 발전 현황과 한국의 대응방안, 대외경제정책연구원

안지현(2021), 2020년 기술수준평가, 한국과학기술기획평가원

정지형 최병철(2019), 빛의 속도로 계산하는 꿈의 컴퓨터, 양자컴퓨터, 한국과학기술기획평가원 이슈페이퍼 2019-07

China and the world: Inside the dynamics of a changing relationship, McKinsey Global Institute, July 2019

중화인민공화국중앙인민정부, 2021, 산업인터넷혁신개발실행계획

http://www.gov.cn/zhengce/zhengceku/2021-01/13/content_5579519.htm(검색일: 2021. 12.1)

MERICS, 2021, MIIT accelerates Industrial Internet applications and standard setting in traditional manufacturing
https://merics.org/en/short-analysis/miit-accelerates-industrial-internet-applications-and-standard-setting-traditional(검색일: 2021. 12.1)

China Banking, 2021, China's Central Economic Work Conference Outlines 8 Key Missions for 2021
https://www.chinabankingnews.com/2020/12/21/chinas-central-economic-work-conference-outlines-8-key-missions-for-2021/(검색일: 2021. 12.1)

무역협회, 2021, 중국, 코로나로 미국과 GDP 격차 좁혀
https://www.kita.net/cmmrcInfo/cmmrcNews/cmmrcNews/cmmrcNewsDetail.do?nIndex=61726(검색일: 2021. 12.1)
https://docs.house.gov/meetings/IF/IF16/20180130/106810/HHRG-115-IF16-20180130-SD1011-U1011.pdf(검색일: 2021. 12.1)
Mapping Cultural Space Across Eurasia
https://eurasia.omeka.fas.harvard.edu/items/show/964(검색일: 2021, 12. 1)
https://asia.nikkei.com/Business/China-tech/China-s-version-of-GPS-now-has-more-satellites-than-US-original

Nikkei Asia, 2019, China's version of GPS now has more satellites than US original
https://asia.nikkei.com/Business/China-tech/China-s-version-of-GPS-now-has-more-satellites-than-US-original(검색일: 2021, 12. 1)

European Commission, 2021, EU - China Comprehensive Agreement on Investment (CAI)
https://trade.ec.europa.eu/doclib/press/index.cfm?id=2237(검색일: 2021, 12. 1)

저자소개 About Contributors

이정남 교수는 고려대 아세아문제연구원 교수 및 중국연구센터장으로 재직 중이다. 주요 연구방향은 당대 중국의 정치외교이고, 최근 주요 논저로는 『'시진핑 시대' 중국의 정치체제』(편저) (아연출판부, 2021); 『중국의 꿈과 민주주의』(편저) (아연출판부, 2021); 『세력 전환 시대 중국의 대외정책』(고려대학교 출판문화원, 2021); 『중국의 민주주의: 민주 관념의 생성과 변천』(공역)(아연출판부, 2019); 『중국의 꿈: 중국이 지향하는 강대국 초상』(편저) (아연출판부, 2018) 외 다수가 있다.

조경란 박사는 연세대학교 국학연구원에서 동아시아 현대사상과 중국철학을 연구하고 있다. 2022년 2월 현재 경제 인문사회연구회 인문정책특별위원회 위원으로 있다. 중앙일보 '차이나 인사이트', 주간동아 '조경란의 21세기 중국' 고정란 칼럼니스트를 지냈다. 홍콩 중문대학교에서 포닥, 북경대 초빙교수, 절강대학 방문학자를 지냈다. 성균관대 연구교수, 성공회대에서 학술연구교수를 지냈다. 서울시 교육청 인사위원을 역임했다. 논문으로 「중국은 '제국의 원리'를 제공할 수 있는가 - 가라타니 고진『제국론』의 비판적 분석」, 「중국의 '메타서사'와 소프트파워의 딜레마」 등이 있다. 단독저서로는『현대중국 지식인 지도』,『20세기 중국 지식의 탄생』,『국가, 유학, 지식인』등이 있다. 공저로『보수주의와 보수의 정치철학』등 다수가 있다. 대한민국 학술원, 열암철학상을 수상했다.

전인갑 교수는 서울대학교 동양사학과에서 수학하고 동 대학원에서 중국현대사 연구로 석사와 박사학위를 취득하였다. 인천대학교 중국학과 교수와 동 대학교 인문학연구소 소장 및 HK 중국관행연구사업단 단장과 University of California, Riverside의 방문학자를 거쳐 현재 서강대학교 사학과 교수와 중국연구소 소장으로 재직하고 있다. 동전의 양면과도 같은 중국의 '장기 안정성'과 격동성을 유기적으로 파악하여 근현대 중국 사회를 역사적 연속성 속에서 심층적으로 이해하고자 하는 연구를 지속적으로 진행해 왔다. 최근에는 <제국 전통의 재구성과 중국의 중국의 제국몽>이라는 주제로 연구를 진행하고 있다.『20세기 전반기 상해사회의 지역주의와 노동자』,『공자, 현대중국을 가로지르다』(공저),『현대중국의 제국몽』을 비롯하여「동아시아, 하나의 중심과 다부중심의 지역질서」, 「적응담론으로서의 문화보수주의」, 「제국에서 제국성 국민국가로」, 「현대중국의 지식구조 변동과 역사공정」 등 다수의 논저가 있다.

표나리 교수는 『중국의 대외원조의 특징』에 관한 논문으로 중국 칭화대(清華大學)에서 정치학 박사학위를 받았으며, 서강대 중국연구소를 거쳐 국립외교원 교수로 재직 중이다. 주요 연구방향은 중국의 대외정책·문화와 국제관계·공공외교이다. 「신시대 중국의 대외원조 정책: COVID-19시기의 보건외교를 중심으로」, “Analysis of Central Asian Regional Identity: Unity in Diversity”, 「중국의 북극 진출 정책과 일대일로 ‘빙상 실크로드’ 전략의 내용 및 함의」, 「중국의 對베트남원조 시행 및 중단의 배경 고찰(1950-1978)」,「중국의 대외행동에서 나타나는 문화 요인의 영향: 문화전통의 연속성과 현대중국 외교』 등 다수의 논문과 『시진핑 시기 중국의 소수민족 정책과 한·중 간 역사 갈등: 조선족 요인을 중심으로』, 「코로나19 사태에 대한 중국 시민사회의 동향 분석: 對중국 공공외교를 위한 정책적 제언」,「2020년 홍콩 국가보안법 통과의 의미와 시사점」 등 정책보고서를 출간했다.

기세찬 교수는 육군사관학교를 졸업하고, 고려대학교 사학과에서 역사학으로 문학 박사학위를 취득하였다. 현재 국방대학교 군사전략학과 교수로 재직 중이다. 학위 취득 이후 중국의 전쟁사와 군사사상, 현대 중국의 군사 등에 관심을 갖고 연구하였다. 주요 저서와 논문으로는『중일전쟁과 중국의 대일군사전략(1937-1945)』, “국민정부의 항일유격전에 관한 연구”, “중일전쟁시기 국민정부의 전시동원에 관한 연구”, “춘추시대의 전쟁수행방식과 전쟁관”, “중국 당군관계에 관한 일고찰”, “중국의 군사개혁과 군사현대화에 관한 연구” 등 다수의 저서와 논문이 있다.

이상국 교수는 고려대학교 정치외교학과에서 학부와 석사 과정을 마치고 2009년 북경대학교 정부관리학원에서 정치학 박사학위를 수여받았다. 이후 고려대학교 연구교수를 역임하였고 2010년 이후 한국국방연구원에서 선임연구원을 거쳐 연구위원으로 재직 중이다. 이 기간인 2014년 미국 UC 버클리 방문학자, 2020년~2021년 안보전략연구센터 국제전략연구실 실장을 역임하였다. 주요 연구 영역은 기존의 중국의 정치, 대외정책과 안보정책에 더해 최근에는 주요국의 AI 등 4차 산업혁명 기술의 안보/국방 영역의 응용 노력에도 관심을 갖고 있다. 주요 연구 업적으로는 "China's Three Wafares: Origins, Application, and Organizations, " *Journal of Strategic Studies*(2014), “An Institutional Analysis of

Xi Jinping's Centralization of Power," *Journal of Contemporary China*(2017), "중국군의 '지능화전쟁' 논의와 대비 연구," 『국방연구』(2020) 등이 있다.(E-mail: korpia@naver.com)

강수정 교수는 조선대 정치외교학과 조교수로 재직하고 있다. 최근 주요 논저로는 『중국의 꿈과 민주주의』(공저, 아연출판부, 2021), 『중국공산당 100년의 변천: 혁명에서 '신시대'로』(공저, 책과함께, 2021), 『중국의 꿈: 중국이 지향하는 강대국 초상』(공저, 아연출판부, 2018), "지역다자안보제도에서의 중국의 부상과 제도적 균형 전략: SCO와 CICA를 중심으로"(『아세아연구』 제64권 제3호, 2021), "보호책임의 개념과 이행에 대한 중국의 인식과 태도"((『대한정치학회』 29집 2호, 2021), "미중관계 전망 시나리오 분석"((『아태연구』 제27권 제2호, 2020), "중국의 부상과 일대일로 이니셔티브에 대한 유럽의 인식: 변화와 분화"(『현대중국연구』 21권 3호, 2019) 등이 있다.

이왕휘 교수는 서울대학교 외교학과(학사 및 석사)를 졸업하고 영국 London School of Economics에서 국제정치학 박사학위를 취득했다. 현재 아주대학교 정치외교학과 교수 및 국제학부장으로 활동하고 있으며, 주요 연구분야는 국제정치경제와 기업·국가 관계이다. 저서로는 《바이든 시기 중국의 다자외교 전망》 (국립외교원, 2021), 논문으로는 〈중국의 신세계전략: 중국경제의 부상과 일대일로전략〉 (2021), 〈코로나19 위기 이후 미중 관계의 변화가 한국에 미치는 영향〉 (2021), 〈중국 지경학의 기원—전한 시대 화친(和親)과 기미(羈縻)〉 (2021) 등이 있다.

박지영 박사는 아산정책연구원의 과학기술정책센터 선임연구위원이다. 서울대학교에서 핵공학 학사와 석사, 미국 University of Michigan에서 핵공학 박사학위를 취득하였으며 서울대학교 정책학 석사학위도 취득하였다, 2000년부터 2012년까지 한국과학기술기획평가원에 재직하였으며 R&D 타당성조사 센터장을 역임하였다. 주요연구분야는 핵정책, 근거중심 과학기술정책, 과학기술과 안보정책 등이다. 4차 산업혁명 시대의 기술정책과 관련하여 미중 패권경쟁과 기술 디커플링, 미중 기술패권경쟁의 의미, 디지털 무역 경쟁과 데이터 보호주의, 기술혁신과 경제질서의 뉴 패러다임 등을 저술하였다.

아연 협동연구 시리즈 5

중국공산당 수립 100주년과 2050년 중국: 어떤 강대국이 될 것인가?

1판1쇄 | 2022년 2월 17일

지은이 | 이정남 편저
펴낸이 | 이진한
펴낸 곳 | 아연출판부
등록 | 2000년 5월 24일 제6-376호
주소 | 02841 서울특별시 성북구 안암로 145 고려대학교 아세아문제연구원
전화 | 02-3290-1600
팩스 | 02-923-4661
홈페이지 | www.asiaticresearch.org

값 20,000원

ISBN 979-11-89273-28-6 04300

세트 ISBN 979-11-89273-17-0